黄家海 王开玉 蔡 宪/主 编
孙永珊 方金友 吴 丹/副主编

民生时代的中国乡村社会

RURAL CHINA IN LIVELIHOOD AGE

社会科学文献出版社
SOCIAL SCIENCES ACADEMIC PRESS (CHINA)

《民生时代的中国乡村社会》编委会

主　　编　黄家海　王开玉　蔡　宪

副 主 编　孙永珊　方金友　吴　丹

编委会主任
　　　　　　黄家海

编委会副主任
　　　　　　刘　奇　刘　惠　王开玉（常务）　钟玉海
　　　　　　朱士群　宋　蓓　蔡　宪　方　青
　　　　　　马　建　王东生　范和生

编委会办公室
　　　　　　王　莉　王方霞　王文燕　丁阿丽

目录

序言一　中国乡村社会学研究的一个新品牌 ……………… 陆学艺 / 1

序言二　乡村研究：中国社会学的传统领域 ……………… 谢曙光 / 3

● 中国乡村经济改革

"安徽三村"见证中国农村改革三十年 ……………… 黄家海 / 3

产业支撑：安徽由农业大省向农业强省跨越
　　发展的必然选择 ……………………… 乔爱书　蔡　宪 / 10

实行"以户对接"安置移民　推进农村闲置资产有效流转
　　…………………………………………………… 束学龙 / 22

复制与递嬗：试析农村社会阶层结构变迁
　　——基于落儿岭村的实地调查 ……………… 吴　丹 / 29

劳动力培训与外出的社会动员思考
　　——以新疆柯坪县为例 ……………………… 潘鸿雁 / 44

社会资本对当前中国农村劳动力流动的效应分析
　　………………………………… 张　凯　郭远远　姜祖桢 / 57

转型期农民的土地价值观念
　　——对武汉市F村的个案研究 ……………… 张伟建 / 63

当代农村劳动力流动分析
　　——基于安徽的统计分析 ………………………………… 方金友 / 76

● 中国乡村社会变迁

城乡一体化进程中农民家庭生活与文化消费的研究
　　——对上海市郊区 208 户农民家庭的
　　　　调查分析及对策建议 ……………… 陈天仁　蒋 葵 / 87
以农村教育城镇化推进城乡一体化 ………………… 胡俊生 / 109
村民自治制度对解决人民内部矛盾的作用 ………… 黄　伟 / 119
我国城乡一体化发展进程中的路径比较研究 ……… 周　艳 / 132
城乡一体化进程中新型农村合作医疗的主体协作
　　——一种核心利益相关者的"合作"视角 ……… 宋文娟 / 144
转型期农民现代化的发展困境与路径选择
　　——基于安徽三地的调查 …………………………… 丁阿丽 / 155
中国城市化加速发展期的问题研究 ………………… 王方霞 / 170
回乡农民工继续外出就业的影响因素分析 …… 顾　辉　汪　璇 / 181

● 中国乡村社会建设

建立城乡一体的医疗保障制度
　　——以重庆市为例 ……………………………… 向春玲 / 193
中国东部沿海农村机构养老的现状分析
　　——以山东省寿光市为例 ……………………… 郭　芳 / 207
新中国成立以来党的农村社会建设理论与实践的考察与启示
　　…………………………………………………… 陈定洋 / 220

我国乡村治理中的农民组织化研究 ················· 殷民娥 / 232

安徽农村养老服务对策研究
················· "安徽农村养老服务问题与对策研究"课题组 / 241

从钱庙理事会看村级社会组织的目标、结构和功能
············· "中国百村经济社会调查"安徽凤台钱庙课题组 / 246

● 中国乡村家庭与生态建设

以信息化助力乡村现代化建设 ·················· 贺 凌 / 255

从"村落"到"村":解读一个变迁中的村庄 ········· 李庆真 / 263

从文化资本到经济资本:乡村社会记忆的功能转向及其思考
——以徽州历史档案为分析对象 ········· 杨雪云 丁华东 / 275

食品安全与生态农业
——以《魅力盐铺》中的生态菊花产业为例 ········ 李 琼 / 289

发展绿色环保产业 推进文明生态村建设 ············ 申宗民 / 296

采煤塌陷区居民安置问题的社会学思考
——以 HN 市为例 ························· 丁祎东 / 304

从"生态自发"到"生态利益自觉"
——农村精英的生态实践及其社会效应 ············ 陈 涛 / 312

从小月家的故事看"民二代"的家庭教育 ······ 韩晓燕 郭 娟 / 327

农民工子女教育问题研究 ······················ 赵以宝 / 340

农村留守儿童的家庭自我认同意识研究
——对《不一样的童年》一书调查研究成果的分析
································· 罗国芬 / 344

浅析亲情缺失对留守儿童社会化的影响 ············· 司海云 / 354

● 民生时代中国农民工新观察

"民生时代"的解读 …………………… 王开玉 蔡 敏等 / 367

农民工对城市化的贡献和期待

………………… 王开玉 蔡 敏 储叶来 杨玉华等 / 371

新生代农民工已成为城镇化的主体

………………………… 王开玉 蔡 敏 杨玉华等 / 381

留守儿童、流动儿童、留守妇女及空巢老人

………………………… 王开玉 蔡 敏 杨玉华等 / 396

建设同一片蓝天下的中国文化、道德

………………………………… 王开玉 蔡 敏等 / 407

附 录 ……………………………………………………… / 415

后 记 ………………………………………… 王开玉 / 416

序言一
中国乡村社会学研究的一个新品牌

陆学艺

安徽是农业大省，改革开放以后，逐渐发展成为一个农业强省。中国的包干到户是从安徽小岗村开始的，中国农村税费改革也是在安徽先试点的，还有农村社会化服务体系也是安徽率先起步的。因此，研究中国乡村社会的发展和变迁不能不研究安徽，不能不关注安徽，不能不调查安徽。

安徽的社会学者一直坚持以农村社会学研究为重点，以农村研究为方向。安徽省社会科学院社会学所1993年成立以来，和安徽大学社会与政治学院、安徽师范大学历史与社会学院一起成立了多个关于农村的研究课题，如中国农民工研究、留守儿童与流动儿童研究、迁移婚姻和留守妇女研究，都已取得了较好的学术成果，产生了良好的社会影响。在国家社科基金重点项目中国百村经济社会调查中，安徽的学者承担了三个村。已经出版了《大别山口的美丽家园（落儿岭村）》、《魅力盐铺》，淮南凤台的钱庙村初稿也已完成。他们在农村社会学的研究成果还有很多，有些（如留守儿童的研究等）不仅在我国产生了广泛的影响，而且也引起了国际上社会学同行的关注，对外的学术交流、学术影响也在逐步扩大。

2005年，中国社会学会在安徽召开学术年会，安徽省社会学学会举办了"农民工是中国农村中等收入者的主体"论坛，取得了成功。2008年以来，他们在中国社会学学术年会上，先后又成功地举办了"中国农村改革三十年"、"城乡一体化进程中的中国农村社会变迁"、"中国乡村社会建设"、"中国乡村生态文明建设"等分论坛。这些论坛以中国乡村社会为讨论对象，每一个论坛都吸引了来自全国各省该领域的学者参加，从某种意义上说这些论坛的成果也体现着全国农村研究的水平，可以说是中国社会学学术年会乡村研究的一个品牌。他们的每一个分论坛都邀请我，我也都参加了。为这些专题论坛投稿的作者队伍不限于安徽，而是来自全国十几个省；也不限于中国，也有外国学者。他们办的论坛不断扩大，在西安办的"城乡一体化进程中的中国农村社会变迁"分论坛上，参加的学者有一百多人，不仅有来自全国许多省市的学者，还有来自美国、日本、韩国和中国香港、澳门地区的学者，影响较大。这次论坛获得了当年中国社会学会的论坛组织奖。

中国社会学学术年会的论坛一年比一年多，内容一年比一年丰富，赴会的学者一年比一年多，这充分证明了中国社会学会采取论坛的形式召开学术年会是一个创新。从参加论坛作者队伍来看，人员也在不断扩大，有专业研究机构的学者，有大学的教师，有党校的理论工作者，还有政府部门的研究者；有中老年学者，还有更多的青年学者。从论坛的内容来看，汇集了各种学术观点、各种视角的理论研究成果，吸收了各种新鲜的理论养分，社会学的研究学理性和真实性得到了充分的体现。

胡锦涛同志在"十七大"报告中指出："必须在经济发展的基础上，更加注重社会建设，着力保障和改善民生。"因此，我们在经济建设上取得巨大成就的同时，社会建设和民生建设也应该有很大改善。但目前却是我们社会发展中面临问题最多的时期，也是最复杂的时期，这就要求我们社会学学者要有一个新的承担。我们需要适应新的形势，创新研究方式，来验证社会学发展的各种理论模式，对实践进行理论总结。

实践证明，举办论坛是较好的研究方式之一。论坛的举办不仅取得了很多的成果，也是中国社会学会活动内容丰富多彩、模式不断推陈出新的一个缩影。这个时期是我们的社会学研究成果得到媒体传播最多、最广泛、最深刻的时期，也是研究成果被决策层采用最多的时期。我们要继续把论坛的学术活动坚持下去，不断完善，不断丰富，研究好我们所处的这个时代，从实践中不断吸取丰富的养分，为社会学的繁荣作出更多的贡献。

安徽社会学会在中国社会学会的指导下、支持下和帮助下，汇集了五个论坛的内容，精选了一批论文，内容非常丰富，我祝贺这本论文集的出版，也希望能有更多的研究成果问世。

序言二

乡村研究：中国社会学的传统领域

谢曙光

在中国 960 万平方公里的土地上，生活着 8 亿多农民。我也在农村出生，对农村有着天然的情感。从 80 年代末开始，我参与主持了国家"七五"和"八五"国家哲学社会科学重点规划项目——"中国百县市经济社会调查"——这也是中国迄今规模最大的社会调查研究项目，编辑出版了《中国国情丛书——百县市经济社会调查》（105 卷，5000 多万字），并在此基础上，继续开拓，策划了"中国百村经济社会调查"项目。这些年来，我的主业虽是学术出版，但对乡村社会的关注始终没有放下过。

一 乡村研究是中国社会学的一个传统

20 世纪 20 年代初期，从严复翻译《群学肄言》始，社会学学科的理论和方法被大量介绍到中国来。自此，乡村研究成为中国社会学研究的一个主题，甚至可以说成为社会学发展的一种传统。这与国际社会学相比，有很大不同。在西方，社会学从严格意义上说是一种书斋里的理论和学问，起源于法国。社会学的鼻祖是法国哲学家 A. 孔德，他首次提出对社会做实证研究。在其著作《实证主义教程》中，孔德指出，社会学是可以像物理学一样，可观测、可定量、可重复实验的一项研究，所以那时的社会学也叫社会物理学。但是，在孔德的时代，哲学家们并没有将实证很好地应用于社会学研究中，而是在哲学、在学理、在书斋的层面进行问题的分析和研究。比如涂尔干研究自杀问题，更多的是从人的本性出发去探讨自杀作为社会现象的缘由。所以说，在欧洲大陆，社会学一直都是书斋里的学问，包括后来的社会学大师 M. 韦伯从与 K. 马克思不一样的角度去分析宗教伦理和资本主义精神。实际上，在西方传统学派中，马克思也是传统社会学者之一，但他分析资本主义社会的问题时大多也是通过档案和文献资料进行研究，没有做太多的实地调查。

后来在英美的社会学传统中，从斯宾塞、马林诺夫斯基，如果说更早，像恩格斯对英国曼彻斯特工人阶级状况的研究开始进行实地调查，这是实证研究方式的开始。在美国，20 世纪初期受实用主义思潮的影响，以芝加哥学派为代表的，像帕克这批著名的社会学家，开启了"将社会作为一个整体来研究的经验论方法"（阿兰·库隆，2000）。这种经验社会学的研究方法对后来社会学的研究方法产生了重要影响。当时美国社会的问题和我们今天中国很多社会现象是基本相似的，例如，大规模的城市化问题、城乡之间的矛盾，包括大企业、大矿产主的垄断，种种的社会矛盾和问题极其突出。于是，20 世纪初期，芝加哥大学社会学系成为全世界社会学研究的中心。西方社会学发展到帕森斯以后，社会学变得越来越精致，社会学的方法、技术越来越成熟。

但在今天美国的高校里，商学院、法学、政治学是主题，社会学虽不能说太差，但远不像其在中国的影响这么大。所以我认为，从西方整个传统来说，严格意义的社会学在西方学者眼里是一门书斋里的学问，只可以从学理上进行分析。有意思的是，社会学一传入中国以后，就成为一门经世致用的学问，这既跟中国的学术传统有关，也跟中国社会现状相关。西方社会的现代化进程基本上是从城市开始的，我们看欧洲大陆像古希腊的城邦、欧洲民族国家的形成，基本和乡村无关，与中国的现代化进程完全不一样，所以它们基本上是受制于业缘关系，即人的社会的构成主要是以劳动为衡量标准，因此马克思分析说劳动关系结成人的基本的社会关系。而在中国，几千年的传统是以血缘为纽带，以家推演出我们整个社会的组成。以血缘为基础，以业缘、地缘为辅，村落成为中国几千年来人群的聚居地和承载地。多少年来，我们的学者们，特别是近代以来，面对转型中的社会，都在探索中国社会的本质，中国社会是怎么构成的？关注点自然而然地就会引入乡村，解剖中国的乡村将是解决中国社会一切问题的根本，正是在这种情况下，乡村研究成为中国学者最关注的主题之一。

二　中国乡村研究的两条主线

在中国社会学史上，中国乡村研究有两条主线，即中国早期的社会学和早期的马克思主义社会学，二者历来都是把乡村研究当作主攻方向或者说主要的研究课题。

从早期中国社会学本土研究来看，从吴文藻先生的学生开始，最典型的代表就是费孝通教授，他的学术成就基本上都是从乡村研究中产生出来的。二十世纪三、四十年代，他从英国留学回来，在云南大学做教学研究以后长达八年的时间，研究成果包括禄村研究、云南三村。抗日战争期间，云南大学为了有一个安静的地方，把一些学科搬到城东，城东有一个地方叫"魁阁"，费孝通教授领导的社会学研究室就在魁阁上，后来费老在魁阁写出的《江村经济》成了世界的社会学名著。那时候的一批社会学家，像晏阳初，不仅仅把乡村作为研究对象，并且还在农村推动平民教育和行动教育；再如，梁漱溟先生在山东乡村推进平民教育，李景汉教授从华北农村切入做定性调查，包括清华大学的陈达教授，领导当时的清华大学中国国情调查所，研究对象也主要在乡村；华西大学的李安达教授在20世纪30年代做华西乡村的婚姻状况的调查；还有林耀华、田汝康这批教授成熟的研究成果都是从乡村开始的，这是为什么呢？因为了解中国社会、解决中国问题，聚焦点、立足点和视角必须从乡村出发。

另外一条主线，即马克思主义的社会调查研究传统。从大革命时期毛泽东做中国社会各阶级的分析、湖南农民运动考察报告，都是乡村调查研究成果；1930~1931年，在中央根据地江西寻乌和福建上杭分别做过调查研究，发表了著名的《寻乌调查》和《才溪乡调查》；后来到了延安时期，像张闻天做杨家沟调查，包括孙冶方、薛暮桥在无锡做乡村研究。

看看中国的近代社会学史，几乎没有不做乡村社会研究的社会学家，所以说乡村研究是中国社会学的一项传统，这个传统在社会学恢复重建以后一直延续下来了。1979年中央理论务虚会上，邓小平提出社会学、政治学要补课，时任中国社会科学院院长胡乔木同志找到了费孝通，筹建中国社会科学院社会学研究所，从此社会学的重建恢复工作正式开始。乡村研究很快就成为中国社会学重建研究的一个主战场，典型的有费孝通的"小城镇大问题"，实际上就是提出要推动乡村工业的发展。今天我们看村村点火、到处冒烟，搞乡村工业化可能不符合我们可持续发展的精神，但是把眼光放到当时来看，这一提议是非常有远见卓识的，而且社会学研究者的成果很容易就和实际结合，在实际过程中得到应用。在那个阶段，陆学艺教授主要研究农村经济，研究大包干，包括安徽肥西的小井庄，都是他在那个时候做的。后来到了1986年，陆学艺教授调到社会学所担任副所长，1987年主持社会学所工作，以社会学的视角开始研究农村的社会转型、社会变化。关于农村社会分层，在《中国社会学年鉴》中，陆学艺教授最早将农村的社会结构分为八个阶层。如今，大家熟知的"社会转型"、"社会分层"这些词，都是在那一时期开始传播的。那个时期社会学研究者的乡村研究成果还包括复旦大学的张乐天教授长期在浙北农村作调查，80年代末发表了关于人民公社的研究专著，2010年获得首届陆学艺社会学发展基金奖励，现在他关于农村方面的研究已经建了数据库，2011年夏天在中国社会学会学术年会上正式发布。张乐天教授的乡村调研资料一直追踪到土改时期的地契，是对历史的一个非常翔实的记录。华中农业大学贺雪峰带领着乡村研究的另一个团队，河北大学农村研究中心的李昌平，在乡村研究领域都是比较活跃的。

再看陆学艺教授主持的百村调查，这支调查研究团队已经有数百人之多，可见，乡村研究始终是社会学的一个主题。乡村研究涵盖什么？包括留守儿童问题、土地问题等方方面面。这30年来，乡村研究的范围非常广泛，研究方法从原来的田野调查到如今大规模的问卷调查、定量数据的统计分析，再加上长期观察性的研究，成果也相当之多。在网上检索这30多年在中国社会学研究中成果比重占得最大的也是关于中国乡村社会的研究，因此，可以得出一个结论：在中国，只要做社会学，永远不能回避的一个视角就是对中国乡村社会的研究。在乡村研究方面最容易出成果，也最容易和国际社会学界进行交流和对话。中国是一个巨大的变革的试验场，这种机会是千载难逢的。对乡村转型进行深入的调查研究，必将有所获。而安徽作为中部的农业大省，对安徽乡村的研究有它独特的优势和有利的条件。从30多年的变革来看，从小岗村开始的安徽在乡村转型里的发生的这些变革，留下了许多值得我们去研究、去探讨的课题，这都是容易出成果的地方，也是非常容易破题的地方。

三 当下中国乡村社会的四大突出问题

我国正在社会转型，面临着许多复杂的问题，目前中国乡村的突出矛盾集中表现在四个方面：土地问题、乡村现代化问题、农业发展问题和乡村治理模式问题。

第一，土地问题。农村问题最根本的问题说到底是土地问题。中国社会几千年能延续下来，它的核心纽带是土地，这与中国几千年的土地制度直接相关。今天，土地问题仍然是解决中国乡村问题的核心问题之一。如果说大包干解决了我们的吃饭问题，今天来看，要想富起来真正实现现代化，消除城乡的鸿沟，核心就是土地制度问题。这个问题不能简单地理解为如何进行土地私有化还是集体共有，它实质上涉及的是农民的权益问题。再比如，大规模的城市化是实现现代化的必经之路，只有城市化才能让资金、资本、人才、物质资源最大规模地积聚以及合理配置与利用，产生最大的效益，环境和资源的可持续发展也只能走城市化的道路才能解决。城市化问题必然会涉及土地问题，必然会涉及土地的产权制度问题，社会学者应对土地制度、农村的土地问题进行分析研究。

第二，乡村的现代化问题。无论是从深刻的学理来看，还是从当前的实际现实问题来看，中国100多年来探讨的现代化道路，没有拷贝西方的模式，而是走出了一条有自己特色的道路。但是现代化有一些硬性的指标，比如城市化率、全民教育、健康水平、生活方式的现代化、乡村的基础设施情况，如果这些指标都达不到，就谈不上现代化，那么乡村的现代化应该走一种什么样的模式？在西方，80%的区域或许都是发展大城市，但是像中国这样一个有13亿以上人口规模的国家，把所有的人都转移到城市去，可能吗？我觉得不可能，这就必然需要我们探讨出一条适合自己的乡村现代化道路。中国南北方、中西部区域差异都很大，如果说在东部我们可以建大城市和中小城市形成城市群，实现其乡村的现代化模式，那么中西部城市的乡村现代化道路该怎么走？尤其是在粮食主产区，传统的农业大省是否已经走出一条自己的乡村现代化道路？为了给城市化进程中找到一条自己独特的道路，我们的研究者应该研究、关注、乡村现代化问题。

第三，农业的发展问题。中国农业发展长期以来就存在巨大的剪刀差问题，改革开放以来，很长一段时间是靠剥削农民来发展城市、实现工业化。但是，今天中央已经开始做大的战略调整，到了城市反哺农业、农业走工业化道路的时候。这里面有一些关键性的问题，到底是否存在粮食的安全问题？在市场的条件下，是否考虑到农产品价格与其他工业品相比能产生巨大利益的时候，大量资金会向农产品方向流动？这两年，这个情况就显现出来了。所以，研究农业发展问题时要有现代眼光，要在中国社会转型、全球化、经济高速发展等背景下去重新考虑这个问题，不能恪守老的观点、旧的思维。

第四，关于乡村治理模式问题。传统中国乡村的治理模式有一套很成熟的方法、制度和设计，我们以血缘、家族维系中国社会的正常运行。但是现代化来临后，家庭作为生产性的功能逐渐在失去，更多的是一种情感维系，生活方面的功能在不断凸显，特别是在乡村中的精英们、年轻人们走向城市以后，这时的乡村该如何进行治理？在传统的中国社会，行政的力量只到县一级，乡村里的问题基本上靠村民、家族来治理，今天我们需要一种什么样的乡村治理模式，还需要我们去研究。包括我们如何去引导农民？很显然，不是用行政管制的方式，而是要靠各种各样的民间组织、草根组织。如何使得村民自治制度能够得到有效的建立？这些都是我们所需要去观察、深入研究的问题。

关于乡村研究，当然还有很多其他问题。我认为，在社会转型的复杂时期，社会学研究者首先应该有问题意识，研究一些大问题、真问题，希望大家都能够找出真问题去研究、去调查、去做。

四 中国社会学研究者的担当

面对乡村转型和发展，中国社会学研究者应该明白，乡村研究是中国社会学研究的一个主领域、主战场。当前，中国乡村社会面临着如此众多的社会问题，这些问题的解决不仅仅对推动中国整个社会转型有着至关重要的作用，同时对解决当下中国农村大量的现实问题有很强的针对性，也对中国社会学的发展，提高中国社会学在世界社会学界的地位有着重大的意义。作为个体的社会学研究者该怎么做呢？我觉得应该从三个方向来考虑。

第一，做一个问题的挖掘者。研究者要善于发现问题，有问题意识。要研究真问题，通过它能看到中国乡村中的一些本质性的规律或者是一些带有启示性的东西。比如，前两年王开玉教授研究的农村人才问题，大量的年轻人走向城市，那么乡村的房子怎么办？边远地区闲置的房子也许是没有意义的，但是如果在郊区、县城周边、大城市周边，农村那些房子都很有价值，这里就存在小产权房的问题。再比如，农民的地是集体的，集体的地是不能直接进入流通的，必须是国有的土地才可以进行流转，那么农民怎么去分享土地所带来的巨大的收益？这些都是需要我们去发现的真问题。这些年，可以说社会学研究者对于推动社会和谐发展已经起到了很大的作用，像留守儿童问题，社会学研究者首先看到这个群体十年后可能会带来的问题和恶果，并进一步研究这个问题解决的方式。对现实问题的研究是有用的，目前包括北京市在内，各农民工流入较多的城市都将农民工的子女融入当地的学校里了。

第二，假如做不到一个问题的挖掘者，还可以做一个观察者、描述者。当下整个中国社会面临着千年未曾有过的激烈的社会转型和变迁，中国的变化速度之快在人类历史上是没有的，作为我们这一代学者，应该把这些变化记录下来，其价值是巨大的。中国处于急剧的社会转型时期，社会变化剧烈，在社会转型的同时应该有人把历史记录下来、保存下来，这些记录反映这个社会最真实的东西，这就是我们为什么要做百县市的调查，为什么要做百村的调查。把一个村庄的存在、发展、变迁路径忠实地记录下来，是非常有价值的，所以研究者需要有实证的材料。如果我们提不出问题不要紧，我们就去记录问题，找到一个好的视角坚持去观察它。比如，在某个地方做调查，千万不要只做一次，每隔一段时间带着不同的问题再重新调查，这就是近些年中国社会科学院一直在建立调查基地的原因，只有持续不断地去观察，价值才会无限。

第三，研究者还可以是一个参与者、行动者。参与到中国乡村巨大的变革和转型中去，成为一个行动者，这是社会学者和其他的人文研究者最不同的地方，社会学者应该是一个有现实关怀的人，从老一辈的社会学家晏阳初开始办平民教育到今天，大量的社会学研究者去参与一些草根的NGO组织，或者与乡镇合作，帮助乡村建设做设计、做方案，甚至直接去实施方案。比如，汶川地震以后，清华大学的一位教授罗家德就选择了在杨柳村做调查，参与地震之后的重建。罗教授原先是台湾元智大学的教授，有过"9·21"台湾大地震乡村重建的经验。作为研究者，他亲自去帮助当地的受灾群众，帮助他们利用各方面援建的资源，去设计重建一些羌族地区有特色的碉楼，把它作为一个旅游点。罗教授做了两个村庄，一个做得红红火火，已经成为典型。农民也知道这里面是有巨大价值的，家乡重建好了会产生巨大的经济价值，所以现在基本上先进的点就等着别人给他们援建，给他们送钱来，内部的邻里关系就变得非常紧张。但是另外一个村庄完全是按照村民自主形成的理事会来统筹村务，他们集体使用村庄的资源。这样，两个村庄的对比价值就大了。这个教授带着他的研究生们现在还在做，每次跟村民们开会的情况都记录下来，两个村庄成功和失败的地方都记录下来。到成熟的时候，把这些成果出版出来，这样社会学者就不光是一个行动者、一个观察者，更是一个研究者。

作为社会学者，我们要把自己的视角和理念带给乡村，参与乡村的建设，所以在这种情况下我就提出：第一，年轻的社会学学生们，有条件的一定要下去当村官，推进乡村的建设和重建，去感受乡村的社会转型；第二，有条件的社会学研究者应该到县里去挂职，去做几年基层工作；第三，即便没有这个条件，要在村庄、乡镇长期建立观察点，和他们形成牢固的合作的关系，从而长期成为研究的基地。

综上所述，面对农村当前转型和变革的时代，社会学研究者既可以是一个研究者，还可以是一个观察者，还可以是一个行动者，我们希望三重身份、三种眼光、三种行为都应该同时存在，不像人文学者甘于沉默、甘于书斋，我们是一个行动者，要参与进去，为了推动这个社会的进步，进而从中找到研究和观察的立足点，确定研究者的角色和身份，这就是社会学学科的现实意义之所在，也是我们乡村研究容易出成果和取得成就的地方。

安徽是中国农村巨大变革的试验场，这些年安徽省社会学会一直确定以"乡村研究"作为主攻和研究的方向，我是全力支持的。此次由黄家海教授、王开玉教授领衔将安徽社会学会五年来举办的关于农村社会研究的论文编成这本书，集中了这几年来在农村研究方面的精品文章，很多青年学者的论文都是中国社会学年会评选出的"优秀论文"。作为社会学的研究者，同时作为一名出版者，我希望大家在乡村研究问题上能出更多的成果，能为现实的乡村变革提供更有价值的参考！

中国乡村经济改革

"安徽三村"见证中国农村改革三十年

⊙ 黄家海[*]

中国改革起自农村，农村改革起自安徽，安徽农村的改革见证了中国农村改革开放的伟大历程。1978年以来的农村改革，目标就是解放和发展农村生产力，其紧紧围绕的核心是保障和维护农民利益，特别是经济利益。最近，我们对安徽的三个村庄进行了调查，这三个村庄的发展见证了30年来安徽省农村经济社会发展的巨大成就。农村生产力得到较大发展，农民收入大幅增长，生活水平不断提高，这些伟大成果都得益于改革。为了农民的福祉，为了农村经济的发展，为了农村的社会稳定，农村改革势在必行。

一 小井庄：从"包产到户"到打造农业大镇

中国的农村改革起步于安徽省肥西县的小井庄。小井庄距合肥市50千米，因庄前有一口始建于清光绪二年的水井而得名。小井庄原是山南镇馆西大队的一个生产队，位于山南街道西约500米。为了弘扬小井庄人敢为天下先的创新精神，2002年12月小井庄所在的馆西更名为小井庄村。

---

[*] 黄家海，安徽省社会学会会长。

1980年5月31日，邓小平在《关于农村政策问题》一文中指出："安徽肥西县绝大多数生产队包产到户，增产幅度很大。"多年来，凤阳县小岗村被公认为农村家庭联产承包责任制的发源地，而实际上，安徽省肥西县的小井庄农民包产到户比凤阳县小岗村1978年11月24日决定搞生产责任制要早两个月。1978年9月23日，安徽省肥西县小井庄率先实行包产到户，开启了全国农村改革的先河。从此，我国农村以家庭承包经营为基础的统分结合的双层经营制度逐步取代了人民公社的"三级"所有制，促进了农业生产力的空前解放。

1978年，经历了十年动乱之后的安徽农村，生产力遭到了严重的破坏，农村经济管理体制中延续了二十多年的"大呼隆"、"大锅饭"等弊端，使农民的生产积极性受到了极大的挫伤。1978年安徽大旱，大部分地区10个月没有下雨，人畜缺水，秋种无法进行。全省共造成6000多万亩农田受灾，4000多万人口缺乏生活用水。为了战胜旱灾，安徽省委决定采取非常措施"借地渡荒"：凡集体无法耕种的土地，可以供给社员种麦、种油菜，每人借三分地，并鼓励农民开荒多种，谁种谁收谁有，国家不征粮，不分统购任务。"借地渡荒"不仅激发了安徽农民的抗灾热情，使当年全省超额完成了秋种计划，而且为安徽农民推行包产到户提供了机遇。

就在"借地渡荒"的政策背景下，小井庄借此名义，暗地把相邻两队之间的土地借给了农民耕种，看到工作队没有干预，索性所有的集体土地都借给了农民。附近的生产队也有的跟着这样做了。1979年5月21日和12月13日，时任安徽省委第一书记的万里同志两次到小井庄，主持召开包产到户座谈会，对包产到户的做法给予了充分肯定。到1979年底，肥西县已有8199个生产队实行包产到户，占生产队总数的97%，这年肥西县虽然遭受春旱、夏旱和风、雹、虫、涝等自然灾害，全年粮食总产量仍达到2.77亿公斤，比1978年增长13.6%，油料总产量达1239万公斤，比1978年增长1.1%，向国家交售粮食扣除回销数达12.6亿公斤，比1978年增长近3倍。

通过农村改革的不断深化，小井庄和山南镇农民生活、农业生产都发生了巨大的变化。2007年，农民人均纯收入达到4500多元，比三十年前增长了20多倍。全镇实现工业总产值2.47亿元，工业增加值7200万元，完成工业投资近亿元。农业总产值突破3亿元，达到3.15亿元。但作为农业大镇山南镇，仍存在传统农业生产效率低、农民收入增长缓慢的问题。虽然有小井庄包产到户一年就解决温饱的奇迹，却有30年难以富裕的困惑。经过30年的探索实践认识到，只有结合发展现代农业、特色农业，实施特色富民战略，才能使农民走上富裕的道路。目前，蚕桑、林业、养殖、蔬菜等已经成为山南镇农业的主导产业，小井庄建成苗木生产基地100亩，优质高效农业示范区500多亩，引进温氏集团等企业，建立1000多亩畜禽养殖基地。成立龙虾协会，规范龙虾养殖和销售，促进龙虾养殖健康发展。同时，小井庄将土地适度集中，发展基础农业，尝试产业化发展的新路。小井庄新农村示范点成为省、市、县新农村建设示范点。在做大做强特色产业的基础上，引进农产品深加工龙头企业，提高农产品科技含量和附加值，促进农民增收。

二 小岗村：从"大包干"到合作经济

小岗村由两个自然村组成，位于安徽省凤阳县东部，隶属小溪河镇，距京沪铁路5千米，距省道307线7千米，距明光、临淮两个淮河航运码头均20千米；现有90户人家、373人，其中劳动力180人；耕地面积1600亩，人均耕地4.29亩，其中承包耕地面积1070亩。

1978年以前的小岗村，是全县有名的"吃粮靠返销、用钱靠救济、生产靠贷款"的"三靠村"，每年秋收后几乎家家外出讨饭。1978年11月24日，小岗村18户农民以敢为天下先的胆识，按下了18个手印，搞起生产责任制，揭开了中国农村改革的序幕。也许是历史的巧合，就在这些农民按下手印的不长时间，党的十一届三中全会在北京人民大会堂隆重开幕。在关系国家命运和前途的严峻历史关头，以邓小平为代表的中国最高层的政治家和最底层的农民们，共同翻开了历史新的一页，小岗村从而成为中国农村改革的发源地。

30年来，小岗村人艰苦奋斗，不断创业，农民生活水平和村庄面貌发生了巨大变化，开始向小康迈进。1997年，小岗村粮食产量由1978年的3万斤增加到120万斤，人均收入由1978年的22元增加到2500元，分别增加了39倍和约113倍。2007年，农民人均纯收入达到6000元。彩电、冰箱、摩托车等高档生活用品已进入家庭，楼房、平房、瓦房代替了过去的茅草屋，卫星电视接收系统、程控电话已开通，道路绿化及村庄建设按现代化新农村的模式进行，文化、教育、卫生事业不断发生变化。为重振"大包干"雄风，加快小岗村经济发展，小岗村全面加强了道路、通信、供水、供电等基础设施建设，努力为小岗村创造良好的投资环境。凤阳县委、县政府为小岗村制定了十分宽松的招商引资政策，并决定把小岗村作为农业旅游景区进行规划建设。按照文明村的要求，目前已制订了村庄综合规划，兴建了通往小岗村的柏油路和村内水泥路，在村内全面实施了改水、改厕和绿化、美化工程，建起了大包干陈列室、村民图书阅览室、档案室、卫生室、广播电视室、农民科技文化学校和一座含幼儿园的完全小学。

凤阳县小岗村23户农民，2006年4月20日下午与凤阳县小岗村发展合作社签订合同，把200亩土地集中起来，出租给合作社发展合作经济。经过三个多月的数次讨论，23户农民自愿与由上海大龙畜禽养殖有限公司投资成立的凤阳县小岗发展合作社达成合作协议：将200多亩土地集中起来，以每亩一年500元的租金出租给合作社，用于建设5个标准化商品猪养殖基地及种植牧草。出租土地的村民可选择外出打工，也可选择成为企业的工人，每月领取600元左右的薪金。这项合同的期限为20年，合同内容设定租金5年一调整。5年后，农民可用土地入股分红或选择继续出租。23户农民在签完合同后，当场领到了一年的土地租金。当年参与秘密协商搞大包干按过"手印"的60岁老农关友江，手拿自家2亩多地的1000多元租金激动地说："现在村民以自己承包的土地发展合作经济，目的与当初'大包干'一样，就是为了摸索致富的道路。"56岁的农民严金昌出租了23亩土地，收到了1万多元租金。他对这项合作充满信心：农民自己种一亩地一年还挣不到500元，搞养殖又摸不准市场。再说，一旦企业经营不善，付不出租金，农民还可拿回土地继续种植，风险很小。①

---

① 孔祥迎、蔡敏：《小岗村由"分"到"合"》，2006年4月22日《北京日报》。

个体式的农耕作业只能吃饱肚子,不可能走向富裕。要发展,必须走集体合作之路。2008年3月12日,在小岗村西头的那片葡萄园里,全村老老少少聚在一起,开会讨论土地流转问题。在这次村民会议上,村里拿出一个方案:以每年每亩500元的价格,将农民的土地反租过来,统一平整,对外招租;引进资金和项目后办厂子,村里人还可以进厂打工,也可以获得额外的收入。小岗村党支部书记沈浩认为,小岗村当前已经走到了一个蓄势待发的节点上。"我们将小岗的产业发展定位于现代农业、旅游观光业。"沈浩透露说。最近几年来,小岗村不断更新、改良葡萄品种,差不多有600亩土地种上了葡萄,这占了全村土地的近1/3;村里还发展养殖业,这些都有力地提高了农民的收入。"最近三年,小岗村人均纯收入连续高走,到2007年底已经达到6000元。"全长21千米的小岗大道已于2008年6月底前贯通,使凤阳县丰富的旅游资源和小岗村的红色旅游资源紧密地连接在一起,"游客从韭山洞出来,可以很快来到小岗"。小岗人的收入一年上一个台阶,"两年后收入将达到一万元",农村居住环境、基础设施建设也大为改善,"不仅摩托车、冰箱、洗衣机走进了小岗家庭,还有3户人家买上了小轿车"。"纪念改革最好的方式就是继续深化改革。"沈浩说。现在是小岗发展历史上的最好时期,小岗人有条件、有信心通过集体合作之路,让大家的腰包鼓起来。同时,这种集体合作之路,是一种市场化的道路,和30年前集体制的内涵完全不一样。①

1958年以后,我国粮食问题一直是个"老大难"的问题,为了解决这个问题,长期以来我国采取了全民大搞农业的方针,但是,不能奏效,农村的经济和生活都长期处于非常困难的境地。因而,几乎所有人都认为,由于中国的人口太多,粮食问题是没有办法解决的。小岗村的改革促使中国进行了小岗村模式的改革,变化是迅速的,第一年进行了改革,第二年就大变了样,短短两三年之后,不但农民的生活质量提高了,而且,几度出现了卖粮难的现象。粮票、布票、肉票、糖票,一切与农产品有关的票证都成为历史文物。小岗村模式向人们证明了,生产的发展是靠正确的政策和体制,只有不断地更新政策和完善经济体制,才是发展生产的根本。

---

① 王开玉、束学龙:《大别山口的美丽家园》,社会科学文献出版社,2008。

小岗村的改革解放了农村劳动力，使中国长期以来没有能够解决的自然经济有了解决的可能。农民涌进了城市，为城市的发展添加了无限的活力，也给农村经济提供了机会。农村经济的发展、农民购买力的增加，促使工业经济的迅速发展，也使国民经济得到了快速发展。

三 落儿岭村——乡村工业化

改革开放30年来，处于大别山山口的霍山县落儿岭村走出了一条治穷致富之路，被称为"山口经济的明珠"。在我国的城市化道路中，走出一条农民工进城转化为市民的路子。我国农村区域差异很大，落儿岭村在城市化的进程中走的是乡村工业化的城镇化之路。落儿岭村是落儿岭镇镇政府所在地，该村第二、第三产业的发展使落儿岭镇的经济实力迅速增强，服务体系日渐完备。更重要的是在乡村工业化的过程中，造就了一批新型农民。如今，落儿岭村村域经济的发展已经达到2亿元，生态环境优良，中等收入者占到大多数。社会建设也发展很快，一批能够带领农民发展生产、进入市场、增加收入的社会组织成长起来。一个山区村落的发展，也在体现着"地球村"的理念。落儿岭村在谋求发展的道路上有过挫折，但却成功地走出了一条乡村工业化的发展路径。

落儿岭村的工业萌芽于造纸业，从手工作坊到村办小工厂再到股份合作制企业的发展历程，使落儿岭村人从封闭一步步走向开放，企业在改革开放和市场竞争中提升了竞争力。从乡村视野到国际眼光，企业的发展与落儿岭人的思想解放密不可分。这个造纸厂的产品远销东南亚、南美等地，工厂的技术力量汇集了全国各地造纸业的技术精英，大部分来自北京、山东，工厂所用原料也有从美国进口的废纸，称为"美废"。我们能够看到改革开放以来，发展得比较好的乡村工业都是和好的技术力量、和世界性的市场联系在一起的。

落儿岭村的乡村工业化也带动了当地城镇化的发展。在我国城市化过程中，面临着多种类型的战略选择。落儿岭村所展示的是我国农村工业化、现代化、城镇化的路径，这一路径是我国城镇化的一种类型。推动广大农村的现代化发展,重要的是结合各地农村的实际,用科学发展的理念创造出多元化的发展路径。经过多年的发展,落儿岭村的工业经济在全镇经济发展中逐步占据主导地位,多年来已形成了造纸、彩印包装、铸造加工、小水电四大支柱产业。现有工业企业 38 家,其中产值超亿元的企业 1 家,工商税收占全镇财政收入的 90% 以上,农民人均从企业获得的工资收入占其纯收入的 40% 以上,成为全县乃至皖西的亮点。在工业经济中,个体和私营民营经济是一支强劲的生力军,推动着落儿岭镇经济的快速发展;近年来,许多企业能人投身到发展工业经济的大潮中,大批乡镇私营企业脱颖而出,走出了一条城镇化之路。

我国农村剩余劳动力的转移是必然趋势,农民就业和城市化道路是联系在一起的。农民流动到城市就业,成为农民工是一条路子,乡村工业化把我国农村剩余劳动力转化为人力资源也是一条路子,核心都是把农村剩余劳动力转化为人力资源,打造新型农民。乡村的建设和乡村的工业化迫切需要培养有文化、懂技术、会经营的新型农民。种田只是农民的一种职业,他们还可以兼业务工、经商、农产品经营等。兼业农民已经成为落儿岭村乡村工业化的主体力量。

参考文献

张新光:《当前中国农村改革进程的基本判断与前瞻》,《河北学刊》2006 年第 3 期。
党国英:《当前农村土地制度改革的现状与问题》,《华中师范大学学报(人文社会科学版)》2005 年第 4 期。
许光建:《中国农村税费改革的回顾与评价》,《山西财经学院学报》2004 年第 1 期。
郭书田:《中国农村改革三十年的基本经验》,《河北学刊》2008 年第 4 期。
关付新:《科学发展观视角下的农民收入问题研究——基于对中国农村改革 30 年农民收入变化的分析》,《中州学刊》2008 年第 6 期。

产业支撑：安徽由农业大省
向农业强省跨越发展的必然选择

⊙乔爱书　蔡　宪*

总结农村改革开放30年发展历程给我们的一个重要启示就是，农村改革的重点已经由通过生产关系的变革、调动和保护农民的积极性转换到发展现代农业、寻求产业支撑、增加农民收入的农村改革后发展时期。如果说前30年完成了安徽农业由小到大的任务，那么后30年则是要完成由大到强的艰巨任务。笔者认为，在推进安徽由农业大省向农业强省跨越的进程中，关键是要根据安徽的农业资源环境、经济社会发展特点，充分发挥资源优势、经济优势和社会优势，特别是在总结30年安徽农业改革发展经验的基础上，扭转思路，大胆创新，立意改革，探索出一条具有中国特色、安徽特点的农业产业支撑道路。本文就此谈点看法。

一　产业支撑：安徽由农业大省向农业强省
　　　跨越发展面临的主要问题

改革开放30年来，依靠政策、科技和投入的力量，安徽农业生产发展

---

* 乔爱书，安徽省委党校管理科学教研部副主任、副教授；蔡宪，安徽省委党校副校长。

取得了巨大成绩。在我国，农业发展正处在传统农业向现代农业的转折时期，农业产业的弱势特征在一段时间内难以彻底扭转。而安徽总体上还是在传统农业的框架内运行，大而不强是其主要特征。尤其是在资源环境、市场要素、经济运行、自然风险变化加大，压力增加的大背景下，安徽由农业大省向农业强省的跨越发展面临各种挑战和发展障碍。从理论和现实的角度分析，可以归纳为以下几个方面：第一，农业资源的约束性和环境的局限性使农业生产的稳定性下降；第二，农业生产比较效益低造成农民增收难度加大；第三，国家对农业基础设施投入过少的积累效应在短时期内难以逆转；第四，科技进步和科技力量难以系统满足现代农业可持续发展的需要；第五，农民综合素质较差和组织化程度较低构成现代农业发展的一大制约；第六，县域经济发展欠发达影响"以工补农、以城带乡"政策的全面落实。

二 产业支撑：实现安徽由农业大省向农业强省跨越发展的路径选择

现代农业是以生物技术和信息技术为先导、技术高度密集的科技型产业，同时也是农工贸一体化经营、城乡结合、产业多元的新型业态和绿色产业。现代农业是安徽由农业大省向农业强省跨越发展的必然要求和核心内容。没有现代农业产业的支撑，安徽由农业大省向农业强省的跨越发展只是一句空话。特别是面对诸多资源性矛盾、结构性矛盾、体制性矛盾和转型期矛盾，探索出一条具有中国特色、安徽特点的现代农业之路，是历史赋予安徽人民的艰巨任务。根据安徽农业发展的现状，笔者认为以下方面应该引起政界和理论界的高度关注。

（一）坚持实施"多予、少取、放活"政策，加大政府强农惠农力度，把切实加强农业基础建设作为安徽由农业大省向农业强省跨越发展的起跳点

扶持现代农业发展是政府义不容辞的职能和义务。农业背后都是政

府，特别是在世界范围的农业发展较量中，只有政府在后面支撑，才能使农业产业由大到强。

在国家财政强农惠农的背景下，安徽现代农业虽然发展态势良好，但由于长期公共财政二元格局的限制，安徽农村、农业基础设施欠账太多，农业基础地位的提高仍需要一个漫长的过程，特别是在安徽区域经济发展差别较大、财力有限的情况下，政府对农业的支持更要发挥四两拨千斤的效果，把宝贵的资源要素用在关键性的环节上。第一，政府强农惠农的重点必须突出。根据安徽的实际状况，应该把农业基础设施建设的重点锁定在农田水利基础建设、农业灾害防治、畜牧疾病预防、农业技术推广与培训、农业生产资料供应、农业市场和信息服务和大江大湖治理上，确保农业有一个稳定的生产环境。第二，准确设定农业基础建设与现代农业发展的关系。政府加大对农业基础建设的投入，其根本目的是推进新农村建设，增加农民收入，实现安徽由农业大省向农业强省的跨越发展。因此，农业基础建设要强调为保障农产品供应服务、为提升农业产业地位服务、为提高农业产业竞争力服务、为优化农业产业结构服务、为完善农业科技推广体系服务、为健全农业产业服务体系服务和为拓宽农民增收渠道服务。为循环农业、生态农业、有机农业、科技农业、装备农业、营销农业打下坚实基础和创造必要条件，最终实现安徽现代农业的规模化经营、标准化经营、品牌化经营、特色化经营和生态化经营。第三，建立长效机制，真正为城乡互动的社会化现代农业发展铺平道路。中央"两个趋向"，统筹城乡发展，"建立以工促农、以城带乡长效机制，形成城乡经济社会发展一体化新格局"的战略目标，为城乡一体化发展提供了良好的发展氛围，但要真正实现"基础设施共建共享、产业发展互动互促"，政府必须保证有足够的制度供应，撤除一切影响一体化发展的樊篱，用制度的力量打通城乡之间资源要素顺畅流动的通道。城乡之间的一体化关键是制度的一体化，没有制度支撑，城乡一体化只能作为良好的愿望而存在。安徽是农村改革开放的发源地，应该杀出一条血路，在思想上抛弃一切城乡分割而治的观念，把自己当做不是"特区"的特区，让安徽更多的城市精英和资金雄厚的企业在农村创业发展，在城乡资源互动共享中推进农业工业化的步伐。

（二）调整农业产业结构，树立大农业、大粮食、大市场、大要素、大产业的现代农业发展观，把持续提高综合竞争力作为安徽由农业大省向农业强省跨越发展的关键点

现代农业发展的过程，实际上就是农业产业的升级过程。20世纪80年代以来，国家就倡导、鼓励、支持、要求实施农业结构的战略性调整，使农业产业不断适应市场经济发展的需要，积极应对国际市场竞争的挑战，让农业逐步走上高产、优质、高效的道路，最终提高现代农业发展的综合竞争力。没有农业产业结构的优化升级，就不可能实现安徽由农业大省向农业强省的过渡。

调整农业产业结构，树立大农业、大粮食、大市场、大要素、大产业的现代农业发展观。一定要坚持粮食作物求稳定、特色经济求发展的思路，紧紧抓住特色农业不放，才能真正实现持续提高安徽现代农业综合竞争力的目的，使安徽成为名副其实的农业强省。2006年，国家在江西省召开了"一村一品"特色农业经验交流会，认为"一村一品"是加快农业和农村建设与发展的重要途径。对建设现代农业、促进农民增收、夯实新农村建设经济基础、提高农民素质、完善农村基本经营体制都具有十分重要的意义。2007年，中央1号文件又强调大力发展特色农业。安徽省内平原、山区、丘陵地貌齐全，给发展特色经济提供了不可多得的资源环境。省农委组织确定的100个首批省级特色专业示范村（乡、镇），真正意义上掀起了安徽农村发展特色经济的"红盖头"。

特色农业，从一定意义上讲，就是在特殊的地理环境、特殊的原材料、特殊的加工工艺、特殊的人文背景下生产的特殊农产品。在安徽特色农业的发展中，茶叶（含饮料菊）应该是安徽特色农业的主导产品。中国是茶叶的故乡，安徽是茶叶的摇篮，在清朝安徽茶叶出口就占到全国的1/3以上。安徽拥有茶园约12万公顷，年产茶叶约5万吨，产值7亿元左右。但近年来，安徽省茶叶出口阻力逐年增大，2007年安徽茶叶出口1237批次，价值3756万美元，比2006年分别下降16.92%和1.91%。主要原因是各进口国对茶叶的农残、药残标准日趋严格。以欧盟市场为例，自2000年以来，先后3次对茶叶标准进行了重大调整，一共颁布13个涉及

茶叶农药残留限量的指令，限量指标227项。另一个重要原因是自有出口品牌缺乏。安徽茶叶出口虽历史悠久，但茶叶大多是一家一户的作坊式生产，多数产品充当国外品牌原料，技术含量、附加值低，使得安徽省茶叶在国际上的竞争力不高。特别是来自越南、印度尼西亚等国的低价竞争，使得一直以低价取胜的中国茶叶优势尽失。英国不产茶，而英国"立顿"茶却无人不知。安徽茶业恰恰缺少这样的知名品牌和大企业。因此，安徽省应尽快接轨国际标准，对茶叶的种植、加工、包装等全过程进行有效监控，不断推进茶叶科技创新，着力提高茶叶生产、管理与新产品开发水平，从根本上解决茶叶卫生质量中存在的问题，促使名茶向名牌转化，培育、扶植茶叶产业化发展，打造安徽茶叶的"立顿"品牌，在国际竞争中才可能居于强势地位，这既有利于提升产品档次，也会促进茶农增收。

同样，安徽农村旅游资源丰富，安徽农村山清水秀，文风习习，是全国旅游资源最多的省份之一，安徽60%以上的旅游资源都在农村。皖南、皖西农村山水文化形成了中国，乃至世界独有的自然景观。1934年，著名学者林语堂在游历古徽州就发出"瑞士的山村简直和这里一样"的感慨。在一个市里拥有两处世界遗产，全世界只有黄山市一个地方。黄山市土地面积占全国的1%，但国家级以上旅游资源占全国的4%，密度是全国平均水平的40倍。黄山、九华山、天柱山、齐云山在我国的山水文化旅游中独占鳌头。皖西大别山在山水旅游中的潜力巨大，其独特的生态景观逐步受到业界重视。更为人称道的是，皖西大别山的红色文化和泾县的新四军文化，为树立社会主义思想价值观和实现中华民族伟大复兴提供着源源不断的精神力量。被列为三大显学的徽学更是皖南山区对安徽，乃至世界人民最大的文化贡献。"徽骆驼"、"绩溪牛"、"状元文化"、"徽学研究"、"徽商精神"已经成为安徽经济、社会、文化发展的精神食粮和宝贵财富。安徽真正的文化都是农村农民创造的。与皖南、皖西山区农村山水、文化旅游资源相比，别具特色的淮河风情文化，老子、庄子、管子等历史名人的影响更是源远流长。安徽当务之急是树立城乡旅游资源开发"一盘棋"思想，提高对乡村旅游资源开发的认识，把乡村旅游作为现代农业发展的重要组成部分，加大对乡村旅游资源基础设施的软硬件投入，特别是加大对农家游管理与服务人员的培训，并持续开展对乡村旅游业的推广宣传，使乡村旅游成为特色经济的支撑、"一村一品"的骨干项目和农民增收的重要途径。

目前，安徽园艺业在肥西三岗、芜湖清水已有相当规模，但总体上起步太晚，规模不大，苗木栽培技术和品种选择方面尚待提高。特别是在花卉栽培方面，安徽发展更显不足，也缺乏典型带路。例如，云南省呈贡县斗南村，是我国著名的花卉生产基地。1990年最先发展花卉生产的几家农户逐步扩大规模，成为花卉专业大户，花卉种植由零星向规模连片发展，许多农户纷纷调整种植结构发展花卉生产经营，全县花卉种植面积达到300亩。在当地政府的大力支持下，经过近20年的发展，终于成为国内及东南亚地区最大的花卉种植基地和市场。园艺业的发展与城市的品位和人民生活质量紧密相关，也是增加农民收入的一大抓手。安徽相关部门应该加大对安徽农村园艺业发展的调研，制定相应的扶持政策，加快安徽农村园艺业的发展步伐，消除农村园艺业发展的短腿现象。"斗南现象"值得学习关注。

皖北的果品生产、牛羊肉加工、中药材、饮片制剂和各色小杂粮，皖南的林茶产品、高山蔬菜和山货果品，特别是不可多得的山水风光，都是安徽发展特色农业的宝贵资源和市场要素，只要政府加大政策的指导，把发展特色农业作为提高安徽农业综合生产力的重要手段，因地制宜地加强对特色农业的资金支持和技术指导，特色农业一定会成为农业发展、农民增收的重要途径，最终达到农业综合竞争能力的提高，实现安徽由农业大省向农业强省的跨越，顺利完成社会主义新农村建设的任务。

（三）以工业的理念推进现代农业发展，大力发展农产品加工业，把农业生产标准化、经营组织产业化、营销服务市场化作为安徽由农业大省向农业强省跨越发展的着力点

现代农业就是群链农业。做大产业群，拉长产业链，增加产品附加值，让农民分享到农业产前、产中、产后、产侧利益，提高农业生产的综合效益，破解农民增收的难题，是现代农业的真正要义。安徽现代农业的发展，希望在农产品加工业的发展上，出路也在农产品加工业的发展上。发展安徽农产品加工业的关键是要把农业生产标准化、经营组织产业化、

营销服务市场化作为重要的方面，切实推动安徽现代农业的稳步发展。第一，用工业的理念发展农业，持续推进安徽农业标准化发展。2003年12月8日，国务院办公厅发出《关于进一步做好农业标准化工作的通知》，要求把农业标准化工作提高到现代农业发展的高度来认识。安徽在建立和推广农业标准化方面做了大量工作，采取了许多有力措施落实中央对农业标准化工作的要求。根据调研，农业标准化体系的不健全是当前安徽农业标准化最主要的"短板"，也是影响安徽农业由大到强的最大障碍。农业标准化需要推广和实施才能变成现实的效益和成果，建立标准化推广体系是农业标准化工作的重要环节。只有实现了农业标准化，安徽农产品加工业才能迈上一个新的台阶，真正实现以工业理念发展农业的设想。第二，坚持农业产业化发展方向，提高农民的组织化程度。安徽在新农村建设过程中，果断启动了农业产业化"532"提升行动，相信对推动安徽现代农业发展，带领农民进入市场，提高农民抗御经济风险和自然风险的能力将大有作为。在发展农业产业化道路上，安徽农业产业化龙头企业和基地建设，以及农户的带动能力相对于农业强省而言，都还处于相对落后的阶段，特别是在市场风险日益加大的前提下，龙头企业和农户规避风险、博弈利益的角色表现得更加明显。因此，对农业发达地区，如山东的农业产业化发展的经验和教训应该予以关注，在安徽推进农业产业化的进程中应有所借鉴。第三，增强市场观念，为现代农业营造更大的营销平台。2005年中央1号文件提出"营销农业"的概念后，增强市场观念、提高农业营销能力已成为现代农业的重要支撑。增强农民和农业企业的营销能力，为现代农业打造更大的农产品销售平台更是政府义不容辞的责任。在推进现代农业发展，打造农业营销平台的过程中，政府要在构建农业营销服务体系上下工夫，注重培育市场环境，维护公平的市场规则，培养更多的农村市场营销人才，开辟更加便捷的流通渠道，以使农业营销活动更加有序、高效、顺畅。

（四）努力提高农民综合素质，不断提升农业发展的科技水平，把科学增收作为安徽由农业大省向农业强省跨越发展的立足点

提高农民综合素质，不断提升强化农业科技水平是生产发展的客观需要，是实现农民科学增收的基本途径。技术进步的重要性在于，它能扩大知识在生产过程中的作用，也就是可以用成本价较低的技术资源替代较昂贵的资源，解除资源的非弹性供给对农民收入增加的制约，使劳动具有更多的知识含量，也使劳动剩余获得更快的积聚。舒尔茨在他的传世之作《改造传统农业》中明确提出："如果能够给农民现代的科技和现代的生产手段，即使落后地区的农民，也可以点石成金，把农业变成现代的产业。"在农业发达的国家中，农业科技在现代农业发展中都具有重要地位并发挥着不可替代的作用。农业强省必须是一个科技强省，否则，安徽农业永远会停滞在传统农业的大省阶段。

农业科技进步的根本目的是增加农业产品的附加值，实现农业生产的优质、高效、高产，把农民的科技增收放到首要位置，集中力量对增收快、附加值高、发展潜力大的农村生态保护性产业、观光休闲性产业、农村文化产业进行科技扶持，特别是把"特而专、新而奇、精而美"的农业物质产品、非物质产品作为推进农村科技进步、农民持续增收的主要增长点，使农民增收的科技知识含量不断增加。

强化农业科技和服务体系的支撑，达到科技增收的基本目的，实现农业素质、效益和竞争力的新提高，关键是提高农民的综合素质，使农民成为现代农业的主力军。当前，农民面临变幻莫测的自然风险和难以预期的市场变化，农民不仅要面对传统生产方式的淘汰，还要在实现规模经营、提高产品附加值、充分利用农业资源、提高市场信息的判断力、规避市场风险、提高财务与经营管理能力等方面接受新的挑战。但由于独特的农村背景和农业生产方式的局限，农民的技能性匮乏是不争的事实。生产技能的增强和管理手段的提高是农民增收的基本途径。技能培训是新农村农民持续增收、创新选择的重中之重。第一，建立符合国情省情的农村技能性教育制度。为了适应农民就业与劳动转移的需要，应在农村实行"应试"和"职业"为主导的双轨制义务教育，把知识技能作为农村职业教育的基本内容，使初中毕业的学生出了校门就可以在企业进行技术性工作，避免出现农民怕耽误挣钱不愿学技术，然后"回炉"教育的现象。第二，推进新农村能人创业工程。安徽已有一大批农村致富能人在农村的创业增收中发挥着酵母作用。应按照中央"充分尊重广大农民群众的首创精神，取消一切限制农民创业的政策规定,革除一切束缚农民创业的体制弊端,铲除一切对农民创业的歧视,激发农民自主创业的潜能,营造鼓励农民干事业、帮助农民干成事业的社会氛围"的要求,扶持和引导农民创业发展,并使农民在创业的过程中感受社会文明和知识的魅力,完成新旧农民身份的转换。第三,充分调动农村能人的致富带头人作用。农村致富能人是新农民杰出代表。农村蕴藏着大量的文化精英、技术人才、管理专家,他们是新农村建设的带头人、示范者,政府应该对农村能人规范管理,从制度上维护农村致富能人的发展环境,使新农村建设中农民持续增收有不竭的人力资本保障。第四,建立农村人才的职称评定制度。安徽省个别地方已经开展了农民技术人员的职称评定工作,使农村的乡土科技人员在农民增收中发挥了重大作用。当前,应从城乡一体的角度,有序建立农村乡土人才使用评价体系,使优秀的人才在农村能留得住、用得上,并合理提高农村技术人员报酬,以提高农村乡土科技人员的积极性。

(五) 实施"以工促农、以城带乡"战略指导思想,形成城乡一体化发展新格局,把工业化、城市化作为安徽由农业大省向农业强省跨越发展的推进点

"建立以工促农、以城带乡长效机制,形成城乡经济社会发展一体化新格局",关键是在中央的统一部署下,按照新农村建设的进程和现代农业发展的需要,加快破除城乡二元体制,努力形成城乡发展规划、产业布局、基础设施、公共服务、劳动就业和社会管理一体化新格局。健全城乡统一的生产要素市场,引导资金、技术、人才等资源向农业和农村流动,逐步实现城乡基础设施共建共享、产业发展互动互促,切实按照城乡一体化发展的要求,完善各级行政管理机构和职能设置,逐步实现城乡社会统筹管理和基本公共服务均等化,为农业现代化发展提供坚实的制度保障和良好的发展氛围,使农民在工业化、城市化发展过程中享受到更多的发展成果。现实证明,农业大省具有明显的城乡割裂特征,而农业强省肯定是区域一体的区域布局,根据安徽城乡发展的实际,尤其要注意研究以下几个问题:第一,切实增强县域经济活力。壮大县域经济是国家繁荣农村经济、解决"三农"问题的一大决策。当前,关键是在给"事"的同时,进

一步对县域经济松绑放权，创新县域经济发展的环境。在行政功能定位和区域协调上实现市、县一体化布局，在机构设置上打破城乡樊篱，使县域成为城市与乡村经济和文化发展的中心。第二，坚持城乡统筹，为农业发展、农民增收提供强烈的城市氛围。沿海地区农业发展、农民收入增加的一个重要原因是通过城市对农村的辐射，大中小城市形成网络化城市群落，为农民就业、农产品的销售提供了极为便利的城市氛围。"城市带动"是安徽区域经济发展的重要战略部署，"省会经济圈"和"两淮一蚌城市群"、"沿江城市群"应该树立城市发展生态群落思想，把农村作为城市发展的腹地，在城市带、城镇群、经济圈集聚和辐射功能作用下，使城乡一体化发展获得系统化、网络化、等级化的群落动力，特别是实施现代农业与现代工业"同城规划"，使现代农业与现代工业在城市群落里直接融合。让现代农业在城市资源集聚、创新和辐射的过程中得到更多的发展机会。第三，坚持统筹发展，提倡城乡"双向兼业"，给农民创造更多增收机会。农村与城市的最大差别是选择权的丧失和缺乏。城乡统筹一体化发展就是向农村农民不断发还发展权的过程，只要在机会公平的原则下"放活"农民进城发展机会，城乡收入差别的缩小就会指日可待。为此，必须按照党的十七大"建立统一规范的人力资源市场，形成城乡劳动者平等就业的制度"的要求，以更加宽容和包容的态度，从帮助农民持续增收的角度，用城市的商业胸怀和人文智慧，最大限度地满足农民在城市求生存、谋增收的最低要求，给农民持续增收提供理想的创业平台，在城市建设中统一考虑建立农民创业园区，给农民提供基本的创业条件，使农民的增收有一个稳定的环境。

（六）贯彻落实科学发展观，合理利用农业资源和保护农业环境，把可持续发展作为安徽由农业大省向农业强省跨越发展的制高点

资源环境是安徽由农业大省向农业强省跨越发展的根本保障和前提条件。在安徽由农业大省向农业强省跨越进程中，资源的合理利用和保护是困扰安徽农业发展的两大问题。解决这两大问题的基本出路是在资源既定的前提下，转变生产方式和生活方式，发展集约、高效农业，最大程度地降低农业生产成本，合理、节约地利用农业资源，减缓人口对资源的压

力。同时，按照国际可持续发展和循环经济的基本要求，节水、节地、节肥，最大限度地保护农业资源和生态环境。为此，政府首先要树立责任意识，在深入贯彻科学发展观的指导思想下，突出农业生态利用和保护的公共产品性质，把农业资源的利用和保护作为政府的最大职责。从资源的综合利用和生产保障的角度积极探索农业资源的有效利用和保护形式，把质量、效益作为现代农业发展的中心环节，从战略的高度，用技术和制度的力量，促进再生资源的循环利用和非再生资源的节约利用，使现代农业逐步进入又好又快的发展轨迹。其次，建立合理的生态补偿机制，加大对山区公益林的补贴。安徽山区是生态文明的主要贡献者。新中国成立以来，山区县（市）为安徽的农业发展、工业文明、城市进步作出了巨大贡献。特别是在水源提供和森林植被保护方面的成绩更是难以替代。长期以来，由于生态补偿机制没有建立，山区的贡献并没有得到充分认同，山区不得不一步一步陷入制度性的生态穷坑中。尤其是新农村建设开展以来，政策比较多地向农业倾斜，山区的生态性贫穷问题更加严重。安徽山区县（市）公益林平均达到60%，有的达到80%以上。应该说，国家的政策从整体利益和长远利益而言完全正确，非常必要。但在国家政策制定的规则中，明显缺乏平等的公益补偿原则，让山区县（市）过多地承担了国家生态文明和环境友好的社会责任。公益性的生态林补助标准过低，成为制约山区经济发展不可忽略的重要因素。导致山区经济发展步入社会贡献越大、山区人民收入越低的怪圈。再次，利用适度技术，大力发展循环经济，把生物能源开发作为农业资源开发的重点。据国家农业部门认定，农作物秸秆、畜禽粪便、玉米芯等已被命名为农业生物质能源。我国每年农作物秸秆年产6亿吨，农产品加工业如稻壳、玉米芯、花生壳、甘蔗渣等副产品的年产量超过1亿吨。我国还有4.2亿公顷边际土地，包括各种荒地、荒草地、盐碱地、沼泽地等可以用来发展能源作物。如果能利用现在资源的一半，生物质产业年产值就可接近万亿元人民币，农业生物质资源是座待开发的金矿。作为农业大省，安徽生物质能、太阳能、水能、风能资源及林业生物质能源储备十分丰富。安徽在发展现代农业的过程中，应利用好国家大力发展农村生物能源的机遇，在加大对农村可再生能源开发的政策引导和财政补贴基础上，更多地利用市场机制的力量，调动社会的积极性参与农村能源的开发和利用。最后，实施乡村清洁工程，防止农村面源污染的加剧。农村生产环境和生活环境的污染在目前有加剧的表现，特别是近几年来，随着农村农民生活水平的提高，除了传统的生活垃圾外，城市型生活垃圾和工业危险废弃物逐步进入农村。尤其是乡村工业和乡村养殖业的快速发展，含有金属污染的工业垃圾也遍布农村，给农村农业生产和农民生活带来极大隐患，不仅破坏了农村的生态平衡，严重影响绿色农业的发展，同时还给农村蒙上了"脏、乱、差"的阴影。在农业强省建设过程中，要按照中央"村容整洁"的基本要求，以科学发展观和循环经济为指导，实施乡村清洁工程，以农村废弃物质资源化为重点，树立"减量化、再利用、再循环"的清洁生产理念，重点开展畜禽粪便、生活污水、生活垃圾的无害化处理，用政府埋单、服务外包的形式，以村为单位，建立农村环境管理组织，改变目前农村环境治理无序的现状。推进农村畜禽粪便、农作物秸秆、生活垃圾和污水向生产肥料、生活能源、养殖饲料的资源转换，实现经济、社会、生态三大效益。通过节水、节能、节肥技术，净化水源、农田和庭院，使安徽现代农业稳步发展、安徽农民生活逐步宽裕、安徽农村生态环境日益良好，为安徽由农业大省向农业强省的跨越提供优良的资源环境保障，最终完成安徽社会主义新农村建设的历史任务。

参考文献

石忆邵、顾萌菁：《农业产业化与农村城市化共生模式研究》，《经济理论与经济管理》2001 年第 10 期。

徐清照：《论农业产业化与农村城镇化的同步推进》，《东岳论丛》2003 年第 2 期。

魏跃平、王有信：《开发生态、园林观光农业产业 加快建设农村小康社会》，《中国果菜》2004 年第 4 期。

向会娟、曹明宏、潘泽江：《农业产业集群：农村经济发展的新途径》，《农村经济》2005 年第 3 期。

谢方、王礼力：《农业产业集群作用于农村市场体系的机理初探》，《商业研究》2008 年第 9 期。

实行"以户对接"安置移民 推进农村闲置资产有效流转

⊙ 束学龙[*]

农村移民安置是一项政策性强、牵涉面广、影响面大而又令人棘手的问题。在农村大量由于重点工程建设、自然灾害、绝对贫困等原因造成的移民中,相当一部分农业人口不仅要解决安身之所——生活资料,还要解决生活来源——生产资料的问题。与此同时,当前农村许多地方,由于外出经商、务工或者家有机关、事业单位工作人员,许多人举家外迁、离乡而居,他们原来居住的房屋、拥有经营使用权的田地和山场逐渐出现了闲置和抛荒的现象,可他们自己却弃之不舍、留之累赘。为此,安徽省霍山县在这方面进行了大胆的探索和有益的尝试,开展了一种被称为"以户对接"安置移民的方式,有效地推进了农村闲置资产的合法合规、合情合理流转。

自 2004 年以来,霍山县相继开工建设了国家治淮重点工程之一的白莲崖水库及六潜高速霍山段等多个国家和省重点工程,同时又接连遭受几场特大洪涝灾害,需要进行较大规模的移民搬迁。其中一些文化程度不高、劳动技能单一、习惯于农村生产生活的移民,进行移民后仅靠安置地的生产生活资料不足以满足生产生活需要,到城镇集中安置又缺乏必要的谋生技能。霍山县委、县政府针对这种现象,提出了一个具有创新性的移民安置方式——"以户对接",也就是通过地方党委、政府和有关职能部门出

---

[*] 束学龙,中共六安市委常委、六安市委秘书长。

面协调，让举家外迁的人员将其在农村的房屋和田地、山场等生产生活资料有偿转让给移民户，这样既能使转让者甩掉包袱，得到一定的经济补偿，又能使那些习惯于农村生活且以农为生的移民户迅速得到妥善而又稳固长久的安置。

"以户对接"安置移民方式目前已在建设中的白莲崖水库、六潜高速霍山段、郑家湾水电站工程移民和灾后灾民生产生活安置中全面实施。

一 "以户对接"安置移民的主要做法

（一）政府搭桥，合理引导

安徽省霍山县委、县政府主持召开县直属单位和各乡镇工作会议，动员机关、事业单位和外出经商、务工的举家外迁人员流转在农村的承包土地、转让在农村的住房，用来安置移民，让有意向者到县白莲崖水库工程建设协调领导组办公室（以下简称"县白库办"）或所在地乡镇政府登记申请。县白库办及相关机构按移民的补偿金额与流转户的流转费相当的原则，兼顾移民的生产生活习惯等因素，建立模拟对接关系。根据资源是否充足、位置是否合适、基础设施是否良好的状况，对全县登记的近 400 个举家外迁户进行书面审核和实地考察，择优挑选了 200 多户向广大移民推荐，并向移民所在乡镇、村组散发和张贴了大量的宣传单，把出让方各方面的信息准确、完整地告知移民，供他们选择。

（二）供需见面，自愿对接

移民户根据自己的意愿和掌握的信息，选择适合自己的对接户，可以选择一户，也可选择几户，再通过县白库办或乡镇机构牵线，或直接和出让户联系、面谈，往往要经过多轮磋商，方可达成初步对接意向。随后，对接双方进行实地考察和洽谈，最终达成共同认可的转让条件。

(三) 依法流转，妥善安置

移民户和出让户在达成一致意见后，对接双方依照霍山县政府出台的《霍山县白莲崖水库工程移民安置土地流转暂行办法》及相关政策规定，签订《霍山县重点工程移民以户对接安置房屋转让和土地流转合同》，并经双方所在地乡镇、村组确认和司法机关公证。然后，移民个人填写《以户对接安置确认表》，与迁出地乡镇政府签订《补偿安置合同》。最后，移民个人填写《以户对接安置审批表》，明确填写家庭人口、迁入地点及土地流转、房屋转让的基本情况，经两地村、镇审核，报县审批，继而办理户籍迁移、在校学生学籍转移及计生档案等移交。完成一切法定手续，"以户对接"安置移民顺利完成。

二 "以户对接"安置移民的实施成效

从目前已经进行的"以户对接"工作情况来看，这种移民安置方式的经济效益、环保效益和社会效益都十分显著，主要表现在以下四个方面。

（一）盘活了社会闲置资产

"以户对接"移民安置使转让方闲置的生产、生活资料得到了充分利用，减少了当前农村大量闲置社会财富的浪费。从目前已经完成"以户对接"的近百户移民的统计来看，户均转让价格在8万元左右，涉及流转承包权的土地及山场1500多亩，盘活沉淀资金800多万元，闲置土地每年可增收100多万元。如县中医院医师张守福原住在大化坪镇白莲岩村，家中尚有4间房屋、4亩多田地、20多亩山场，配偶及子女随张守福迁至县城居住，农村的房屋长年无人居住，田地无人耕种，山场无人管理。如果不是实行这种方式流转出让，其闲置的房屋财产和承包土地、山场将很难处置。通过"以户对接"，张医师不仅获得了5万多元的收入，还了结了一个长期的牵挂。而受让的移民户朱思存也在旧房拆迁后,在很短时间内且不用建设就搬入新家,并获得了足够的生产生活资料,迅速恢复了正常的生产生活。

(二) 降低了政府移民的安置成本

由于实行"以户对接"是一种零星分散安置,不用像集中统一安置那样,提供水、电、路、广电等基础设施配套,降低了政府的安置成本。根据县白库办调查统计,采取"以户对接"方式的移民,每人安置费用只需2万元左右,是采取集中安置方式移民人均安置费用的1/3。同时,与"就近后靠"安置方式相比,"以户对接"的移民减少了在水库上游的土地耕种和林业砍伐,更为有效地保护了库区的生态环境。

(三) 实现了移民长久的安居乐业

"以户对接"不仅使移民的生产生活环境没有很大的改变,而且得到了相应的改善,具备了可持续发展的基本条件。据调查,超过80%的移民选择到和自己过去从事农副业生产相同相近、基础设施更好的地方居住。这样,迁移的波动性被减少到最低限度,移民能够较快地适应新的生产生活环境。比如,原大化坪镇俞家畈村村民黎明,原居住地到最近的公路有5千米远,交通十分不便。这次通过"以户对接",他家搬到落儿岭镇白云庵村,离公路只有几十米远。他说,虽然这里的山场资源比过去少了点,住房也不比以前好多少,但是以前忙活的茶叶、板栗、毛竹、桑园现在都有,自己很习惯这样的生产生活,而且交通便捷,节约时间,可以有更多的时间去从事生产活动,收入比过去明显增加。大化坪镇白莲岩村村民黎绍东,过去的家和竹园离最近的公路仍相隔2.5千米,且有一条大河阻隔,卖竹子的收入去掉工夫费所剩无几,生活和生产都十分不便。现在对接搬迁到本镇王家河村,公路通到家门口,竹园就在公路边,不仅出行十分方便,而且生产经营效率大大提高。

（四）促进了社会稳定与和谐社会建设

由于充分尊重了群众意愿，移民在新的居住地都有比正常安置标准更高、更充足的生产资源，维持正常的生活绰绰有余，而且具有较大的潜力。根据调查，选择"以户对接"方式的移民，大都是因为得到了相对较多的补偿资金，他们只要用部分资金即可获得和过去相当，甚至更多的生产生活资料，迅速恢复或超越过去正常的生活状态，节省下来的部分资金便可用于今后生产生活条件的改善。这样，移民就真正能够达到移得出、稳得住、逐步能致富，从而避免了"二次移民"的出现和由此产生的社会矛盾，有利于社会主义新农村和和谐社会的建设。

三 "以户对接"安置移民的几点启示

作为一种新生事物，"以户对接"移民安置方式不仅需要不断地探索和总结，更需要不断地提炼和创新，虽然实践的时间不长，但该方式给我们带来了以下几点启示。

第一，充分尊重对接户双方的意愿，让群众"信得过"，是"以户对接"移民安置工作成功的必要前提。"以户对接"移民安置，就好比政府在转让户和移民户之间牵线搭桥，促成"姻缘"。只有双方情投意合，才能幸福美满，绝不能搞"拉郎配"，更不能"乱点鸳鸯谱"。因此，充分尊重群众意愿，进行广泛的宣传，引导群众算清"一笔账"，让群众充分理解"以户对接"安置的明显益处就尤为重要。与此同时，当移民有了"以户对接"方式安置的想法后，就应该提供地点不同、资源丰富、交通便捷的多处有意转让的生产生活资料供移民选择。

第二，党委、政府做好周密细致的协调服务，让移民"行得通"，是"以户对接"安置移民工作办好办实的根本保证。在白莲崖水库工程移民工作中，县和所在乡镇两级政府均专门成立了县、乡"白莲崖水库工程建设协调领导组"，下设办公室，全面负责工程建设协调和移民安置工作。

县乡"白库办"经过深入细致的研究，多次征求移民和多方的意见，用了一年的时间，依照相关法律法规，不断修改完善"以户对接"移民安置工作方案，最后形成了由县政府出台的一系列规范性文件，为"以户对接"移民安置工作在法理和程序上做了充分的准备。其他重点工程也成立相应机构，县乡联动，相互配合，灵活机动，因地制宜。一边是处理好转让户和所在地群众之间的关系，确保"让得出"，不留后遗症。一边是处理好移民户和迁入地群众的关系，包括房屋、土地四至界隔、基础设施配套、子女入学等，确保移民"移得进"，"稳得住"。同时，在补偿金发放、搬迁等方面做好全程跟踪服务。

第三，统筹兼顾理顺关系，让各方利益"端得平"，是确保"以户对接"安置移民成功的关键所在。"以户对接"、资产流转的移民安置，涉及转让户与移民户、迁出地和迁入地村组与群众等多方利益关系。平衡各方利益，成为理顺关系、化解矛盾的"牛鼻子"。对此，在白莲崖水库"以户对接"安置移民工作中，县政府通过出台一系列规范性文件，对各方的权利和义务做了明确的规定。例如，土地补偿及安置补助费（包括线上土地转让费）、房屋及附属物补偿费全部兑付给移民个人，由移民个人用于支付土地流转户的土地流转费和房屋转让费。零星树木补偿费、搬迁运输补助费、移民过渡期生活补助费、基础设施补助费中新址征地补偿费、场地平整费、饮水及220伏入户电线补助费也及时足额兑付给移民个人，全力保障移民权益。基础设施补助费中的道路、380伏和220伏公用电力线路补助费及文教卫生补助费兑付给移民迁入地的行政村或村民组，维护迁入地的集体利益。此外，在由移民户支付的土地流转费中，土地流转户得到80%，其余20%由其所在的村民组获得，维护迁入地的集体利益。正是平衡了方方面面的利益，"以户对接"安置移民才得以顺利实施。

诚然，实行"以户对接"安置移民，推进农村闲置资产有效流转是一种新生事物，我们仅仅是做了一些尝试，虽收到了一定的效果，但有些问题和矛盾的解决方式还有待于进一步探索。如实行"以户对接"安置比"就近后靠"安置的移民多了一分离乡背井的漂泊感，少了一分心理上的归属感；比集中统一安置的移民多了一分人单势孤的孤独感，少了一分生活中其乐融融的亲情感。农村中宗族势力的干扰和大跨度迁移民风民俗的差异都会给这种移民方式带来负面影响。我们将继续不懈地努力，在实践中不断完善、不断创新，力争把这件利国利民的事办好。

参考文献

方国华、戴树生：《离乡不离土——一种新的农村移民安置规划方式》，《人民黄河》1998年第11期。

田剑平、许学强等：《城市外来低收入移民安置与自下而上城市化发展》，《地理科学》2002年第4期。

吴宗法、王浣尘：《城市工程移民规划研究》，《现代城市研究》2003年第3期。

陈阿江：《非自愿移民的自愿安置——市场经济条件下农村水库移民安置策略研究》，《学海》2006年第1期。

梁福庆：《非自愿性移民安置稳定研究》，《重庆三峡学院学报》2008年第4期。

复制与递嬗：试析农村社会阶层结构变迁

——基于落儿岭村的实地调查[*]

⊙ 吴 丹[**]

在包罗万象的现代化理论研究中，将一个社会的现代化过程视为社会结构变迁的过程，是社会学独具特色的研究角度和分析框架[①]。社会阶层结构的分化、聚类和递嬗也是当代中国社会学研究的重要主题之一。学者们对社会阶层结构的兴趣主要源于社会阶层是最主要的社会行动单位，阶级或阶层的共同行动是最主要的社会行动（Erikson & Goldthorpe, 1992；Wright, 1997）。他们构成了社会矛盾和社会冲突的基础。社会学研究者期望能够在原有社会制度转型的背景下，不仅对这些社会向市场经济体制的转型有所认识，而且期望能够对社会分层结构的变迁规律提供新的知识，并通过对社会阶层结构的分析寻求培育合理的社会阶层结构的现实路径。

我国农村社会正处于从传统到现代的转型过程中，改革开放以来，我国农村社会阶层结构发生了重大变化。从社会分层结构这个侧面有利于把握转型过程中存在的问题以及重新确立农村社会现代化的目标和方向。村落社会阶层结构的嬗变是广大农村在现代化变迁过程中的一个历史截面。

---

[*] 本文是国家社科基金"九五"重点项目（批文号 98ASH001）"中国百村经济社会调查"的"落儿岭村调查"的研究成果之一。

[**] 吴丹，社会科学文献出版社皮书研究评价中心主任助理。

[①] 参见帕森斯《现代社会的结构与过程》，M. 列维《现代化和不同社会的社会结构》，富永健一《社会结构与社会变迁——现代化理论》等。

对它静态的分析不仅是一种历史记录，也能为农村社会变迁指明方向，特别是对推进农村经济社会发展、切实解决"三农"问题、建设社会主义新农村有直接的现实意义。

一 落儿岭村村庄社会阶层结构的变迁背景与特征描述

（一）变迁背景

落儿岭村位于安徽省霍山县城西 15 千米，是落儿岭镇镇政府所在地。原来以农业为主，20 世纪 80 年代开始发展工业，全镇共有工业企业 38 家，其中位于该村的多达 23 家。2007 年，全村实现工农业总产值 1.48 亿元，农民人均纯收入 3800 元。落儿岭村是当代农村的一个缩影，从宏观上来讲，落儿岭村社会结构的变迁源于以下几个因素。

第一，乡村工业化是乡村社会阶层结构变化的基础和前提。落儿岭的乡村工业化是从家庭作坊开始的。1956 年，落儿岭村（当时还被称作落儿岭大队）就成立了一个手工作坊式的捞纸厂，主要生产皮纸和大表纸（当地人们在祭祀活动时焚烧的一种纸）。这一手工作坊成为当地村办集体工业的雏形，捞纸厂最初只有 5 名工人从事捞纸业务。

1958 年，当地遭遇了历史罕见的三年自然灾害，大旱之后就是大涝，粮食几乎颗粒无收。在"大办钢铁"的热潮中，落儿岭大队也加入这一大潮，用极为落后的方法来冶炼钢铁，用废铁作原料，用树木作燃料，到处支起小锅炉炼钢铁，严重耽误了农作物的耕种，既浪费了大量的人力、物力，又损坏了良好的自然环境，使本来非常贫穷的生活更加恶劣，经济总体规模和农作物产量剧烈下降。贫困的状况一直延续到 1966 年的"无产阶级文化大革命"，在那个特殊的年代，公社（即现在的乡镇）和大队把所有的粮食集中起来，办"公社食堂"、"大队食堂"，各家各户都到食堂吃饭，一日三餐都是在食堂吃供应、喝稀饭。这一时期社会结构超常简单化，正如当时流行的一句顺口溜所反映的"走路咚咚响，不是大队干部就是司务长"。

20世纪70年代以后，随着人民公社制度的废除、家庭联产承包责任制的实行、市场经济的逐步建立，农民自由配置其所拥有的生产要素的可能性进一步增加。1971年，落儿岭村捞纸厂上马了第一台半机械化造纸机械，实现了由手工捞纸向半机械化造纸迈进的第一步。此后，村集体经济特别是村办工业经济进入了快速发展期，由以发展农业经济为主逐渐走向以发展工业经济为主，农业在集体经济中的比重越来越小。1979年，大队的6名干部凑了4000元，贷款6000元，购买两台制砖机办起了砖瓦厂，当年年产值就达到9万元，获利7000元。利用这些资金铺底，采用"滚雪球"的模式，大队在20世纪70年代先后办起了茶叶加工厂、彩印厂、轻工机械厂、金刚石厂等队办集体企业，使大队的集体企业初具规模。

第二，改革开放是乡村社会阶层结构变化的环境和动力。1978年以后，农村地区逐步实行了以家庭承包为核心的农业经营制度，农户取代了以生产队为经济单位的农村生产，极大地解放了农民。20世纪80年代启动的一系列农村改革，政府进一步下放权力，给农民更多的自主权，调动了农民的积极性。农村的社会阶层结构开始分化。

正是在这种情况下，1980年，落儿岭大队又投入40万元，新上了"787"型造纸机，使产品品种扩大到水泥纸袋、卫生纸、表纸、牛皮纸等好几个品种，造纸业年产值近400万元。到1982年底，大队集体收入达500万元，人均纯收入也发展到300多元。1987年，东风造纸厂（2006年10月改制为产权明晰的民营企业，并更名为霍山县晨风纸业有限公司）投资180万元，与淮南矿务局联营扩建全自动流水作业线，使纸业生产和企业规模进一步扩大，到1988年，东风造纸厂利税首次突破百万元大关。20世纪80年代末，村办企业总产值达到1200多万元，上缴国家税收近百万元，实现纯利润22.63万元。改革开放为当地集体企业、私营企业在市场中充分发挥经营能力提供了制度保证和表现舞台。

20世纪90年代初，东风纸业利用原国营东风机械厂搬迁后遗留下来的厂房扩大生产规模，先后上了造纸2~5车间，又新上了涂布白纸板生产线。到1992年底，企业职工人数达到330人，年产包装纸3154吨、包装纸板 2655 吨、条文纸 232 吨。当年实现总收入 1089.46 万元，上缴税金 87.85 万元，职工工资 48.24 万元，纯利润 20.46 万元（上缴镇村 3.26 万元，企业自留 17.2 万元）。

在纸厂的带动下，和其链接相关的产业也发展起来。民营企业短短十几年间就发展到 12 家。发展中规模较大的包括陈庆宽的星宇印务，总资产达到 2563 万元，就业人数 28 人（其中女职工 26 人），工业产值 4084 万元，销售产值 3872 万元，实缴税金 192 万元；还有陈阳春的边丝厂和项兴和的竹编厂产值都在 100 万元以上。正如村书记陈庆泉所说，改革之初，村民搞个体搞私营还有些顾忌，但党的政策一步一步放开之后，农民的活力也逐渐释放了出来，农民不再被政策束缚手脚，可以大胆地干了！与此同时，一部分农民有了些积累，开始进行了投资，整个村庄各显其能的局面打开了，养殖能手承包鱼塘，办工厂的、跑运输的纷纷出现了。

经济的发展、人口的流动、职业的分化使农村的社会结构也发生了变化。在利益分化的吸引下，原先收入相近、在社会结构中地位类似的农民，由于社会经济结构变革、区位差异、个体差异等各方面的因素，部分农民开始向第二产业、第三产业转移，出现了职业分化。有的农民在自主创业中开始积累原始资金，并逐步成长为私营企业主之类的精英阶层。经过社会水平流动和垂直流动，农民逐渐形成了在职业、收入、社会地位、声誉等方面有较明显不同的差异群体。农民群体中分化出私营企业主、乡镇企业职工和个体工商户等富裕阶层、中等收入者阶层以及仅能维持温饱水平的贫困阶层。同时，社会阶层结构对农村社会的进一步发展的制约作用也越来越明显，研究农村社会结构对村落发展的作用，探索促进农村社会进一步发展的结构性因素，就成为当前社会结构研究的重点。

（二）特征描述

我们把落儿岭村社会阶层结构的总体特征概括为"开放的阶层流动、公平的阶层分化、兼业的社会分工、和谐的阶层关系"。

落儿岭村社会阶层结构的第一个特征是：开放的阶层流动。社会阶层的边界是开放的而不是封闭的。落儿岭村是当地镇政府所在地，拥有一个社区街道，在社区内的服务业十分齐全。在课题组去调查的时候，就有一户居民刚开了一家早点店，店主是一位30岁左右的中年妇女，她穿着朴实却很干净，脸上带着山民特有的健康红润的肤色和淳朴而腼腆的表情，用憨厚的嗓门到村委会办公室"宣传"她的早点店里有牛肉面、稀饭和馄饨，并热情地招呼各位村干部到她那光顾。第二天，课题组特地来到这个店铺吃早餐，店铺里设备非常简单，也就是在社区街道的一户人家，一间地地道道的农户平房，把堂屋让出来添了几条桌椅板凳。屋后就是厨房，熬着稀饭和当地特有的"辣糊汤"，屋前置了一口锅专门煮面条。这里没有准备所谓的一次性餐具，洗碗的应该是这家人的长辈、一名60多岁的老太太，碗和筷子都用开水烫得干干净净。早上来吃早点的客人有附近中学的学生，也有街道上其他做生意的，大都是本村人。老板娘做着生意还不停地招呼熟人。

之所以要详细记录上面的例子，是因为这个生动的实例能够鲜活地证明一家农户是如何跨出农民的"身份"流动到第三产业——服务业阶层的。可以说，在前工业化社会，经济行为深深地受到各种社会关系而非经济因素的约束，但随着现代化市场化的发展，经济行为变得越来越自主。市场需求与个体的自利追求能够促成经济行为的发生，继而实现个体的阶层流动。落儿岭村村民市场化意识的加强，促成了这个村社会阶层流动的开放性。

落儿岭村社会阶层结构的第二个特征是：公平的阶层分化。改革开放以来，中国农村劳动力通过兴办企业、外出务工、自主经商、接受高等教育等多种途径实现了社会流动。农村阶层分化日益明显是一个不可避免的趋势。制约社会流动的一个因素是阶层身份获得与分化机制的公平性。一个人社会经济地位的取得，主要不是依靠其先天的或与生俱来的先赋性因素，而是取决于个人学识、能力和努力等自致性因素[1]。

---

① 帕森斯（Talcott Parsons）用"模式变量"来反映行动者之间的互动关系，"模式变量"有五对基本范畴，其中包括特殊性与普遍性、先赋性和自致性。先赋性与自致性是指在互动情景中评价他人或自己的根据和标准是什么，是以先天条件还是后天努力获得的能力。特殊性和普遍性是指在互动情景中，遵循的规范评判标准是一视同仁还是因人而异的。在这里借这两对范畴来描述社会阶层分化的公平性。

在落儿岭村，职业分层和收入分层是一致的，阶层分化的过程和结果都是大体公平的。首先，职业声望较高、收入较高的阶层成员，都来源于这个村的政治精英、经济精英和文化精英。比如，乡镇以上干部都要通过国家统一的公务员选拔考试；村干部都是由村民海选产生，由在村民中声望和影响力较高的人担任；企业负责人都是懂技术、有文化、懂管理、会经营的为企业发展立下汗马功劳的人担任。其次，大部分专业技术人员、办事人员、企业职工、外出务工劳动者也都是凭借自身拥有的技术、能力成为各个阶层的佼佼者。在调查中，课题组感触最深的就是村民挂在嘴边的"勤劳致富"四个字，农民朴实的语言恰恰反映了这个村阶层分化的公平性。

落儿岭村社会阶层结构的第三个特征是：兼业的社会分工。提起社会分工，在人们脑海中浮现的应该是"专业化"三个字。尤其是在分析新兴职业产生的时候，宏观的社会分工总是为了满足社会或社会成员某种特定需求而划分出越来越专业化的职业群体。但是，本文想阐明的是，新的社会需求并不能立竿见影地培育出一批专业化的从业队伍，于是在社会需求已经存在，但专业化的从业队伍又尚未形成的过渡期，必然会产生大量的"兼业群体"。这在落儿岭村表现为该村有大量同时从事第二、第三产业的兼业农民。首先，该村仍然是一个传统的农业化山区村庄，土地、林场、水产养殖等农村经济支柱不可能消失，也不可能像城市那样完全从事第二、第三产业，发展农业是基础，该村大部分已经在工厂打工的村民都仍然兼业从事农产品生产；同时，乡村工业化、社会服务商业化是乡村现代化的必由之路。随着乡村现代化的发展，仅仅依靠农业也是无法带领农民脱贫致富的，农民只有通过兼业才能富起来，于是，该村农民的兼业身份就进一步确定下来了。

举一个典型的个案。笔者作为课题组的成员，多次到落儿岭村调查，因为该村离县城不是很远，所以很多次都住宿在县城的招待所里。2007年10月，为了节约时间，也为了能够更深入地了解这个村庄。笔者在村里的一家家庭旅馆住了一个星期。说是旅馆，其实和农户家几乎一样。这户人家在村内的街道社区盖了一幢两层小楼，上下各四间房，具体功能分布是：上面三间和一个阳台、一个卫生间作为旅馆主体部分，每间房里有三张床位和一台彩电（旅馆是按照床位收费，每张床每天10元）；下面主人家夫妇两人带一个上初中的儿子住两间，还有一间是堂屋，另外一大间开了一个超市，卖一些日用品，还有长途电话可打。就课题组了解到的这对年轻夫妇所从事的工作包括：种点家用蔬菜、开旅馆、开超市和早上在超市门口卖菜（包括猪肉）等四种。生意忙的时候，连放假回家的孩子都要身兼数职。这户人家属于典型的兼农兼商。

落儿岭村社会阶层结构的第四个特征是：和谐的阶层关系。阶层关系的和谐与否与前面提到的开放的阶层流动、公平的阶层分化、兼业的社会分工是紧密联系的。当然，决定阶层关系的根本在于阶层结构的具体分布。中等收入者占主体是一个合理的社会结构。从落儿岭村的家庭收入分布和家庭财产分布都可以看出，该村的中上等收入群体占到了大多数，而极富和极穷阶层都只占少数比例，这是阶层关系和谐的基础。正如宋林飞教授所指出的那样："当中等收入者成为社会主体时，社会矛盾和社会紧张程度就会大大缓和，极端的思想和冲突观念就很难有市场；中等收入者的生活方式就会推动与稳定消费市场，从而有效解决内需不足的问题，促进经济持续发展与繁荣。"①

阶层分化体现着不平等，但也要看这种不平等是基于什么基础上的不平等，如果由机会均等原则主导，在竞争公平条件下产生与效率相关的不平等则是被人们认可的。该村的贫困阶层大多是孤寡老人、"五保户"和因病致贫者，这个贫困阶层的形成有其历史原因，造成他们贫困的也非人为因素。这种贫困阶层并不具有可复制性，它是一种非结构式贫困阶层。该村的富裕阶层也大都是勤劳苦干出来的。更重要的是，比较有能力和市场经验的民间经济能人，他们在自己经营的同时不仅带动了村庄的就业，还客观上给村民带来了比重不小的收入。正如前文分析，该村纸厂和竹编厂等大型企业的员工大部分都来源于本村村民。私营企业的发展带动了全体村民生活水平的提高。该村还十分重视教育，村民一进纸厂都能得到专业的职业培训，有利于普通村民掌握技术，并通过掌握知识、技术向上流动。

---

① 宋林飞：《优化社会结构是构建和谐社会的基础》，《社会学研究》2007年第2期。

二 三个村庄的社会阶层结构变迁比较研究

落儿岭村调查是作为国家社科基金"九五"重点项目的"中国百村调查"课题组的一个子课题进行的，在此之前，课题组成员已经在全省各地的不少村庄进行了实地考察。尤其是在做农民工子女调查、失地农民调查等专项课题的时候，课题组对调查的每个村庄都做了问卷调查和访谈，还收集了一些文献资料。为了使农村社会结构变迁的过程给人们形成更加"立体化"的印象，也为了突出落儿岭村乡村工业化的典型性，本节选择了城市化过程中三个不同类型的村庄进行了比较分析。

（一）落儿岭村的乡村工业化之路

从学理上对村落类型划分来说，有不同的划分维度。总结村落类型的划分，它的参照坐标大致有两大类：一类是从经济结合的角度，如工业化、集体化和市场化等；另一类是从组织结合的角度，如家、村地位，宗族强弱，族老地位等。按照这两类不同的划分标准，全国农村不同的地区形成了具有地域特征的村落分布。王汉生主持的北京大学社会分化课题组在1990年根据各地乡村工业化水平及社区集体化程度的不同，将中国农村分成了四种类型。他以工业化水平为横轴，以集体化程度为纵轴，四种类型分别是高集体化低工业化类型（改革前人民公社时期的农村）、低集体化低工业化类型（我国目前大部分农村地区）、高工业化低集体化（如温州地区）和高工业化高集体化（如苏南地区）。

落儿岭村的社会结构变迁走的是一条乡村工业化的道路。村域经济的快速发展、经济实力的显著增强带动了农村社会结构的变迁，落儿岭村人的生产方式、生活水平、教育意识、文化水平和就业结构也随着村级集体经济的发展逐渐地发生变化。落儿岭村虽然在地理位置上处于大别山区，但从工业化和集体化水平上看，它的发展类型近似于苏南的高工业化高集体化类型，经过产业模式的转变和所有制体制的改革，苏南的集体化程度已经弱化了，同样在落儿岭村，在纸厂改制的过程也是一个集体经济和私营经济博弈的过程。

首先，乡村工业化的道路体现在村办企业的发展上。落儿岭村办企业的发展在前文已经有详细阐述。那么村办企业发展以后对该村的社会阶层结构的变化究竟能起到什么作用呢？陆学艺按农业劳动者和乡镇企业职工相对规模的大小，把农村阶层结构分为前分化性、低度分化性、中度分化性和高度分化性四类，代表农民分化的四个类型。"这四种分层结构类型的依次变迁代表和反映了经济现代化水平的提高。"[①] 落儿岭村纸厂发展越来越快，在村办企业中就业的青壮年劳动力达到了一半以上，农民的分化程度已经接近高度分化性。村办企业的发展加快了落儿岭村的社会分化，使落儿岭单纯的农业人口的社会阶层结构向多阶层、多职业的现代社会转变。

其次，乡村工业化的道路表现在多种经营的发展上。根据研究，从市场化程度、政府对经济的干预大小、村落自我组织化水平和作为最小经济单位的农户的经济能力几个角度，可以把落儿岭村总结为"市场开放、政府服务、集体弱化、个体强化"的类型特征。先说市场开放。随着乡村企业的发展，企业的市场化程度越来越高，正如前文中提到的，纸厂的原材料除来自本地纸浆之外还进口了美国废纸，纸厂技术人员除了培训本地村民之外还高薪聘请了山东等省技术专家，同时纸厂的销售市场在立足国内长三角地区以外，已经远销东南亚等地。再说政府服务。在纸厂发展的过程中，地方政府正确树立了服务工业发展的理念，为企业的发展提供了坚强的后盾，同时减少对企业经济发展状况的干预。政府回归对公共事务的管理，为企业提供保障，实现公共资源的优化配置。再说集体弱化。纸厂的发展离不开村集体，从集体企业到合作企业的转轨，集体的力量由强变弱，这是纸厂可持续发展的必然之路，只有产权明晰、权责分明才能真正增强纸厂的内在竞争力，在市场经济的浪潮中拔得头筹。最后说个体强化。从事工业的农民更快更早地接受现代社会的生活方式和价值观念，新思想、新观念就能够更迅速地传播，从而增强农民自主创业的个体力量。落儿岭村个体工商户的成熟发展正是该村村民个体力量的完美展现。

---

① 陆学艺：《改革中的农村与农民》，中共中央党校出版社，1992。

最后，落儿岭村的乡村工业化道路还表现在公共服务的发展上。在纸厂的市场竞争力不断增强、个体工商户等多种经营方式不断成熟的基础上，落儿岭村的公共服务建设也日趋完善。落儿岭村的公共服务集中体现在基础设施建设、生态保护建设两个方面。从基础设施建设来看，道路、通信、水利设施逐步完善。落儿岭行政村下面的16个村民组都通机耕路，每户均通自来水，户户都有收音机、电视机，电话拥有率达80%，电脑拥有率达20%。同时，村里16个村民组有5口"当家塘"，可灌溉770亩以上的土地，确保该村农田旱涝保收；4道堰坝可实施自流灌溉。从落儿岭村的生态保护建设来看，该村以生态示范村的标准为总体目标，大力发展生态经济，着力推进生态农业、生态工业、生态家园、生态林业、生态文化和生态旅游建设，村聘请了县、镇相关部门的技术人员来村驻点指导生态创建，先后编制了《村生态建设总体规划》，涵盖了生态农业、生态林业、生态工业、生态文化、生态旅游五方面的规划任务，以此作为全村深入开展生态建设的指南，生态创建不断向纵深发展。公共服务的完善是落儿岭村社会阶层合理分化、阶层关系更加融洽的基础。

（二）老洪村的外力城市化之路

老洪村位于安徽省HF市市郊，是SS区SWLH村下的13个自然村之一。随着HF市政务新区打造步伐的加快，老洪村原来的村庄在"外力"下完全消失，原村庄旧址已经完全纳入HF市政务新区。原村民由HF市集中规划住入HF市绿怡居小区成为HF市新一代市民。像老洪村这样，由于城市的迅速扩张，城市文明迅速渗透，村庄在外力的剧烈推动下，短时间内实现城市化的村庄在中国并不在少数。仅以安徽HF市为例，HF市经济开发区2001年开始征地转户，到2004年2月，全区就批准了216个村民组11559户共33046人的城市户口转化。

纵观老洪村的发展过程，不难发现，老洪村由一个城郊原始的自然村庄，受到城市的辐射，演变为一个初步工业化的村落，最后，在城市化的进程中完全同化，村庄消失，村民"市民化"。老洪村几次历史性的土地分配调整包括：家庭联产承包责任制中，土地实现平均分配；1992年，HF

市二环路和绿化带建设征用部分土地；1998年，农业科技示范园的建设征用部分土地；2001年，HF市政务新区的兴建，村庄整体拆迁。经历了短时期的剧烈城市化以后，老洪村作为一个自然村庄已经不复存在，老洪村的村民失去土地后，进入了新一轮的社会化过程。面对外力作用下剧烈的城市化进程，村民多少有些"无法选择"，而城市化的主体——城市管理者的作用凸显出来。

一方面，在职业结构上，村民不再依赖土地，不再以农业生产来维持生计，他们由政府安排或自主创业转移到城市的第二、第三产业中去。原村民彻底"离土又离乡"并进入城市的职业体系当中。一般高中以上文化和有技术的青壮年到企业中适应能力较快，而一些年龄偏大或无技术的村民只能到一些劳务公司、绿化公司、快餐店等后勤服务企业。这一系列的职业转化都是在城市管理者的行政介入下进行的。城市管理者行政能力水平的高低直接影响着村民能否顺利完成城市化。如何更好地衔接农民和企业？如何对农民进行职业培训？如何有针对性地推荐就业？更多的问题都需要城市管理者来解决。

另一方面，在生活方式上，村民脱离了原始农村的自然环境，进入城市社区，必须要适应新的生活方式和社会管理方式。村民在这种外力"城市化"的作用下，失去的不仅仅是土地，还包括原有的一切生活环境。他们必须接受新一轮的继续社会化。城市管理者不仅有责任补偿他们失去土地的金钱、帮助他们重新就业，还应该思考如何进行积极的政策参与，保障他们生活，实现他们继续社会化过程的顺利进行，使村民从思想和文化上进行转变，真正成长为有能力变被动为主动、真正融入城市化建设的市民。

（三）顾村的农民工外流之路

顾村是安徽省BB市GZ县LJ镇的一个自然村，南临新浍河，西靠浍河，处于两河的三角地带，地理位置偏僻，是典型的农业社区。从内部来看，顾村缺少村庄工业化的条件，尤其是没有私营企业。在顾村，由于初级市场的范围狭小，与外部市场缺少信息资源沟通，村民缺乏获得信息资源的渠道，再加上小农生产的狭隘性和自我满足性，都抑制了村庄内部现代工业的萌芽。从外部因素上考虑，顾村远离长三角等消费市场，消费市场仅限于九湾集市，消费能力很小。该村周边也无大城市的有力辐射，处在一个封闭的边缘地带。

因此，顾村的城市化发展只有靠突破区位限制、走出村庄，实现劳动力的转移。改革开放以来，顾村村民在价值观念上已经日益现代化了，他们在寻找着走出贫穷落后的途径，在调查中81.3%的被访者认同"辛苦点没什么，什么活挣钱多我就干什么"，83.3%的被访者认同"只要有机会我就到外面去闯一闯"。大量农民工外流，并成为该村中等收入者的主体是该村社会阶层结构变迁的一大特征。

一方面，农民工出去打工提升了农民的家庭收入，改变了农民的生活方式。在村民只能单纯依靠种田养家糊口的顾村，如果一家有一个人出去打工，一年就能带回5000～10000元收入，而这是一家人仅靠种田所不可能完成的"增收"。因此，在顾村出去打工的人越来越多，该地区中等收入者的经济水平也逐步提高。农民工外出的道路是我国中西部农村的普遍选择，农民工外出不仅带回了金钱，也带回了新的理念和城市文明。很多村民挣了钱回家乡盖了房子，买了电视、洗衣机等家用电器，有的还添置了电脑。农民的生活方式由旧的传统农村生活方式逐渐转变为新的现代生活方式，有利于农村和城市的进一步接轨。

另一方面，农民工大量外出打工改变了农民的家庭结构，弱化了原来村落的凝聚力。从家庭来看，外出打工的农民大部分都是家里的青壮年，老人和孩子通常留守家园，"空巢家庭"的数量很多。粗略估计，该村有1/3以上的家庭由于家庭成员的流动处于分居状态，包括父母与子女的分居、夫妻的分居。家庭成员的"离散化"使留守老人缺少子女的关爱、留守儿童缺少家庭的温暖、留守妇女的生活负担空前加重，一定程度上影响了家庭成员生活的幸福指数。从全村来看，村民大量外出使顾村本身成了一个"空巢村"。随着农民工外出人数的不断增加，留在顾村的村民逐渐只剩下了"386199"部队。而农村农业产业化、农产品深加工的发展，需要大量有技术、会经营、懂管理的新型农民。新型农民的培育和鼓励农民工回乡创业成为顾村进一步可持续发展的必由之路。

正如陆学艺研究员所说："农民工已经成为中国广大农村联系城市的

纽带，他们把农村勤劳淳朴的作风带进了城市，为城市的建设付出了辛勤的劳动；他们又把在城市里学会的新思想、新的生活方式带回农村，加速了农村的现代化发展，可以说农民工对实现中国城乡间的功能整合、利益整合、关系整合起着不可替代的作用。"[1] 农民工进城务工是我国城市化建设的重要途径之一。当然，社会发展总是与社会矛盾同在，每一条社会发展的道路都可能充满荆棘，而构建和谐社会正是在不断披荆斩棘、解决矛盾中持续前进的。

三 结论：社会阶层结构现代化的多元路径分析

（一）结合具体境遇：选择合理路径

合理的社会结构呈现在阶层结构形态上是一个中间大、两头小的橄榄形结构，在阶层关系上是一个公平的、开放的、良性互动的关系（陆学艺，2002）。改革开放以来，中国广大农村进行了深刻的经济体制改革、产业结构调整，总的趋势都是一样的，那就是培育农村合理的现代社会阶层结构、建构农村和谐的社会阶层关系、孕育开放的社会流动状态。而如何完成从传统到现代的变迁，结合各地的具体条件，上文叙述的三个村庄就选择了三种不同的道路。各地村庄在改革和发展中自主探索发展道路，使中国乡村日益呈现多样化的格局。以落儿岭村为代表的相当一部分村庄通过村办集体企业的发展，逐步实现了社区经济的工业化和再集体化，也推动了个体工商业和私营经济的发展，以集体化、个体化的方式实现了农村工业化，并形成集体和个体工业经济发达的现代农村社区；以老洪村为代表的原城乡结合部的大部分村庄受到了周边城市快速发展的辐射，以迅雷不及掩耳之势彻底转变为"城市社区"；而以顾村为代表的更多的村庄

---

[1] 王开玉：《不一样的童年——中国农民工子女调查报告》，合肥工业大学出版社，2007，第1页。

仍然以农业经济为主，大量青壮年劳动力的外出打工，突破了城乡壁垒，慢慢弥合着城乡二元分割的局面。

对这三个村庄社会阶层结构类型的总结、对比、分析，目的不在于寻求一种万能的、可无条件复制的"模型"，而是希望通过分析尽可能多地展示、回望每一种社会变迁类型，为中国城市化的可持续发展寻求多元化的发展道路。中国的城市化道路不可能只走扩大中心城市的道路，推动广大农村地区的现代化发展，学者们已经提出了"重视小城镇建设"、重视"县域经济发展"等发展路径。

虽然农村发展的整体环境是一样的，但是具体到每个村庄由于地理区位不同、村民意识不同、资源条件不同、把握市场能力不同等诸多微观因素，每个村庄的现代化、城市化道路选择不尽相同，社会变迁的速度也有快有慢。老洪村离中心城市距离近，受城市的影响大，整个村庄在城市化的步伐中，急速迈向了城市社区；顾村离中心城市距离远，村民要靠外出打工才能提高经济收入和生活质量，村庄的现代化发展步伐较缓；而落儿岭村村民市场意识较强，继承并发展了"红军精神"，在村内创办了具有竞争力和凝聚力的集体工厂，也带动村内个体工商户的发展，以乡村工业化的道路逐步迈向乡村的现代化。

（二）发挥农民主体作用：城市化的三种途径

中国农村是一个乡土社会，其特征有两点：一是从人与空间的关系看，中国农村社会的人口是不流动的；二是从人与人的关系看，中国农村社会的人际关系是对外以聚居集团为单位的孤立和隔膜而对内则是人皆共享的"熟悉"（费孝通，1947）。随着家庭联产承包责任制与中国特色市场经济体制的确立，农村社会开始从封闭走向开放，农民群体开始从静止转为流动。从人与空间的关系看，现代农村社会的人口流动开始逐渐加速；从人与人的关系看，现代农村社会的人际关系对内仍旧熟悉，但对外界不再一味孤立、隔膜，而是有一种开放、接纳的态势。农村劳动力开始向第二、第三产业转移，农村社会出现了职业分化，贫富差距逐渐拉大，农民差异性逐渐增强。再加上中国国土面积辽阔，全国东西部、南北方差异较大，中国乡村的发展不断呈现出多样化的态势。因此，目前对农村村庄社会结构的研究就是要通过对不同地区、不同环境的个案研究总结出个案所属的类型特征。

农民是新农村建设的价值主体，更是新农村建设的创造主体。我国的新农村建设不能走单一化的发展模式，而是在不同类型的村庄要发挥农民的主体作用，结合各地的具体境遇，真正寻找到适合本地区发展的现代化道路。仍以这三个村庄为例分析，像落儿岭村这类乡村工业化的村庄，可以寻求村办企业可持续发展，增强竞争力；像顾村这类农民工大量流出的村庄，可以鼓励农民工回乡创业，参加家乡的新农村建设；而对于老洪村这类已经进入城市社区的村民，发展的重点就是顺利实现村民继续社会化，真正融入中心城市的生活体系。

参考文献

费孝通：《江村经济——中国农民的生活》，商务印书馆，2001。
费孝通、张之毅：《云南三村》，社会科学文献出版社，2006。
陆学艺：《当代中国社会结构研究报告》，社会科学文献出版社，2002。
陆学艺：《三农论：当代中国农业、农村、农民研究》，社会科学文献出版社，2002。
陆学艺：《当代中国社会阶层研究报告》，社会科学文献出版社，2002。
陆学艺：《内发的村庄》，社会科学文献出版社，2001。
李培林：《村落的终结——羊城村的故事》，商务印书馆，2004。
王开玉：《社会学家谈发展热点》，合肥工业大学出版社，2003。
王开玉：《中国中部地区城市社会结构变迁——合肥市社会阶层分析》，社会科学文献出版社，2004。
李守经：《农村社会学》，高等教育出版社，2000。
王开玉：《中国中等收入者研究》，社会科学文献出版社，2005。
方青：《解组与重构——二元社会结构下的农村社会保障》，安徽人民出版社，2006。
李春玲：《断裂与碎片：当代中国社会阶层分化实证分析》，社会科学文献出版社，2005。
宋林飞：《西方社会学理论》，南京大学出版社，2003。
宋林飞：《优化社会结构是构建和谐社会的基础》，《社会学研究》2007年第2期。
温家宝：《不失时机推进农村综合改革　为社会主义新农村建设提供体制保障》，《求是》2006年第18期。

劳动力培训与外出的社会动员思考
——以新疆柯坪县为例

⊙ 潘鸿雁

　　柯坪县是位于新疆南疆地区的一个国家级少数民族贫困县，地处戈壁荒漠，以传统农牧经济为主。该县属严重缺水地区，全县有100多万亩可开垦荒地，大多数地势平坦，土质优良，但因水资源缺乏，播种面积仅占可耕地的3%，这极大地影响了农牧业生产的发展，其农业区用水主要依靠2处泉水汇流。在民族人口分布上，以维吾尔族为主体，汉、柯尔克孜、回等民族交错聚居。其中，维吾尔族33179人，占总人口的97.34%；其次为汉族，有909人，占2.66%；其他民族人口均很少。因而，柯坪县属于典型的维吾尔族聚居区，较多地保留了维吾尔族的传统风俗、生活方式等。在改革开放春风的吹拂下，在国家实施西部大开发战略的背景下，柯坪县如何克服脆弱的生态环境，走出经济发展的困境，走向和谐社区建设，受到中央及地方政府的高度重视，也受到学者的高度关注。

一　困境中的抉择：劳动力转移

　　过去，人们用三句顺口溜来形容柯坪县。第一句："一条马路七盏灯，

---

* 潘鸿雁，中共上海市委党校、上海行政学院社会学教研部副教授。

一个喇叭全县听，半脚刹车出了城。"这是形容县城很小。第二句："一日三餐一个馕，蹲在墙根晒太阳。"这是形容农民们懒散的思想。第三句："轻工业烤馕饼，重工业钉马掌。"这是形容极为落后的工业。三句话极为真实而形象地描述了柯坪县的过去，柯坪县整体上是一个贫困落后、资源匮乏、生态恶劣的少数民族小县城。1985年，该县被评为国家级贫困县。

面对柯坪县的现状，寻找一条科学合理的发展之路，使该县摆脱贫困，走出困境，成为县领导班子的首要任务。俗话说得好，"要想引凤，先得筑巢"。环境是一个县城的外衣，外观不美，就很难使居民安居乐业，就很难吸引外界的投资。从1999年起，该县开始绿化荒滩，改善县城生态面貌；筹措资金，加大基础设施建设；招商引资，盘活旧厂，建立新厂。这些措施极大地促进了柯坪县的发展。如今，柯坪县的面貌已今非昔比，一位维吾尔族老农民说："柯坪县变化太大了！我都不敢相信，几年的时间，我们县变得这么漂亮，变成大城市了。"在环境改变的同时，柯坪县的工业也从无到有、从有到多地发展起来，2006年全县工业总产值1771万元，招商引资共计8500多万元，为工业发展注入了强大活力。

在改善环境、发展工业的基础上，一个新的发展思路、一条新的发展战略逐渐被提上了议事日程，这就是富余劳动力转移。温家宝总理在第十届全国人大二次会议的《政府工作报告》中指出："稳步推进城镇化，改善农民进城就业环境，加强农民工培训，多渠道实现劳动力转移。"推进农村劳动力战略性转移，是统筹城乡经济社会发展的必然要求，也是新阶段增加农民收入最直接、最有效的途径。

柯坪县下辖1个镇、4个乡。据2007年统计，柯坪县总面积8977平方千米，总人口近4.5万人，其中农业人口3.5万人，占总人口的近80%，农村富余劳动力9000余人。由于自然条件艰苦、生态环境恶劣、人多地少、水资源短缺、矿产资源匮乏等各种因素的影响，柯坪县依然存在农业生产基础条件差，招商引资难，第二、第三产业发展滞后等问题，这在一定程度上影响了农民增收。在资源有限、人多地少、工业发展空间不大等现实条件制约之下，要实现农民长期稳定增收，加快农民脱贫致富步伐，就必须明确重点、选准突破口。在全国劳动力外出打工浪潮的席卷下，柯坪县劳动力转移也经历了一个摸索阶段，并最终被确定为全县农民增收的重大战略举措加以动员实践。

一开始,农民被动员组织到邻近农业团场从事短期务工,如2004年,柯坪县组织近8000农民工,到兵团农一师、阿瓦提县拾棉花,创收755万元。作为外出打工模范的柯坪县盖孜力克乡的村民木合拜提一家家境并不富裕,全家6口人,有3个劳动力,靠着2.5亩耕地过日子,一年到头缺吃少穿,2002年全家人均收入只有1200元。不满足现状的他经常抽空到乡文化站翻报纸,找致富信息,还积极参加县、乡举办的各种科技技术培训。2004年8月,他听说乡政府要组织村民到外地打工,就带着3个儿女和村里的40个青壮劳力集体到农一师二团场拾棉花。这次外出拾棉花,木合拜提一家净挣5200元,家里的人均收入增加到2200元。他把挣来的钱投资发展家庭养殖业,并打算以后继续外出打工创收。

短期外出打工基本上以秋季农忙时节到邻近团场拾棉花为主,增加了一些农民的收入,但并没有彻底解决富余劳动力的转移问题,许多农民依然在其他时节无所事事。从当前柯坪县农民人均收入构成分析看,种植业占农民人均总收入的54.7%,畜牧业占农民人均总收入的23.7%,而劳务输出仅占农民人均总收入的16.1%。在全国劳务输出收入已占到农民总收入的50%,在全疆这一比例是25%,因而,柯坪县劳务输出增收的空间还很大。县委、县政府根据柯坪县实际,在总结几年来农民外出打工实践经验的基础上,初步确定2007年乃至今后五年内"三农"工作的重点是:以农民技能培训为突破口,狠抓以培养新型农民为主的劳动力培训,实现大规模劳动力异地转移,不断拓宽农民增收渠道。具体战略目标为:积极整合各类培训资源,加大农村劳动力培训和转移力度。首先,要大力开展农民高技能培训,培养一批现代农业产业工人;其次,要继续扩大劳务输出规模。坚持长短结合、就近转移的原则,组织有一技之长的农民向外输出,实现非农转移,从而致富农民;积极协调县内基建项目,尽可能多地吸纳本地劳动力从事一些力所能及的工作,使农民实现就地转移创收;继续抓好以短期拾棉花为主的季节性劳务输出,不断巩固当前农民增收基础。要针对农民增收难、收入低的问题,想方设法调动各方力量为低收入农户"找岗位""跑岗位""挖岗位",加快农民向第二、第三产业转移,力争"十一五"末,低收入农户每户至少有一人在第二、第三产业岗位上就业,真正达到"输出一个劳力、脱贫一个家庭"的目的。

二 实践部署:培训与外出的社会动员

在劳务培训与输出这一战略目标之下,柯坪县委、县政府全面部署,各职能部门及各乡镇自上而下密切配合,建立了较为完善的劳动力转移工作领导机构,形成了全民动员的缜密网络。具体地说,就是组织力量,对全县城乡劳动力进行全面信息采集,建立县、乡、村三级劳动力信息资源库;建立和完善以县劳动力转移工作领导小组办公室为核心、以5个乡镇劳动保障事务所(站)和56名劳务输出经纪人为终端的就业服务网络体系。在财政资金方面,尽县财政之所能,拿出财政收入的10%作为专项配套资金用于劳动力转移培训,将"阳光工程"培训费、转移就业培训费、扶贫资金、教育费附加及财政配套等各项资金整合后捆绑式使用,专款专用,使每个剩余劳动力可支配的培训经费达到1500元,真正发挥劳动力转移培训经费效应,确保城乡劳动力真正受益。为了使劳务输出工作稳步推进,全县还建立了四项长效机制:目标考核机制、高效培训机制、政策激励机制和规范运行机制。

在完备各级机构、完善各项服务体系,及建立基本的运行机制后,紧接着要做的便是对全县村民进行劳动力培训和转移的全面动员。

社会动员是一个社会学概念,是指人们在社会持久的、主要因素的影响下,其态度、期望与价值取向等不断发生变化的过程。动员的主体通常为政府或政党,动员的客体为社会资源、人力资源以及人的精神等,社会动员是一种带有导向性的社会过程。社会动员的效果、广度和深度,取决于社会动员的内容和形式。从内容上看,社会动员要以满足被动员者的实际利益为实现条件,一切脱离被动员者实际利益的社会动员都不可能持久。动员形式,即动员民众起来参与的方式或手段,按照不同的分类标准,被划分为传统动员和现代动员、体制内动员和体制外动员、人为的动员和自发的动员、组织化动员和准组织化动员等(孙立平等,1999)。社会动员形式是随着社会条件的变化而变化的，如在革命战争时期采用群众运动式的传统动员形式，在和平建设时期采用示范动员等（杨福忠，2001）。本文依据的分类标准是传统动员和现代动员。在这里，传统动员被界定为是以政治为核心，以集中统一、层层动员、人民群众的广泛发动为主要手段和表现形式的社会动员；现代动员是指以利益为杠杆，以政策引导、制度激励、社会的自主参与为主要手段和表现形式的社会动员（周治滨等，2006）。

柯坪县在动员形式上，体现了以传统为主、传统与现代相结合的特点。一方面，在地方政府的主导下，开动员大会，入户宣传，依靠各级组织，将政策、信息、观念等通过领导层层传达、层层动员。另一方面，采取舆论宣传、传媒宣传等现代动员方式。其中比较典型的动员形式是召开各级动员大会。笔者在柯坪县做调查期间，正值全县劳动力转移工作紧锣密鼓地开展，有幸参加了县、乡两级劳动力转移动员大会。

县级动员大会：县级召开"柯坪县劳动力转移工作例会"，参加者有县级领导、各乡镇领导（主要是各乡镇的书记）、县职能部门负责劳动力转移工作的有关领导等，既有民族同志，也有汉族同志。会议用汉语发言和交流[①]，副县长做了重点发言，对该县劳动力转移工作做了小结，指出了县劳动力培训转移工作面临的形势，与全疆，乃至全国相比存在的差距，明确了以后的奋斗目标。他强调，在柯坪县必须将语言培训作为一项基础性工作来抓，以此作为转移就业的突破口。技能培训围绕两个方面开展，其一是就地转移，主要是适应当前县域经济发展和产业结构调整的需要，通过高效林果业再就业示范基地（指红枣业）和高新节水灌溉等项目的建立，培养新型农业产业工人；结合社会主义新农村建设及第二、第三产业的用工需求，开展汽车驾驶、建筑泥瓦工等培训。其二是异地转移，主要是围绕地区产业结构调整和市场就业岗位需求，开展纺织、民族特色餐饮、电器修理、美容美发等培训。他指出了各乡镇在劳动力转移工作中存在的问题：农牧民培训积极性不高，基层工作人员认识不到位等。并细

---

① 民族地区的汉族领导干部基本上都掌握当地主体少数民族语言，交流运用自如。但在会议等重要公共场合一般用汉语交际。

化了下一步的工作规划：着重抓落实、转成效、抓督促，落实目标责任制；举办大规模汉语培训；组织各方面的人士到地区企业参观学习；进行巡回演讲，加大宣传力度；尽快出台相关优惠政策和奖励措施等。其他领导做了补充发言，针对工作中的问题提出了各自的看法。最后，县委书记做总结性发言，就工作中的方式、方法、原则等宏观问题，概括了经验教训。比如，针对宣传方式的问题，他特意强调，在民族地区不可只用汉语书写标语，而应以维吾尔语为主、汉语为辅，否则，将事倍功半。这次会议的特点是，以聆听领导的传达讲话为主，是自上而下的宣传动员，气氛较为严肃。

  乡级动员大会：县级动员大会之后，乡镇领导紧急部署和落实本范围内的职责。笔者同样参加了其中一个乡的劳动力转移讨论会，参加讨论会的有县劳动人事局副局长、乡长、乡党委书记和9个村的村支书等①。这可谓乡村两级基层领导班子成员的会议，讨论如何落实劳动力转移问题。在会上，乡长、乡党委书记做了劳动力转移的总动员，分析了劳动力转移的重要性和迫切性，县劳动人事局副局长补充传达了县政府关于劳动力转移的相关政策，之后各个村的村支书就劳动力转移问题进行讨论，发表了各自的看法。有些村干部提出，目前村民并不是很乐意接收劳动力培训和输出，不如多开垦荒地，或者是大力推广节水灌溉技术，种植葡萄、核桃等特色果木，以取代劳动力转移。由上可以看出，村领导对劳动力转移的必要性和迫切性本身也缺乏足够的认识，他们依然强调传统果木的种植，并没有意识到在水资源严重匮乏的情况下，大力开垦荒地是不现实的，劳动力转移正是在上述方案不可操作的情况下不得已的一种选择，是符合县乡实际的一条切实可行的发展战略。基于一些村级领导对劳动力转移存在的认识误区，乡长和书记又重新做了解释，消除他们的顾虑和疑问。之后，各村领导，你一言，我一语，就如何宣传动员村民参加和接受培训的问题进行了讨论。这次会议的特点是：以村级领导的讨论为主，气氛活跃，无拘无束，自下而上地总结出较好的意见和可行方案，是集思广益的

---

① 参加会议的代表中，除乡书记、县劳动人事局的副局长及一个村的支部书记是汉族之外，其余全是维吾尔族。会议上安排有专门的翻译，进行维汉互译。这里的汉族领导基本上也懂维吾尔语，可以进行简单交流。

讨论会，也是一次对村级领导的动员大会，引起了他们的思想重视，明确了各自的工作任务和重点。

对村民的动员是核心，政策的落实与否全在此，乡、村领导都格外重视。在村一级，除采用传统的广播宣传外，最常用的便是入户宣传的形式。首先摸清村里有多少富余劳动力，针对那些不愿参加培训的人家，逐户拜访，了解他们的思想顾虑。笔者跟随村领导走访了几户人家，村民买买提一家比较具有代表性。

买买提今年54岁，家有5个儿女：4个女孩和1个男孩。大女儿塔里木农业大学毕业后，在乡里工作；二女儿在乌鲁木齐做生意；三女儿两年前毕业于塔里木农业大学，未找到工作，一直赋闲在家，帮父母做些家务；四女儿初中毕业后，很快结婚生子，在家务农；小儿子去年刚初中毕业，在家待业。

家有两个年青的剩余劳动力，又没有报名参加乡里举办的技能培训，这样的人家显然是村领导宣传的工作重点。通过访谈得知，母亲和女儿都希望早日工作，原因出在父亲身上，全家只有他一人反对，但他是一家之主，对家庭重大事务具有决定权。村领导重点做了父亲的工作，打消了其因耕地多人口少、农活紧张而产生的一些顾虑。

由此可见，县、乡两级大会是地方政府内部的动员大会，上级政府的意志据此得到层层传达，各层领导明确了各自的任务和责任，为动员村民做好了准备。在这两级动员大会中，动员者的素质格外重要。如果不能准确领会会议精神，则动员链会出现裂缝，动员将难以衔接和传递。村级动员则是一种底层动员，针对的是平民百姓，由此，村民参与与否非常重要，直接关系到动员的效果，关系到政府与农民的互动关系。

此外，舆论宣传动员也被越来越广泛地运用，主要是充分发挥新闻媒体的导向辐射作用。柯坪县电视台开设了柯坪外地成功创业和就业返乡人员"劳动者之声"访谈栏目，并拍摄专题片在县电视台黄金时段滚动式播放；定期组织转移就业成功人士深入乡村进行巡回演讲，以鲜活的事例现身说法，向广大农民灌输"外出务工天地宽""外出务工光荣，在家等靠无能"的道理。2007年5月，新疆维吾尔自治区党委宣传部组织的采访团赴内地多个省区采访了新疆贫困地区外出务工的新疆姑娘们，并制作了专题片。

三　总结与思考

柯坪县的劳务培训和输出动员工作取了显著成效，劳务培训与输出从无到有，从有到多发展起来。劳务输出工作逐渐形成"以输出带培训、以培训提技能、以技能助转移"的良性循环模式，实现了由自发性、零散性、小规模外出到有组织、大规模输出的转变和由季节性临时工向稳定性长期务工转变。农民收入稳定增长，农村经济快速发展，农村贫困面貌明显改善，农村社会更加稳定。

笔者在其中一个村调查时发现，该村到处都在建造抗震安居工程房。这种房子以往都是承包给其他地区的包工头，建筑工人一般也是来自内地省份或疆内其他地区，但这种局面从2006年开始发生了很大变化。一些经过建筑技能培训的本乡农民开始介入其中，比例逐年增加。

培训使村民获得了实实在在的好处，既解决了剩余劳动力，也增加了农民收入。政府推行的抗震安居工程为农民提供了就业的渠道和环境，而提高了收入的农民，反过来又会投资建造抗震安居工程房，促进了村容村貌的改变。

不过，在劳动力培训和输出的实践过程中，也存在很多问题，尤其是将它作为富民强县的产业来抓，力度还远远不够，表现为：农牧民培训的积极性不高，劳动力转移难度较大，转移后的稳定性不够。这些都制约了柯坪县劳动力培训与转移的进程。截至2007年上半年，柯坪县各乡镇均未完成上半年劳动力培训与转移的预期目标，这对下半年的动员工作提出了挑战，并带来了压力，同时也引起了笔者对其社会动员形式和效果的思考。

在柯坪县劳动力培训和输出的动员过程中，地方政府的动员能力总体上是比较强的，取得了一定的成果。但农民的参与却还存在问题，有些农民不是积极响应，而是消极应付，农民的主动性没有充分发挥出来。这其中的原因是多方面的，主要表现在以下几个方面。

　　首先，组织者满足被动员者利益的程度决定了社会动员的效果，也决定了组织者与被动员者之间的关系状态。政府组织劳务培训与输出的主要目的是增加农民收入、培养新型农民，这应该说是符合广大农民根本利益的。但为什么在实践的过程中，农民不理解、不支持呢？笔者认为，增加收入是每个农民热切盼望的，但他们缺乏对自身状况的清醒认识，缺乏对政府行为的正确认识，缺乏对自身利益的准确定位，这是导致农民不能自主参与、国家与农民不能有效互动的制约因素。培训与外出打工不是农民自发产生的想法，而是政府从外围强加给他们的，这与内地省份不同。内地的劳动力转移大多是农民自发的，他们或者有着外出的历史传统，或者外出的意识比较强烈，如河北、四川等省，他们一般通过亲戚、朋友的引导，一人带动一家人、一家人带动一村人出去打工的。以亲缘、地缘关系为基础建立的社会关系网络在这种外出打工中发挥了重要作用，外出打工基本上没有什么有组织的培训，但有着固定的方向地域性。

　　柯坪县的劳务输出，一开始就是在地方政府的引导和组织下井然有序地进行，受到政府的大力支持和补贴，具有相当的优越性。但与内地汉族农民相比，柯坪县维吾尔族农民的积极性却不高，没有充分调动起来，这主要缘于柯坪县维吾尔族农民受传统就业观念的束缚，本土观念重，思想保守，本身没有强烈的外出和就业意识，不愿意走出去就业。而且，对于存在语言障碍的少数民族农民来说，理解政府的意图和行为是有难度的，更何况去接受，因而不会把自己的切身利益与政府的利益联系起来。这时，耐心细致的宣传工作显得尤为重要。如果缺少这个环节，而是由政府直接实施劳动力转移计划，就会遭到农民的排斥，或者他们会以偷懒的方式抵制。思想观念的改变是至关重要的，柯坪县汉族农民的观念比少数民族的观念转变得快，他们的生活总体也比少数民族要好。物质扶持只能带来一种依赖心理，地方政府应改变以往单纯的自上而下动员所导致的"输血"结果，而是应以调动群众积极性为目标从而促成"造血"的效果。这样，国家的利益与农民的利益才能结合起来，动员的效果才能达到最佳，国家与农民的关系才能达到和谐。

其次，动员能力的大小还取决于动员者对资源的掌握程度。掌握的资源越丰富，能够提供给农民的实惠越多，农民就越能够主动参与。在中国的计划经济时期，全部资源均控制在国家手里，并且政治和经济权力高度集中在中央政府，社会经常处于被动员的状态。作为中央政府意志的贯彻执行者，各级地方政府手中同样拥有丰富的资源，土地是集体所有，劳动力是集体支配，在这种强权之下，国家的意志在绝大多数地区都能够实现，可谓国家对社会的动员能力很强。而在市场经济时期，国家的权力已大为收缩，对资源的控制能力减弱。尤其是在西部少数民族集中的农村地区，乡村集体经济十分薄弱，缺乏乡镇企业，集体占有耕地少，资金来源少，控制的资源有限。集体财政的拮据产生恶性循环，地方政府无法为村民提供必要的社会福利以及承担公益事业（包括教育、医疗、卫生保健等），无力承担村里的公务，其剩余的功能只是负责传达、执行上级政府的任务，这大大削弱了村干部的威望，弱化了他们的权力，从而失去了对群众的吸引力，工作难度较大。农民是最讲实惠的，今天得了你的好处，明日就会帮助你工作。

最后，动员能力的大小还取决于动员者对动员方式的选择。农村富余劳动力培训和转移的首要任务是引导农民解放思想，破除小农意识，树立全新的就业观念。这就需要政府在选择动员方式时，应积极选择形象、生动、易于被农民所接受的自下而上的现代动员模式，如传媒动员、竞争动员、示范动员等。科技人员组成劳务输出宣传组深入乡村农户，利用各种农村会议、培训班等机会，利用广播、电视、报纸等舆论工具广泛宣传，努力营造农村劳动力转移培训的良好社会氛围。通过宣传，帮助农民破除固守土地、小富即安的狭隘思想和陈旧观念，克服"故土难离"的消极情绪，为开展培训、加快劳务输出扫清思想障碍。同时，通过典型引路、示范引导，使广大农民逐渐认识到通过培训外出打工是开阔视野、致富创业的新路子，努力在经济欠发达地区形成争相参加培训、劳务输出致富的新局面。

在实际的动员过程中，柯坪县政府主要采用的是一种传统的体制内动员和组织化动员，是政府主导下的控制动员，动员的目的虽然是提高农民收入、促进社会主义新农村建设，但动员是一种单向的、自上而下的动员，是一种外力的输入，传达的是上级部门的意志，有可能没有考虑到农民的实际情况，没有去解决农民关注的问题。如上文提到的外出后的生活环境、外出的经费等。另外，贫困县的农民已经习惯了国家的给予，足不出乡就可以享受各种支援，这种外出的动员与政府先前提供的物质援助显然是相矛盾的，他们需要一个适应转变的过程。层层动员的过程中必然涉及各方的政绩利益及责任权利问题，由此导致互相推诿、责权不明等现象，牵涉到县级职能部门与乡镇之间的利益纠纷及达标问题等。这些都会影响动员的效果。

我们在乡镇调查时，感受颇深。不少乡镇干部对乡镇一级政府的作用感到迷惘，认为乡镇缺少工作经费，工作量大，来自上级职能部门分派的任务多。在某乡委会上，乡党委书记向县委来的考核领导抱怨：劳动力培训与输出是全县齐抓共管的一件大事，每个职能部门也都分有任务，但事实上，县上有些职能部门只知道把任务摊派到乡上，打个电话就完事，自己也不下来监督或者操作。他们只要求汇报结果，连工作的过程都不过问，成绩最终却属于他们。他们哪怕派个人下来跟我们一起做都好，哪怕他们少承担一点，我们多承担一点都可以。县上 2000 多个干部，我们能听得过来吗？"上面千根线，下面一根针"，我们不是各个部门的跑腿的，他们又没有经费给我们。县上每年拨给各乡镇的经费只有 5000 元，除去水电等费用，所剩不多，经费有限，人手有限。上面每个部门都给我们分派任务，乡镇的工作压力无形中加大，我们也听不过来。对于劳动力培训与输出的考核，乡党委书记也极为不满，认为乡镇的考核办法存在问题：考核不应该单纯是上对下的考核，还应该包括下对上的考核。可见，动员的形式本身也存在诸多问题。

在市场经济条件下，政府还应采用一些以经济利益为核心的非正式动员形式。以枣树种植为例，2006 年，柯坪县政府开始规划种植红枣，起初农民并不接受，因为他们一向以杏树、棉花、小麦等传统种植为主，突然改种红枣，意味着重新学习种植技术、重新投入资金，同时红枣的经济效应并非立竿见影，而是存在巨大风险，以后是否能销售出去还未可知。总之，农民的担忧太多了。对于村民的顾虑，县政府及乡政府并没有采取强制措施迫使农民耕种，而是采取积极引导的方式：宣传红枣的经济效益；采用传统作物与红枣套种，如棉花与红枣套种、小麦与红枣套种等，不影响原有作物的产量；采用经济手段补助农民，种植一棵红枣树，政府补助3元钱，一棵红枣树苗本身的成本为3元钱；政府组织红枣种植技术培训班，教授农民基本技能。同时，乡、村两级领导亲自督阵，抓生产，给农民示范除草、松土、灌溉。对懒人不给化肥（是乡政府免费发放的），对勤快人给予奖励。现如今，各乡的红枣种植面积已大大拓展，农民已基本能够接受。这种以经济利益为核心的非正式动员方式是比较有效的。

在动员时，还应注意适度动员，以免造成期望与现实的差距。塞缪尔·亨廷顿研究发现，在社会动员、政治参与和不稳定之间存在着这样的联系：社会动员往往会提高人们的期望和需求水平，但是，期望本身的增长比转变中的社会在满足这些期望方面的能力的提高要快得多。因此，在人们的期望和现实的可能方面，在需求的形成和满足之间形成了一个差距。这种差距容易引起社会挫折感，引起社会不安定（塞缪尔·亨廷顿，1988）。在柯坪县，劳务输出的宣传对农民产生了很大的诱惑力，可是一些农民参加培训，并获得工作后，发现实际工作环境以及工作待遇并不如县政府宣传的那样，于是非常失望，甚至擅自脱离岗位。

有学者认为，鉴于传统动员模式存在一些问题，新的动员模式必须具备以下三个基本特征：一是依靠专业化沟通方式实现建设项目推进者与基层民众之间的良性互动。传统动员模式中通常采用文件传达、标语上墙、一哄而起等方式，缺少对动员对象特点和利益诉求的科学研究，参与动员的人员多数是凭感情和直觉从事动员工作，缺少沟通技能的专业训练。二是通过理性化的建设思路设计，确保建设项目的可行性和可持续性。传统动员模式中，项目设计以追求快速的外显效益，即"政绩"为宗旨，很少关注其在基层的可行性和可持续性。三是依靠相对中立的利益诉求的社会组织作为专门的基层动员者。传统动员模式中，党政领导机构既承担政策制定工作，又承担动员工作，结果部门利益、职位利益的差异导致了基层社会中出现"多头领导"，造成基层社会的内部分裂（赵孟营，2007）。这实际上是对动员主体提出了更高的要求，对动员的方式提出了更为理性化、可持续性的目标，这些都有利于动员目标的实现，有利于农民的参与。

参考文献

孙立平、晋军等:《动员与参与》,浙江人民出版社,1999。
杨福忠:《从社会动员能力看当前国家同农民的关系》,《黑龙江社会科学》2001年第3期。
周治滨等:《论西部大开发社会动员的主要内容和形式》,《理论与改革》2006年第3期。
赵孟营:《非政府组织与社会主义新农村建设的基层动员》,《宁夏社会科学》2007年第2期。
古学斌等:《地方国家、经济干预和农村贫困:一个中国西南村落的个案分析》,《社会学研究》2004年第2期。
向明、宗超:《关于国家与社会的关系问题研究综述》,《天津社会科学》2000年第4期。
杨龙:《经济发展中的社会动员及其特殊性》,《天津社会科学》2004年第4期。
张兆曙:《乡村五十年:日常经济实践中的国家与农民——以义乌市后乐村为个案的实地研究》,《战略与管理》2004年第4期。
〔美〕塞缪尔·亨廷顿:《变革社会中的政治秩序》,华夏出版社,1988。

社会资本对当前中国农村
劳动力流动的效应分析

⊙ 张　凯　郭远远　姜祖桢*

一　农村劳动力流动的现状及经典理论回顾

人类社会是一个变动体，其社会成员都会在其生活空间、社会职业、社会角色及地位等方面发生变化，这种变化随着社会的发展而不断加快。社会学意义上的社会流动是指：人们在社会关系空间从一个地位向另一个地位的移动（郑杭生，1999）。社会流动可分为水平流动和垂直流动、代内流动和代际流动等类型。人们通常将上述地理空间的流动也归于社会流动。作为个人行为的社会流动不仅可以促进个人素质的提高、社会角色和地位的转变，其流动的规模和速度也会影响社会结构的性质以及社会运行状态。本文所指的流动是：农村劳动力从农业部门向非农业部门的转移，是一种非农取向的职业流动，即农民从事非农产业。

中国几千年来是一个以农为本的大国。当代中国正处于从传统社会向现代社会、从计划体制向市场体制转化的双重转型过程中。从传统到现代就意味着工业化、民主化、城市化、理性化的发展过程，大规模城乡人口流动、农民转化为市民是二元结构背景下发展中国家和地区走向一元现代

---

* 张凯，中央司法警官学院劳教管理系助教；郭远远，中央司法警官学院警察管理系管理学教研室助教；姜祖桢，中央司法警官学院劳教管理系教授。

化的普遍现象和必经之路。经济体制转轨为农村劳动力打破土地和身份制度的束缚、在劳动力市场自由流动提供了可能。改革开放以来，沿海与内地经济文化发展的不平衡性不断加剧，农业发展的滞后性和低效益性，加之中国自古以来的城乡二元结构，都推动了农村劳动力向经济发达地区流动从事非农产业。农村劳动力流动是当前中国经济社会发展过程中一个重要的社会经济问题，引起了从党中央到农民自身的普遍关注和重视。

关于劳动力流动问题，西方学者从各自学科视野出发已经进行了深入研究和分析，为我国劳动力流动问题的研究提供了经验。唐纳德·博格（Donald Bouge）等人提出了"推—拉理论"。他认为，人口流动是来自流出地的"推力"和来自流入地的"拉力"共同作用的结果。阿瑟·刘易斯（Arthur Lewis）提出二元经济理论，将发展中国家划分为传统的乡村经济部门和现代的资本主义经济部门。传统部门使用的是非再生产性资本，劳动力供给具有无限弹性，边际生产率几乎为零，工资标准由生产水平决定。现代部门使用的是再生产性资本，人均产出高于传统部门，工资标准和劳动的边际生产率有关。在可利用的资本配合下，通过剩余劳动力从农业向工业的转移，不能产生工业增长。迈克尔·P.托达罗（Michael P. Todaro）提出预期收入理论，认为发展中国家人口流动（主要是指城乡人口流动）主要取决于两个变量：一个是由于城乡就业机会不同带来的实际工资差异；另一个是流动人口在城市就业的概率。这两个变量决定了流动人口在城镇中的预期收入。预期收入与农村收入的差异越大，人口流动的动力就越强，流动人口规模就越大。W.舒尔茨（W. Suchltz）、加里·贝克尔提出人力资本理论，以人们将根据收益和费用的计算来考虑教育、培训等方面投资的增减为基本假设，通过增加在个人身上教育、培训来提高未来的货币收入和心理收入。上述经济学家以"经济人"假设出发，研究劳动力流动的动机和原因。

以马克·格兰诺维特（Mark Granovetter）和哈里森·怀特（Harrison White）为代表的新经济社会学家采用社会网络分析方法对劳动力流动，特别是职业选择进行了研究。网络分析认为社会个体或群体（乃至社区）的存在是社会互动所形成的纽带关系，社会分析的基本前提和条件是社会网络本身，而其中关系强度的大小既决定了个体在具体社会生活中的行动及意义，也决定了其获得社会信息和资源的有效性。新经济社会学对后来的社会资本理论产生了重要影响。社会资本分析与网络分析相似之处在于对人与人之间关系的分析。社会资本由构成社会结构的各个要素组成，存在于人际关系的结构中。社会资本在分布上存在非均衡性，指的是社会资本在不同的时间、空间位置上的存量不同，使得社会中处于不同位置的人对社会资本的拥有量存在着差异性，从而使其行动受到的制约不同。

二 社会资本概念的界定

社会资本理论是 20 世纪 80 年代继理性选择之后一种新的解释范式。社会资本是一个多学科、多视角的概念，自产生以来迅速渗透到政治、经济、文化等领域，引起了国际学术界的广泛争论，有人将其称为"第三条道路"，但至今学术界对社会资本仍未形成一致性的定义。社会资本概念最早由格伦·洛里于 1977 年在《种族收入差别的动力学理论》一文中使用，说明城市中心区处于不利地位的黑人孩子与其他孩子在拥有社区和社会资源上的差别（Glen. Loury，1977）。法国著名社会学家皮埃尔·布尔迪厄（Pierre Bourdieu）在《社会科学研究》杂志上发表的题目为《社会资本随笔》的短文中正式将社会资本引入社会学领域，他将其定义为："实际或潜在资源的集合，这些资源与由相互默认或承认的关系所组成的持久网络有关，而且这些关系或多或少是制度化的。"詹姆斯·科尔曼（James Coleman）在《社会理论的基础》中用社会资本的功能将其定义为："社会资本是生产性的，使得有些目的有可能实现，而没有它则不可能实现。"真正使用社会资本并引起广泛关注的是哈佛大学教授普特南，他与同事花费近 20 年时间对意大利行政区政府进行研究，于 1993 年写了《使民主政治运转起来》一书。普特南将社会资本定义为："社会资本指的是社会组织的特征，例如信任、网络和规范，他们能够通过推动协调的行动来提高社会的效率。"不同学者从各自角度出发，根据其研究对象对社会资本进行了不同的界定。

鉴于上述对社会资本的定义，社会资本实质是由社会关系网络和能够给个体带来收益的制度资源所组成。由于研究需要，本文将社会资本定义为：个人从或多或少被制度化的社会网络关系和自身所处的社会结构、社会制度中可能获得的资源。

三　社会资本对当前农村劳动力流动的双重效应

中国是以"差序格局"为代表的关系本位社会。由于对血缘和家庭的强调，形成了以血缘、亲缘、地缘等自然因素为纽带的私人性、封闭性、道德性的人际关系网络。作为乡土社会代表的农民所拥有的社会资本无疑是以"三缘"为基础而展开的关系网络，其特点是同质性、封闭性、先赋性，其展开范围有限，仅限于熟人社会，排斥陌生人。这种传统的先赋性社会资本给农村劳动力流动带来了双重效应。

农村劳动力外出流动主要依赖于有血缘、亲缘、地缘等私人性、亲密性关系的纽带，通过亲戚、同乡、朋友等非正式社会关系外出工作。一项调查表明，80%以上的农民外出是通过亲戚带出或介绍的，而不是通过政府、市场和大众传媒等（"外来女劳工"课题组，1995）。此外，有75.6%的人是以自组织的形式外出的，相比之下，有组织的外出只占13.6%，无组织的外出只占6.9%（"农村劳动流动的组织化特征"课题组，1997）。

此外，农民通过这种先赋性的社会关系网络能够获得就业信息、工作经验和技能等。这些信息是政府、中介机构、大众传媒所无法传递或无法使流动者深信不疑的（朱国宏，1999）。一项调查表明，通过亲缘等非正式渠道获得外出流动信息的人占被访者总数的76.3%（陈阿江，1997）。这种先赋性的社会关系网络为外出流动的劳动力提供了一个支援保护体系。如帮助初次外出的农民工提供食宿、找工作、传授工作经验和技能、给予生活上的关系和保护等。正如社会学家吉登斯所说：行动者需要一定的本体性、安全感和信任感，行为者一般不会使用他不熟悉的方式利用资源，尽管这种方式可能收获很大。农民自身所拥有的先赋性社会网络关系可以降低其流动的交易成本和风险成本。在流动过程中，在增加收入的同时，也增长技能和经验，拓宽视野，积累更多的社会资本，加强与市民的联系，加快农民市民化的转换速度，使社会结构刚性弱化、弹性增强。

农民这种先赋性的社会关系网络也会给其流动和发展带来某些负面影响。马克·格兰诺维特将人际关系划分为紧密而强烈的强关系（亲戚、朋友、同事等）和松散的弱关系（一般性熟人）。在一个分层体系中，处于相同社会地位、阶层、工作和生活环境的人们在信息、机会、资源等方面具有很高的同质性，他们之间往往形成强关系，强关系中人们之间很难获取有价值和可利用的信息和资源。而不同社会地位、阶层的人们在信息、资源等方面具有很高的异质性，他们之间往往形成弱关系，弱关系中人们更容易获得有价值的信息和资源。正如社会学家波茨提出的社会资本的消极作用，他认为：最近的研究至少已经指出了社会资本的四个消极后果：排斥圈外人、对群体成员要求过多、限制个人自由和用规范消除差异。中国农民受传统社会及其文化的影响，其社会关系网络形成的基础是血缘、亲缘、地缘，具有很高的同质性和封闭性，网络内部的交往和发展限制了团体内部与外部信息和资源方面的交流，阻碍了外部信息和资源的流入，不利于网络内部个人的进一步发展和向上流动，不利于农民市民化的转变，难以与社会时代进步保持同步。

此外，由先赋性的社会关系网络形成的特殊主义信任模式也会在某些方面给农民造成危害。先赋性网络关系中的人际信任不是用信息本身的真假及双方交往的次数来判断，而是接受信息的人根据自己与对方是否具有天然的血缘、地缘关系来判断，人际信任取决于双方关系的亲疏远近，缺乏契约性和法治性。于是，外出流动务工人员被同乡"杀熟"、欺骗的现象屡见不鲜。非法聚众传销就是一个典型的例子，大多数被"吸引"来的都是朋友、同乡、同学等熟人。

面对传统先赋性的社会关系网络对农民流动和自身发展带来的消极影响，我们应当为农民工积累更多的以业缘关系为纽带的现代意义的社会资本创造条件。农民工自身要在流动和工作过程中提高文化素质、技能、经验，尽快融入城市社区，加快农民到市民的角色转换。同时，应当建立更多的民间志愿组织，它是连接家庭和社会的中间组织，可以使人们突破狭隘的家族意识，培养人们社会参与意识，融入社会。政府应当加大农村教育投资，提高农民人力资本；建立农民工的教育、培训制度，完善农村社会保障制度；建立中介组织机构，发挥其传递信息的功能；为农民工的合理、有序流动创造良好的社会环境和文化环境，促进社会良性运行和协调发展。

参考文献

刘斌等：《中国三农问题报告》，中国发展出版社，2004。

李惠斌、杨雪冬：《社会资本与社会发展》，社会科学文献出版社，2000。

李强：《中国大陆城市农民工的职业流动》，《社会学研究》1999年第3期。

翟学伟：《社会流动与关系信任——也论关系强度与农民工的求职策略》，《社会学研究》2003年第1期。

朱国宏：《经济社会学》，复旦大学出版社，1999。

周运清、刘莫鲜：《社会资本在农村劳动力流动中的负面效应分析》，《江汉大学学报》2004年第6期。

转型期农民的土地价值观念

——对武汉市 F 村的个案研究

⊙ 张伟建[*]

近年来，我国政府连续出台了一系列利农、惠农、富农政策，特别重视对农村土地的利用和保护，避免农民抛荒、低效经营和流失土地，如2001 年《中共中央关于做好农户承包地使用权流转工作的通知》明确提出："土地问题是农业和农村工作的核心，是农村稳定的基础。落实党的农村政策，最根本的是落实土地政策。"温家宝总理也多次强调要坚决实行最严格的土地管理制度。而农民是怎样看待分配给自家的土地的呢？随着市场经济的发展和各种价值观念的冲击，农民对土地的态度已经从无差别的眷恋转化为多元化的土地价值观念，"土地是农民的命根子"已不再占有绝对的主导地位。因此，从农民主体自身的角度，探讨土地价值意识、观念是十分必要的。

探讨农民土地问题，需要考虑我国改革开放近三十年以来的社会转型情况。有学者早就提出，在中国农村发生巨大变化、中国社会从农业文明向工业文明转型的时代，力求"描绘大的社会结构和社会变迁对普通人生活的影响"的社会史不可能不对农村和农民的生活在 20 世纪尤其是近二十多年的变化产生浓厚兴趣。[①] 因此，本文通过对我国中部一个传统农业

---

[*] 张伟建，浙江长兴传媒集团新闻记者，南开大学社会学硕士。
[①] 周晓虹：《传统与变迁——江浙农民的社会心理及其近代以来的嬗变》，上海三联书店，1998。

村——F村的个案研究以及该村30多位中老年农民的深入访谈，考察社会转型期农民主体对土地价值的主观意识和观念。

一 研究内容

本文是从农民主体主观的角度，通过调查、比较分析在社会转型期三个阶段中农民心目中土地四个方面价值的状况，以展现农民的土地价值观念。

首先，笔者以中央出台的特别针对农村问题的中央"一号文件"和农业发展情况为依据，将改革开放以来大概30年的时间划分为三个阶段：落实分田到户政策时期（1978～1985年）、持续分田到户政策时期（1986～2003年）、税费改革时期（2004年至今）。从1982年开始，中共中央连续五年以"一号文件"的形式发布对农村的政策，而我国农业也在20世纪80年代初取得了巨大发展，基本解决了国民温饱问题。在20世纪80年代后期至20世纪90年代中期，我国农业发展缓慢，一方面中央对农村的有效政策变少，另一方面城乡发展差距扩大，使得许多农民抛弃土地，到城市工作。到了21世纪初，中央为解决"三农问题"，从2004年开始又陆续出台了对农村有利的"一号文件"，特别是免除农业税费的政策，大大提高了农民种田的积极性，农业产量得到进一步提高。

其次，凯瑟林·弗德瑞在《土地的贬值》一文中提出土地有经济、政治和社会价值。他在一个东欧转型国家——罗马尼亚调查，发现农民的土地正在变成一种负面的经济资产；而且土地所有权归还过程中的权力分配与赋予使土地问题成为村庄治理的重要问题；此外，在农村社会，土地的资产价值主要是社会性的，而不是经济性的，拥有土地的当地家庭群体获得了比无地和移民家庭更优越的地位，为了使土地保持这种资产价值，就必须要求土地不能出售，即使在经济上亏本也要耕种。实际上，凯瑟林文中的土地经济、政治和社会价值指的就是土地财富、权力和声望价值。本文不仅支持土地具有财富、权力和声望价值，还提出土地具有情感价值，这是基于对中国农民的普遍认识，中国社会长期以来被称为乡土社会，农民与土地是紧密联系在一起的，可见农民对土地有很强的依恋之情。虽然土地财富价值、权利价值、声望价值和情感价值这四个方面不一定能概括土地价值的所有方面，但这也是作为一项探索性研究不可缺少的。

二　个案概况

F村是由8个村民小组（自然村）构成的行政村，面积6200亩，地理地貌为丘陵，距离县城6千米远，到最近的集市有4千米路程。

表1为F村人口与土地历年统计数据，从中可看出20世纪70年代末以来，人口是不断下降的，而2004年以后却增长很快①，然而耕地面积一直在减少。另据统计，20世纪90年代以来，本村迁出116户、266人，迁入43户、190人，搬迁来的大多是四川、云南等地山区的农民，本地村民以"老乡"称呼他们。

表1　1979~2005年F村人口与土地统计

年份	户数（户）	总人口（人）	男（人）	女（人）	劳动力（人）	男（人）	女（人）	耕地面积（平方千米）
1979	178	895	428	467	385	183	202	1762
1981	173	893	436	457	385	183	202	1762
1983	178	943	451	492	418	180	238	1762
1984	174	868	430	438	394	182	212	1762
1985	184	868	421	447	378	202	176	1721
1986	188	860	414	446	347	170	177	1683
1988	185	836	420	416	371	189	182	1653
1989	191	822	409	413	373	194	179	1653
1991	205	826	433	393	391	205	186	1638
1992	203	802	432	370	385	204	181	1630
1993	194	716	393	323	275	146	129	1630
1994	200	749	—	—	350	183	167	1582
1995	204	714	—	—	350	183	167	1582
1997	206	718	—	—	350	183	167	1522
1998	206	708	—	—	335	183	152	1522
1999	—	702	—	—	—	—	—	—

---

① 据村干部介绍，这是因为税费改革以前统计的是在村里耕种土地的人口，而税费改革后把本村在外的人口也计算在内。

续表

年份	户数（户）	总人口（人）	男（人）	女（人）	劳动力（人）	男（人）	女（人）	耕地面积（平方千米）
2000	—	697	—	—	—	—	—	—
2001	—	691	—	—	—	—	—	—
2002	—	702	—	—	—	—	—	1522
2003	—	684	—	—	387	—	—	1436.5
2004	224	825	—	—	383	—	—	1436.5
2005	245	909	475	434	471	234	237	1424

注：1993年总人口和劳动力有很大减少，后来访谈得知，由于1993年实施"农业基本建设"，每村要按劳力分土方，为了减少上级安排的任务，劳动力就少报了许多。

资料来源：根据F村历年工作报告整理，其中1980、1982、1987、1990、1996年缺失。

F村大部分家庭主要以农业生产为主，水稻、蔬菜、鱼虾、水果等农副产品都占相当大的比重，只在农闲期间从事其他工作，如在本村山上开采石料。对于人均收入，村干部告诉笔者很难统计，因为现在获得收入的途径增多，无法计量每家每户真实的收入，村里每年上报的人均收入状况都是在前一年数据的基础上按一定比例增加的。在走访中，笔者发现这个村子还比较富裕，这从楼房新旧、家用电器等情况很容易看出。

在F村，从1981年完成的第一轮土地承包和1998年完成的第二轮土地承包后，从根本上确定了农村土地的集体所有权和农民的土地承包权（使用权）。在调查中笔者了解到，这个村的土地分田到户方式是每个村民小组自行决定的，即人们常说的"因地制宜"。例如，有个小组按照劳动力和人口"四六开"的比例（劳动力占40%，人口占60%）来分配土地的数量，土地的位置则按远近、肥瘦、好坏搭配，由户主以抓阄儿的方式确定地块。农民认为这种分配方式是合理的，在农村，人人都可以分得土地，至于土地好坏，就听凭自己的运气了。虽然当今政策允许农民在土地不改变用途的前提下，经发包方同意，可以转包、租赁、互换、入股和依法继承，但政策的空间有限。[1] 在笔者的访谈对象中，基本是没有改变承包土地面积的，大多数农民耕种的仍是从分田到户以来的土地。

---

[1] 2005年1月，湖北省委办公厅、省政府办公厅向全省印发了《关于依法完善农村土地二轮延包工作的若干意见》，要求全面做好延长土地承包期30年不变工作，妥善处理土地二轮延包遗留问题和土地承包纠纷。

三 调查分析

(一) 落实分田到户时期

1. 凸显的土地财富价值

家庭联产承包责任制（即分田到户）推行时期，农业生产全面持续提高，在1984年达到历史最高产量，比1978年增长33.6%，农产品都大幅度提高产量，从根本上解决了温饱问题，粮食基本上满足了全国人民的消费需要，极大地缓解了粮食供应紧张状况，农民收入也从1978年的133.57元增加到1984年的355.33元①。可见，分田到户极大地调动了农民生产的积极性。

有位农民（李某，男，50多岁，村民）谈到：如果那时毛收入增长了10倍，纯收入就会增长6～7倍，农民从土地上获得的收益明显增加。在一位老农（张某，男，66岁，村民）1983年的承包合同（见表2）中我们可以看到，把集体经营的土地下放到传统的家庭单位，使每个农民意识到他个人或家庭应完成的明确任务，而不再是干好干坏一个样、社会主义就是"大锅饭"的状况，农民生产的积极性有很大的提高。这时土地的财富价值日益凸显，农民都是比着干。

2. 增大的土地权利价值

这段时期土地权利给农民带来的感受情况，可从下面一位农户（向某，男，54岁，村民）的访谈中得出：改革前土地是集体经营，农民没得选择，听公社和队长安排，很容易养成磨洋工的习惯。改革后，土地被分到各家各户，想怎样种就怎样种，只要把公粮交齐，想出售多少粮食就出售多少粮食，农民对分到自家的土地有了自主决定权，心里别提有多高兴。

---

① 海金玲：《中国农业可持续发展研究》，上海三联书店，2005。

表 2　1983 年张某的承包合同

① 基本情况

人口与土地	全家(人)	劳力(人)	承包面积(亩)	水田(亩)	旱地(亩)
	7	1.5	13.5	6.7	6.8
生产资料	一、耕牛 二、农具：犁耙 三、种子：小麦　黄豆　稻谷				

② 承包农作物生产任务

类　别	农作物	面积(亩)	总产(斤)
粮食	小麦	5.8	1.296
	黄豆	1	80
	早稻	3.3	2.145
	三稻	2.8	2.065
	晚稻	3.9	1.872
油料	油菜	1	100
	芝麻	4	280
	花生	—	—
合　　计		13.5	7.458

③ 承包统购、统派的交售任务

	协商任务	定购基数	其中公粮
粮食任务	1793	1266	548
油菜子(斤)	—	50	—
芝麻(斤)	—	61	—
花生(斤)			
生猪(头)	1.5	—	—
鲜蛋(斤)	38	—	—

④ 承包上交集体提留：74.58 元

⑤ 全年全家承担集体用工：1.492 天

家庭联产承包责任制推行的过程中，大多数访谈对象都认为"可以自由干活、不受限制、并且多劳多得"。这时虽然土地的所有权没有发生变化，但是土地的使用权、收益权给了农户自身，在土地上赋予了农民更大的权力，使得农民感到土地权利价值增大了。

3. 持续的土地声望价值

在农村，如果田地种得好，就会受到政府、村民的夸奖和鼓励。为了调查分田到户初期的情况，笔者访谈了一位改革初期曾被乡镇评为"生产能手"称号的农民（徐某，男，50多岁，村民）：刚刚分得土地那几年，我们种植的作物都非常简单，有一年，我在前面山坡上种了3亩油菜，可又遇到长达40多天的干旱，为了不让油菜干死，我每天从老远的池塘挑水浇地，终于，工夫不负有心人，那年全村就只有我家油菜丰收，乡里给我送来奖状，还请我到旁边各个村里去做报告。我那时到处介绍自己挑水浇地的经验。

可见，这时的土地声望价值由于政府仍保持计划经济时代评"先进、劳模"的传统而得以持续，田地种得好会受到邻居、亲友或政府的夸奖和鼓励。

4. 恢复的土地情感价值

许多农民都谈道："那时候（分田到户初期）人好像有使不完的劲，晚上做梦都想到地里的庄稼黄了要收割。"可见，当时农民对土地的喜爱溢于言表。

农民对土地的依恋是我国小农社会长期发展形成的传统。家庭联产承包责任制开始推行时，土地回到农民手中，虽然理论上土地仍是集体所有，可在实践中，土地已是各家所有的了。土地被分给农户，依恋土地的种子就会重新在农民心中生根发芽，许多访谈对象提到"祖祖辈辈对土地的喜爱是不可能被抛弃的"，这段时期表明了农民对土地情感的恢复。

（二）持续分田到户时期

1. 下降的土地财富价值

这一时期是城乡差距逐渐扩大的时候，在农村，虽然农业生产方式、种植结构没有多少改变，但各种各样的税费"多如牛毛"。另外，农村金融系统空账运行在20世纪90年代逐渐流行，农民把农产品拿到市场上只能换成无法流通的"白条"。这些极大地降低了土地的经济财富价值，与城市工作相比，农民这时意识到土地的贬值，有位农民（向某，男，54岁，村民）谈道："土地不值钱了，很多人都到外面打工，靠种田只能混口饭吃。"

在F村，当地农民的生产方式基本没有多少改变。一是因为这里是丘陵地貌，机器不适合耕作；二是各家各户承包的土地是零碎的，达不到规模种植的标准，使用机器太浪费。可见，不仅当地自然条件限制了生产方式的改变，而且各种社会制度、规则也抑制了生产方式的更新。另外，笔者发现了一位老农（张某，男，66岁，村民）1997年的税费账单（见表3)[①]。这段时期他拥有田地为5.8亩（其中水田5亩、旱地0.8亩），而其种田所得基本上只够全家糊口。从表中可看出，农业税和杂七杂八的费用、摊派几乎相等。

表3　1997年张某的税费账单

单位：元

项目	金额	项目	金额
税	176.28	江堤	23.54
三提	97.25	合计	318.69
水费	21.62		

2. 限制的土地权利价值

改革开放始于家庭联产承包责任制，而这项制度使土地给农民多大的权利呢？有位中年农民（王某，男，40多岁，村民）跟我讲了他的一次改种经历：1989年我刚结婚，从父亲那分得一部分田地，想提高粮食产量，就在市场上买来新的稻谷种子——三系，结果增产是增了许多，到了交公粮时，粮站却不收，说我的粮食跟其他粮食不同，他们收的是统一的、纯的粮食。而那时市场放开不大，自家的粮食卖不出去，还要借我父亲的粮食交上去。以后不敢再改种新品种了。

自主经营，农民有了在土地上自由耕种的权利，可是，这种权利让人感到是受到限制的，即使外部环境没有改变，自由权利在这方面给得再充足一些，也无法继续下去。

此外，由于在土地上生产劳作只能获得温饱的水平，而且国家这时放松了对农民进城的管制，一部分农民开始放弃土地的承包经营权，将土地抛荒、流转。抛荒的土地由村委会收回，集中转租出去或承包给土地少而

---

① 据张某介绍，村里没有开正规收据，这是他年末到村委会对账时抄下来的。

又要求土地的农户。因为这时土地税费很重,土地成了烫手的山芋,村民大都愿意把自家承包的土地流转给别人,很少愿意照顾别人的土地,除非是把自己差的土地丢掉,换成别人抛荒的好土地。

在这时候,从四川、云南等地的山区搬出的"老乡"帮了村里的大忙,用村民的话说"他们什么地都要",抛荒、流转的地,甚至还没开荒的土地,他们都要种起来,这样村委会就有了税费的基础,村民们也有了脱掉土地的机会。而老乡们取得的只是土地的使用权,他们很少有机会能跟村委会签订承包合同,这也为后来的农村土地二轮延包中土地承包归属问题留下了阴影。可见,本村原来农户和迁入户,都意识到土地权利是受限制的。

3. 降低的土地声望价值

在农村,经常可以听到农民在一起评论"谁家的庄稼种得好"、"某某是个懒汉,田地里草长得这么高"。然而这段时期由于收入渠道的多元化,与打工收入相比,农业收入越来越不受重视。一位中年农民(向某,男性,60多岁,小组会计)就谈道:"人家在外打工一个月,抵得上我们在家一年的农业收入,他不用种田就生活得很好。"这时的土地声望价值是空虚的,可以说无法约束或影响农民种地的行为。

4. 复杂的土地情感价值

一位长年在家种地的中年农民(向某,男,54岁,村民)谈起村里这段时期土地的种植情况:很多人家都抛荒走了,他们在城里有工作,收入又高;留在农村种地的,大多是妇女、老人,女的种地真让人伤心,她们不懂得如何打药,打什么药,经常把长得很好的苗子打药打死了,简直连懒汉都不如。

人们在为抛荒的土地感伤的同时,又在为不懂得农业生产技术的妇女耕种土地感到担忧。现在有学者提到农村社会转型,即从"男耕女织"转变为"男工女耕",这在20世纪90年代第一代农民工进城务工时就逐渐形成。男性不能在土地上获得足够收入来维持家庭生活,不得不到城市打工,对土地的依恋情感不断减少,只是到了在城里实在做下去的时候,才回到农村依靠土地。而女性一般要在家照顾老人和小孩,以往只是作为农业劳动者的副手,而现在要挑起耕作土地的重担,可想而知她们的矛盾心理:一方面对土地难以割舍，另一方面无力独自承担这么多土地。可以说，此时的农民土地情感价值是很复杂的，长期以男性为主要劳动力的农业有被女性取代的趋势，在这种交替过程中，农民对土地的情感很不稳定。

（三）税费改革时期

1. 难以提升的土地财富价值

税费改革能够使土地给农民带来更多的财富价值吗？还是以上文提到的那位老农（张某，男，66岁，村民）2005年土地承包合同（见表4）为例，我们可以看出现在税费改革给农民带来的经济方面的影响。

表4　2005年张某的土地承包合同

作物种类	补贴标准（元/亩）	种植面积（亩）	补贴金额（元）
早稻	10	5	50
中稻	15	0	0
晚稻	7	5	35
合　　计			85

种田不用交税费了，国家还给农民补贴，这样农民从事农业生产劳动应该是很划算的，可在实际调查中，农民却不这么认为。一是生产成本增加了，农药、种子、化肥等生产要素价格近年来增长很快。一位中年农民（李某，男，50多岁，村民）比较了以往和现在生产要素价格的变化：复合肥从20~30元/百斤增长到60~70元/百斤，尿素从0.4元/斤增长到1.2元/斤，种子从2~3元/斤增长到20元/斤，农药每年花费从200~300元增长到700~800元。总的来看，现在生产要素价格平均为以往的3倍多。二是农村公共服务更加紧缺，税费改革使得乡镇政府财政从"吃饭财政"变为"要饭财政"，乡镇干部、村干部与农民的关系也变得越来越松散。一位中年农民（彭某，男，50多岁，村民）说："农村税费改革前，虽然每年要收钱，但村委会要办事，如组织抽水抗旱，现在税费改革了，不再收钱了，还发补贴，但村委会什么事也不管，集体抽水十几块钱的事现在每家每户用小抽水机抽水每年至少花两三百元。以前村委会不办事，农

民就会以不交钱来抗争,现在农民不交钱了,村委会对农民也不管不问了。"可见,尽管政府加大了对农业的补贴,土地的财富价值还是难以提升。

2. 增强的土地权利价值

在访谈中,笔者发现村民们越来越重视土地的承包经营权。不仅现在已承包土地的村民,而且以前抛荒进城的本村农民,甚至搬迁过来的老乡们,都要求拥有土地的承包经营权。在部分农民眼里,有了土地经营权就有了老年生活的保障;而有的农民则把这种权利当做无偿收入的来源,他们希望这个地方被开发、土地被征用,自己能得到赔偿。如有位农民(李某,男,50多岁,村民)谈到土地的承包经营权时说:"(承包经营权证上的土地)不种粮食也有补贴,到时征用还会有一定赔偿。"

经过2005年土地延包之后,农民的土地承包经营权更加巩固,温家宝总理在2006年"两会"上讲道:"我们说要给农民的土地经营权以长期的保障,15年不变,30年不变,就是说永远不变。"[1] 可见,虽然农民对土地的权利范围没有改变(农村土地仍是集体所有),但随着土地开发价值的显现,农民对自家土地的权利意识明显增强了。

3. 缺失的土地声望价值

在调查中笔者了解到,这时的土地成了农民眼中的"香饽饽",村民们更加看重土地,并给土地承包经营者也带来一定的社会声誉,以前一直在村里耕田种地的农民被认为是很有眼光、远见。笔者就碰到这样两个案例,一户是一位66岁的老农(张某,男,66岁,村民),他的儿女们都到城市工作去了,老伴也已过世,他一人在家里耕种5.8亩土地,农忙时会雇人帮忙;另一户的户主(徐某,男性,50多岁,村民)在他兄弟姐妹中排行老大,弟弟妹妹先后都出去了,土地就转让给了他,这样现在他家人均土地承包量居于本村人均土地承包量之上。

然而这只是由土地能给人们带来财富引起的,此时土地的多少意味着生活保障的强弱,"现在土地不收税费了,想怎么种就怎么种,反正种得的都是自己的"(张某,女性,50岁,村民)。由于如今收入来源

---

[1] 《在十届全国人大四次会议记者招待会上温家宝总理答中外记者问》,摘自法制网, http://www.legaldaily.com.cn/zt/2006-03/15/content_283043.htm。

的多样化、道德评价对个体约束力的减弱，就不可能从土地上的作物生长情况或劳动成果评判一个人社会地位。实际上，土地声望价值已经缺失了。

4. 代际递减的土地情感价值

农民似乎很不愿意表达自己的情感，他们对土地的依恋只有表现在切切实实的行动中。在笔者访谈的对象中，年老的一辈对土地的喜爱是不言自明的，不论是一直在农村从事农业生产的，还是到城市工厂上过班的，到了五六十岁，就都依附在土地上了，他们把自己每年大部分时间用在土地上，直到不能种地为止。而许多中年农民则把土地当做一种"不想种，却甩不掉"的包袱，他们家庭负担很重，上有老的，下有小的，出去风险很大，待在村里最安全。这些农民有技术，能学新的知识，但对土地的依恋性不强。另外，农村的青年人基本上在城市打工，他们少年时期在农村接受学校教育，青年时代又把美好的时光奉献给了城市，和土地还是很陌生。因此，从长期来看，土地的情感价值将随着现在这一辈老农的离去而消亡。

四　结语

我国社会正经历从传统社会向现代社会的转型，在这一过程中，农民对土地的价值观念发生了明显的转变。通过以上的调查分析，我们可以得出：农民土地财富价值观由凸显到下降，进而到难以提升；农民土地权利价值在经营土地的灵活性和流转土地的自由上有很大的突破，其实这可以跟土地财富价值的下降有关，正因为土地财富价值下降了，才应该把土地的经营承包权赋予知道并能使其产生价值的人；农民土地声望价值观念从持续到空虚，再到缺失，明显表现了土地在人们心目中声望的下降，传统的农业劳作越来越不受人们重视；农民土地情感价值观念随着农村人口的代际变迁而逐渐消亡，除了60岁以上的老农和农村妇女对土地有强烈的依恋外，中青年男性农民则越来越视土地为一种包袱。

如果对四方面价值进行累加，我们可以发现，在转型期三个阶段里，农民的土地价值观念经历了很大的转变。分田到户初期是有价值的[①]，到了持续分田到户时期这种价值都在不断缺失，税费改革之后土地的基本保障价值在上升。在农村社会保障机制仍难以健全的情况下，农民为了自身生计和利益计算，不得不依靠土地，把土地作为一种保障手段或将来与政府、企业进行博弈的资本。

参考文献

Atsushi Kitahara, "Agrarian Transformation and Rural Diversity in Globalizing East Asia", *International Journal of Japanese Sociology*, 13 (2004).

〔美〕凯瑟林·弗德瑞：《土地的贬值》，《读书》2002年第2期。

朱启臻、朱琳、张凤荣：《北京山区农民土地价值观念变化分析》，《绿色中国》2005年第4期。

---

① 这里所说的价值是抽象、笼统的，笔者以为不可能用上面的财富、权利、声望和情感任一方面或全部所能概括。

当代农村劳动力流动分析

——基于安徽的统计分析

⊙ 方金友[*]

劳动力流动是当今社会重要的人口现象,国内外学者对其进行了深入研究。人口经济学家 E. S. Lee（1966）在拉文斯坦（E. G. Raven Stein）和博格（Burge）的研究基础上,在其《迁移理论》一文中系统总结了推拉理论。他将影响迁移行为的因素概况为四个方面：与迁入地有关的因素、与迁出地有关的因素、各种中间障碍以及个人因素。[①] 同时认为：在市场经济、人口自由流动的情况下,人口之所以迁移,移民之所以搬迁,是因为人们通过流动可以改善生活条件。于是,在流入地那些使移民改善生活条件的因素就成为流动人口的拉力,而流出地那些不利的社会条件就成为流动人口的推力。劳动力流动就是在流入地的拉力和流出地的推力共同作用下完成的。[②]

安徽省是一个欠发达的农业大省,工业化与城镇化水平相对较低,经济社会发展相对落后,具有强大的农村富余劳动力转移推力；而安徽紧邻我国东部经济发达的长江三角地区和东南沿海开放地,又具有吸引农村富余劳动力的强大拉力,所以流出省外的人口远远大于外地流入安徽的人口。

---

[*] 方金友,安徽省社会科学院新闻与传播研究所副所长,副研究员。
[①] 吴顿：《劳动力国际流动原因的研究综述》,《经济研究导刊》2011年第8期。
[②] 李强：《农民工与中国社会分层》,社会科学文献出版社,2004。

一 当代安徽农村劳动力现状

农村劳动力是指在农村从事农业或非农业的全部劳动力,是劳动力的重要组成部分。农村富余劳动力流动是指由农业劳动向农村非农业劳动转移以及由农村向城镇转移的劳动力。开发利用农村富余劳动力的流动,直接关系到城市化和工业化的进程,其科学配置对经济欠发达的安徽省而言,将会加快发展的步伐。

自20世纪70年代初我国全面实行计划生育政策以来,安徽人口再生产实现了由"高出生、低死亡、高增长"模式向"低出生、低死亡、低增长"模式的转变,人口年龄构成也随之发生了很大变化。少儿人口(0~14岁人口)占总人口比重持续下降,老年人口(65岁及其以上人口)占总人口比重缓慢上升,而劳动力人口(15~64岁人口)占总人口比重则逐渐提高,从而使人口社会抚养比(少儿人口和老年人口之和占劳动年龄人口的比重)有了大幅度的下降,有效地缓解了人口增长对经济社会和资源环境的压力。1982年(第三次人口普查)安徽人口社会抚养比为67.3%,1990年(第四次人口普查)下降为51.1%,2000年(第五次人口普查)又下降到49.2%,2008年为44.9%,26年里下降了22.4个百分点。与此同时,劳动力人口比重逐渐上升,由1982年的59.8%提高到2008年的70.04%。安徽历年人口年龄构成情况见表1。由表1可见,以社会总抚养系数50%为界限,安徽在2000年前后进入"人口红利"期。

表1 安徽历年人口年龄构成情况

单位:%

年份	少儿人口比重	老年人口比重	少儿人口抚养系数	老年人口抚养系数	总抚养系数
1953	36.06	4.61	60.78	7.78	68.56
1964	38.42	3.26	65.88	5.59	71.47
1982	36.15	4.08	60.48	6.83	67.31
1990	28.39	5.41	42.89	8.16	51.05
1995	27.33	6.73	41.45	10.20	51.65

续表

年份	少儿人口比重	老年人口比重	少儿人口抚养系数	老年人口抚养系数	总抚养系数
2000	25.52	7.45	38.08	11.11	49.18
2005	23.09	10.09	34.56	15.1	49.66
2008	19.81	11.15	28.70	16.15	44.85

资料来源：安徽省人民政府：《安徽60年》，中国统计出版社，2009。

2008年，安徽省年末总户数2000万户，总人口6741万人，社会劳动者总数为3916.0万人，其中农村劳动力总量达到3015.0万人。全省总人口中，乡村人口占59.50%，城镇人口占40.50%。乡村总户数1370.41万户，总人口4019.90万人。安徽省历年劳动力及生产总值变化情况见表2。由表2可知，安徽省劳动力总数呈总体上升的趋势，1965年安徽省农村劳动力总量为最低。自20世纪60年代以来，安徽省农村劳动力人数呈现逐步上升的趋势，现在正接近最高峰值。未来，随着安徽省工业化、城镇化水平的不断提高，农村富余劳动力流动的加快，安徽省农村劳动力总量将呈逐步下降趋势。

表2 安徽省历年劳动力及生产总值变化情况

单位：万人，亿元

年 份	社会劳动者总数	农村劳动力总量	地区生产总值	第一产业生产总值
1965	1378.3	1216.3	52.7	28.1
1970	1637.8	1442.4	71.8	40.1
1975	1765.7	1523.1	97.1	50.0
1980	2002.1	1670.5	141.0	64.7
1985	2420.6	1974.0	331.4	141.0
1990	2807.6	2301.5	658.0	246.1
1995	3206.9	2592.2	1810.6	584.1
2000	3450.7	2797.8	2902.2	741.8
2005	3669.7	2939.2	5375.1	966.5
2008	3916.0	3015.0	8874.2	1418.1

资料来源：安徽省人民政府：《安徽60年》，中国统计出版社，2009。

在市场机制的作用下，按照推拉理论可以得出劳动力流动有两个基本规律：一是劳动力总是从价格低的地方流入价格高的地方，二是流动人口的经济活动能力高于流出地人口的平均水平。根据经济学上"理性人"的假设，人们在从事经济活动时都是追求利益最大化的，因此，资源具有趋利性，即资源总是从低效率部门向高效率部门流动，从低收益部门向高收益部门流动。劳动力资源作为生产的基本要素也是不例外的。在资源可以自由流动的前提下，当劳动力在农村的收益低于在城市的收益时，资源本身的性质决定它必然由农村向城市流动，由经济落后地区流向经济发达地区，这一过程一直持续到农村富余劳动力全部转移出去为止。[①] 基于以上观点，我们选取地区生产总值、第一产业生产总值、社会劳动力总数和农村劳动力总量等指标，推算出农村富余劳动力的理论模型（我们推算的模型，依据的是主要因素，剔除了很多次要因素，只是作为理论上的分析模型）：

$$N = H \times C \div G$$
$$L_f = L - N$$

式中，L_f 为农村富余劳动力总量；L 为农村劳动力总量；N 为农村必需劳动力总量；H 为社会劳动力总数；C 为第一产业生产总值；G 为地区生产总值，其计算结果见表3。

表3 安徽历年农村富余劳动力总量

单位：万人

年 份	农村富余劳动力总量	年 份	农村富余劳动力总量
1965	481.38	1990	1251.42
1970	527.70	1995	1557.65
1975	613.88	2000	1916.80
1980	751.81	2005	2279.34
1985	944.11	2008	2389.22

由表3可知，对安徽省农村富余劳动力总量的基本情况做出如下分析：从1965年到2008年，安徽省农村富余劳动力总量在不断上升，总量由1965年的481.38万人增加到2008年的2389.22万人，增加1907.84万人。

[①] 李素果：《我国农村劳动力流动的原因分析》，《人力资源》2005年第5期。

1965年以前，安徽省地区生产总值中，第一产业比重超过一半，对农业从业人口的需求比较大，农村富余劳动力总量较小。自20世纪60年代以来的工业化、20世纪70年代后期的改革开放到20世纪80年代全面实行计划生育，农村富余劳动力总量呈现稳步递增的趋势，安徽农村外出务工人员的数量不断增加，安徽成为我国劳务输出大省。安徽劳务输出主要方向为珠三角、长三角和京津地区；输出劳务较集中的地区主要有阜阳、巢湖、六安、安庆等市。据统计，截至2008年底，安徽已转移农村富余劳动力1165万人，其中跨省流动就业825万人，具体分布是长三角315万人（上海160万人、江苏85万人、浙江70万人），珠三角120万人，京津地区90万人，其他地区约300万人；省内就业340万人。从行业分布来看，主要从事电动缝纫、餐饮服务、家政服务、机械加工、电子操作、建筑施工、交通运输等工种。其中工业、加工业占45%，饮食服务业占22%，建筑业占18%，交通运输业占5%，种植业、养殖业占2%，其他占8%。省外就业平均月工资1000~1200元，省内800~1000元，据匡算，安徽劳务输出净收入约700亿元。① 以2008年为例，测算的安徽农村富余劳动力总量为2389万人，而统计已转移的农村富余劳动力为1165万人，理论上安徽农村富余劳动力还有1200万人。

二 农村劳动力流动因素分析

农村富余劳动力总量上受社会劳动力总数、农村劳动力总量、地区生产总值和第一产业生产总值四大因素的影响。其中，社会劳动力总数是影响农村富余劳动力的最主要因素，社会劳动力越充裕，农村富余劳动力剩余就越大，而第一产业劳动生产率越高，越有利于农村富余劳动力转移。

农村富余劳动力的大量存在是农村劳动力流动的基础。20世纪80年代计划生育初始阶段是我国农村人口生育高峰期，到了21世纪初，这一批

---

① 安徽省人民政府：《安徽60年》，中国统计出版社，2009。

人员成为青壮年而进入劳动力市场，使得农村富余劳动力的人数基数扩大。与此同时，安徽的社会总抚养系数下降到50%以下，进入"人口红利"的收获期。再加上，农户土地经营规模过小及农业季节性的生产特点，使农业劳动力大量过剩。农业劳动时间和农业生产时间的不一致，导致农业劳动具有很强的季节性，产生了农业劳动力的季节性剩余，农民为增加自身的收入，必然要在农业外寻求机会。

  农民生存的压力和对收入增长的追求是农村劳动力流动的根本原因。我国城乡经济发展存在着明显的差异性和不平等性，城乡经济发展水平悬殊，收入差距巨大，生活质量差距更为突出。而农业效益比较低，种地的收入微薄，远远满足不了农民生活的需要，为了生存和提高生活水平，外出务工就成为农民的首选。2000年，安徽农村居民家庭人均总收入是2585.56元，而工资性收入达到547.83元，工资性收入比重占21.19%；农村居民家庭人均纯收入是1934.57元，报酬收入也是547.83元，报酬收入比重超过28.32%。2008年，安徽农村居民家庭人均总收入是5769.84元，工资性收入是1737.84元，工资性收入比重占30.12%；农村居民家庭人均纯收入是4202.49元，报酬收入也是1737.84元，报酬收入比重超过41.35%。[①] 可见，农村富余劳动力的外出务工是安徽农村居民持续增收的主要因素。在追求较高经济收入的推动下，农村富余劳动力必然由农业向第二、第三产业，从农村向城市转移。安徽是欠发达省份，农民人均纯收入和人均GDP都处于全国平均水平以下，这就导致安徽大量农村富余劳动力流向城市、流向发达省份。

  农民素质和技能的提高是农村劳动力流动的必要条件。改革开放以来，随着经济的快速发展，中等教育和职业技能培训的广泛普及，青壮年农民的素质和技能得到很大提高，对外界环境也有比较强的适应性，尤其非农产业的收益高于农业收益时，获取收入最大化的目标使他们对从事非农产业产生强烈的愿望，一旦获取就业机会，就会跨出"农门"，这样就使得农民劳动力流动成为十分普遍的现象。与此同时，安徽农村富余劳动力经过30多年的流动，一部分人经过多年的打拼和资金积累后通过购买房

[①] 安徽省人民政府：《安徽60年》，中国统计出版社，2009。

屋及工作签约的方式逐步转变为非农业人口，导致安徽农村富余劳动力总量上有所减少。

城镇建设和城市经济的发展为农村劳动力流动提供了外部条件，而我国农业机械化的普及和效率农业的推广为农村劳动力流动提供了内在推力。经济结构、社会结构的调整与重组，城市之间各种资本、资产的流入，一些传统行业开始缩减，新兴行业勃然兴起，许多行业对农民工产生了较大的市场需求，比如家政服务、餐饮服务、垃圾回收处理、高险建筑工程等，而这些行业，城市劳动力不大愿意从事，因此为农村劳动力进入城市找到工作提供了可能性。中共十七届三中全会提出："加强土地承包经营权流转管理和服务，建立健全土地承包经营权流转市场，按照依法、自愿、有偿原则，允许农民以转包、出租、互换、转让、股份合作等形式流转土地承包经营权，发展多种形式的适度规模经营。有条件的地方可以发展专业大户、家庭农场、农民专业合作社等规模经营主体。"在先进技术和规模化经营的影响下，安徽农业社会生产力会越来越高，也将进一步解放农村劳动力，推动农村富余劳动力流向非农产业。

在上述流动因素的作用下，安徽农村劳动力流动的规模还将扩大，极限是将理论上的农村富余劳动力全部转移出去。

无疑，安徽农村富余劳动力的转移增加了安徽农村居民收入，回乡创业又带动了安徽第二、第三产业的发展，进而促进了安徽城乡经济社会的发展。但我们也看到：农村劳动力转移的人口大多具有较强经济活动能力，自身素质相对较高，他们流入了收入较高的城市、经济较发达的省份，从而使得安徽农村社会出现"空巢老人"、"空巢儿童"和"留守妇女"等社会问题。近20年来，安徽城乡收入差距逐步增大，安徽经济发展水平与浙江、江苏等发达省份差距日益扩大，也印证了劳务经济有一定的局限性。毕竟，一位外出务工的农村劳动力创造的社会价值，除了较少部分以工资形式得到报酬外，大部分价值是留在流入地的。我国发达省份及繁荣的城市，都流入了大量的农民工，为当地经济建设作出了巨大贡献。依据社会公平理论，这些流入地理应成为农村劳动力流动的归宿。

三 农村劳动力流动的趋势分析

2011年，在安徽的很多城镇出现了"用工荒"，给劳务输出大省敲响了警钟。把握农村劳动力的流动趋势，科学合理配置农村劳动力，对保持安徽省经济的持续增长、促进农村产业结构调整具有重要意义。根据表1和安徽第六次人口普查的年龄结构预测，安徽人口总抚养比还将进一步下降，大约在2015年降到最低点38%左右，预计安徽"人口红利"期将延续至2025~2030年，之后社会抚养总系数将超过50%，"人口红利"将逐步枯竭。可以预见，安徽农村劳动力流动总量也将随着"人口红利"期的延续而增大。未来20年不仅是"人口红利"可利用的关键时期，也是安徽加快崛起的战略机遇期。如何充分利用好农村劳动力流动的社会贡献，尽量减少其消极影响，成为我们分析农村劳动力流动趋势的重要内容。

安徽是欠发达的农业大省，农村劳动力流入的城镇经济组织大多是劳动力出现结构性紧缺的单位，经济的快速发展仍然在推动着这些经济组织规模的扩展，而且工农业之间的收入差距和城乡之间的经济社会环境也不是在短期内可以消除，甚至缩小的。因此，在一个较长时期内，农村劳动力向城镇的流动仍然呈一种发展趋势。流动的农村劳动力大多是青壮年，一旦进入中老年或随着产业升级造成劳动密集企业劳动力饱和，他们的就业机会就会减少，并将面临裁员的威胁。随着经济日益全球化，中国经济发展越来越受到世界经济发展的影响，一旦经济增长减缓、产生经济危机，他们将首先受到冲击。2008年金融危机爆发后，2009年春节前后导致安徽大量流动民工失业返乡。

从世界各国的现代化进程看，现代化都是从工业化、城市化开始，并以此为基础带动农业现代化。农村劳动力由农业流向非农产业、由乡村流向城市的转移过程，即职业分化和身份变迁的过程，也是由传统农民向现代产业工人转变和成长的过程。这一过程也是安徽农村劳动力的流动趋势。安徽农村劳动力在从乡村到城市、从农民到现代产业工人的流动中，其收入水平和经济地位得到明显提高，总体上的经济地位在安徽农村属于中等偏上阶层，在流入地属于中等偏下阶层。但其社会地位没有发生与其经济地位相应的明显变化，主要是由于受户籍身份以及与之联系的各种福利待遇、政治权利的影响。中共十七届五中全会通过的《中共中央关于制定国民经济和社会发展第十二个五年规划的建议》明确提出："在工业化、城镇化深入发展中同步推进农业现代化"，"要把符合落户条件的农业转移人口逐步转为城镇居民作为推进城镇化的重要任务"。可以预见，农村劳动力的流动将会走向良性发展的趋势。从城镇化角度看，要将流动民工纳入城镇管理体系并最终把他们转化为市民。一方面要使流动民工在中小城市和小城镇得到职业分流，另一方面要在城镇给予具有稳定就业的农民工市民身份，使他们能够融入城镇社会关系网络，在城镇中安居乐业。随着农村劳动力的流动，大量流转了土地的农村人口转移和聚集到城镇，由基本上自给自足的农民转变为城镇的消费者和劳动力，既为城镇提供了劳务，也促进了城镇第二、第三产业的发展。

同时，农村劳动力的流动，使农村人均耕地占有量增加，将会调动农民产业结构调整的积极性，推进优质高效农业和无公害农产品成为农村的主导产业。加上农村土地的合理流转，还可让农业专业户整合和盘活土地、人力资源，发展集约化、专业化、规模化的种植业和养殖业，做大做强第一产业，造就一批新型农民，农民收入自然会随之提高，城乡差距也会逐步缩小。长远来看，这种通过经济利益驱动、消除各种不利于人口流动制度的路径，将会促进安徽乃至全国劳动力在城乡之间的合理分布。

中国乡村社会变迁

城乡一体化进程中农民家庭生活与文化消费的研究

——对上海市郊区 208 户农民家庭的调查分析及对策建议

⊙ 陈天仁　蒋　葵[*]

一　调查研究背景和目的

多年来，党中央一直把解决好农业、农村、农民问题作为全党工作的重中之重，把加快形成城乡一体化作为根本任务，把建设社会主义新农村作为战略任务，把增加农民收入，保障农民权益，着力解决农民最关心、最直接、最现实的利益问题作为农村一切工作的出发点和落脚点。同时，把加快发展农村公共事业、繁荣农村文化、满足农民日益增长的精神文化需求、提高农民的综合素质、促进农民全面发展和农村社会的全面进步作为重要内容和重要保证，并为此制定了一系列重要政策，采取了一系列有效措施，我国广大农民的家庭物质生活和精神文化生活都有了不断的改善和提高。但是，我国地域辽阔，各地的历史与现实条件不同，区域发展的不平衡和诸多差异是客观存在的。在城乡一体化进程中，农民家庭生活与文化消费方面的发展水平也有较大差距。逐步缩小这种差距，

---

[*] 陈天仁，复旦大学社会学系教授、上海社会学学会常务理事兼调查研究部主任、上海市社会学专业委员会主任。蒋葵，中国工商银行上海市黄兴路支行行长、上海市社会学学会调查研究部副主任。

必然有一个较长的历史过程，它与整个国家的经济社会发展紧密相连。但必须不断了解农民的现实生活状况，提出发展的对策措施，加快城乡一体化的进程。

在新的形势下，特别是受国际金融危机的影响，中央进一步强调"扩大内需，促进消费"的方针，并指出扩大内需的最大潜力在农村，扩大内需的重点应放在农村，而且重在改善农民家庭生产生活条件。改善农民生活，大幅度增加农村基础设施和社会事业发展的投入，大力推进农村文化工程是重要措施。

在上述背景条件下，扩大包括文化消费在内的农民家庭生活"内需"、促进文化消费，对推进城乡一体化进程具有十分重要的现实意义。

本文通过对上海市有典型城乡一体化特征的宝山区208户农民家庭生活与文化消费进行了调查，旨在了解农民家庭近三年来的经济收入概况，包括文化消费在内的家庭生活消费现状、消费理念和消费结构，影响生活消费的主要因素，农民对农村公共文化活动的参与度，文化参与对农民的影响，对农村文化活动内容、设施、服务的评价与期望等诸多方面。在此基础上，为进一步扩大和促进农民家庭生活与文化消费，提出了若干政策和具体措施建议，供有关领导部门作参考依据，并探讨了有关的实践和理论问题。

二 调研时间、对象和方法

（一）调研时间和对象

此次调研始于2008年3月，对上海市郊区部分农民家庭生活与文化消费进行了综合调研和个案分析。在充分进行前期各项工作的基础上，于2009年5月在上海市有典型城乡一体化特征的宝山区北部，选取了具有一定代表性的罗泾、罗店两个镇的20个行政村，随机抽选了208户农村户籍家庭进行问卷调查和部分访谈。

（二）调研方法

1. 问卷调查法为主，访谈为辅。制定了设有 25 个研究变量的《上海市郊区农民家庭生活与文化消费状况调查问卷》，入户进行调查填写，对其中部分家庭则采用问卷调查与访谈并举的方法，以充实对问卷调查内容的感性认识和农民思想、心理及家庭实际情况的深入了解。

2. 文献法和分析法。查询有关的文献资料，并对案例与数据进行分析研究。

3. 数理统计法。由上海市社会学学会调查研究部和上海市神州调查公司调查分析人员按统计学方法进行统计运算。

三 调查结果与分析

（一）上海市郊区农民家庭生活主要经济来源及 2007～2009 年家庭年总收入的调查分析

从表 1 可见，沪郊农民家庭生活的主要经济来源多数是在镇、村企业和公益性岗位上班的收入；其次是在民营、个体企业上班的收入；有很少部分家庭靠基本养老金、农保镇保和靠房租收入；也有极少数农民家庭靠出租土地、小本经营、炒股票和长辈、亲友支持帮助以及其他方面获得收入。应当看到，有 13.5% 的农民家庭生活主要经济来源是财产性收入，这是过去没有或很少有的。表明中央关于"创造条件让更多群众拥有财产性收入"的政策是符合民意的。随着我国城乡经济社会的发展，这一趋势将可能会进一步扩大。

表 2 显示，2007～2009 年沪郊农民家庭年总收入在 1.1 万～1.5 万元的有 1/5 或接近 1/5 的家庭；1.6 万～2 万元收入的农民家庭有 13.5%～15.4%，且预计 2009 年收入在此基础上会有所增加；有 1/10 左右的农民

表 1　上海郊区农民家庭生活的主要经济来源调查结果

单位：%

序号	家庭生活主要经济来源分类	占比	序号	家庭生活主要经济来源分类	占比
1	种田务农收入	7.2	10	房租收入	7.2
2	种田和农副业收入	2.9	11	出租土地收入	2.9
3	副业收入	0	12	股票收入	2.4
4	小本经营收入	2.9	13	基金收入	0.5
5	在镇、村企业和公益性岗位上班收入	74.0	14	理财产品收入	0.5
6	在民营、个体企业上班收入	18.3	15	银行存款利息	1.4
7	孩子资助	0	16	彩票收入	1.0
8	长辈亲友支持和帮助	1.9	17	其他方面的经济收入	3.4
9	丧失劳力或没有就业岗位，靠基本养老金农保镇保	7.7			

家庭收入在 2.6 万～3 万元；有 15% 左右农民家庭收入在 3.1 万～4 万元，2008 年和 2009 年均有所增加；4 万元以上收入的家庭为数很少。三年中，1.6 万～2 万元、3.1 万～4 万元收入的农民家庭相对较多，且有逐年增多的趋势。总体上，沪郊农民家庭的经济收入虽然不高，但没有受到国际金融危机的影响，反而有不同幅度的上升。

表 2　2007～2009 年上海市郊区农民全年家庭总收入调查结果

单位：%

占比年收入年份	0.8 万～1 万元	1.1 万～1.5 万元	1.6 万～2 万元	2.1 万～2.5 万元	2.6 万～3 万元	3.1 万～4 万元	4.1 万～5 万元	5 万元以上
2007	13.4	22.1	13.5	10.6	12.5	12.0	8.7	7.2
2008	9.1	20.6	14.5	10.6	10.5	16.3	9.7	8.7
2009 预计	8.2	17.8	15.4	9.1	10.6	15.9	12.0	11.0

（二）上海市郊区农民家庭 2007～2009 年生活消费每年投入情况的调查分析

从表 3 可见，2007～2009 年，沪郊农民家庭每年生活方面的消费在

1.1万~2万元的均为多数,在0.8万~1万元家庭生活消费档次上的占比逐年减少;生活消费在1.1万~2万元的农民家庭占比较多,为33.7%~37.5%,三年相比也呈逐年下降趋势;生活消费在3万~3.5万元的农民家庭占比也逐年上升。这些数据,与农民家庭全年总收入和生活消费总支出的情况调查结果基本相符,即"收支基本平衡"的农民家庭逐年减少;"有较多结余"的农民家庭有所增加;每年都"略有结余"的农民家庭一直保持较多。

表3 2007~2009年上海市郊区农民家庭生活消费每年投入情况的调查结果

单位:%

占年份 \ 生活消费总投入比	0.8万~1万元	1.1万~2万元	2.1万~2.9万元	3万~3.5万元	3.6万~4万元	4.1万元以上	不详	生活消费占全年总收入的情况				
								收支基本平衡	略有结余	有较多结余	超出收入较多	超出收入不多	不详
2007	22.1	37.5	16.3	10.6	3.8	3.4	6.3	26.0	47.1	4.8	1.9	1.9	18.3
2008	18.8	34.6	18.3	12.5	4.8	5.3	5.7	23.6	49.5	6.3	2.9	1.4	16.4
2009预计	15.3	33.7	17.3	15.9	4.8	5.8	7.6	20.2	47.1	6.3	2.4	2.9	21.2

(三)上海市郊区农民家庭2007~2009年文化消费投入情况及其主要原因的调查分析

从表4可见,2007~2009年沪郊农民家庭文化消费每年的投入情况为:半数以上农民家庭文化消费投入在0.8万~1万元,且呈逐年减少趋势;文化消费在1.1万~2万元的农民家庭呈逐年上升趋势;文化消费在2万~3.5万元的农民家庭均为极少数。调查还显示,文化消费的支出占全年总收入"很多"、"较多"和"没有"的农民家庭都是极少数的,"有一定支出"和"很少"的各占1/3左右。反映出目前沪郊农民家庭文化消费水平处于仅满足基本需求的阶段。

表4 2007~2009年上海市郊区农民家庭文化消费每年投入情况调查结果

单位：%

占生活消费总投入年份比	0.8万~1万元	1.1万~2万元	2.1万~2.9万元	3万~3.5万元	3.6万~4万元	4.1万元以上	不详	文化消费占全年总收入的情况					
								很多	较多	有一定支出	很少	没有	不详
2007	60.1	9.1	1.4	0.5	0	0.5	28.4	1.4	5.3	34.6	35.1	5.3	18.3
2008	56.7	11.5	2.9	1.0	0	0	27.9	1.0	5.3	32.2	36.5	5.3	19.7
2009预计	54.8	12.0	2.4	0.5	0.5	0	29.8	1.0	4.3	31.7	36.1	5.3	21.6

从表5可见，影响沪郊农民文化消费支出的主要原因，半数以上是"经济收入有限"，1/5左右的农民家庭认为是"其他生活消费支出增多"。这组数据表明，影响大多数农民文化消费的主要因素是经济收入的多少。

表5 上海市郊区影响农民文化消费支出主要原因的调查结果

单位：%

序号	影响农民文化消费支出的主要原因分类	占比	序号	影响农民文化消费支出的主要原因分类	占比
1	经济收入有限	57.7	6	对文化消费没有兴趣	6.3
2	经济收入增加	3.4	7	对文化消费重视、有兴趣，可以增长见识，学习技能	13.5
3	其他生活消费支出增多	20.2	8	有利于交友	2.9
4	没有适合的文化消费项目	13.5	9	有利于获得信息	7.7
5	没有时间	6.3	10	物质生活改善了，文化生活也要尽量丰富	14.4

表6显示，在所列出的14类家庭生活消费中，沪郊农民家庭首选的仍然是"日常饮食"这一基本民生需求。尽管改革开放以来社会发展和城乡一体化进程加快，但在生活消费方面"民以食为天"的观念仍然延续至今，而没有根本突破。当然，从研究家庭生活与文化消费的视角出发，此项调查结果显示，加强文化生活消费观的宣传，并为农民提供更多的文化场所和尽可能丰富的项目和内容，应成为党和政府相关部门和全社会更多关注的方面。

表6 上海市郊区农民家庭生活消费最注重方面的调查结果

单位：%

序号	家庭生活消费类别	占比	序号	家庭生活消费类别	占比
1	日常饮食	83.2	8	改善居住条件	3.4
2	服装穿着	2.9	9	教育消费	3.4
3	购买保健品	0	10	旅游	0.5
4	出行交通和买车	1.0	11	医疗消费	1.0
5	通信、上网消费	1.0	12	交友的各种消费	0
6	家电（包括冰箱、彩电、空调、洗衣机、电脑、手机等）	1.4	13	健身	0
7	文化、娱乐、书报等消费	0.5	14	其他	1.7

从表7可见，2009年沪郊农民家庭包括文化在内的生活消费14项主要打算中，绝大多数仍然把"改善日常饮食"作为首要选择；其次是"改善服装穿着"，占半数以上；打算"增加教育消费投入"和"医疗消费"的农民家庭占比均超过1/3；家电消费和通信、上网消费也均有较多比例；有1/5左右的农民家庭打算"改善居住条件"；也有少部分农民家庭把"文化、娱乐、书报等消费"与"改善出行交通工具和买车"的消费列为生活消费主要打算之一。这从一个侧面反映了农民的文化需求在家庭生活消费中的位置。

表7 2009年上海市郊区农民家庭生活消费的主要打算调查结果

单位：%

序号	2009年农民家庭生活消费的主要打算分类	占比	序号	农民家庭生活消费的主要打算分类	占比
1	改善日常饮食	86.5	8	改善居住条件	20.2
2	改善服装穿着	54.8	9	增加教育消费投入	36.1
3	购买保健品	2.9	10	旅游	8.7
4	改善出行交通工具和买车	15.4	11	医疗消费	34.6
5	通信、上网消费	24.0	12	交友的各种消费	8.7
6	家电（冰箱、彩电、空调、洗衣机、电脑、手机等）	26.1	13	债务	4.8
7	文化、娱乐、书报等消费	15.9	14	其他	1.0

（四）上海市郊区农民家庭生活消费基本理念的调查分析

表 8 统计了沪郊农民对家庭生活消费的基本理念。有半数以上的被调查者认为"虽然经济条件允许，但还是要勤俭节约"；有近 1/3 的农民认为"家庭生活中必须改善的条件，该消费的应消费，要基本满足现阶段生活之需"；但也有超过 1/4 的被调查者表示"经济来源不稳定，没有固定保障，不能轻易花钱，要防病养老"；还各有 13.5% 的被调查农民家庭生活消费属于"有钱存银行或投资理财，等有较多积蓄后再扩大消费"和"等物价下降，东西便宜收入提高后再增加生活消费"之类较为传统和现实的理念。而持"有钱就花，享受人生"这一时尚理念者极少。总体上看，沪郊农民的生活消费理念较为传统和现实。从一个侧面也反映了作为国际化大都市的沪郊农民家庭目前经济收入水平和思想观念变化的现状。

表 8 上海市郊区农民对家庭生活消费的基本理念调查结果

单位：%

序号	农民对家庭生活消费的基本理念分类	占比	序号	农民对家庭生活消费的基本理念分类	占比
1	有钱就花，享受人生	2.9	5	有钱存银行或投资理财，等有较多积蓄后再扩大消费	13.5
2	虽然经济条件允许，但还是要勤俭节约	56.7	6	家庭生活中必须改善的条件，该消费的应消费，要基本满足现阶段生活之需	28.8
3	经济条件不宽裕，负担较重，更要省吃俭用	27.4	7	等物价下降，东西便宜，收入提高后再增加生活消费支出	13.5
4	经济来源不稳定，没有固定保障，不能轻易花钱，要防病养老	28.4	8	其他	0.5

（五）上海市郊区农民对改善和提高生活质量的基本态度和倾向的调查分析

表 9 显示，沪郊农民对改善和提高生活质量的基本态度和倾向是：多

数被调查者认为"农民的物质生活与精神文化生活同样重要，应同步提高"；有40.9%的农民倾向于"主要是改善和提高农民的物质生活条件"；也有一部分人认为"在同样条件下，更应该注重精神文化生活的改善和提高"；还有较少部分人持"经济物质生活受到一定影响时，更应充实精神文化生活"的乐观主义态度，这种态度在中国社会生活中，既是传统的中华民族精神的体现，也是在当今国际金融危机影响下中国民众应该保持和发扬的时代精神。总体上，对提高物质与精神文化生活的基本态度多数倾向于应同步提高。持"更应充实精神文化生活"的观点者是少数。这是与当前上海农村经济社会总体发展水平和人们的思想理念变化情况相对应的。

表9 上海市郊区农民对改善和提高生活质量的基本态度和倾向调查结果

单位：%

序号	农民对改善和提高生活质量的基本态度和倾向分类	占比	序号	农民对改善和提高生活质量的基本态度和倾向分类	占比
1	主要是改善和提高农民的物质生活条件	40.9	4	在同样条件下，更应该注重物质生活的改善和提高	16.3
2	农民的物质生活与精神文化生活同样重要，应同步提高	55.8	5	经济物质生活受到一定影响时，更应充实精神文化生活	8.2
3	在同样条件下，更应该注重精神文化生活的改善和提高	16.3	6	无所谓	1.9

（六）上海市郊区农民目前所处物质生活水平和精神文化生活水平的调查分析

从表10可见，沪郊农民目前所处物质和精神文化生活水平总体是：半数以上的农民物质生活条件较好或基本满足，而精神文化生活不够丰富、不够满足；仅超过1/10的农民认为目前"物质生活和精神文化生活都较好"；有不到1/5的人表示"物质生活处于温饱，谈不上享受精神文化生活"；有极少数人认为"物质生活不富裕，但精神文化生活还是比较丰富的"；相反，也有极少数人表示"物质生活较贫困，精神文化生活也较单调"。综上调查结果表明，沪郊农村的文化建设还未能满足多数农民日益增长的精神文化需求。

表 10 上海市郊区农民当前的生活处于何种水平的调查结果

单位：%

序号	郊区农民当前生活处于何种水平	占比	序号	郊区农民当前生活处于何种水平	占比
1	物质生活和精神文化生活都较好	12.5	4	物质生活处于温饱，谈不上享受精神文化生活	18.8
2	物质生活条件较好，文化生活不够丰富	21.2	5	物质生活不富裕，但精神文化生活还是比较丰富的	6.3
3	物质生活基本满足，精神文化生活不满足	38.9	6	物质生活较贫困，精神文化生活也较单调	5.8

（七）上海市郊区农民参与文化活动主要场所情况及其主要原因和主要收获的调查分析

表 11 显示，沪郊农民文化活动的主要场所多半是"在家里"，其次是"到村综合文化活动室"。这反映出上海市在"十一五"期间加大村综合文化活动室和农家书屋的投入，改善农村公共文化设施已取得了成效。此外，有约 1/4 的人到"邻居、亲戚和朋友处"；有约 1/5 的人"到附近群众

表 11 上海市郊区农民的文化生活主要场所调查结果

单位：%

序号	农民文化生活主要场所	占比	序号	农民文化生活主要场所	占比
1	到镇里的文化活动中心或分中心	13.9	7	到附近群众文化、健身广场（点）	21.2
2	到村综合文化活动室	40.9	8	到区、市公益性文化活动场所（如图书馆、公园、文化场所、广场、绿化地带等）	7.2
3	到村农家书屋	13.5	9	到区、市展览馆、博物馆、纪念馆等	1.0
4	在家里	55.3	10	到镇、区、市影剧院	1.9
5	到邻居、亲戚或朋友处	24.5	11	其他	1.0
6	到营利性文化娱乐场所（如棋牌室、歌舞厅、影剧院、卡拉OK、电子游戏场所）	16.3			

文化、健身广场（点）"；"到镇文化活动中心或分中心"参加活动的人很少，而"到区、市公益性文化活动场所"的人更少，甚至有 16.3% 的农民宁可"到活动内容适合自己的设施较好的营利性文娱场所"去活动。这暴露出市郊镇文化活动中心等公共文化服务方面存在的问题。在问卷调查和访谈中，多数农民都提出了镇上的这些文化设施远离村宅、市郊公共交通仍然不方便等实际情况。

表 12 调查统计了沪郊农民到村、镇、区、市中心三级公共文化场所文化活动的参与度及其主要原因。"经常"和"有时"到村综合文化活动室、农家书屋的占比较多，主要原因是就近方便、环境条件较好、能得到休闲、可学到知识和不用花钱等。到镇文化活动中心去的人不多，有一半以上农民"不去"区、市中心城区文化场所。主要原因是路程较远、公共交通不便、没有时间、内容不适合、没有兴趣等。如何解决这些问题？改善农村公共交通条件，改变镇文化活动中心为民服务方式和组织区、市组织更多的文化下乡活动是目前主要的可行途径。在访谈中，不少农民强烈地表述了这些愿望。

表 12　上海市郊区农民到不同类别公共文化场所参加活动情况调查结果

单位：%

文化活动场所类别情况	镇文化活动中心（分中心）	村综合文化活动室	村农家书屋	区、市中心城区文化场所
经常	4.3	18.8	13.5	8.7
有时	22.1	38.5	26.4	14.9
很少	45.2	26.4	28.4	25.0
不去	28.1	16.3	31.7	51.4

表 13 显示了沪郊农民参与镇、村、区文化场所活动项目、内容的基本情况：以看电视、电影、听音乐、看书报和参加棋牌活动较多；同时，也有部分农民参加培训、看演出、听戏曲等文娱活动以及医疗保健咨询和交友聊天；有极少数人上网；有关"迎世博"和"志愿者队伍活动"参与者极少。这反映出市郊农民对世博的关注程度不够，更主要的是市郊镇、村社区所组织的这方面活动很少。在访谈和我们的实地调研考察中，对此有直接的感触，与城市社区相比，反差较大。

表13 上海市郊区农民到镇、村、区文化场所经常
参加的主要活动内容调查结果

单位：%

序号	活动分类	占比	序号	活动分类	占比
1	棋牌	23.1	10	参加培训	19.2
2	健身	20.2	11	医疗保健咨询	14.9
3	看书、阅报	38.0	12	法律咨询	1.9
4	看电视、电影、听音乐等	38.9	13	心理咨询和疏导	1.4
5	看演出、唱歌、听戏曲等文化娱乐活动	14.9	14	上网	9.1
6	交友聊天	12.5	15	迎世博学习礼仪和学外语活动	1.0
7	听讲座	14.4	16	迎世博演讲活动	3.4
8	志愿者队伍活动	5.8	17	民间传统文艺活动	7.7
9	其他活动	1.9			

表14显示了沪郊农民视听大众传媒等情况：每天看电视者为绝大多数，而听广播者不多；有超过半数的农民每天和经常看报纸，不看报者为极少数；也有超过1/3的农民每天和经常看书刊；看录像、碟片者都不多。调查表明，目前上海市郊农民家庭彩电已经普及，在2009年生活消费的主要打算中已不列在前三位，也不是当前农民生活消费中支出最重要的方面（见表6、表7），但看电视仍是农民精神文化生活的主要方式。

表14 上海市郊区农民视听大众传媒的情况调查结果

单位：%

类别 \ 视听情况	每天	经常	有时	偶尔	从不
电视	84.1	9.1	6.3	0.5	0
广播	11.5	13.5	21.6	40.4	13.0
报纸	48.6	16.4	16.3	17.3	1.4
书刊	16.3	22.2	27.9	9.1	24.5
录像、碟片	4.3	3.8	17.8	31.3	42.8
音乐	12.0	16.8	25.0	17.8	28.4

还有，在问卷调查和访谈中，许多农民对过去一直深受他们喜爱的村村户户都可听到的有线广播很留恋，认为通过广播以上可以及时知晓许多发生在农村的新鲜事和贴近农民生活的新闻内容，希望能予以恢复。

表 15 显示了市郊农民在参与文化活动的主要收获；绝大多数农民认为"调节了心情，丰富了生活内容"；同时，也有不少农民认为"增长了科学文化知识，提高了技能"、"获得了时事信息，了解了国内外新闻和本地新闻"；也有部分农民同时认为"锻炼了身体，增强了体质"、"结交了朋友，增进了感情"。

表 15　上海市郊区农民参加文化活动的主要收获调查结果

单位：%

序号	主要收获分类	占比	序号	主要收获分类	占比
1	增长了科学文化知识，提高了技能	38.0	4	结交了朋友，增进了感情	22.6
2	锻炼了身体，增强了体质	26.4	5	获得了时事信息，了解了国内外新闻和本地新闻	29.3
3	调节了心情，丰富了生活内容	86.5			

（八）上海市郊区农民对镇、村公共文化活动设施和服务满意度评价与期望的调查分析

从表 16 可以看出，农民对镇文化活动中心（分中心）设施评价"较好"的占 41.8%；认为"一般"的略超过 1/5；评价"好"的和"较差"的均为极少数；令人惊讶的是，竟还有 24.0% 的农民表示"没去过，不知道"。这与表 12 所列的农民对公共文化活动参与度的调查结果相同。而对村综合文化活动室，多数农民评价"较好"，极少数人表示"没去过，不知道"，几乎没有人认为"较差"，只有极少数人认为"不适合农民需要"。两者相比较，农民对镇、村两级公共文化设施的评价反差如此之大，最主要的还是文化服务是否贴近农民生活的问题。笔者在实地调研和访谈中，感受颇深，值得深思。

表16 上海市郊区农民对镇文化活动中心、村综合文化活动室设施的评价调查结果

单位：%

对镇文化活动中心（分中心）设施评价	占比	对村综合文化活动室设施评价	占比
好	8.7	好	14.9
较好	41.8	较好	61.5
一般	21.2	一般	7.2
较差	1.9	较差	0.5
不适合农民需要	2.4	不适合农民需要	7.2
没去过，不知道	24.0	没去过，不知道	8.7

表17显示了沪郊农民对镇、村公共文化场所服务的评价：对镇文化中心服务的评价总体不高，对村综合文化活动室的评价总体上较好，这与农民对镇、村两级文化活动设施的评价也基本一致。对农家书屋的评价与对村文化活动室的评价类同。这主要是农家书屋原属村文化活动室中的图书阅览室，近年来按上级统一要求单独设立，并提高了设置标准，增设了服务人员。但各村进展不同，差距较大，现正在逐步完善之中。

表17 上海市郊区农民对镇、村公共文化场所服务评价的调查结果

单位：%

对镇文化活动中心服务的评价	占比	对村综合文化活动室服务的评价	占比	对农家书屋服务的评价	占比
好	11.1	好	18.3	好	14.4
较好	38.9	较好	45.6	较好	30.8
一般	24.6	一般	26.4	一般	26.0
较差	1.4	较差	0.5	较差	0
没去过，不知道	24.0	没去过，不知道	9.2	没去过，不知道	28.8

从表18可见，沪郊农民对镇、村公共文化场所工作主要成效的评价：大多数农民的评价是"丰富了农民的精神文化生活"；近半数人表示"使农民增长了知识，学习到了技能"；有39.9%的人认为"老年人有一个互相沟通的场所，享受晚年生活"；也有部分农民认为这些场所的建立主要是"提高了农民的文明程度和整体素质"。农民对镇、村公共文化场所工作主要成效的总体评价是较好的，这真实地反映了上海市郊区各级党委和

政府,特别是本次调研的宝山区为加强镇、村公共文化建设所做的大量实事。该区区委和区政府很重视农村文化建设,理念较新,投入较多,措施较实,成效较大。在实施"有线电视户户通"计划中,对八类困难群体除免收月租费外,还实行免收电费等特殊优惠措施。另有区级机关捐款购买1600台彩电送给困难农户等举措,举办了"百场沪剧千场电影送下乡"的文艺活动,为宝山区文化建设在八年内率先实现"城乡一体化",为实现"上海最大的城区、最小的郊区"的目标作出贡献。

表18 上海市郊区农民对镇、村公共文化场所工作主要成效评价的调查结果

单位:%

主要成效评价	占比	主要成效评价	占比
使农民增长了知识,学习到了技能	47.6	丰富了农民的精神文化生活	71.2
推动了学习型和谐农村建设	14.4	提高了农民的文明程度和整体素质	32.2
对农村经济发展有重要促进作用	13.0	老年人有一个互相沟通的场所,享受晚年生活	39.9

表19反映了沪郊农民对镇、村公共文化活动场所需要改进的主要方面的期望。其中较多农民认为要增加更适合农民的文化活动项目和内容、增加适合农民的健身活动、市和区能有更多文化精品下乡为农民演出和展示,也有部分农民希望提供卫生和健康知识咨询、增设法律咨询服务以及开设家庭教育指导和咨询服务等。这也反映了目前镇、村文化活动场所(主要是镇)缺少的或做得不到位之处。

表19 上海市郊区农民对镇、村公共文化活动场所需要改进的主要方面的调查结果

单位:%

需要改进的主要方面	占比	需要改进的主要方面	占比
调整开放时间,适应多数农民生活需要	33.7	改进服务态度	7.2
增加指导老师	14.4	增添活动设施	26.9
增加更适合农民的文化活动项目和内容	70.6	市和区能有更多文化精品下乡为农民演出和展示	30.3
举办科普文化知识讲座	13.5	增设法律咨询服务	16.3
增加农业科技培训和咨询	13.5	开设家庭教育指导和咨询服务	13.0
开设专家心理咨询	9.6	提供卫生和健康知识咨询	28.8
增加适合农民的健身活动	45.2		

表20显示了沪郊农民对目前政府为农民在文化方面投入和服务的满意度及其主要原因的调查结果：认为"满意"的不到1/5；认为"较满意"的超过1/3；认为"一般"的占近1/3；认为"不满意"的占约1/10。总体上看，满意度并不高。在肯定政府进行了较大投入，建立了村综合文化活动室、农家书屋等文化设施，提供了最基本、方便、直接的文化服务外，满意度不高的主要原因是文化活动内容缺少好的品牌，以及镇、区、市较好的文化设施远离农村，公共交通不便等。

表20 上海市郊区农民对目前政府为农民在文化方面投入和服务的满意度及其主要原因调查结果

单位：%

满意度	占比		主要原因（多选）	占比
满意	17.3	1	政府十分重视农民的精神文化生活,在文化设施方面进行了较大投入,并采取了一系列便民措施	33.2
		2	农民可就近免费或低费享受公共文化产品的演出和展示	34.1
较满意	39.9	3	镇文化活动中心和村综合文化活动室及农家书屋的建立,提供了最方便、最直接的基本文化服务	34.1
		4	镇、村文化场所的内容缺少较好的品牌,不符合农民需要	11.1
一般	32.2	5	公共文化设施的服务时间不适合农民需要	6.7
		6	公共文化场所消费高,难以接受	4.3
不满意	10.6	7	工作人员的服务态度不好	1.4
		8	市里好的公共文化场所、镇文化中心和区里较好的文化设施离村里较远,交通不方便	13.0
		9	其他原因	0.5

（九）上海市郊区农民对当前社会主义新农村建设主要应抓好哪些方面工作的调查分析

从表21可见，几乎所有被调查的农民都把改善农村医疗条件、进一步加强镇卫生中心和村卫生室建设放在社会主义新农村建设应抓好的工作的首位，其次是增加非农就业岗位。同时也把改善农村文化生活条件，进一步加强镇、村公共文化活动中心（室）建设和增加文化产品供应列为应抓的主要工作。概括为"就医、就业、求学、求乐、求安"这五大方面。这是相互紧密关联的农民"三最"利益问题。从此项调查结果中,可以进一步看到农民对文化需求的渴望。

表 21 上海市郊区农民认为当前社会主义新农村建设主要
应抓好哪些方面工作的调查结果

单位:%

序 号	主要应抓好的工作	占 比	序 号	主要应抓好的工作	占 比
1	增加非农就业岗位	59.6	7	改善环境条件	37.0
2	改善农村教育条件	38.5	8	改善交通条件	35.6
3	改善农村文化生活条件,进一步加强镇、村公共文化活动中心(室)建设和品种供应	51.4	9	加强治安管理	38.9
4	加强农家书屋建设	12.0	10	加强外来人口管理	49.0
5	改善农村医疗条件,进一步加强镇卫生中心和村卫生室建设	99.5	11	扩大基层民主,直选村委干部	21.2
6	增加农村科技力量,指导农民增加农副业收入	19.2			

四 结论与建议

(一) 结论

(1) 沪郊农民家庭生活的主要经济来源多数是在镇、村企业和公益性岗位上班的收入,其次是在民营、个体企业上班的收入,有很少部分是基本养老金、农保镇保和小本经营收入,也有极少数地租、房租、炒股等财产性收入。

(2) 2007~2009 年,沪郊农民家庭年总收入在 1.6 万~2 万元和 3.1 万~4 万元的相对较多,且有逐年增多趋势。总体上,沪郊农民家庭的经济收入不高,但没有受到国际金融危机的影响,农民家庭收入有不同幅度的上升。

（3）沪郊农民家庭2007~2009年每年生活消费在1.1万~2万元的均为多数；生活消费在0.8万~1万元的家庭逐年减少；生活消费在3万~3.5万元的家庭占比逐年上升。"收支基本平衡"农民家庭逐年减少；"有较多结余"的农民家庭有所增加；每年都"略有结余"的农民家庭较多。

（4）沪郊农民家庭全年文化方面的消费投入在0.8万~1万元的呈逐年减少趋势，在1.1万~2万元的农民家庭逐年上升。文化消费支出占全年总收入"很多"、"较多"和"没有"的农民家庭均为极少数；"有一定支出"和"很少支出"的都有一定比例。目前沪郊农民家庭文化消费水平处于仅满足基本需求的阶段。

（5）影响大多数农民文化消费的主要原因是经济收入的多少。大多数农民家庭认为是"经济收入有限"；还有相当部分的农民家庭认为是"没有适合的文化消费项目"和"没有时间"。但也有一部分农民家庭认为"经济收入增加，物质生活改善了，文化生活也要尽量丰富"。农民比较注重改善和安排日常饮食、服装穿着、教育、医疗等方面的生活消费。

（6）沪郊农民在生活消费的基本理念和对改善与提高生活质量的基本态度是，多数农民认为物质生活应该与精神文化生活同步提高；也有相当一部分农民认为主要是改善物质生活条件；主张在同样条件下更应注重精神文化享受者甚少。沪郊农民大多数认为目前"物质生活较好或基本满足，而精神文化生活不够丰富或不满足"。这与当前沪郊农村经济社会发展水平和农民的思想观念是相适应的。总体上，沪郊农村在文化建设方面，还未能满足农民日益增长的精神文化需求。

（7）沪郊农民文化生活的主要场所多半是在家中；其次是到村综合文化活动室和农家书屋；到镇文化活动中心参加活动的人很少；到市、区公益性文化场所的人更少。主要原因是镇文化活动中心活动项目和活动内容较少，还有就是远离村宅、公共交通不便和没有时间。市郊农民参与村、镇、区文化场所的活动以看电视电影、听音乐、看书报和参加棋牌活动者较多；参加培训、听讲座、听戏曲、健身和医疗保健咨询者较少；而有关"迎世博"和"志愿者队伍"的活动参加者就更少了，这与城市社区相比反差较大。另外，农村原来的有线广播现已取消，但农民还非常留恋。

（8）沪郊农民参与文化活动的主要收获是绝大多数人认为"丰富了生

活内容，调节了心情，增长了知识，提高了技能以及健身和交友"，概括为"愉悦身心、增强技能"等多方面收获。

（9）沪郊农民在对镇、村公共文化设施服务的评价中，对村公共文化场所的评价明显好于对镇公共文化场所的评价。对镇、村两级文化设施和服务评价的反差较大，主要问题在于文化服务是否贴近农民生活。农民对镇、村公共文化场所工作的主要成效给予了多方面的较好评价，肯定了在丰富农民精神文化生活、提高文明程度和整体素质中的重要作用。反映了上海市和郊区党委、政府加强农村文化建设投入所做的大量工作。但随着城乡一体化进程的加快，农民对政府目前在文化方面的投入和服务提出了更高的要求和期望。这反映出农民对目前政府在文化建设方面的投入，总体上的满意程度还不够高。

（10）沪郊农民在当前社会主义新农村建设与城乡一体化进程中表达了自己的强烈愿望。在十余项应抓的主要工作中，集中概括为"就医、就业、求学、求乐、求安"五大方面。这也基本反映了沪郊农民包括文化生活在内的家庭生活多方面的消费需求与渴望。

（二）对策建议

（1）在政府的主导下，建立市、区县下属的镇文化中心和村综合文化活动室、农家书屋等基层公共文化活动场所的专门管理机构，统一负责对这些场所的规划、建设、管理、服务、运作进行指导协调和检查监督。该机构可称为市、区、镇基层公共文化指导委员会，作为同级精神文明办公室或文化部门所属群众文化馆的业务机构，也可称为市、区、镇基层公共文化服务管理协会，作为非政府组织的社会团体。

（2）市、区相关部门建立镇、村基层公共文化设施和服务的评估机构与评估体系。评估机构可以是一个上述基层公共文化指导委员会（或基层文化服务管理协会）的分支机构。由该机构组织各有关方面的领导、专家、实际工作部门以及村民代表参与，进行评估指标体系的研究和具体方案的制订及实施。

（3）建立基层公共文化场所工作人员的培训考核和持证上岗制度。

市、区两级相关部门，主要负责对镇的基层文化工作人员培训。镇则重点抓好镇以下村级的基层相关工作人员培训，着重放在文化服务理念、管理方法和业务知识的学习掌握上，并定期考核，持证上岗。

（4）郊区的公共文化建设重点应放在村级。加大经费投入，并做到专款专用。应在活动项目、内容、形式、措施上出新。要创造条件，发挥农民参与文化活动的主动性。恢复过去农民长期喜欢的村有线广播台，及时为农民传递贴近其生活的信息。改善区和镇内公共交通条件，提前实现"村村通公共交通"的规划，为远离镇文化中心等公共文化场所的村民提供方便。

（5）进一步采取切实有效措施，加强镇领导和村干部对提升农民家庭生活与文化消费理念的宣传教育，提高其对文化建设，特别是在丰富农民家庭生活、促进农民综合素质提升和农村社会全面进步中的重要作用的认识。

（6）加大对农民树立正确的现代生活理念的宣传教育力度，逐步形成合理的消费观。引导农民理性看待和处理物质生活消费与文化生活消费的关系，不要把生活中的物质消费作为唯一的、主要的消费内容，而应鼓励把文化消费作为生活消费的主要部分，加大文化消费在整个生活消费中的比重。

（7）建立市中心城区和郊区的区、镇对口支持互动机制，组建一支农村文化指导队伍。组织市、区专业和业余艺术社团的骨干以及志愿者队伍，经常深入农村，辅导多数农民喜爱的文化活动内容，如宝山区农民喜爱的沪剧等。上海市现有9个中心城区和8个市郊区县，220个街镇中有102个乡镇，完全可以实施中心城区街道与郊区乡镇一对一的结对联动。同时，各级政府可以建立文化下乡奖励和补贴基金。

（8）举办文艺演展，建立农民艺术团队。在市、区、镇、村举行以农民家庭为单位或个人参加的多种文化艺术形式的比赛、演出和展示，层层选拔，评比奖励。并在此基础上建立四级农民艺术团队。

（9）倡导有条件的中心城区的中等以上学校，在学农基地和对口下乡学农的郊区镇、村同时建立文化交流协作关系。帮助农村开展吸引农民的群众性文化活动。这既有利于推动农村文化工作的开展，也有助于对青少年学生进行思想素质教育，使其在文化交流中学习农民的优良品质。

（10）建立城市专业文化艺术工作者定期到农村支援文化建设的制度，帮助开展农民文化活动和培养文艺骨干。把下农村基层"支文"列为专业文艺工作者晋升职称、职务的必备条件。同时，把文化艺术类院系在校学生组织到农村指导开展文化活动列入学校教学计划中社会实践中，并作为对学生专业和业务能力考核的重要部分。可以给予这些"支文"人员一定的生活补贴。

（11）区、镇和村定期或不定期组织村民到市、区观看优秀文化产品演出和展示，条件较好的镇、村还可以组织农民到邻近省市新农村建设典型乡镇参观及旅游。此举可先从组织村民骨干开始，逐步扩大到有兴趣、有一定经济基础的农民。费用可从镇、村两级的公共积累中予以部分补贴。

（12）重视工业园区企业文化建设，扩大其文化对镇、村农村群众文化的支持和辐射作用。同时鼓励镇、村和民营企业积极开展企业文化活动，因地制宜地丰富农民员工的文化生活。另外，镇党政部门和村级两委会要主动与这些辖区内企业建立文化互动关系，作为乡镇宣传和文化工作的组成部分。

（13）镇、村两级机构要根据各自的特色和条件多举办一些跨镇、村、区、市的农民文化交流与互动。组织与邻近镇、村的文化娱乐联欢和民族、民间、民俗文化品种的演展观赏。如宝山区罗店镇的"龙舟、彩灯"与罗泾镇的"十字挑花"都是驰名中外的传统特色文化，可以参与对外文化交流。再如宝山区罗泾镇洋桥村，与江苏太仓市的浏河镇交界，村民中的文娱骨干不定期进行互访交流演出，就像走亲戚一样，气氛热烈，值得提倡。

（14）进一步重视和贯彻落实上海市正在实施的"迎世博600天行动计划"。对扩大世博会影响、增长世博知识、增强国际交流意识、提高参与热情、提升农民综合素质都有积极意义。如宝山区罗店镇的"写对联、表心语"活动等。

（15）增加农民收入，拓展增收渠道。政府加大对镇、村和民企、个企发展支持力度，扩大非农就业岗位。目前主要是增设镇、村公益性就业岗位，帮助农村劳动力多途径向非农方向转移。镇、村应主动与邻近的工业园区联系，推介低收入农民到园区从业。同时，鼓励和帮助合作农场兴办新的农副产品生产基地，吸纳低收入者加盟。

（16）建议制定和实施《上海市郊区农村文化凝聚力工程规划》。把它与不断完善文化设施建设、扩大文化参与、提升文化品质、深化文化内涵等方面紧密结合起来，形成中国特色、上海特点、郊区特征、镇村特有的现代先进文化体系。让市郊农村文化也成为城市的一大景观。

参考文献

《中共上海市委、上海市人民政府〈关于本市贯彻落实中共中央国务院有关精神扩大内需促进经济平稳较快增长〉的措施》，沪委办〔2008〕20 号文件，2008 年 11 月。

《中共上海市委、上海市人民政府〈关于贯彻中共中央国务院关于 2009 年促进农业发展农民持续增收的若干问题〉的实施意见》，沪委办〔2009〕6 号文件，2009 年 3 月 17 日。

《上海市公共文化活动中心标准》（新版），2006 年 3 月。

《中共中央关于推进农村改革发展若干重大问题的决定》，人民出版社，2008。

胡锦涛：《高举中国特色社会主义伟大旗帜 为夺取全面建设小康社会新胜利而奋斗——在中国共产党第十七次全国代表大会上的报告》，人民出版社，2007。

胡锦涛：《2009 年 1 月在中央政治局第十一次集体学习会上的讲话》，2009 年 1 月 24 日《人民日报》。

温家宝：《政府工作报告》，全国人大十一届二次会议，2009 年 3 月，人民出版社。

韩正：《上海市人民政府工作报告》，上海市第十三届人民代表大会第二次会议，2009 年 1 月 19 日《解放日报》。

周锦尉：《扩大内需，应包括"文化内需"》，2008 年 12 月 4 日《文汇报》。

温家宝：《2009 年 3 月 23 日在会见出席中国发展高层论坛 2009 年年会外方代表时的讲话》，2009 年 3 月 24 日《解放日报》。

陈天仁等：《构建和谐社会与营造人文社区的实事工程——对上海市社区文化活动中心运行状况的调查研究》，《上海市社会科学界第五届学术年会文集（政治·法律·社会学科卷）》，2007。

以农村教育城镇化推进城乡一体化

⊙ 胡俊生[*]

加速推进的城镇化对农村教育带来怎样的冲击？农村教育出路何在？专家学者多有高论。中央投巨资拉动内需，其中用于教育的投资也有相当部分指向农村。但长久以来，无论是政府部门还是学术界，对农村教育的关注，眼睛"向下"（乡村）的多，眼睛"朝上"（城镇）的少；就农村论农村的多，由城镇论农村的少。笔者以为，这种依村救村的单向思维模式已经不能适应形势发展的需求，也不能给农村教育带来转机与希望。现在需要进行思维的根本转向：农村教育的文章县城做，农村教育经费往县城花，农村教育的主阵地向县城挪，顺应城镇化潮流，来一次教育的"农村包围城市"。惟其如此，城乡一体化的实现才有可能。

一 基本观点

笔者的一贯想法是：高等教育的文章要在大中城市去做（在县级市乃至地级市办一两所"孤岛"大学，"内忧外患"，弊端太多，例子不胜枚举），农村基础教育的文章要在县城、乡镇做。本文探讨的是后一个问题，

---

* 胡俊生，延安大学副校长、教授，陕西省社会学会副会长。

即农村教育城镇化，主要包括以下内容。

（1）初中进城。即逐步将农村初中撤销，学生全部转入县城中学就读，实现初中教育的县城化。中学师资全县整合，统一调配；学生打破原有属地界限，实行城乡混合分校、编班；实现县城内初等教育的城乡无差别化、学生身份的平等化和农村教师城镇化。

（2）小学进镇（乡）。一般的乡镇，在乡、镇政府所在地办寄宿制中心小学，有的因条件所限可在自然村办村级完全小学。县城近郊农村则可在城郊选址，联办中心小学，吸纳城郊农村及入城农民工子女就近入学。整合后的农村完全小学，由城区小学结对帮扶。有条件的地方，应扩建或增建城区小学，以满足农村小学生入城就读的需要。从长远考虑，小学教育的重点也应是由村向城镇逐步转移。

（3）统一规划，修建一县教育园区。园区内应根据初中、高中的供需状况科学推算，安排初中及高中学校的扩容数量及规模，确保乡村中学撤销后，学生不仅能进县城学校，而且学校的基础设施等办学条件应比乡村中学有显著改善。园区内还应同时规划修建职业学校和小学。集中修建园区后，实行师资、设备的统一调配和优质教育资源的共享，同时，应考虑逐步取缔重点校，为校际公平竞争创造条件。

（4）教育经费投入，实现投向、结构、重心的全面转移。无论是中央、省（市）等上级部门的教育拨款，还是地方政府筹措的资金，应本着"振兴农村教育，县城优先发展"的思路，集中投向一县教育园区的打造，扭转"四处乱撒胡椒面"，广种薄收不问效益的做法，特别注意对投资项目和投资效果的考察。

（5）县教育园区的新建学校，应体现高标准、高质量、规范化、现代化的要求。把农村中学没开设或没开好的计算机、英语、音乐、体育、美术及理科实验课程等，统一按教学大纲的规范要求配置完备，如数开出。县城原有的重点中学，应承担起对新建学校教师的业务研修、上课指导及教学质量监督检查等结对帮扶义务。当然，还可以城区老牌重点中学增容办分校的方式，有效带动新建学校的快速成长。

需要强调的是，实施农村初中教育的县城化，必须坚持"县城中心，县城优先"的发展战略。对广大农村学生来说，初中教育县城化与"农村教育城镇化"几乎是同一个概念。与"城镇下乡支教"方式相比,"农村学生进城"模式对缩小城乡教育差距、促进教育公平,特别是有效提升农村中学生的学习质量,具有根本意义。"县城中心,县城优先"的另一层内涵,是特指教育投资政策的方向性倾斜——中心上移。国家和地方政府用于支持农村教育的钱到底应该怎么花?怎样使用才更有效、更划算、更符合"科学发展观"?笔者的建议是,把计划用于农村中学教育的经费集中起来,集中使用,主要花在兴建一县教育园区或县城中学的扩容、新建上。只有把县城中学教育资源扩大了、增加了,乡村中学进城的计划才可实现。因此,"县城中心、县城优先",首先就是中学基础设施建设、教学设备配置及师资队伍培养等方面经费投入的"名城实乡"战略。教育中心在县城,实际受惠是乡村。另外,这一战略的当下目标仅只设定在农村中学由乡到城的区位转移,农村小学因各种条件所限,暂时还不在转移教育的范围之内。

二 立论依据

提出农村中学进城的主张,是基于以下几方面的考虑。

第一,城市化促使社会流动骤然加剧,与"民工流"相伴随的是"学生流"。进城求学学生规模日益增大与县城教育资源的严重短缺形成一对尖锐矛盾,长期得不到有效解决。因此,加大对县城城区中学教育的建设投入,扩大城区教育资源总量,满足入城求读者的需求,让所有已经进城和即将进城的农村孩子,读者有其校,读则有良师,乃是顺乎潮流、合乎民意、体恤民生的理性选择。

第二,农村中学萎缩,学生、教师外流,继续维持现状,没有发展前途。农村教育的萎缩,是与整个乡村走向衰落同步的。而乡村的衰落,又是城市化发展的必然结果,这是社会变迁的基本走势,不以个人和政府的意愿为转移。农村中学的师生向城里流,实在是因为挡不住城市的巨大诱惑。如果不改变思维方式,继续挥动"户籍"、"属地"大棒,对"盲流"学生"围追堵截",保持城乡分教格局,那么,轻则被认为政府不明智、不作为,重则有坚持地域歧视、偏袒市民阶层利益之嫌。

第三，乡村中学永难挣脱师资瓶颈。大学毕业生不愿到农村中学任教，优秀农村教师外流严重。好的留不住，新的进不去，这是一个基本事实。环境条件较差，师资队伍不稳，教学质量不高，是农村中学的致命伤，这三者之间又形成一种互为因果的恶性循环。但村校硬件改善相对较易，教师稳定则非常困难。相信有太多的青年大学毕业生并无久居乡下的打算，这不是靠说教或靠加薪所能解决的问题。治本之策，还是把学校办在县城。能移迈出这一步，农村教育的师资难题一定有望得到根本性扭转。

第四，不少地方的"希望小学"因布点分散、生源不足、质量不高等原因而荒废，为乡办中学提供了反面教训。对大多数家长来说，只要条件允许、行有余力，他们宁可让孩子上城里的二流、三流学校，也不愿孩子上农村的一流学校。事实上，无论过去、现在还是将来，无论是小学还是中学，要在乡村寻找一流学校，几乎是不可实现的梦想。实际情形是：外出农民工一旦条件允许，要么让孩子随迁就读，要么设法转到当地县城就读。逃离乡村，尽早分享城市教育文明，这是他们为自己的下一代设计的改变身份命运的理想途径，愿望强烈，不可动摇。据统计，目前全国农村留守儿童约5800万人，其中14周岁以下的约4000万人。留守儿童占全国农村儿童的比例达28.29%。[①] 试想，如果让"留守儿童"不再留守，而是或随或转，随父母进城就读，城镇需要为此准备多少校舍资源！国家经济实力的进一步增强与农民生活水平的进一步改善，将为解除贫困家庭孩子进城就读的后顾之忧提供帮助。事实上，一些经济强县早已实施对县中学寄宿制学生的宿费减免、生活补贴等一系列资助政策。既然国家免了义务教育阶段的学费、学杂费，地方政府又给予生活困难补贴，让农民送子进城读书又何乐而不为呢？

三　可资借鉴推广的经验

把县城作为中学教育投资建设的重点，把县城镇建成农村中学教育的

---

① 蒋笃运：《农村留守儿童教育问题与对策》，2008年7月19日《中国青年报》。

主阵地，由此逐步实现农村教育城镇化，这一设想到底有无合理性、可行性？坐而论道，毫无意义。只有让事实说话，才最有说服力。山东省平原县正好为我们提供了一个可资研究解剖或借鉴学习的样板。

据报道，山东省平原县于2008年实现全县农村初中学生全部进城读书，在全国创了一个奇迹。① 采取这一举措的动因是什么呢？主要原因就是农村办学条件差、待遇低、农村教师大量流失，继而引发农村学生的大量外流（进城）。据统计，1999~2004年，平原县乡镇中学教师外流高达123人。优秀教师的流失导致农村中学教学质量严重下滑，一半学校不能开设英语、计算机、音乐、美术等课程。每年都有一两千名初中学生通过各种途径千方百计离开乡村学校转入县城中学读书。有些地方向乡镇派教师支教，但效果并不理想。要想通过增加投入改善农村学校办学条件，则过程漫长，远水不解近渴。在此情况下，平原县毅然决定实施"初中进城"举措，扩大城区中学办学规模，在城区原有的3所中学基础上，又新建和扩建了2所中学，然后将全县1.8万名农村初中生全部转向城区中学上学，实现了农村初中生的全部"农转非"。

平原改革具有开创性、革命性意义。它顺乎潮流民愿，大胆突破户籍、属地种种限制，主动拆除横隔于城乡之间的制度樊篱，创造条件满足农村孩子进城读书的需求，因此具有制度革新意义。它改变了以往"一堵"（不许乡下学生随意向城里转学）、"二送"（派城区中学教师轮流下乡任课支教）、"三撒"（把本就不多的教育经费向乡下各学校到分撒）的惯性思维方式，变"堵"为"放"，变"送"为"请"，变"撒"为"聚"，把钱花在城里，把学校修在城里，把学生请进城里，把教师留在城里。这种围绕县城做农村教育文章的想法与做法，解决了"乡下中学有地方没学生，城里中学有学生没地方"的矛盾。因此具有思维革命意义。

教育不公，首先表现为受教育机会的不公；城乡教育差异，首先表现为师资质量与治学环境的差异。农村初中生全部"农转非"，农村孩子与城里孩子同享一县优质教育资源，为在起点上消除由城乡差别带来的教育不公问题迈出了坚实的一步。因此具有关乎公平、正义的政治革新意义。

---

① 佚名：《农村孩子该不该全部进城上初中》，2008年9月28日《中国青年报》。

笔者注意到，2008年9月，《中国青年报》、新华网等大媒体对平原县的教改事迹报道后，教育界和社会上似乎反应平静少有议论。这未免有些不太正常。平原一步到位的改革难免会存在一些始料未及的问题，也可能存在抵触的声音。赞成也好，反对也罢，必要的争论总是有价值的。但无论如何，平原改革的开创性意义绝不可低估。一切有志于推进"农村教育城镇化"的人们，都应从中受到有益的启迪。平原能够做到的事情，其他地方也有可能做到。

四　需要注意和解决的几个问题

实施以县城为中心、农村中学生全部进城的农村教育振兴战略，会遇到观念、经费及部分家长反对等难题，需要我们站到一定的高度去审视、研究和解决问题。

第一，先转变观念，再转变思路。政府及教育行政部门也许有一种顾虑：提"农村初中教育县城化"，提教育的"县城中心、县城优先"思想，会否招致"重城轻乡"、"保城弃乡"之类的批评。依笔者之见，不能与时俱进，依然按城乡分治的老套路思考问题、解决问题，则挨批的机会将更多。因为，"县城中心"思想是基于可持续发展理念、农村教育的现状、城市化发展前景、农村人口增长趋势及社会公平正义的普遍诉求等而提出来的，是以人为本、共构和谐教育理念的具体体现。人们对农村学生"离村不离乡，进乡不进城"的求学模式不抱希望，根本在于城乡教育资源配置的巨大反差。要想争得城市优质教育一杯羹，处于劣势、弱势的农村学生无非有两种选择：或者托关系、走后门偷偷摸摸转学；或者通过公开考试缴纳高额借读费进城"借读"。人所共知的一个现象是：县（区）中学的校长，特别是重点中学的校长，既牛劲十足，又苦不堪言。应付没完没了的各路求情转学者，已成为他们不能不面对的日常工作的一部分。领导的"条子"、家长的热泪、学生的眼神，每每让"菩萨"校长们欲办不能、欲辞不忍，长期处于矛盾、逃避、同情、无奈的心理煎熬之中。当然也不乏借机敲诈敛财者。不可回避的现实是：县（区）中学无不学生爆棚，严重超载，该挖的潜力已经挖尽。笔者曾看到西北某县中学初二班级人数达90人以上，拥堵状况令人吃惊。安徽临泉一中学，不足60平方米的教室，摆了12排桌椅，排了136名学生，最多则超过140人。[①] 这种"超大班"现象其实在许多学校都比例普遍，见怪不怪。既然如此，为什么不在县（区）多修一些中学，以满足乡村求学者的迫切需求呢？观念一变天地宽，思路决定出路。城里的孩子绝不会到乡村去读书，花钱在城里修学校，新增校舍的主要使用者，应该是进城的农村孩子。

第二，制度创新应体现以民为本。农村初中生"农转非"，遇到两个制度门槛。一是《教育法》规定："地方各级人民政府应当保障适龄儿童、少年在户籍所在地学校就近入学。"农村初中生上农村中学应是有法可依，理所当然。二是目前我国基础教育阶段的办学体制是村办小学、乡办初中、县办高中。稍有变通的是，小学撤并后，不保证每村保留小学，但每乡（镇）至少有一所中心小学。乡镇中学也有所合并，县城办有重点初中。但总体格局是乡村中学数量仍占相当大的比例。没有足够的胆略气魄，就很难突破制度障碍而力促革新。胆略气魄何来？应是来自对农村教育长远发展的深谋远虑，来自对民生民苦的深切关怀。如果对农民子弟要求进城的呼声充耳不闻，对城区中学的长期超负荷运转视而不见，思维总是局限在现有制度的框架内打转，今天改造一下危房，明天更换几张桌椅，修修补补，小打小闹，那么，不是决策水平太低，就是有意不作为。总之，对上述问题的解决，决策部门及其领导的认识、理念及价值取向比其他因素都要重要。

第三，修建县（区）教育园区经费何来？制约农村教育发展的瓶颈之一，就是经费短缺。实现农村初中生"农转非"，除了制度和观念的阻碍，就是经费困难。笔者的建议是，不妨换角度思考，破常规运作。把国家用于新农村建设的经费、农村教育专项经费、4万亿元拉动内需的经济刺激计划中用于农村建设的经费，合并规划、合并使用，设立"农村教育城镇化"专项建设经费，集中用于扩建、新建城区中学，兴建县（区）教育园区。笔者非常赞同国家发改委中国宏观经济学会秘书长王建先生的观点，

---

① 张学军：《"大班额"何时才能"消肿"》，2009年2月14日《中国教育报》。

中国城市化无指向，大投资恐成打乱仗。① 国家投资巨大，但到底投向哪里，必须有个明晰的目标、合理的领域。他认为，投向城市化建设是个理性的选择。目前，中国以非农人口计算，城市化率只有28%，加上长期稳定生活在城市的1亿多人口，实际城市化率也才刚过40%，而韩国、日本的城市化率则为75%以上。如果将不到40%的城市化率提高到75%，城镇人口将会由目前的4.5亿元增至9亿元，则可以吸纳几十万亿元的投资，扩大的人群会增加2倍的消费，这是一个巨大的投资空间。他还认为，过去30年，我们搞的是"离土不离乡，进厂不进城"和"就地工业化，不搞城市化"。这种中国特色的"城镇化"带来的是土地资源的巨大浪费，是一个错误的倾向。正是由于政府对城市化战略方向不明确、对城市化不重视，才导致过去30年经济快速增长与城市化滞后发展的发展结构扭曲。他主张，应确立以大城市为取向的城市化战略，把钱往城市投。如果实行大规模城市化，大量的农民进城，会产生一个巨大的消费市场。王先生是从宏观经济角度谈城市化，但笔者认为他的见解是对的，完全可以用以支持本人的观点。政府把钱花在农民的家门口，把乡村学校的房子修得漂亮些，可以安抚百姓，也安抚政府的心灵，但终非长久之计。今天我们在城乡教育发展导向上的权衡、抉择，确有必要从30年来城市化与城镇化的争论中吸取一些教训。因为，今天的农村中学要不要进城，与当初乡村工业化要不要进城一样，两者具有很大的相似性。笔者对"村村点火，户户冒烟"的乡镇工业与小城镇建设一向持批评态度，因为它有悖于城市化的一般规律；同样，我对农村教育只能在农村办也持反对态度，因为它有悖于教育城市化的发展规律。

第四，建设方案的制订，应充分调研，科学论证。内容包括：现有农村中学的数量、学生规模；推算出未来10年、20年农村儿童增减情况以及需要入城就读的动态数据。在此基础上，拿出县城中学扩建、新建规模，教育园区的选址、土地需求量，以及公共服务设施安排等。同时一并考虑拟新增的小学、职业中学的设置。据笔者推测，随着城市化的提速和

---

① 张子鹏：《专家：中国城市化无指向，数十万亿投资恐成乱仗》，2009年2月12日《时代周报》。

农民生活水平的提高，农村小学的城镇化也是早晚的事。因此，教育园区的规划应立足长远，考虑城区小学同样会增加的态势。据教育部统计，2007年全国小学在校生人数为10564万人，而1998年是13953.8万人，九年减少了3389.8万人。1985年全国农村小学83万所，2007年剩下34万所，59%的小学被撤并了。① 如果坚持计划生育政策不放松，则农村学龄人口的逐步减少是一个大的趋势。鉴于全国希望小学因缺乏规划盲目修建而导致大面积荒废的教训，县（区）教育园区的规划必须严格遵循科学论证、民主决策程序。此外，农村初中"农转非"后，会有一批学生家长或亲人随孩子进城陪读。加上已经入城的农民工，这批"陪读族"的生活、就业、服务等也应提上议事日程，进入政府议程视野。不管不顾放任自流，总不是"负责任的政府"的应有态度。过去，人们较多地注意到城市化引发农村剩余劳动力转移，认为"民工流"是社会流动的主潮，实际上，与"民工流"相伴随的"学生流"同样不容忽视。为陪读进城的学生家长或亲人创造就业机会，特别是首先提供基本的生活保障，如廉租房等，对促进消费拉动经济增长作用不可低估，政府的建设规划中应充分考虑到这一日益庞大的消费群体。

第五，关于贫困家庭学生的学习保障问题。从理论上说，在学费、学杂费减免之后，学生入城的开销主要是住宿费和生活费，困难不会太大。贫困生的救助办法可以通过多渠道予以解决。一是政府增加投入，争取对其住宿费减免、生活费补贴。事实上，一些经济状况好的地方已经这么做了。如陕西吴起县，对县城寄宿制中学的初中生、高中生，不仅住宿费全免，还每人每天补助若干元生活费；陕西的神木县则已经实现12年免费义务教育。二是对品学兼优的学生给以奖励。三是调整农村计划生育政策措施，为农村独生子女上学（包括中学、大学）给予奖励性资助。这个做法已有不少地方正在试行。从长计议，对遵纪守法模范执行"国策"的家庭实行助学奖励政策，有助于扭转农民"管生不管育"的风气。而且，据笔者所知，除了自然条件极差、农民收入极低的贫困地区外，大多数农民如果是生1~2个孩子，应该说，供其进城读书，理应不会有太大困难。真正

---

① 佚名：《希望小学荒废背后：建设时缺乏规划存在盲目性》，新华网，2008年12月12日。

供不起上学的，大多是超生大户。笔者坚持认为，对于因超生致贫的学生帮扶，应该立个规矩。少数人违法超生，让众多纳税人埋单，很不公平。计生政策与教育助学帮困政策应互相衔接，不能给超生者家庭发出错误信号。[①] 上述设想讨论的是一般情况。考虑到各地区经济社会发展水平的差异，特别是西部偏远落后山区村民居住分散、行路艰难、生活贫困等诸多实际，农村教育城镇化的实施应区别情况分步实施，千万不宜一刀切。而对大多数有条件实施的地方，则目标不可动摇，力求加速推进。

参考文献

蒋笃运：《农村留守儿童教育问题与对策》，2008年7月19日《中国青年报》。
佚名：《农村孩子该不该全部进城上初中》，2008年9月28日《中国青年报》。
张学军：《"大班额"何时才能"消肿"》，2009年2月14日《中国教育报》。
张子鹏：《专家：中国城市化无指向，数十万亿投资恐成乱仗》，2009年2月12日《时代周报》。
佚名：《希望小学荒废背后：建设时缺乏规划存在盲目性》，新华网，2008年12月12日。
胡俊生：《怎样破解助学帮困中的超生致贫难题》，《甘肃社会科学》2007年第6期。

---

① 胡俊生：《怎样破解助学帮困中的超生致贫难题》，《甘肃社会科学》2007年第6期。

村民自治制度对解决人民内部矛盾的作用

⊙ 黄 伟[*]

一 村民自治的制度变迁

制度变迁是新制度产生、替代或旧制度改变的动态过程，是一种效率更高的制度替代的过程，也是一种更有效率的制度产生过程。在研究村民自治制度时，有研究者认为："村民选举制度的最初设计并非以民主化为动力，而是主要为了解决乡村公共组织瘫痪与权威缺失的问题。"[①] 从表象看确实如此，不过这样就降低了它的地位，是有失公允的。其实，解决人民内部矛盾是村民自治制度诞生的历史机遇，它之所以能够问世并不断发展，更有着深层的必然性。

首先，农村经济体制改革催生了村民自治。从改革开放之后村民自治的起源和发展过程看，能够使我们对这个问题认识得更加透彻。1978年，为了解决农村人民内部矛盾最为紧迫、最为尖锐的温饱问题，实行了家庭联产承包责任制，实现了农村土地的两权分离，土地所有权仍归集体所有，而农民通过承包则取得了土地的使用权。这样做既能保证国家的税

---

[*] 黄伟，合肥师范学院政法与管理系主任、思想政治理论教学部主任，教授。
[①] 王斌、任玥：《我国农村村民民主实践存在的主要问题与对策》，《中国集体经济》2008年第4期。

收、征购和集体提留任务的完成，又能使农民获得物质利益，实现生产自主权和产品支配权，极大地调动农民的生产积极性。家庭联产承包责任制不仅对农村经济体制进行了改革，而且对农村基层组织产生了巨大影响。随着农业经济生产指令性计划被取代，原先的统一生产、统一分配退出了农业生产领域，生产大队、生产队两级组织逐渐失去作用。于是，农村社会发生了土地管理无序、社会治安混乱等问题，甚至遇到邻里矛盾、宗族冲突也很难找到合适的组织出面协调。新的人民内部矛盾逐步凸显出来，变革农村基层组织势在必行。在原有农村基层制度安排失去了存在意义的情况下，1980年2月，为了管理村务、解决已经发生的各种人民内部矛盾，广西壮族自治区宜山县屏南公社合寨大队果作村的农民自发地改革了管理体制，通过召开大队全体社员大会，以无记名投票直接选举的方式，产生了中国第一个村民委员会（以下称村委会）。随即，全国有不少地方建立了类似的组织。村委会一经问世就组织村民兴修水利，灌溉农田，治理乱占耕地、乱砍滥伐等混乱现象，协助地方政府维护本村的社会治安，防火防盗。1998年，中共十五届三中全会充分肯定了这一新生事物："实行村民自治，是党领导亿万农民建设有中国特色社会主义民主政治的伟大创造。"村民自治适应了家庭联产承包责任制改革带来的农村社会新变化，两者相辅相成，对化解农村社会人民内部矛盾、提高农民的民主意识和基层社会管理水平都起到了重要作用。

其次，思想是行动的先导，是推动村民自治的精神力量。改革开放之初，为了解决社会主要矛盾，国家确立以经济建设为中心固然是正确之举。与此举相配合，政治体制改革同时起步。政治体制改革的任务是改变同生产力发展不适应的生产关系和上层建筑，就是调节不同利益主体之间的人民内部矛盾。政治体制改革必然要反对个人专断，满足基层社会民众获得真正民主权利的要求。总结"文化大革命"的深刻教训，邓小平得出的重要结论是："没有民主就没有社会主义，就没有社会主义现代化。"这个重要论断，论证了社会主义民主与社会主义现代化之间的辩证关系，揭示了民主在实现新时期中心任务过程中的重要地位。1978年12月，邓小平在中央工作会议闭幕会上的讲话深化了上述思想，他认为："要切实保障工人农民个人的民主权利，包括民主选举、民主管理和民主监督。"① 1981 年，中共十一届六中全会通过的《关于建国以来党的若干历史问题的决议》明文规定，要"在基层政权和基层社会生活中逐步实现人民的直接民主"。这就使得处于基层社会的民众看到了真正行使民主权利的希望。1982 年，中共十二大报告进一步指出："社会主义民主要扩展到政治生活、经济生活、文化生活和社会生活的各个方面，发展各个企业事业单位的民主管理，发展基层社会生活的群众自治。"这里提出了基层"群众自治"的概念，说明中共重视人民当家做主，重视基层群众自治由来已久。在充分实践的基础上，中共十七大慎重地把基层群众自治制度确立为中国民主政治的四项制度之一。对中国法制建设作出过卓越贡献的彭真委员长，曾经分析过村民自治在改革政治体制中的重要作用，他说："八亿农民实行民主自治，自我管理，自我教育，自我服务，真正当家做主，是一件了不起的事情，历史上从没有过。几千年的封建社会，什么时候有过群众自治？没有。所以说，办好村民委员会，还有居民委员会，是国家政治体制的一项重大改革，对于扫除封建残余的影响，改变旧的传统习惯，实现人民当家做主，具有重大的、深远的意义。"② 中共中央及中央领导人针对农村具体情况提出的社会主义民主思想，要义有三：首先是直接民主，直接民主对于村民而言，主要是直接选举村委会成员，并决定本村的公共事务和公益事业；其次是民主自治，自治意味着村民拥有自治权，依法自我管理；最后是民主权利，以实现"人民当家做主"。正是在民主思想的指引下，农村基层民众获得了精神力量，打破条条框框，大胆创新了村民自治组织。

再次，农村社会利益主体分化的事实表明，建立村民自治制度有了社会基础和制度需求。马克思说："人们奋斗所争取的一切，都同他们的利益有关。"③ 在人类社会生产过程中，人与人之间存在着以经济利益为主的各种利益矛盾。各利益主体对利益追求的最大满足与整个社会在利益分配客观上存在的不同程度的差异，导致了利益关系的矛盾。中国农村改革也不例外，随着家庭联产承包责任制而来的是，农村社会旧有的利益格局被

---

① 《邓小平文选》第二卷，人民出版社，1994。
② 《彭真文选》，人民出版社，1991。
③ 《马克思恩格斯选集》第一卷，人民出版社，1995。

打破，利益主体发生了新的分化。农村社会利益主体之一是村民及其家庭，由于采取家庭联产承包责任制，使得村民家庭作为利益主体获得了合法的地位。主体之二是村党支部和村委会基层组织，由于法律赋予了他们自治的地位和权利，决定了他们在一定程度上成为政府在农村基层的代理人。然而，他们的利益获得与国家没有直接联系，村干部为村民提供公共服务，村民支付一定的酬金。这又决定了他们对农村基层利益的保护。主体之三是国家和国家的代表者（指乡镇政府）。在乡镇政府实行财政包干的背景下，乡镇政府的利益获取不得不转向农村基层。总之，农村基层的利益关系，发生了重大变化，从原先国家、集体和个人的简单结构变为各种利益主体的复杂结构。这种利益关系分化对乡村政治结构的形成产生了重大影响。新的利益关系反映出多重矛盾，这里既存在国家财政利益与地方财政利益之间的矛盾，也存在乡镇干部个人利益与农村基层组织集体利益之间的矛盾，还存在农村基层组织和村民及其家庭之间的利益矛盾。上述社会利益主体分化表明，建立村民自治制度有了制度需求。村民自治正是以农村社会利益主体分化为社会基础，以调节农村社会利益主体之间的矛盾为目的的。村民自治制度设立之后，对规范不同利益主体的行为、调节和解决这些利益矛盾都起到了十分重要的作用。

最后，国家对村民自治的制度安排使得村民自治获得了政治保障。马克思主义论述的社会基本矛盾，其中生产关系的调整，亦即人们之间利益关系的调整，是需要通过制度安排来实现的。换言之，制度从本质上反映了人们的利益关系，不同的制度安排会多方位地影响人们经济活动的动力和效率，而人们经济活动的动力和效率将直接影响社会主义初级阶段主要矛盾的变化。村民自治制度在国家的制度安排下，实现了两个转变，亦即从下到上的转变和由局部到全局的转变。

第一，从下到上的转变。村委会最早是边远地区部分农村的村民自发形成的农村基层社会自我管理组织，能够在全国范围推广，是由国家制定法律和政策，通过各级政府机构自上而下地贯彻执行最终得以实现的。因此，从一定意义上说，村民自治组织不完全是自发生成的民主制，而是对基层社会组织形式的制度性安排，是国家正式制度的延伸。从制度经济学视角分析，村民自发选举村委会现象，是村民面对制度非均衡采取的自我保护行动。制度非均衡亦即人们对现存制度不满意，准备改变而又尚未改变的状态。不满意是出于对现行制度安排的净收益小于可供选择的制度安排的考虑，也就是出现了改变制度安排的盈利机会。对于村民而言，所谓赢利机会即维护自身利益的时机。自发性和赢利性是诱致性制度变迁的两个特点，村委会都具备了。渐进性是诱致性制度变迁的第三个特点，渐进性是自下而上、从局部到整体的制度变迁过程，因为制度的转换需要时间。村民自治组织问世后，为了推进它的健康发展，1982年12月通过的修改后的《中华人民共和国宪法》，对村委会给予了确认，在第111条中明确写道："村民委员会是基层群众性自治组织。"确定了它是群众性的自治组织性质。从村民自发选举，到宪法确立村民自治的法律地位，把村民自治确定为中国农村社会最为基本的政治制度，村民自治制度实现了从下到上的转变。1983年10月，中共中央、国务院联合发出了《关于实行政社分开建立乡政府的通知》，提出当时的首要任务是把政社分开，建立乡政府，同时要求乡以下实行村民自治，设立村委会。

诚然，任何新事物的推广都需要一个过程，村委会也不例外。1982年《宪法》颁布后，各地并未能严格按照宪法的要求迅速建立村委会，开始只是把生产大队更名为村委会，生产队改名为村民小组。

第二，从局部到全局的转变。1987年，国家颁布了《中华人民共和国村民委员会组织法（试行）》。1988年2月，民政部发出《关于贯彻执行〈中华人民共和国村民委员会组织法（试行）〉的通知》后，各地才开始建立真正自治意义上的村委会。1998年11月，第九届全国人大常委会审议通过了充实了许多新内容的《中华人民共和国村民委员会组织法》（简称《村组法》）并开始在全国正式实行。村民自治制度在国家的制度安排下，实现了从局部到全局的转变。村民自治制度不仅使得村民的民主权利得到了保障，还使人民代表大会制度获得了牢固的基础。从实践看，村民自治的制度安排全方位地影响了村民的政治经济活动，村民获得了真正的民主权利，极大地调动了村民的生产积极性，提高了社会生产力。改革开放30年来的历史证明，社会主义初级阶段的主要矛盾——人民日益增长的物质文化生活需求同落后的社会生产之间的矛盾得到弱化，这已经成为无可辩驳的事实，村民自治制度所起的作用是不可忽视的。

二 村民自治的制度效率

　　制度效率是对制度安排的一项基本要求。效率一般指成本与收益之间的对比关系。制度安排需要付出制度成本，这样才能获得制度收益，以最小的代价获取最大的利益才是理想的制度安排。如果不讲制度效率，新的制度安排可能达不到调整不同利益主体之间利益矛盾的目的，还会引发更多的矛盾。

　　制度成本包括制度变迁时的设计和组织等成本，还包括制度运行时的组织和实施等费用。从制度成本角度分析，村民自治制度最初是由村民自发组织的，当村民自治颇具形态之后，国家因势利导修订《宪法》和制定《村组法》，并不需要大规模投入，村民大会、村民代表会议、村委会的组织和活动非常简便，其运行成本也是极低的。从社会治理看，通过村委会对农村社会公共事务进行治理，可以在不追加行政开支的情况下可实现目标，大大缩减乡镇政府的管理成本。制度收益指设立制度时通过降低成本和减少外部性等带来的激励和约束所达到的预期目标。从制度收益角度分析，首先，村民自治制度填补了农村基层制度空白。当政社合一的人民公社退出农村基层管理之后，村民自治制度及时填补了国家权力撤出后出现的制度空白，有效地化解了农村社会管理方面的人民内部矛盾，并防止了地方消极性制度的萌生。其次，不同利益主体之间利益矛盾得到缓解。国家、国家的代表者和村民属于不同的利益主体，以村民自治为表现形式的基层民主，一定程度上满足了村民的民主权利要求，有效地缓解了村民与国家代表者之间的利益矛盾。再次，从村民自治的内容和形式看，村民自治制度体现了自治的特点，全体村民组织起来依照国家法律进行自我管理、自我教育、自我服务，真正行使当家做主的民主权利；村委会按照自治的原则，办理本村的公共事务和公益事业，为全体村民服务，并协助乡镇的人民政府开展工作。相关法律规定乡政府与村委会之间是指导关系，而非行政领导关系；村委会成员均由村民选举产生，体现了民主原则；村民大会具有决策权，这种以自治形式出现的民主制度兼具形式民主和内容民主的高效率，体现了直接民主理念。从第一个村委会成立至今，持续时间长、受益人数多是村民自治的一大亮点。村民自治已经有30年的历史，长期以来村民保持了高涨的热情，真心拥护这一关系切身利益的新生事物，约有9亿农民参与了村民自治。通过村民自治的实践锻炼，村民"逐步提高了参政议政能力，逐步学会了依法、理性地行使民主权利，这种渐进推进式的发展，避免了不切实际的极端冒进，降低了风险和成本，使国家能够集中精力解决发展，尤其是经济发展问题，也使得亿万人民群众在稳定有序的基层民主实践中逐步提高自身素质"。① 总之，村民自治制度问世以来表现出了较高的制度效率，有效地调节了农村基层社会的人民内部矛盾。

三　村民自治的制度框架

在《村组法》中，村民自治包括民主选举、民主决策、民主管理和民主监督（简称"四个民主"）。"四个民主"包括民主选举和民主治理两个环节，形成了民主形式与民主内容紧密结合的基层民主制度框架。由"四个民主"构成的村民自治制度于1997年10月被写进中共十五大报告。2004年，中共中央办公厅、国务院办公厅颁发了《关于健全和完善村务公开和民主管理制度的意见》，对"四个民主"进行了总结，强调落实选举后民主治理过程中村民的知情权、决策权、参与权和监督权，深化了村民的权利意识。"村民自治权利形成了由选举权、知情权、决策权、参与权和监督权'五权'构成的权利体系。"② 这就使得村民自治制度框架更加完善了。

村民自治具有两种民主形式和丰富的内容。2006年2月8日通过的《中共中央关于加强人民政协工作的意见》明确提出："人民通过选举、投票行使权利和人民内部各方面在重大决策之前进行充分协商，尽可能就共

---

① 李学举：《我国基层群众自治制度地位的重大提升》，《求是》2008年第3期。
② 范瑜：《村民自治：改革开放以来的实践历程与展望》，《经济研究参考》2008年第32期。

同性问题取得一致意见，是我国社会主义民主的两种重要形式。"这一重要论断，论述了我国社会主义民主有选举民主和协商民主两种形式。从《村组法》的内容看，村民自治制度也具有与此相同的两种形式，村民自治的民主内容则包括民主决策、民主管理和民主监督等方面。

在村民自治制度框架下，村委会是全体村民依法管理本村的权力性机构，村民能够充分表达自身的利益诉求，村民的意见是村委会权力的真正来源，体现了村民依法办理自己事情的宗旨。因此，村民自治的两种民主形式亦即选举民主和协商民主在实践中都得到了发展和创新，有效地化解了农村基层的人民内部矛盾。

（一）选举民主

村民选举从建立选举组织和机构，进行选举动员和选民登记，到选举方式的确定、候选人的产生和票决选举，程序规范，蕴涵着现代民主制度的主要特征。选举民主有三个问题值得关注：其一是法律依据。《村组法》是村民选举的法律依据，其中规定村委会主任、副主任和委员都要由村民直接选举产生，村民参与村干部候选人的提名以及实行差额选举等。2002年，中共中央办公厅、国务院办公厅印发了《关于进一步做好村民委员会换届选举工作的通知》，细化了村民的选举权，选举权由推选权、选举权、直接提名权、投票权和罢免权构成，这涉及村民选举的全过程，具有极强的可操作性。从第一个村委会诞生到2008年，全国农村普遍完成了6~7届村委会选举，村民行使了直接民主权利，村委会选举已经正常化。其二是参选率。参选率被认为是村民选举积极性的重要指标。2005~2007年，该项指标约为90.7%。对这个指标可以有不同的认识。其实，在城乡一体化、农民进城务工增多的背景下，村委会选举的参选率达到90.7%，是正常化的标志。"正常状态下的选举，参选率都不会太高。在社会流动活跃的状态下，通过各级组织动员，并依赖委托投票和流动票箱等方式，能维系90%~92%的全国平均参选率，已非易事。"① 其三是选举形式。经多年

---

① 吴兢：《中国村官选举走向"常态化"》，2008年1月9日《人民日报》。

来的实践，村民创造了村委会民主选举的多种形式。一是海选。"海选"是由村民推荐候选人，并通过预选确定正式候选人，然后进行正式选举。"海选"改变了上级派定或指定候选人的做法，而是由村民直接选举村委会干部。村干部的权力由村民授予，对村民负责，为村民服务。目前，村委会"海选"正经历从"有候选人选举"到"无候选人选举"的变革。全国已有17个省份试点或较大规模实行了"无候选人选举"。二是"两票制"。"两票制"是由村民以"推荐票"或"信任票"的形式推荐村党支部候选人，然后由党员按照村民"推荐票"的结果确定正式候选人，召开党员大会进行正式选举。采取"两票制"产生的村党支部书记不仅大多数党员满意，而且大多数群众也满意，有了一定群众基础的党支部书记参与竞选村委会主任，有效地化解了村党支部与村委会间的矛盾冲突，在推动村民自治的同时坚持了党的领导。此外，还有"联选制"。"联选制"是先由村民投票推选村民委员会主任候选人3~4人，每位候选人在发表竞选演说时公布各自提出的村委会组成人员名单，然后由村民投票选举产生村委会主任；在主任产生之后，还要对其提出的村委会组成人员投票，得票过半数的才能正式当选。[1] 值得关注的是，村委会民主选举单独进行是有局限性的，因为《中国共产党农村基层组织工作条例》规定村党支部有"讨论决定本村经济建设和社会发展中的重要问题"的职责。若期望民主选举的村委会有效地开展工作，一定要与基层党组织选举相结合。目前，全国有10个省（自治区、直辖市）的村"两委"，亦即村委会和村党支部，同时进行换届选举，"一票双推"、"两推直选"、"两推一选"、"公推直选"等方式在村级党组织选举中得到推广，村"两委"选举得到了进一步结合互动。[2] 选举民主是民主政治最重要的标志和特征，是人民当家做主的根本体现，反映了代议制民主理念。然而，村民选举在理论上遇到了代议民主是否真正能够体现村民自治民主价值的质疑，实践中存在"贿选"、"用脚投票"等弊端。这种情况表明，一方面选举民主自身需要进一步完善，另一方面需要协商民主对它进行补充。

---

[1] 史卫民：《基层民主政治35年》，2003年2月25日《中国社会报》。
[2] 范瑜：《村民自治：改革开放以来的实践历程与展望》，《经济研究参考》2008年第32期。

（二）协商民主

协商指不同利益主体为协调利益关系，共同商量以达成共识的行为。"中国的协商民主，就是在我国的基本制度框架下，所有受到决策影响的行为主体，围绕着政治社会生活中的议题，通过咨询、商议、讨论的方式，达成共识的一种民主形式。"[1] 研究者对协商民主的认识略有差别，但他们都承认"协商"是核心概念，对协商民主强调参与、对话、讨论、辩论、审议与共识的认识是一致的。

协商民主是当前国内外学术界研究的热点，在中国不再局限于政治协商会议，已经渗透到基层社会。在村民自治制度框架下，协商民主既是民主的形式，又包含民主的内容。第一，协商民主具有现实依据和动力。而今，比较村民自治之前，村民获得了一些自主权，特别是民主选举的权利，但未能彻底实现村民的民主决策、管理和监督的权利，实践中在不少地区不同程度地发生了"村民选举，村委会自治"的现象，村民最基本的权利受到侵害，特别是农村诸如征地引发的社会矛盾和冲突依然存在。因此，有必要推进协商民主。协商民主可以促进村民基本权利的落实，促进村民自治中民主决策、管理和监督权利的落实。协商是靠说理来解决争端，依靠的是非暴力的手段来解决人民内部矛盾。理性的协商能够产生符合公共利益的决策，对减少社会冲突、构建和谐社会具有重大意义。"协商民主的动力来自于中国农村公共利益的增多以及村民对公共利益的强烈关注，村民希望有更多的影响和参与公共利益分配的机会。"[2] 第二，协商民主具有法律依据。《村组法》第 19 条规定："涉及村民利益的下列事项，村民委员会必须提请村民会议讨论决定，方可办理。""下列事项"共八款，都是涉及村民经济利益问题的内容。这条规定表明，村民对社区公共事务具有民主决策权，而"讨论决定"则表明民主决策必须采取协商民主的形式。第三，协商民主的理论假设。协商民主理论假设是公共理性。由

---

[1] 齐卫平、陈朋：《协商民主：社会主义政治文明建设的生长点》，《贵州社会科学》2008年第5期。

[2] 〔澳〕何包钢：《协商民主：理论、方法和实践》，中国社会科学出版社，2008。

约翰·罗尔斯提出的"公共理性"是指民主社会的公民具有的参与公共活动,以追求社会共同体共同的善和基本正义的能力。在这个理论假设下,村民拥有相同的权利和平等的身份,参与村民自治活动的目的不是为了私利,而是为了通过对公共事务的对话、讨论和协商达成一致,追求的是正义和善治。第四,协商民主的具体内容。民主决策和民主管理都属于村民对村务的集体协商决策机制。民主决策是指凡涉及村民利益的重大事项,都要召集村民会议或村民代表会议讨论决定,按多数人意见办理。民主管理是指村民通过各种途径,就公共事务直接发表意见,直接参与管理,以及通过法定程序制定村民自治章程或村规民约,村干部和村民都要照章办事。村民自治的协商民主过程,往往由行政机构组织协商活动,村民参与制度决策。为实现大多数村民的利益,参与各方的对话、讨论、协商和合作,对重大问题达成共识,以避免决策失误,缓和矛盾冲突。第五,协商民主的形式和实践。村民大会和村民代表会议都是协商民主的具体形式。目前,全国"85%的农村建立了实施民主决策的村民大会或村民代表大会"。[①] 浙江省台州市创新了村民自治协商民主的形式,他们的经验是以民主恳谈为突破口,加强民主决策、民主管理、民主监督。台州市曾经制定过一个《关于"民主恳谈"的若干规定(试行)》,明确指出"民主恳谈"的性质是"扩大基层民主,推进民主决策、民主管理、民主监督的重要载体"。其中规定了"民主恳谈"会的参加对象、基本程序、讨论事项的实施和监督等内容。这个《规定》既符合协商民主的原则要求,又具有公开透明的可操作性。浙江温岭市从1996年到2000年,在农村召开的带有决策功能的民主协商会达1190次。民主恳谈会为村民提供了一个意见交流和讨论的平台,在参与平等、决策平等的理念下村民就多数问题达成共识,解决了在重大事宜上严重对立的态度,消除了隔阂,化解了矛盾。由于恳谈会全程都是公开透明的,村民还增强了对村委会的信任。在村民自治的制度框架下,协商民主是对选举民主的重要补充,有利于解决农村基层社会的人民内部矛盾,两者相辅相成、相得益彰。

今天,社会腐败已经成为人民内部矛盾的焦点之一,农村基层社会也

---

① 李学举:《我国基层群众自治制度地位的重大提升》,《求是》2008年第3期。

不例外。权力导致腐败，腐败是公权力的滥用。为了防止村委会干部滥用权力导致腐败、激化农村基层社会的人民内部矛盾，在村民自治制度中实行民主监督至关重要。民主监督是指通过村务公开、民主评议、报告工作等方式，由村民监督村委会工作和村干部行为。具体包括建立健全村务、财务公开制度、理财查账制度、管理听证制度、评议干部制度、来信来访制度、干部述职制度和对村干部的选举罢免制度。在实践中，财务公开制度和民主监督制度有效地防止了村干部利用公共权力谋取私利的行为，村干部行贿受贿等腐败问题得到遏制。目前，全国"90%以上的农村建立了保障民主监督的村民理财小组、村务公开监督小组等组织，村务公开、民主评议等活动普遍开展"。① 民主监督有效地避免了权力滥用，缓解了农村基层的人民内部矛盾。

综上所述，村民自治的制度变迁对解决人民内部矛盾，无论在起点上还是过程中，都起着关键作用。村民自治的制度安排在解决人民内部矛盾方面表现出较高的制度效率。在村民自治的制度框架下，村民真正行使了民主权利，有效地解决了人民内部矛盾。村民自治制度是我国基本政治制度的一个组成部分，进一步完善这项制度对政治安定、社会稳定及构建社会主义和谐社会具有重大的现实意义。

参考文献

《彭真文选》，人民出版社，1991。
《毛泽东文集》第七卷，人民出版社，1999。
《邓小平文选》第二卷，人民出版社，1994。
《马克思恩格斯选集》第一卷，人民出版社，1995。
〔澳〕何包钢：《协商民主：理论、方法和实践》，中国社会科学出版社，2008。
崔智友：《中国村民自治的法学思考》，《中国社会科学》2001年第3期。
王斌、任玥：《我国农村村民民主实践存在的主要问题与对策》，《中国集体经济》2008年第4期。
李学举：《我国基层群众自治制度地位的重大提升》，《求是》2008年第3期。

---

① 李学举：《我国基层群众自治制度地位的重大提升》，《求是》2008年第3期。

范瑜:《村民自治:改革开放以来的实践历程与展望》,《经济研究参考》2008 年第 32 期。

齐卫平、陈朋:《协商民主:社会主义政治文明建设的生长点》,《贵州社会科学》2008 年第 5 期。

吴兢:《中国村官选举走向"常态化"》,2008 年 1 月 9 日《人民日报》。

史卫民:《基层民主政治 35 年》,2003 年 2 月 25 日《中国社会报》。

我国城乡一体化发展进程中的路径比较研究

⊙ 周　艳[*]

正如哈佛大学阿里克思·奎戈教授认为的那样，对于每一个研究城市化问题的学者来说，眼下发生在中国的一切实在是不容错过。眼下，中国的任务是在前所未有的城市化进程中发明出某些手段，创造出人性化的、可持续发展的城市环境。从能源和环境的角度来看，中国的城市化背负着整个世界的未来。[①] 的确，中国的城市化道路不仅凸显了中国本土的特色，向全世界提供了具有可借鉴性的中国城市化发展模式，同时，城乡一体化不同发展路径的实践也为实现城乡协调发展的最高境界提供了现实可能性。

事实上，在城市化的发展道路上，世界各国特别是发达国家都经历了相当长时间的发展时期，因此，城市化既是一个历史话题，也是一个现实问题。早在15世纪，英国的圈地运动就以农民破产的方式开始了近代工业化和城市化的发展历程。第二次世界大战以后，世界各国相继走上了工业化与城市化的发展道路。由于不同国家的社会经济条件差异很大，因此，城市化道路也大相径庭。德国在1950年代开展"巴伐利亚试验"、美国大力发展的"精确农业"、法国长期实行的对农业和农民"多予少取"政策、

---

[*] 周艳，安徽省社会科学院社会学所助理研究员。
[①] 吴海云：《中国城市化之困》，《凤凰周刊》2009年第17期。

以色列的"高效农业",特别是韩国的"新村运动"和日本的"国民经济倍增计划"等,① 都在城市化问题上走出了一条适合各自国情的发展道路。然而历史也证明,城市化让人类享受工业文明的同时,也受到了"城市病"的困扰,尤其是全球迅速城市化的示范效应把城市化带来的负面影响推向更加糟糕的境地。城市化是一个不可回避的历史发展进程,如何在实现经济社会有效发展的同时,较大程度地规避城市化带来的负面效应,是中国社会发展面临的一项重大任务。目前,正在实践的中国特色城乡一体化发展路径为城市化寻求了有效发展的突破口,虽然不同的发展路径在制度和政策层面上还存在需要不断完善的地方,但是城乡一体化的不同发展路径为成功破解城乡二元结构、城乡分治,实现城乡协调发展等方面提供了可选择、可实践的发展模式。正如陆学艺先生在《大气候——李昌平直言"三农"》一书的"序言"中所说,中国的工业化搞得很有成绩,但城市化至今还在继续"摸石头"。"李昌平难题"② 是有解的,通过改革,原有的体制会逐步改变,结构会得到调整,城乡二元结构终究会被破除,城乡一体化的格局终会实现,农民问题是会解决好的。本研究所涉及的城乡一体化进程中的三种路径:农民工外流型、征地吸入型和乡村工业化型正是城市化过程富有成效的积极探索。

一 城市化、区域化与城乡一体化

党在十七届三中全会中提出"统筹城乡发展,实现城乡经济社会发展一体"的目标。城乡一体化的发展进程是城市化过程的一个重要阶段,城乡一体化也是从属于城市化的一个重要概念。从城市化发展的历史来看,城乡关系通常要经历三个发展阶段。第一阶段,乡村发展为城市发展提供

---

① 王开玉:《不一样的童年——中国农民工子女调查报告》,合肥工业大学出版社,2007。
② 基于中国改革开放30年后,农民没有减少反而增加的事实,李昌平提出:假如中国不减少农民,农民问题会越来越严重,中国不可能实现现代化;假如中国减少农民,将农民转变为"农民工"越多,中国"农民工人问题就更加严重,中国也不可能实现现代化"。他将这个难题命名为"李昌平难题"。

资金和人力资源，这是乡村支援城市，城市的扩大再生产有赖于乡村生产剩余的阶段；第二阶段，城市与乡村各自独立发展，这是城乡矛盾已现端倪且日趋扩大的阶段；第三阶段，随着社会生产力的发展和城市化的不断推进，社会经济活动开始超越城乡两个相对隔离的单元而相互渗透，人类社会逐渐进入城乡界限模糊、城市与乡村融合的时代，也就是通常所说的"城乡一体化"。因此，城乡一体化是城乡关系协调发展的最高境界。

对于中国的城市化道路而言，城乡一体化必须突破传统意义上的城市化发展模式，寻求区域性规划和区域性提升的路径。因此，区域化是城乡一体化发展的一个重要原则，城乡一体化必须立足区域化发展，模糊城乡原有的制度和区域界限，实现区域在经济社会等方面的整体提升和实质性变迁。从这个角度而言，区域化虽然不同于传统意义上的城市化发展模式，但从实质上来讲也是从属于城市化的一个重要概念。事实上，关于城市化模式，学术界一直认为存在着两种。一种是以城市为基础（City-based）的城市化模式，这种模式是在西方国家出现的城市化景观，也是我们认为传统意义上的城市化发展模式，其特点是以中心城市的发展为基础和中心，并以其发展的张力来辐射带动农村地区的发展，实现城市化发展的目标。不同于以城市为基础的城市化模式，加拿大学者麦基（T. G. McGee）在对亚洲一些国家进行长期研究后提出了"城乡一体化区域"（Desakota）概念，它是一种以区域为基础（Region-based）的城市化现象，是建立在区域综合发展基础上的城市化形态，其实质就是城乡之间的统筹协调和一体化发展。麦基用城乡一体化区域来概括亚洲城市化的空间模式，其主要特征是高强度、高频率的城乡之间的相互作用，混合的农业活动和非农业活动以及淡化了的城乡差别。这一模式的提出，削弱了传统的城市—乡村两分法，增强了城乡一体化发展规划与管理的必要性和紧迫性。因此，在中国城乡一体化的进程中，城市对农村的发展带动作用依然强大，但是区域化的发展要求在尊重城市化发展规律的同时，站在区域发展的角度，更加注重区域性的规划，以区域为基础，实行区域整体推动的城市化发展模式，把城乡关系引领到更加理性的发展轨道上来。同时，区域化城乡一体化发展与传统城市化发展模式在对待农村社会在城市化发展中的地位的观点上存在较大差异。区域化的城乡一体化发展模式一方面模糊城乡的制度和区域界限，同时相对也更加尊重农村地区在城乡一体化过程中的主体性作用。中心城市的发展对区域城市化的带动作用不容忽视，农村地区在城市化过程中的重要作用同样值得重视。

二　我国三种城乡一体化进程中的路径比较

目前，学术界关于我国城市化道路、路径和模式的研究非常多，在城市化道路方面也向来就有小城镇论与大城市论之争。小城镇论者认为，中国应该走小城镇发展之路，实现农民职业、身份的转换，这种发展道路通过发展乡镇企业让农民离土不离乡，通过保持原有的地缘关系降低城市化的成本；而大城市论则认为小城镇道路忽视了大城市发展的规模效益。当然，也有比较折中的观点，主张中等城市论或多元论的城市化方针。① 事实上，中国的城市化已经呈现出多元化的趋势，因此，和这些研究不同的是，我们的研究并不去争论中国目前应该选择怎样的城市化道路，而只是对已经呈现出的三种城乡发展一体化路径进行比较研究，并分析不同城市化发展路径各自的适应性特点。

（一）选择依据

研究所涉及的我国三种城乡一体化发展路径分别是农民工外流型、征地吸入型和乡村工业化型。之所以要对这三种发展路径进行比较研究，首先是因为它们都是属于城市化这个概念的范畴；其次，这三者也是目前我国社会发展过程中呈现出来的比较典型，也是各具特色的城乡一体化发展路径。

从城市化的概念出发，三者都应该符合城市化的内涵和特征，是城市化不同过程的表现形式，是实现城乡一体化发展过程中采取的不同道路选

---

① 赵新平、周一星：《改革以来中国城市化道路及城市化理论研究述评》，《中国社会科学》2002年第2期。

择，因此也将使城市化有了不同结果的表现。

城市化的学术研究伴随着城市化的历史进程不断推进。城市化的概念是城市化理论研究的一个起始问题，关于如何来理解城市化概念这个问题，不同的学科都从自己的研究视角做出了回答。人口学关注农村人口与城市人口的比重变化；地理学则强调城市在地域空间上的扩大；经济学则认为城市化应该是农业经济向非农经济的转化过程。美国社会学家路易斯·沃斯认为，城市化意味着从农村生活方式向城市生活方式发展、质变的全部过程。[1] 前苏联学者斯捷潘年科的观点是一方面要从生产的发展，即从城市化所体现的生产活动的集中过程、交往密切的过程来理解城市化；另一方面要从生产关系的发展，即从城市化所体现的特殊的社会关系来理解城市化。[2] 我们从社会学的视角来看城市化，认为城市化的过程从形式上看是城市规模扩大的过程，这种规模扩大包括面积扩大和人口增长两个方面，这一过程还伴随着城市文明和工业文明迅速向周围的扩张渗透。也就是说，从实质上看，城市化是作为城市文明的一种新的生活方式产生、集聚和扩散的过程。

从城市化的概念出发，可以将城市化的特点归纳为以下几点：其一，城市化既是一个结果，也是一个过程，因此，城市化的研究既要注重结果研究，也要关注过程研究；其二，城市作为人口聚集点，其产生、扩大的过程都将被视为城市化；其三，城市面积的扩大与人口的增长是城市化的重要表现，城市文明的扩散和对农村地区的影响也将被视为城市化的重要过程；其四，城镇作为小城市模型，城镇化也被认为是城市化的一种特殊形式。

首先，来分析征地吸入型的发展路径，征地吸入型可以说是一种最普遍的城市化发展路径，这种发展道路不仅是中国城市化发展过程中一种普遍的形式，世界上很多国家在城市的发展过程中也都不可避免地会使用这种方式。在城市的发展过程中，城市的扩张是一个不可避免的过程，因此，对周边土地的需求也成为一种必然，征地成为解决城市扩张的主要手

---

[1] Wirth L., "Urbanism as a Way of Life", *American Journal of Sociology* 44 (1938).
[2] 赵煦：《城市化理论的起始问题——城市化概念探析》，《宁德题专学报》2007年第3期。

段，城市扩张，面积和人口的增加都是城市化的表现。征地吸入型是城市化的典型形式，也是实现城乡一体化的重要方式。当然，由于各国在很多方面存在差异，各国在城市征地方面采取的政策和措施千差万别，在形式和结果等方面的表现也大不相同。比如英国的圈地运动，实质上也是一种征地政策，只不过是一种掠夺式、剥削式的征地方式，因此在性质上与我国采取的征地政策有着本质的区别。

其次，关于农民工外流型，农民工进城务工是我国现代化过程中走出的一条具有中国特色的发展之路。根据国家统计局农民工统计监测调查显示，截至2008年12月31日，全国农民工总量为22542万人。其中本乡镇以外就业的外出农民工数量为14041万人，占农民工总量的62.3%；本乡镇以内的本地农民工数量为8501万人，占农民工总量的37.7%。农民工进城务工似乎与城市化没有关系，我们之所以认为农民工进城务工也是城市化的一条路径是基于以下几点原因：第一，农民工进城，有一部分就留在了城市，并成为市民，这是典型的城市化组成部分。同时，在我国，农民工也是城市的重要组成部分，随着国家相关政策的完善，进城的农民工及其子女将逐渐享受市民待遇，特别是农民工子女将成长为城市的新市民。在许多城市都已经在开展新市民活动，把农民工的子女视为城市明天的新市民。第二，城市化不仅是人口和面积的增加，更重要的是城市文明的影响和扩散。农民工进城务工，虽然他们不是城市居民，但却不断地受到城市制度、规则、习惯等各方面的影响，这种影响使更多的农民越来越多地习得了城市生活的方式，而这个过程也被看做城市化的一个过程。以人为载体的城市文明与农村文明的衔接也是城乡一体化的重要内容。第三，有学者也已经提出农民工进城是中国城市化的一个重要特点。在世界城市化的进程中，都有一个农民变为市民的过程，西方国家是以大批农民破产为代价的，引发了许多社会问题。我国城市化的一个重要特点就是农民进城务工，逐步转变为市民。农民进城务工，走出了一条具有中国特色的城市化、工业化道路。[①]

最后，关于乡村工业化型，事实上，这也是我国学者比较关注的城镇

---

① 王开玉：《不一样的童年——中国农民工子女调查报告》，合肥工业大学出版社，2007。

化发展道路,"十一五"规划也将城镇化提高到了一个极为重要的位置,走城镇化的发展道路也是国家的重要战略之一。长期以来,国内学者对我国城市化路径的选择问题上存在着小城镇论与大城市论之争,小城镇是我国城市化过程中可选择的路径之一。城镇从本质上来讲,是小城市的一种特殊形式,在我国,城镇居民也是城市居民的重要组成部分。与大城市相比,小城镇的经济和社会发展水平都存在一定的差距,但在我国制度框架内,特别是从户籍制度、就业制度、社会保障制度来看,两者并无本质性区别,但城镇居民与农民在身份和职业等方面却存在实质性的差别。因此,我们认为小城镇的发展道路也是城市化路径的选择之一。而乡村工业化正是通过发展工业和乡镇企业走小城镇的发展之路,小城镇的发展必须有本地工业、企业的支撑,乡镇企业的发展成为小城镇发展的重要支柱。所以,小城镇与乡村工业化密不可分,乡村工业化作为城镇化的重要内容,也是我国城乡一体化发展的重要路径选择之一。

(二)路径比较

我国地域辽阔,人口众多,不同地区在经济、社会、文化等方面都具有较明显的差异性,因此,发展也出现了不同的路径选择。在城市化的进程中,有的地方形成了内生性的发展道路,有的地方更加强调外力的拉动。我们的研究将对我国城市化和城乡一体化过程中出现的三种路径各自的适应性特点进行分析。

1. 农民工外流型:城市新市民之路的探索

农民离土离乡进城务工是我国城市化进程中的重要特点,农民工群体的出现既解决了农村剩余劳动力的转移问题,也填补了城市急剧发展所需的建设力量的空缺。农民工进城与城市化的进程密切相连,但似乎又没有被完全纳入城市化的概念之中,因为对大多数农民工来说,他们到城市里工作只是生活的一个中间过程,他们最终还是要回到农村居住,所以在我国现行的户籍等相关制度框架内,他们依然是农民,他们的固定居所依然在农村,他们与城市人口和面积的增加并没有直接关系。但是,如前所述,我们依然认为农民工进城是我国城市化路径选择的重要表现之一。

正因为如此，许多发达城市在城市新市民的道路上率先开始探索，开展新市民活动，这也证明了在实践的层面承认农民工进城是我国城市化路径中的选择之一。在国家政策层面，对农民工的市民待遇，包括社会保障、子女教育等方面的政策也向着更加公平的方向制定，农民工与他们所在城市的居民在制度框架内享受到更加公平的权利和待遇。事实上，城市化的进程需要产业和人口的双重集聚，许多经验也表明如果只有产业的集聚而没有人口的集聚，势必会造成或拉大地区之间的差距。因此，农民的市民待遇或者让一定数量的农民工能通过自己的努力取得在城市生活的权利和资本也是城市化必须兼顾的问题。

目前，我国农民工进城还存在一系列的社会问题，新市民的道路还在探索之中，留守儿童问题依然没有得到较好解决，城市与农村的二元结构和城乡差距也存在被继续强化的风险，发展的现实与城乡一体化的发展目标也存在一定差距。生活在城市里的农民工依然没有完全摆脱边缘化的境地，虽然流动人口包括农民工是城市的必要组成部分，但户籍制度依然阻碍农民工成为新市民的步伐，虽然教育公平制度日益推进，但城市较高的生活成本让一部分农民工子女依然留守农村，与父母分离。留守儿童的生活、学习、心理等各方面得到了社会的广泛关注，但问题却未能得到根本解决。更为重要的是，农民工进城务工，虽然提高了农民收入，使农民工成为农村的中等收入者，但是农村的富裕并没有较好地提升农村的发展潜力，在城乡关系中，农村还是处在弱势的地位。

随着城乡一体化发展进程的推进，农民进城务工的农村社区发展道路及户籍制度的改革也被逐渐提上议事日程。日前，一些省市在户籍制度改革上也开始了破冰之举。如安徽省对户籍制度改革做出重大调整，凡在安徽省内城市、城镇范围内有合法固定住所的农民工及其共同居住生活的配偶和未成年子女，可根据本人意愿登记城镇户口。因此，农民工进城务工，成为城市居民，并在身份、就业和社会保障等制度方面享受城市居民待遇，已经成为城市化发展非常现实的目标，户籍制度改革在熨平城乡差距方面向前迈了一大步。

2. 征地吸入型：失地农民转型的困境

征地对城市发展来说是一个必然的过程和环节，通过征地获得了城市进一步发展的空间，也增加了城市人口的数量，征地吸入型是一种传统型的城市化路径。征地吸入型城市化路径是通过城市发展辐射带动周边地区人口进入城市化的进程之中，城市处于主动位置，而周边被征地区域处于相对被动位置。因此，这也被视作外边城市化之路。

近年来，随着我国工业化和城镇化进程的加快，大量农村集体土地被征用，失地农民越来越多。他们要么面临选择新的职业，要么面临失业。在办理农转非手续后，这些农民实现了身份的转变，成为城市居民。但他们的思想意识、生活方式和就业能力等方面面临着新的转型。除了身份的转变，职业的转变对失地农民而言也是一个问题。从农民到产业工人的转变并不是一个简单的就业过程，随着工业文明和农业文明全方位的冲突，接受城市生活秩序和工业文明的规则是失地农民继续社会化的重要内容。同时，要做好失地农民的社会保障工作，让他们分享工业化、城市化成果，这也是和谐社会公平公正的要求。

3. 乡村工业化型：一种内生型的城市化道路的实践

"十一五"规划将城镇化提到了极为重要的地位，走城镇化道路已经成为国家战略，一些学者也提出重视小城镇建设和发展县域经济的观点。乡村工业化的发展路径则是通过发展自身的工业企业，增强经济实力，带动农村社会结构的变迁，实现从农业到工业、从农村到城镇的全面转型，从就业结构、生产方式到思想意识、生活方式等各方面也会得到全面的提升。由于在整个发展过程中，乡镇处于相对主动的地位，靠自身力量的积累和爆发来实现转型，特别是村域经济和集体经济实力的增强，因此，也称乡镇工业化型的发展道路是一种内生型的城市化路径。

相对农民工外流之路，乡村工业化之路对城市的依赖较小，而且农民实现就地转移和转型，离土不离乡，在亲缘、地缘、业缘等方面的关系成本相对要小得多，农民自身也不存在被城市边缘化的问题，他们的主体意识更加明确。相对征地吸入型，乡村工业化之路则要经历相对较长的发展过程，各种矛盾和问题的暴露也相对缓慢，因而整个城市化的转型较为平稳。但是在农村与城市的关系中，对于前者而言，城市对失地农民肩负着更多的责任，或者说失地农民对城市化的进程是有贡献、有牺牲的；而对于后者而言，农民的主体意识较为强烈，在乡镇与城市的关系中，更多地表现为合作共赢，特别是在发展乡镇企业或村域经济时，他们同在市场上处于竞争合作的关系。在城市化水平方面，乡村工业化之路发展水平也相对较低，征地吸入型可以在较短时间内获得城市较集中、较高水平的辐射，而乡村工业化型则要经历更多的探索过程。

三　小结

第一，城乡一体化的发展并不是要求城市和农村两种文明或两种制度对抗和竞争，而是在城市化的进程中，两种文明或两种制度合理对接，其实质是一种差异基础上的有效合作。城乡一体化并不排斥城市文化对农村文化的影响和改造，也同样尊重农村文化的价值和存在的合理性，并不企图完全用城市文化覆盖和取代农村文化。在一体化的进程中，承认城乡原有的关系特点，尊重和鼓励在城乡关系一体化过程中寻求不同的发展路径。在城市化的进程中，无论是城市通过对农村的辐射作用带动农村社区的发展，还是农村社区通过自我发展来缩小城乡差距，都必须在城乡一体化的目标下加强农村社区的制度建设，熨平城乡差距。因此，农村社区建设特点是：制度建设不仅是改变，更重要的是提升，在城乡发展差异的基础上，寻求适合不同农村和城镇社区发展和相互衔接的一体化路径。

第二，中国的城乡一体化进程面临着多种类型的选择，关键是寻找一条适合自身的发展道路。中国目前的三种城乡一体化发展路径对于不同的农村地区具有不同的适应性，多元化的城市化道路是并行不悖的，重要的是结合自身的发展实情和先进的发展理念创造出多元化的发展路径。

第三，城市化过程中城市与乡村的关系值得关注。城市化进程中城市与农村的关系应该是发达与落后的竞争与和谐发展的关系。因此，较为合适的城市化发展路径在发展城市、富裕农村的同时，要不断地缩小城乡差距，而不是强化不公平的城乡二元结构、强化农村对城市的依附关系。

第四，不同的城乡一体发展路径中农民的主体作用不容忽视，城市化的核心问题在于人的城市化，包括身份、职业、观念全面地融入城市生活秩序，接纳现代化的文明理念。

第五，城乡一体化的发展进程中，规划先行、科学务实的城乡一体化发展规划是实现城乡发展的前提。突破城市发展限制，以局域规划统筹城乡共同发展。坚持城乡统筹发展，通过基础设施建设、县域突破等发展方略，使城乡发展高度统一，县域经济迅猛发展，实践了城乡一体化共同发展的目标。

参考文献

Schwab, William A., *The Sociology of Cities*, University of Arkamasas, 1992.

陆学艺：《"三农"新论——当前中国农业、农村、农民问题研究》，社会科学文献出版社，2005。

郑杭生：《中国社会发展研究报告2002》，中国人民大学出版社，2003。

李培林：《农民工：中国进城农民工的经济社会分析》，社会科学文献出版社，2003。

王开玉：《中国中等收入者研究》，社会科学文献出版社，2006。

王开玉：《不一样的童年——中国农民工子女调查报告》，合肥工业大学出版社，2007。

王开玉、束学龙：《大别山口美丽的家园》，社会科学文献出版社，2008。

韦伟：《与省长谈安徽发展Ⅲ》，合肥工业大学出版社，2005。

李强：《中国社会变迁30年（1978~2008）》，社会科学文献出版社，2008。

童星：《发展社会学与中国现代化》，社会科学文献出版社，2005。

轩晓飞：《村（居）改制：城市化背景下的制度变迁》，社会科学文献出版社，2008。

李昌平：《大气候——李昌平直言"三农"》，陕西人民出版社，2009。

李培林：《农民工在中国转型中的经济地位和社会态度》，《社会学研究》2007年第3期。

赵新平、周一星：《改革以来中国城市化道路及城市化理论研究述评》，《中国社会科学》2002年第2期。

王春光：《农村流动人口的"半城市化"问题研究》，《社会学研究》2006年第5期。

赵煦：《城市化理论的起始问题——城市化概念探析》，《宁德师专学报（哲学社会科学版）》2007年第3期。

宋蓓：《国外城市化路径评述》，《国外社会科学》2007年第2期。

宋蓓：《农民工子女社区保护与城市融入的对策研究》，《江淮论坛》2006年第

4期。

钱振明：《中国特色城镇化道路研究：现状及发展方向》，《苏州大学学报》2008年第3期。

叶超：《国外城乡关系理论演变及启示》，《中国人口·资源与环境》2008年第1期。

李丹：《城乡一体化的理论回顾与分析》，《理论与当代》2008年第11期。

城乡一体化进程中新型农村合作医疗的主体协作

——一种核心利益相关者的"合作"视角

⊙宋文娟*

对一个国家而言,国民健康发展指标是一个重要的综合性指标;对每个社会成员来说,健康是人的本能需求。然而,对农业人口占绝大多数的中国而言,却事与愿违,中国医疗保障服务在城市和农村人口之间分配严重不公平,占全国人口不到30%的城市人口的医疗保障覆盖率高达90%以上,而占全国人口70%多的农村人口的医疗保障覆盖率却不及5%。

统筹城乡发展,形成城乡一体化新格局是党的十七大针对新农村建设提出来的发展目标,社会学从城乡关系的角度出发,认为城乡一体化是指相对发达的城市和相对落后的农村打破相互分割的壁垒,逐步实现生产要素的合理流动和优化组合,促使生产力在城市和乡村之间合理分布,城乡经济和社会生活紧密结合与协调发展,逐步缩小直至消灭城乡之间的基本差别,从而使城市和乡村融为一体。城乡医疗服务的不均等,已成为严重影响社会公平公正的焦点和我国城乡一体化进程中所面临的突出问题,积极推进城乡医疗一体化,让农民和市民一样地平等享受社会医疗服务,是城乡一体化建设中必须关注的重要方面。

当前我国的医疗服务基本上由城镇职工基本医疗保险、城镇居民基本医疗保险、新型农村合作医疗和城乡医疗救助四大模式组成。虽然新型农

---

* 宋文娟,安庆师范学院人文与社会学院讲师。

村合作医疗制度在农村已经广泛展开，但保障能力和水平还相对有限，制度的设计还有待完善。由于不同的核心利益相关者的利益需求有所不同，他们在实现自身利益需求满足的同时，不可避免地与其他利益主体产生利益矛盾。因此，要重视新型农村合作医疗实践中的各方利益，协调不同核心利益相关者的利益需求，使他们的利益矛盾趋于缓和、利益行为趋于理性、利益关系趋于和谐。只有建立起新型农村合作医疗中农民、政府和医疗服务提供方的互动协调机制（见图1），新型农村合作医疗才能顺利运行并且获得更持久的生命力。

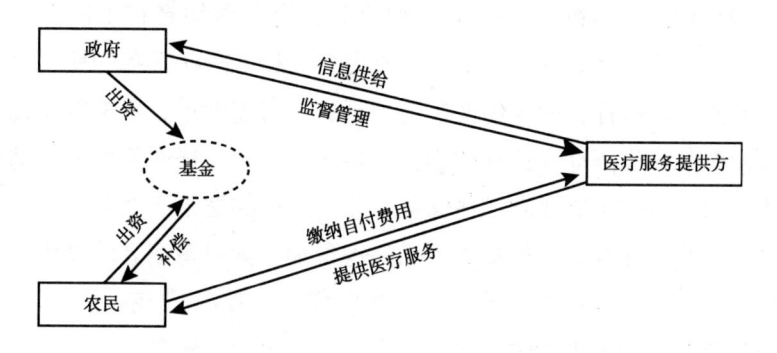

图1 新型农村合作医疗核心利益相关者的"合作"

一 农民与政府：自愿与强制

新型农村合作医疗实行的是"自愿"原则，反对任何形式的强迫命令。这一制度设计有其内在合理性和必要性，由于目前新型农村合作医疗还处于逐渐推广阶段，农民对这项新生事物还了解不够，应该尊重农民意愿，允许其等待观望，再加上既往恢复和重建的合作医疗并没有给农民带来实质性的好处，农民普遍对合作医疗信任度不高，如果在一开始就实行"强制"原则，势必会引起农民的抵触心理，挫伤农民参合的积极性，进而导致新型农村合作医疗运行的失败。

纵观合作医疗制度的发展历程，群众"自愿"原则始终贯穿其中。传统的合作医疗制度坚持"自愿"原则，新型农村合作医疗也强调"自愿"

原则，似乎凡是实行强制性的制度安排，就违背了"合作"的本意。当然，"自愿"也好，"强制"也好，都不能取决于主观偏好。传统的合作医疗制度尽管规定农民自愿参加，但鉴于当时强大的行政动员力量和以人民公社为基础的体制，事实上达到了强制参加的效果，因此大多数农民都得到了保障。新型农村合作医疗实行在当前行政能力弱化的环境中，农民有了较大的选择权，"自愿"将不可避免地遭遇到逆向选择问题。

农民参加合作医疗的意愿很大程度上取决于参加的预期效用与预期成本的对比。① 农民的预期效用是患病获得补偿，预期成本是出资参加合作医疗，当合作医疗实行"自愿"的原则时，由于参加者有了很大的自由度，那些老、弱、病、残者由于预期效用高，利用医疗服务的概率高，都倾向于参加合作医疗，而身体健康者由于患病可能性小，预期效用低，自然不愿意参加合作医疗。这种"选择性参加"和"选择性不参加"造就了新型农村合作医疗中的逆向选择问题，任其选择的结果必然会导致大量健康者望而却步，而高危人群却争先恐后地参加。体弱多病者的集中必然导致医疗开支增长，从而有可能导致合作医疗入不敷出。② 新型农村合作医疗实行的是以大病统筹为主，这是基于防止农民因病致贫的考虑，但是只保大病和住院治疗，会加重农民的逆向选择，毕竟重大疾病和住院医疗发生的几率较小，如果大多数农民都没有从合作医疗中得到好处，继续参加合作医疗的积极性将会大大降低。

为了使新型农村合作医疗能够持续发展，维持较高的覆盖率是必要的。要维持较高的覆盖率，无非有两种选择：一是施加一定的强制性；二是维持自愿性但设法增加其吸引力。③ 如果坚持自愿性，就必须在"增加吸引力"上做文章，以解决逆向选择问题。在新型农村合作医疗试点地区，也大多不是单一的大病医疗费用补偿，为了增加农民参合的积极性，新型农村合作医疗为农民设立家庭账户，提供住院分娩定额补助，甚至对

---

① 邓大松、杨红燕：《新型农村合作医疗利益相关者主体行为分析》，《中国卫生经济》2004年第8期。
② 〔英〕G. 布罗姆、汤胜蓝：《中国政府在农村合作医疗保健制度中的角色与作用》，《中国卫生经济》2002年第3期。
③ 顾昕、方黎明：《自愿性与强制性之间——中国农村合作医疗的制度嵌入性与可持续性发展分析》，《社会学研究》2004年第5期。

年内没有动用过合作医疗基金的农户,也可以选择家庭中一名成员参加一次免费健康体检。但是,农民总共才出资20元,这仅有的20元分出一部分资金(有些地方6元,有些地方10元)建立家庭账户,对解决农民的看病补偿只不过是杯水车薪,不少农民反映所谓的家庭账户还不够看一次门诊小病。由于基金有限,安排的免费健康体检服务也只是些量量血压、听听心率的简单项目检查,再加上农民普遍缺乏健康意识,这对农民到底有多大的吸引力还是一个未知数。

"自愿"原则是商业保险区别于社会保险的一个重要特征。通常认为,商业医疗保险是自愿的,但是中国医疗保障的事实证明,自愿的也未必是私人性质的商业医疗保险,中国的合作医疗既不是商业的,也不能说是社会保险,这也许就是中国特色的农村合作医疗保障制度的两难选择:自愿与强制。对于美国约4000万人没有参加医疗保险的情况,美国卫生经济学家福克斯认为,合乎逻辑的解释只有两种:要么,是因为他们一贫如洗或身患重病,因而没有支付相应昂贵的医疗保险费的能力;要么,他们有能力支付但不愿意。这种情况下,一个国家要想实现普遍性保险,对于前者,政府要给予补贴,对于后者,政府要给予强制,两者缺一不可。[1]

在我国农村新型合作医疗制度的发展和实施过程中,除非政府制定法规明确家庭投入的必要性和合法性,否则新型农村合作医疗将由于缺乏稳定的筹资支持而无法开展。这样,在全国农村范围内建立"以自愿原则为基础"的医疗保障体制,只不过是一句空话。在农村医疗保障问题上,既不能放任自流,也不能强制推行。[2] 因而,笔者认为,"适度强制"是一种积极而又不失稳妥的参合原则。基本医疗保障权是每个公民基于生存权之上的一项基本权利,新型农村合作医疗作为一张保护农民获得大病保障权利的社会安全网,本应具备社会保险的强制性威力。"适度强制"最大限度地将广大农民通过保险人组织起来,使得个人风险得以在群体中转移、分散,本质上就是一种互助共济行为。其覆盖率和参合率越高,就越能保

---

[1] 邹琨:《强制和自愿:农村合作医疗制度实施中的抉择之一》社会政策网,http://www.chinasocialpolicy.org。

[2] 张琪:《中国医疗保障理论、制度与运行》,中国劳动社会保障出版社,2003。

证资金的收支平衡，共担风险的能力就越强。当然，"适度强制"还要灵活运用，政府可以根据各地的经济发展水平以及组织管理条件制定强制参加新农合的标准，如达到一定经济水平的地区必须参加，而未达到一定经济水平的地区可以暂缓实施。

从长远看，农村合作医疗最终要走以立法形式强制执行、全民参与的道路。实行强制性适度安排，首先必须注意几个问题：一是要有足够的法律依据，即强制要有合法性，或者说，强制性必须是合法的，这有利于控制和降低交易费用。但是，行政上的强制或者行政命令，并不一定都是合法的或具有合法性。更不能以为政府出资了就具有合法的强制性了。二是要有可靠的经济基础，即农民（而且必须是绝大多数农民）在经济上必须有足够的承受能力。三是要有充分的心理准备，即制度和政策必须被全体农民所认知。四是要创造条件，从法律上尽快明确国家和个体在新型农村合作医疗制度中的责、权、利。[1]

二 农民与医疗服务提供方：定点医疗与有序竞争

道德风险最早是由阿罗（Arrow）在对医疗保险的分析中提出，是指在某种保险机制下，由于委托人与代理人之间信息不对称，致使代理人为追求自身利益最大化而损害委托人利益的行为。[2] 在新型农村合作医疗中，由于医疗服务提供方与农民之间的信息不对称，再加上疾病治疗的不确定性，道德风险的现象是很普遍的。

信息不对称是指交易双方的一方拥有相关的信息而另一方没有，或一方比另一方拥有更多的相关信息，从而对信息劣势者的决策造成不利影响。信息不对称必然导致信息拥有方为谋取自身更大的利益使另一方的利益受到损害。[3] 在新型农村合作医疗中，信息不对称是造成医疗服务提供

---

[1] 李和森：《中国农村医疗保障制度研究》，经济科学出版社，2005。
[2] 陈永升：《医疗保险中的医疗供方道德风险行为分析》，《新疆财经学院学报》2002年第4期。
[3] 邓波：《农村新型合作医疗相关理论分析》，《价格月刊》2005年第5期。

方道德风险的根源，在通常情况下，医疗服务市场与一般商品市场是不一样的，医疗服务市场的购买者通常是没有时间真正"逛商店"的人。举个例子来说，如果一个消费者要购买一个篮球，他也许会去查找有关购买篮球的参考信息，或许会请教一两个经常打篮球的朋友，了解不同质地篮球的手感和特点，然后再去试一试不同的样品，而更为重要的是，购买者还会考虑为了购买这个篮球而要放弃的所有其他产品和服务。而医疗服务市场的购买却并不是在这种经过仔细考虑并拥有充分信息的基础上做出决定，由于医疗行业的高度专业性和技术性，医务人员拥有比患者更多的医学知识，他们既掌握着患者的病情信息，又负责患者的治疗方案，而参合农民由于搜集、吸收和处理医疗信息的能力有限，再加上信息传递的不完全和不充分，处于医疗信息的绝对劣势地位。由此，医疗服务提供方容易产生"诱导需求"行为，诱导患者消费不必要的医疗服务，增加不合理的医疗支出，特别是在第三方付费的情况下，"诱导需求"表现得更为严重。[①] 第三方付费使医疗费用的支付从原来简单的医、患之间的关系发展为医、患、保三者之间的经济关系。在第三方付费的情况下，医患双方在"交易"过程中的心理感受都是"免费的"。医疗服务提供方可能存在诱导参合农民消费更多医疗服务的倾向，而参合农民由于能够获得医疗补偿，也可能存在希望获得更好卫生服务的想法，从而造成医疗服务的过量消费。但这并不是由于参合农民的过失造成的，因为医疗服务提供方是医疗信息中的富有者和权威者。可以预期，这种高度的信息不对称会使医疗市场不能充分实现纯粹竞争性模型给出的社会最优结果。[②] 有调查发现，一些定点医疗机构过度用药、不合理治疗检查问题较突出，处方药物和检查项目超出合作医疗基本药物目录和规定检查的项目过多，增加了农民的费用负担。

此外，疾病的不确定性也为医疗服务供方的道德风险提供了条件。由于疾病治疗的不确定性，包括疾病患者的个体差异性，在诊断不明确的情

[①] 程艳敏、尹爱田等：《我国农村合作医疗需求的经济学分析》，《中国农村卫生事业管理》2005年第12期。

[②] 〔美〕夏普、雷吉斯特、格里米斯：《社会问题经济学》，郭庆旺译，中国人民大学出版社，2000。

况下，为了减少医疗技术事故的风险，增加治疗的确定性，医生往往"为了保证医疗安全"，建议患者选择最好的医疗设备进行检查，甚至为患者做一些不必要的检查。在实地的调查中，笔者还听到这样啼笑皆非的故事，XM因病住院，医生建议其手术治疗，并且进行了一系列术前检查，包括查血凝象、肝功能、心电图等。在做血凝象的时候，化验医生告诉她结果于第二天出来，但是XM当天就进行了手术。试想，这样的检查对XM的手术是不必需的，或者至少可以说是必需的但并未发生必需的效用。事实上，在新农合的定点医疗机构，几乎大大小小的疾病都基本上用足了所有的检查设备。由于医疗设施、技术、服务等方面的差异以及需求方在身体状况、疾病严重程度和并发症等方面的巨大差异，医疗服务的"同质性"很差，使得医疗服务价格和医疗服务质量难以比较，评估医疗服务收费和实际服务价值是否一致变得比较困难，从而抑制了信息的有效传播。同样的病种在甲医院需住院8天600多元的医药费，而在乙医院则需要12天1000多元的医药费，但是却很难断定甲医院的医疗服务收费低于乙医院。

新型农村合作医疗实行的是定点医疗的制度安排，而安排的定点医疗机构基本上是非营利性或公立医疗机构。一般而言，营利性医疗机构的服务价格要高于非营利性或公立医疗机构，但在中国农村，情况却恰恰相反，非营利性或公立医疗机构的价格高、服务差、诱导需求严重是普遍现象。不少农民反映，合作医疗买的药贵，虽然可以报销一部分，但是自己支付的部分并没有切实减少。一个普通的"木瓜丸"在一般药店2元一瓶，可在定点医疗机构购买却是4元一瓶，患者可以报销的部分实际上被上涨的医疗差价抵消了。再比如说，新型农村合作医疗对参合农民实行定额分娩补助，补助标准是平产每人100元、剖腹产每人200元。在新农合的定点医疗机构，平产大约需要1500元，剖腹产则大约需要3500元，如果选择平产，即便是获得了100元的补助，也还要掏1400元的医疗费用，而农民如果选择在民营医院甚至请本村的"接生婆"在家生产，那费用就要少得多，为500~700元，当然，这其中存在的医疗风险可能并不对等。

如果上述的事例并不具备新农合"大病统筹"的代表性，那么以下的案例则足以说明农民就医与定点医疗的尴尬处境。G 区的住院费用补偿如表 1 所示。

表 1　住院费用分段补偿比例

单位：元，%

就诊医疗机构	乡镇卫生院及其他一级医院		市、区医院		市外医院	
	住院费用分段	补偿比例	住院费用分段	补偿比例	住院费用分段	补偿比例
住院费用分段和补偿比例	201～1000	45	351～1000	35	551～1000	35
	1001～3000	55	1001～3000	45	1001～3000	35
	3001～10000	65	3001～10000	55	3001～10000	45
	10001 元以上	65	10001 元以上	65	10001 元以上	55

某参合患者因患急性阑尾炎在乡镇卫生院接受住院治疗,[①] 共花费 2800 元，按照表 1 计算，他从新农合中可以获得的补偿是（1000 - 200）× 45% +（2800 - 1000）× 55% = 1350 元，自付费用为 2800 - 1350 = 1450 元。如果选择在民营医院住院治疗，可能也就是 1000～1500 元的费用，而民营医院的服务态度好，医疗设备也不会比乡镇卫生院差。这样一来，农民从合作医疗中所得的实惠将大打折扣，收益程度有限将直接影响"理性"农民的参合意愿。

医疗服务市场与一般商品市场不同，它天生就是一个竞争不充分的市场，而新型农村合作医疗的定点就医模式使农民的就医渠道受到了限制，定点医疗机构没有了竞争，医疗服务无需加以提高，医疗费用也无须进行调整，这极有可能违背新农合制度设计的良好初衷。因此，笔者认为，新型农村合作医疗在实施过程中，除了制定定点医疗机构的基本标准与医疗服务规范外，还要引入竞争机制，形成内部市场，对定点医疗机构实行有序竞争。允许参合农民在居住地乡镇范围内自由就诊、在全市范围内自由住院，使农民有更多的择医自由，从而从宏观上促进定点医疗机构改善医疗服务态度、提高服务质量、降低医疗费用。

[①] 不难看出，乡镇卫生院由于低起付线、高补偿比，住院费用补偿要明显高于市、区医院和市外医院，患者选择在乡镇卫生院住院，可以获得更多的补偿。

三 政府与医疗服务提供方：信息供给与监督管理

市场是资源配置的有效手段，但它也有其自身的内在缺陷性，在医疗服务市场，由于疾病的不确定性和供需双方的信息不对称，必然导致供方的垄断地位，从而限制市场作用的范围和程度，产生"市场失灵"。从理论上看，农村医疗服务具有公益性和排他性特点，属于公共产品或准公共产品，它既可以由政府直接提供，也可以由市场供给，但是政府必须进行严格的监管。既往恢复与重建的合作医疗之所以没有产生预期效果，与政府实行的自由化路线有很大关系，政府将合作医疗放手市场后，没有建立相应的监督机制与激励机制，从而导致政府在农村医疗体系中的作用下降。农村医疗保障问题的解决，单凭"看不见的手"，找不着，也抓不住。市场失灵、消费不足或过度以及效率损失等问题，都不可能自动消除。理论研究和国际经验已经表明，医疗服务领域的市场化存在严重的失真现象，因而需要政府干预。"即便是在美国这样一个崇尚自由市场经济的国家，也是采用公共支持措施改变医疗供给机构的激励机制，切断医疗服务提供者的收入与其提供服务之间的直接联系，避免他们为利润所驱动。"①

政府对新型农村合作医疗中的医疗服务提供方的监督管理必须建立在有效信息供给的基础上，即政府应该规定专门部门负责收集有关新农合实施过程中的相关信息，确保"医疗机构提供准确的信息资料，而且这些资料能够被分析和提供给潜在的利用者，包括群众代表。信息资料的分析者必须独立于各方"。②在收集和分析第一手信息资料的基础上，政府对新农合中的医疗服务提供方的干预主要体现在以下三个方面。

首先，政府要建立健全新型农村合作医疗的监管机构。监管机构要有独立的执法监督职能，定期或者不定期检查病房、门诊医疗质量，随时抽查医生的处方，规范合理检查、合理用药和合理收费。要制定一个比较完

---

① 朱玲：《农村健康服务与公共支持》，中国经济信息网，http://www.cej.gov.cn。
② 〔英〕G. 布罗姆、汤胜蓝：《中国政府在农村合作医疗保健制度中的角色与作用》，《中国卫生经济》2002 年第 3 期。

善的新型农村合作医疗各项数据指标考核制度和一系列行业规范管理制度，对定点医疗机构的服务进行综合考核评价，对不合理收费和治疗的医疗机构与医务人员要予以公开警告，情节严重的应取消其定点医疗资格或行医资格，以此来规范和约束定点医疗机构和医务人员的行为，有效保护广大农民患者的权益。这一监管机构最好独立于卫生行政部门之外，并负责处理参合农民的投诉举报事件。安徽省的一些试点地区已经采取一些具体措施监管医疗提供方的行为。如安徽省天长市建立定点医疗机构的考核评审制度，将考核结果与定点医疗机构工作经费挂钩；铜陵、凤阳两县开展对定点医疗机构的专项检查，并通报检查结果。

其次，要探索和完善医疗费用的控制制度。医疗费用的上涨有其合理的支出部分，也有不合理的支出部分。严格控制医疗费用的过快增长和不合理支出，不仅是广大参合农民的一项基本保障权利，也是新型农村合作医疗制度成败的重要条件和关键因素。政府应制定新型农村合作医疗的基本用药目录以及常规检查项目，并将基本药目和检查项目的价格张榜公布，让患者在知情的前提下就医，以约束医疗服务提供方的趋利动机和行为。此外，为防止医务人员开大处方，政府应限定单病种诊疗费用，对于超出限额部分的医药费用，由定点医疗机构承担，合作医疗不予报销。应提倡"医院垫资"的结算办法，即病人出院时，由医院把病人应该报销的医药费先垫付给病人，然后，医院定期与合作医疗经办机构核算，合作医疗经办机构可以每月按90%的支付额补偿医院，剩余10%等到年底考核合格后再补发给医疗机构。如果考核不合格，则扣除这10%的补偿款。安徽省岳西县对县内医疗机构使用的"自费药品"进行严格审批，未经批准和病人同意使用"自费药品"，病人和合作医疗都有权拒付费用，由定点医疗机构自行承担；宁国市定期组织专家组对医疗费用超过1万元以上的补偿案例进行复审，对医疗收费、合理用药等情况进行及时监管和评价。这些有效措施在一定程度上抑制了医疗费用的不合理增长。

最后，政府要合理规划各级医疗卫生服务机构的功能定位，加大对乡、镇卫生院以及村级卫生室的补助扶持。为了使参合农民享有更方便价廉的医疗服务，必须利用城市医疗技术、设备和人员，以弥补乡镇卫生院和村卫生室的不足，特别要使医疗服务技术和人才向村镇延伸，降低农民就医的成本。县级政府要努力改变目前村镇级医疗机构医疗设施短缺、技术落后、经费匮乏的困境，加大对乡镇卫生院和村卫生室的财政补助，用于这些机构的硬件设备更新和人员工资发放，同时，可以安排部分县级医疗机构和县级以上医疗机构的医务人员在村镇级医疗机构进行半年至一年的轮流服务，以此解决村镇卫生机构技术、人才缺乏的问题。

毋庸置疑，作为一种制度安排，新型农村合作医疗已经在很大程度上改善了中国农村的医疗现状，实地运行中的理性分析将有助于我们在肯定成绩的同时，也看到其中的不合理之处。党的十七届三中全会提出到2020年建立包括医疗保障在内的城乡经济社会发展一体化的战略目标，我们寄希望于新型农村合作医疗的稳定持续发展，逐步与城镇基本医疗保险有效衔接和接轨，最终实现城乡医疗一体化。

参考文献

安徽省卫生厅：《新型农村合作医疗试点文件汇编》。

〔英〕G.布罗姆、汤胜蓝：《中国政府在农村合作医疗保健制度中的角色与作用》，《中国卫生经济》2002年第3期。

〔美〕夏普、雷吉斯特、格里米斯：《社会问题经济学》，郭庆旺译，中国人民大学出版社，2000。

陈永升：《医疗保险中的医疗供方道德风险行为分析》，《新疆财经学院学报》2002年第4期。

程艳敏、尹爱田等：《我国农村合作医疗需求的经济学分析》，《中国农村卫生事业管理》2005年第12期。

邓波：《农村新型合作医疗相关理论分析》，《价格月刊》2005年第5期。

邓大松、杨红燕：《新型农村合作医疗利益相关者主体行为分析》，《中国卫生经济》2004年第8期。

顾昕、方黎明：《自愿性与强制性之间——中国农村合作医疗的制度嵌入性与可持续性发展分析》，《社会学研究》2004年第5期。

李和森：《中国农村医疗保障制度研究》，经济科学出版社，2005.

张琪：《中国医疗保障理论、制度与运行》，中国劳动社会保障出版社，2003。

转型期农民现代化的发展困境与路径选择

——基于安徽三地的调查

⊙ 丁阿丽[*]

一 导论

现代化是每个国家经济社会发展的最终目标，是社会变迁的一种重要形式。从世界范围来看，任何一个国家的现代化都包括两种现代化，即城市的现代化和农村的现代化。由于制度等方面的原因，我国农村的现代化严重滞后于城市的现代化。从我国的国情来看，我国农村人口9亿多，约占全国总人口的70%，因此，农民的现代化直接关系农村现代化甚至整个社会现代化的进程。随着我国工业化、城镇化的发展和城市化速度的加快，截至2011年底，大约有2.5亿农民工拥入城市，在这些农民工中，新生代农民工数量达到1亿人，呈逐年上升的趋势，还有大约4000万失地农民。农民在农业生产中面临着生产率不高、收入低等问题，在进城务工过程中面临着心理认同、社会保障等问题，在城市化过程中失去土地的农民更是面临着如何市民化的问题，这些都成为农民现代化的发展瓶颈。

对于"农民"的定义，学术界较为认可且引用较多有两种：一种观点认为，"农民"是职业称谓，即农民就是从事农业生产的劳动者；另一种

---

[*] 丁阿丽，安徽大学社会与政治学院硕士研究生。

观点认为,"农民"是身份的象征,指具有农村户口,长期居住在农村社区,以从事种植业、养殖业和简单的手工劳动为主,社会组织化程度较低,社会地位较低的一个阶层,是与"城里人"相对的"农村人"。本文所谈及的农民"并不仅仅是一种职业,而且也是一种社会等级,一种身份或准身份,一种生存状态,一种社区乃至社会的组织方式,一种文化模式乃至心理结构",[①]包含了陆学艺等人提出的将农民划分为"农业劳动者、农民工、雇工、农村智力劳动者、个体劳动者、个体工商户、私营企业主、乡镇企业管理者、农村管理者和外聘人员等10个阶层"[②]中的农业劳动者、农民工、农村管理者等多个阶层。现阶段我国正处于经济转轨、社会转型、文化转向的重要时期,农民问题凸显,因此,对转型期农民现代化的研究既可以丰富现代化的理论内容,也可以为其他农村地区的现代化提供实证经验。

二 农民现代化的发展困境

我国是一个农业大国,农村人口占70%,约有9亿农民。随着工业化、城市化的发展,农民的职业和身份逐渐分化,趋势也越来越明显:一方面,有2亿~3亿农民涌向城市,成为农民工,这些人是主动的"城市化";有近4000万的失地农民,每年还在以250万~300万的速度增加,这些人是"被城市化"。另一方面,留在农村从事从业的农民,也开始分化,成为农民企业家、私营企业主和农村管理者等。无论是"离土不离乡"、"离土又离乡"还是"既不离土也不离乡"的农民,由于其自身的局限性和外部环境的限制,都在现代化过程中面临着各种各样的发展困境。本文所分析的农民阶层包括农村管理者、农业劳动者和失地农民。

[①] 《农民和农村》,百度空间, http://hi.baidu.com/totti0954/blog/item/ff2a29ddb91872d98c10293d.html。

[②] 陆学艺:《改革中的农村与农民——对大寨、刘庄、华西等13个村庄的实证研究》,中共中央党校出版社,1992年。

(一) 农业劳动者

2005年12月29日，十届全国人大常委会第十九次会议高票通过决定，自2006年1月1日起废止《农业税条例》，中国延续了2600多年的"皇粮国税"走进了历史博物馆，中国农民也开始了新的现代化之路。总的来说，转型期的农民呈现出以下几个特点。

1. 农业收入不高

一方面，是因为农业生产分散化，机械化程度和农业劳动生产率较低；另一方面，农业生产资料价格上升，特别是种子、化肥、农药的价格上涨迅速，同时雇佣劳力的费用也增加到80元一天，而与之形成对比的是农产品价格的增长缓慢，强烈的对比使大量农民只除了留够自家的口粮田外把许多土地抛荒，纷纷从事其他行业，以农业为兼业的现象在农村极为普遍，工资性收入、财产性收入等非农收入占主导地位。

2. 致富道路不通畅

第一，农业劳动者的整体素质较低。调查发现，大多数农民是初中学历，甚至是小学学历，学习能力很差。即使农家书屋中有大量的农业书籍，由于理解能力有限，大量的技术还是不能够掌握，他们更多的是习惯于"身教"而非"言传"，想致富而力不从心。第二，缺乏具有致富经验的村官带领，如农民企业家。

3. 农村社会服务体系不完善

发达的社会服务体系能够促进农民转变生产、生活方式，缩小与城市居民的差距。第一，农业综合服务体系发展不健全。我国正处于从传统农业向现代化农业转变、从自然产品经济向市场商品经济过渡时期，适应市场化的农村社会组织不多。当前多数农民是以家庭为单位进行产品的生产经营，农民根据自己的经验或熟人的介绍去生产和销售，信息不对称、销售渠道不稳定，导致农民生产的盲目性较大。近期出现的产品滞销现象层出不穷，如龙门县的橙子、惠东县的马铃薯都出现滞销，原来的"谷贱伤农"也已扩展到了"果贱伤农"、"菜贱伤农"，农民在市场经济中因没有专门的组织支持和指导，利益受到极大损害。第二，农村基本设施不健全。参照中国新农村建设的相关法规文件,农村基础设施包括农业生产性基础设施、农村生活基础设施、生态环境建设、农村社会发展基础设施四个大类。① 由于财政经费不到位等原因,当前农村的农田水利设施落后,许多蓄洪设备年久失修;自来水净化设备不先进,饮水不安全;教学设备陈旧、师资力量整体素质不高,医疗卫生条件简陋、农民大病报销比例不高,文化活动场所很少,许多民间文化因多年无人组织面临消失的危险。随着农民生活水平的提高,他们对基础设施的要求越来越高,渴望与城市居民享受同样的国民待遇。

4. 传统的思想观念与市场经济观念存在冲突

正如温家宝总理所讲:"在现阶段,农民中不可避免地存在着一些旧思想和习惯,农村中还有一些愚昧落后的现象,农民在思想道德和科学文化素质方面还存在着与社会主义现代化建设不相适应的问题。"② 主要表现在:"保守、怕冒风险的观念与现代化所要求的创新观念的冲突;注重经验与现代化崇尚科学思想和科学方法的冲突;等级观念与平等观念的冲突;依附性心理与现代化所要求独立人格的冲突;重人情、重乡土观念与重法理、重契约的冲突;'多子多福'的观念与少生优生、注重人口素质的冲突。"③ 保守的思想观念成为农民改变现状的阻力,经验性的农业生产观念无法适应现代化大生产对效率的要求,浓厚的宗法观念导致农民政治权利的流失,无法伸张正义、维护公平。

(二)农村管理者

农村基层干部是服务农民、引领群众致富的带头人。加上人们对权力、权威的崇敬和依赖,他们将更是将农村的基层干部当成是自己致富的希望、伸张正义的父母官。当前我国的新农村建设成效参差不齐,大部分农村发展比较落后,这与农村基层干部的发展现状有很大关系,主要呈现

---

① 百度百科,http://baike.baidu.com/view/814455.html。
② 温家宝:《关于新时期的农民问题》,《求是》1995年第24期。
③ 荀颖萍:《对建设社会主义新农村与农民现代化问题的思考》,《社科纵横》2006年第11期。

以下几个特点。

一是发展经济能力不强。当前农村大量青壮年劳动力和精英通过打工、上学、就业等途径流入城市，农村缺乏大量高素质人才，特别是致富能人。因此，农村的发展和农民的致富很大程度上取决于村官的领导能力。俗话说，"火车跑得快，全靠车头带"。当前许多农村基层干部都是地地道道的农民或者没有社会经验的大学生，他们没有开办乡镇企业的经验，缺乏有效带领农民致富的门路，无法改善村集体的经济状况。

二是知识结构不系统。当前我国农村相当多的村级干部任职前没有接受过系统的知识培训，缺乏岗位所需的法律、科技、经济等基本理论知识，在遇到致富机会、处理各种纠纷时，往往是心有余而力不足。

三是工作作风不正派。自实行农村实行村民自治制度后，村干部的选举要通过村民投票决定，有些村干部为了能够当上这个"官"，违规操作，拉选票。一旦选举成功，为了还清人情、赚回"成本"，在处理村务工作中，出现权利交易、权钱交易、偏袒一方或暗中保护的现象，严重违背公平正义的原则。不为民办实事、办好事，不仅损害了党员干部的形象，也扭曲了干群之间的关系，伤害了大众的感情。

（三）失地农民

我国失地农民的出现早在新中国成立初期就已经出现。当时为了工业化发展的需要，大量农民以"以土地换保障"的方式进入城市，农民虽是"被城市化"，但他们很愿意，因为以土地为代价不仅可以换取城市户口，还能解决就业问题。成为城市人口和工人以后，可以享受国家的物资供给和各种福利待遇。随着社会主义市场经济的发展，这些失地农民的素质不能满足市场经济条件下企业对人才的多样化需求，矛盾不断凸显。改革开放以后，我国的城市化速度不断加快，按照国际30%~70%的标准，我国城市化发展水平已经进入加速发展阶段。《2010年中国城市化率调查报告》显示，2009年中国的城市化率为33.77%，2010年达到34.17%。温家宝总理在《政府工作报告》中也明确提出2011年我国的城镇化率首次达到50%。伴随着工业化、城市化的发展，失地农民也将越来越多，2020年将达到1亿人。当前失地农民不能享受市民待遇，而是通过市场实现人力资源的优化配置，因此，他们在现代化过程中主要存在四个方面的问题。

1. 生存失去保障，缺乏就业技能

农民拥有的土地不仅具有经济价值，更重要的是生存工具。农民世代耕种土地，掌握了一套娴熟的种植技巧，并以此来养活家人。由于没有其他的有效谋生手段，对大多数失地农民来说，失地就等于失业，生存状态堪忧。

2. 生活失去乐趣，缺乏情感寄托

大多数农民已习惯"日出而作，日落而息"的生活，习惯了农忙与农闲的时间交替，习惯与家人、邻居的情感交流。失去土地后，一方面自己要重新选择职业，另一方面与家人、朋友的情感交流机会减少，因为大多数人都要努力工作以支付城市的高昂生活成本，包括日常生活开支、医疗费用、教育费用等。在与城市居民的交往过程中，受到他们有形或无形的排斥，失地农民失落感和相对剥夺感强烈，很难获得心理认同。

3. 补偿费用低，缺乏理财的观念

按照《土地管理法实施条例》相关规定，对失地农民一般采取三种补偿方法：由农村集体经济组织安置（安置补偿费支付给农村集体经济组织）、由其他单位安置（安置补偿费支付给安置单位）和不需要统一安置（安置补偿费发放给被安置人员个人或者征得被安置人员同意后用于支付被安置人员的保险费用）。[①] 目前，大多数地方将包括土地补偿费、青苗补偿费、附着物补偿费和安置补助费在内的费用以货币形式一次性支付给农民，都是以每亩几万元的费用支付，而政府将土地收回后又以几十万元甚至几百万元的价格卖给开发商，土地的一级、二级市场严重失衡，农民利益受损。正是由于政府多采用货币安置的方法，将安置费发放给农民后，任由其支配，农民没有理财观念和投资能力，只会坐吃山空。因此，政府采用货币安置的方法，没有对农民进行投资等方面的引导和帮扶，只能是使农民越来越穷，从而产生一些突发性的群众性上访事件，严重威胁了社会的和谐与稳定。

---

① 宋亚平：《三农中国》，湖北人民出版社，2009年。

4. 医疗、教育等费用支出较大，社会保障范围不宽泛

农民的土地被征用后，从空间上来说属于城市，没有转移户口的农民身份上还是农民，只能享受农村新农合的优惠政策，失地农民还是无法支付生大病所需支付的费用，出现因病致贫、因病返贫的现象。城市的公立学校多针对的是城里的孩子，没有城市户口的孩子很难入学，只能回农村或者上一些私立学校，失地农民的孩子很难享受城里的优质教育资源。社会保障包括社会保险、社会优抚、社会救助、社会福利四项内容，农民失去土地后，成了城里的弱势群体，最终会流向农民工阶层，不能享受市民待遇，不能享受包括失业保险在内的更广泛的社会保障。

农民是中国农村的主体，也将是未来城市发展的主要力量。由于历史的原因，我国农民有着浓厚的传统观念，实现自身现代化的能力不足，因此，在城市化、工业化和现代化过程中受到诸多现代性因素的冲击。

三 农民现代化的探索之路

农村人口众多、经济社会发展落后是当前我国农村发展的现状。要解决农村问题，必须走工业化、城镇化和农业现代化之路，这样才能逐渐实现农民现代化、农村现代化。"发展经济学之父"张培刚早在他的博士论文《农业与工业化》中就已指出：农业国家要想实现经济起飞和经济发展，必须实现全面的工业化，不仅包括工业的机械化和现代化，而且包括农业的现代化和农村的工业化；必须处理好农业与工业之间、工业发展与农业调整之间以及农业国与工业国之间的三重关系。[1] 笔者根据自己的实地调查和相关文献材料，选取了淮南市钱庙社区、合肥经济技术开发区、黄山市盐铺村作为研究对象，它们分别坐落在安徽的皖北、皖中、皖南，三地都较成功地解决了当地农民的现代化问题，走出了一条工业化、城镇化、农业现代化之路。

---

[1] 张春雷、夏静：《张培刚：博士论文奠基发展经济学基石》，2011年12月30日《光明日报》。

（一）钱庙社区的集体合作之路

1. 为求发展，招贤纳士

农民书记：找不到出路。在 2006 年以前，钱庙村负债达 30 多万元，村容村貌欠佳，道路狭窄泥泞，经济不景气，是一个普通的皖北小村。刘学平、钱继尧相继担任钱庙村支部书记，负责钱庙村的所有事务。虽然是支部书记，但不是发展能手，加上当时干群关系紧张，群众上访较多，更是无心无力给村里引进企业，改善村里的经济状况。对于如何走出困境，农民书记找不到更好的发展路子。同时上级给钱庙村的转移支付除了村里干部的工资外只有 1 万多元，还不够支付平时的办公用品，为了维持村里的正常运转，村干部只得向外贷款。

企业家书记：发展集体合作经济之路。为了使钱庙村尽快脱贫致富，在乡党委书记朱玉洪的建议下，刘学平书记三顾茅庐，亲自拜访刘利，想请刘利到钱庙村主持工作，搞活钱庙的经济。刘利当时已是市、县、乡人大代表和优秀企业家，其创办的凤台县亿联矿山机械有限公司年产值近亿元，创利税千万元，带动了 500 多人就业，促进了当地社会经济的发展，在群众中有一定的影响力。为了一个共同的目标——让钱庙村发展致富，几代钱庙村干部携手共创美好的钱庙村。2006 年 4 月，钱庙乡党委、乡政府任命刘利担任中共钱庙村党总支第一书记。他的创业经历、经营管理能力、市场眼光、企业家魄力和丰富的精神世界都为钱庙村的经济社会发展注入了新力量。

2. 找准平台，乘胜追击

钱庙村的致富之路有了带头人以后，今后该怎么走，是走农业产业化之路，还是发展乡镇企业，这是所有钱庙村人都关注的问题。为了改变钱庙村的落后面貌，刘利书记上马后，主要实行以下措施：①统一思想，明确方向。召开两委班子会议，明确发展思路，提出了发展集体经济的观点，并将"学华西人，走华西路，建设皖北华西村"确立为钱庙村的发展思路和目标。②五到华西，学习经验。为了鼓舞领导班子成员，让他们真切感受先进的气息，刘利书记五次带领干部成员到华西村学习，听报告，做总结,为钱庙村集体经济的发展打下了基础。③依据平台,创办企业。利用周边矿区优势,借助通和公司平台(主要是接收来自通和公司空白项目的订单来生产),钱庙村上马了一个矿山机械修配厂。这个厂是钱庙村发展集体经济的试金石。④干部表率,自筹资金。由于集体没有资金,只能由村支两委成员个人筹集,搞股份制经营:每人出资1.6万元创办,若企业赢利分红时,个人按1万元的股本、集体按0.6万元的股本计算;若企业经营亏损,1.6万元股本全算个人的。由于管理科学、经营有方,该厂创产值500余万元,利税近60万元,集体经济开始起步。此后,又相继开办了金山房产、民益建材、实在商场等一批集体企业,并进入正常运营。这些措施可以说是钱庙村集体经济发展的历程。

3. 获利之余,服务民生

从第一个集体企业开办,到如今的11个集体企业,包含了工业、服务业、农业综合服务体系、民生工程等,这些集体合作企业的创办不仅改变了钱庙村的经济现状,也改善了当地老百姓的生活。

钱庙村的集体经济不断壮大,集体收入也不断增加,收入达到130余万元。本着"集体的财产就要用于集体"的承诺,钱庙村领导干部广泛听取群众意见,对基础设施进行了全面整改,建立了一些民生企业。随着社区集体经济的发展,结合新农村建设,社区对钱庙集镇进行了总体规划,建成标准化农贸市场2680平方米,栽植绿化树木5200多棵,购置路灯230盏。成立了市场管理委员会,组建了16人组成的专业卫生队,负责垃圾清扫及清运工作。目前,钱庙集镇经营秩序井然,街道卫生清洁,彻底改变了农村集镇经营"脏、乱、差"的局面。同时修复损毁涵闸13处、桥梁4座,疏通给排水渠道5600米,铺修碎石生产路860米。除了道路、楼房、水电的改善,还建立了一个文化广场,目前已有篮球架数个,今后还会购置一整套全民健身器材,使农民在家门口就能够进行健身运动。为了使钱庙村的孩子、老人可以就近就学就医,村里还开办了幼儿园和村级卫生室,设备齐全、环境良好,钱庙村村民充分享受了集体经济的发展成果。

钱庙社区的集体经济属于股份合作制经济,村民以资金、实物、技术、劳力等作为股份,自愿组织起来从事生产经营活动,实行民主管理,以按劳分配为主，又有一定比例的股金分红，有公共积累，能独立承担民事责任。钱庙社区通过发展集体合作经济，走上了工业化、城镇化的道路。这不仅解决了当地农民"离土不离乡"就近就业的问题，也缓解了农村的各种矛盾：第一，缓和了干群之间的矛盾。由农民企业家带领村民发展集体经济，不仅农民的收入增加了，同时也改变了农村基层干部的群众形象，树立了威信，密切了干群联系。如积极开展"四个一"活动，即每个支部每月至少看望一次特困户、"五保"户或贫困党员；每个党员每月至少向所在支部提一条合理化建议；每个党员每月至少做一件好事；每个党员每月至少捐赠一元钱，作为慰问特困户或受灾户的储备金。第二，集体经济的发展转移了大量农民劳动力，缓和了因人多地少带来的矛盾，同时也增加了农民的工资性收入和财产性收入。第三，集体经济发展了，集体收入增加了，有财力发展农村公共福利事业和社会保障事业，提高了社区内村民的生活水平，如钱庙社区卫生室的建立，就为老人每年免费体检两次。

笔者认为，钱庙社区的农民能够脱贫致富，主要原因包括：①农民企业家的领导力和个人魅力。②干群之间的认同感强。钱庙社区上下齐心，干部自律性强、自私性弱，群众也能为了社区建设、实现共同富裕而放弃外出打工的机会。③钱庙社区采取股份制的新型集体经济经营方式，从自筹资金到村集体和个体共同出资，并且限制股份的份额，在调动了农民积极性的同时也为个人降低了风险，保障了农民收入的稳定性。

（二）合肥经济开发区失地农民的市民化之路

失地农民失去土地后很少再回农村，而是在城市就业，职业也从农民流向工人、商人或者边缘化的"农民工"阶层等，生活和心理上很难适应，在现代化和市民化过程中再度贫困。合肥经济技术开发区在推进失地农民现代化进程中，坚持"双安置"（住房安置和劳动力安置），关注失地农民的继续社会化问题，具体表现在以下几个方面。

（1）在就业和身份转换上，采取先安置就业再转换身份的做法，使转化过程更平稳，政策制定更有效。第一，开发区充分考虑本地农民的特点，根据年龄、性别、身体素质和知识结构等因素，有针对性地安排就业。对于青年人和知识水平较高的人，则安排到本区内的企业上班，年纪较大或无技术的农民则安排到餐饮、绿化等服务业中。第二，开发区管委会专门对推荐进企业工作的劳动力进行跟踪调查，接待企业的投诉，以便及时发现问题，调整政策。第三，重视岗前农民就业培训。开发区先后创办了成人高中和技工学校，通过社区夜校等多种培训形式对农民进行就业培训，培训中针对农民的散漫思想和小农思想，加强纪律培训。通过培训不但有助于他们的就业，更解决了他们在市民化过程中存在的思想问题。第四，鼓励农民自主创业，自主创业的补助资金是一次性发放5000元。

（2）住房问题。传统的"自拆自建"方式占地面积大，不利于节约包括土地在内的各种资源，同时不利于社区的可持续发展。合肥经济技术开发区改"自拆自建"为"统拆统建"，节约了土地，节省了大量的建设基金，同时使社区有了很好的规划，也使失地农民感到满意。住房安置标准是人均20平方米、每平方米400元；超出规定面积，按微利房价出售给安置户。

（3）做好失地农民的社会保障工作，让他们分享工业化、城市化成果，充分体现和谐社会的公平公正。开发区根据国家法律、法规，结合实际，研究制定了《合肥经济技术开发区征地农转非人员社会保障实施办法》，规定开发区按照财政拿大头，区、村、个人三者共同分担的原则在全区建立有效的社会保障机制。为了实现经开区的社会保障体系与合肥市接轨，经开区于2008年9月及时出台了合经区管〔2008〕117号文件，并将被征地农民的保障对象分为三类："老人"、"中人"和"新人"。以"老人"为例，享受的基本生活保障有教育补助（1万元/人）、供养补助（120元/月）、养老保障金（260元/月）、培训补助（1000元/人）、社会保险补贴（以在职职工身份参加城保为140元/人、以自由职业者身份参加城保为100/人）。

（4）利益冲突问题。根据《关于"拆村建居"前村集体财务及资产相关问题的处理办法》，开发区明确提出村级资产属该村集体经济组织受益者所有，受益对象是原村祖居居民。村集体净资产量化到人，作为祖居居民的社会保障基金。管委会以全区平均值为基数，由财政拿钱补平原贫困村不足部分，让大家在同一个起跑线上进入社区委员会。

（5）创新社会管理。2004年，开发区在改革中撤销了原有的16个行政村。按照区域划分，突出了居民直至层面上的自我服务和管理。实行行政管理与服务的决策和执行相分离，政府以购买劳务的形式来完成事务性工作，建立健全社会保障体系和劳动就业服务网络。实现社区管理社会化，社区服务、社区经济发展市场化。

合肥经济技术开发区在安置失地农民时，充分考虑到失地农民在城市化过程中的巨大贡献和面对新环境时可能遇到的问题，妥善安置农民的住房和就业，充分保护了农民的利益，体现了公平正义的时代精神。经开区在关注失地农民生活方式的同时，也注重培养他们的市民认同感，帮助他们实现继续社会化的过程，这也充分反映了政府职能的转变。这些经验为其他地区解决失地农民问题提供了一个新的视角、新的思路、新的导向。

（三）盐铺村的农业现代化之路

发展现代农业、种植经济作物，是盐铺农民立足本地优势探索出的一条致富之路。相对于农民外出打工，进入工厂成为产业工人，种植经济作物更能发挥农民的特长，既不离乡也不离土，仍然可以保留原来的生活状态。

1. 盐铺村菊花产业快速发展的原因分析

盐铺村菊花产业发展的初具规模主要得益于以下几个方面：第一，抓住时机。2002年，村委领导努力争取成为休宁县科技局试种黄山脱毒贡菊种植单位。2005年，盐铺村抓住农业综合开发、退耕还林等契机，进行产业调整，种植经济效益好、科技含量高的菊花。第二，地理区位优势。盐铺村拥有小二型水库两座、人工湖一个，是一个以低山丘陵为主的城郊农业村，其土壤含植物有机质丰富，疏松透气性好。优良的自然条件为生产优质菊花提供了保障。第三，拥有技术支持和指导。农户有一定的种植、烘干技术和管理技术，科技局和安徽农业大学提供技术指导，积极研发高产优质的新品种。第四，能够满足当代人对生态农业的要求。菊花是中药中的一味药，具有清热解毒、润肺泻火的功效。如今黄山贡菊已经成为盐铺村的支柱产业和特色产业。

2. 菊花种植的产业化和专业化发展

《全国现代农业发展规划（2011~2015 年）》指出，加快发展现代农业，既是转变经济发展方式、全面建设小康社会的重要内容，也是提高农业综合生产能力、增加农民收入、建设社会主义新农村的必然要求。为了做强做大菊花产业，村领导用现代科学技术和现代管理方法使菊花产业朝着专业化的方向发展，并置办了一些专业设备。

第一，建立了一个菊花基地。目前建成了 1300 亩菊花基地，产值超过 1200 万元，并通过了国家农业标准化委员会验收，确定为有机黄山菊花示范基地。第二，成立了一个农业专业合作社。在农民通过种植菊花增收后，为更好地推进菊花产业发展，通过合作社的方式把松散的农民组合起来，走向市场，并取得了成功。第三，建立了一座保鲜库。为增加菊花的附加值，更好地提高农民收入，利用选派项目资金 4 万元，并结合新农村建设专项资金建成了一座菊花保鲜库。第四，引进徽菊开发项目。该项目总投资 800 万元，新建有机菊花示范种植基地 200 亩，加工车办公楼 3000 平方米，实现当年投产当年见效，当年产值 800 万元，给盐铺菊花未来的发展打下了坚实的基础。[①] 第五，与庆元堂等公司合作，积极开展"IMO"、"QS"和"无公害"等质量体系认证，打造自己的菊花品牌，开拓国内外市场。

通过发展菊花产业，盐铺村的居民收入增加了。据了解，黄山贡菊带动当地 3 万农民就业，总收入达 3 亿元，人均增收 1000 元。许多在种植菊花的过程中的农民逐渐发展成为有知识、会经营、懂技术的现代农民。盐铺村正是通过发展有机特色农业，突出优质产业，提高品牌产品，围绕龙头产业大力发展旅游业等相关经济，实现了城乡一体化发展。

四 结语

农民现代化是农村现代化的基础，也是推动城市化健康发展的重要力

---

① 王开玉、胡宁：《魅力盐铺》，社科文献出版社，2010。

量。尽管农民在社会主义现代化过程中存在着各种发展困境,但农民的生产方式、生活方式、思想观念已有所改变,如现在农民的消费观念发生了改变,购买家用电器,衣着更加时尚,越来越知道享受生活。通过以上的分析,笔者主要得出以下结论。

第一,农民企业家式的村官在农民现代化过程中起了重要作用。他们有丰富的致富经验,能够迅速且成功地带领农民走出一条致富之路,是当前农村人才大量流失背景下改变农村现有面貌的先锋力量。

第二,农民现代化是一个复杂且漫长的过程。目前,我国的国情是农业生产总值占GDP的比重下降,但农业劳动者的数量并没有同步减少,尽管乡镇企业和城市化的发展,转移了大量劳动力,约2.1亿人,但农业劳动者的数量仍然有2.4亿人,且农业生产效率低下,农民收入增长缓慢,素质和能力较低,还产生了大量的失地农民。他们身上有着浓厚的传统社会特点,与现代化所需要的现代性有着冲突和矛盾,这些冲突和矛盾将随着现代农民和新生代农民工的出现而逐渐减少,直至消亡。

第三,农民现代化道路的探索应根据当地的地方特色寻找到一条适合本地的发展道路。如盐铺村根据当地的地理优势发展菊花产业,走农业产业化的道路;钱庙社区在没有任何资源、地理优势的情况下,依托一个矿山机械公司,采用自筹资金的方式,发展了集体合作经济;合肥经济技术开发区将失地农民的就业安置放在首位,着重引进劳动密集型企业,充分考虑农民的就业、身份、住房、保障,创新社会管理,实现失地农民的市民化。每个地方都有自己的地方特色,要在新农村建设和城市化过程中,寻找一条引领农民脱贫致富的道路。

参考文献

陆学艺:《"三农论"——当代中国农业、农村、农民研究》,社会科学文献出版社,2002。

曾绍阳、唐晓腾:《社会变迁中的农民流动》,江西人民出版社,2004。

王开玉、胡宁:《魅力盐铺》,社会科学文献出版社,2010。

石方军、谷中原:《再社会化与我国农民的现代化》,《长沙铁道学院学报(社会科学版)》2003年第4期。

王正中:《城乡二元结构对当代农民现代性的制约》,《理论学刊》2007年第1期。

武伟强:《我国农村现代化进程中的农民现代化》,《山西大同大学学报(社会科学版)》2011年第2期。

王月辉、任兆昌:《中国农民现代化战略的演进与思考》,《云南农业大学学报》2009年第12期。

李晓翼:《论我国农民现代化及其途径》,《乡镇经济》2008年第7期。

苟颖萍:《对建设社会主义新农村与农民现代化的思考》,《社科纵横》2006年第11期。

中国城市化加速发展期的问题研究

⊙ 王方霞[*]

一 当前中国城市化特征

美国经济学家斯蒂格利茨曾说，影响21世纪人类社会进程两件最深刻的事情：第一是以美国为首的新技术革命，第二就是中国的城市化。这说明中国的城市化不仅促进了中国经济的快速增长，深刻改变着中国的经济和社会结构，而且还影响着世界的发展进程。从大的方面来看，我国新时期城市化发展具有以下两大特征。

（一）城市化的加速发展

集中表现在某些大中城市周围的土地开发严重失控。1996～2003年，七年间中国耕地减少了1亿亩。部分省区市已低于0.8亩/人的警戒线，不利于我国社会经济可持续发展。

2001～2004年四年间，全国耕地净减少了2694万亩。据国土部门预计，到2030年，随着人口的增加和各项建设的开展（包括生态退耕），耕

---

[*] 王方霞，安徽三联学院讲师。

地面积距粮食安全的最低耕地保障量 11370 万公顷将差 526 万公顷；距粮食基本自给的耕地保有量 12000 万公顷差 1156 万公顷；与粮食完全自给（自给率 100%）的耕地保有量 11250 万公顷相比，缺口 1786 万公顷。

上述资源约束与近年来各地发展大城市、扩大城市规模有一定的内在联系。全国有 30 个省提出来要加速发展城市化，许多城市或区域规划城市化水平年均提高 1.5~2.0 个百分点。

（二）经济圈（城市群落）的形成

我国城市化的另一个重要特征是大城市化趋势明显，出现了都市圈、城市群以及大都市带等新的城市空间组织形式。

都市圈又称大城市群、城市群落等。自法国地理经济学家戈特曼 1958 年提出"大都市经济圈（带）"的概念以来，城市群的发展已成为衡量一个国家或地区经济发展水平的重要标准之一，都市圈理论的概念也从单一的地理学科界定逐步向多元化、深层次发展。

中国城市化率已经从 1997 年的 30% 上升至 2009 年的 46.6%，2011 年跨过 50%。2007 年数据显示，中国人口数量在 100 万以上的城市已达到 102 个。中国将迈向大城市与大城市群时代。党的十六届三中全会明确提出："要加强对区域发展的协调和指导，鼓励东部有条件地区率先基本实现现代化。"改革开放以来，我国沿海地区经济持续快速发展，并初步形成了以上海为中心的长江三角洲经济圈，以香港、广州、深圳为中心的珠江三角洲经济圈，以及以北京、天津为中心的京津冀经济圈。

2006 年，长三角、珠三角和环渤海三大城市群（包括市辖县）地区生产总值达到 78305 亿元，占全国 GDP 总量的 37.4%。其中，长三角城市群地区生产总值 39613 亿元，珠三角城市群地区生产总值 21618 亿元，环渤海城市群地区生产总值 17074 亿元，分别占全国 GDP 总量的 18.9%、10.3% 和 8.2%。2006 年，长三角城市群、珠三角城市群和环渤海城市群人均地区生产总值（包括市辖县）分别为 37819 元、49093 元和 32036 元，分别比全国平均水平高出 21735 元、33009 元和 15952 元。

经济圈拉动了我国经济持续快速的发展，城市群成为经济发展的龙头。除长三角、珠三角、环渤海外，现在又有8个城市群崛起：厦泉漳闽南三角地带城市群、山东半岛城市群、辽中南城市群、中原城市群、长江中游城市群、海峡西岸城市群、川渝城市群和关中城市群。

二 城市化带来的成就和问题

城市化在促进我国经济快速发展的过程中发挥了巨大作用，但是同时也带来了很多负面影响和社会问题。

（一）城市化率大体与经济发展同步

城市化率是指城市人口在总人口中所占的比例。城市化率常用来代表一国的城市化水平，也是衡量一个国家经济社会发展的重要尺度。从各国发展的经验可知，城市化率与人均GDP密切相关。2009年中国人均GDP约为3800美元，城市化率为46.6%。

从表面上看，中国城市化率大体与经济发展同步，是一种相对平衡的发展关系。但是如果仔细分析就会发现，这一数据的准确性存在很大问题。中国现行城镇人口的统计方法是城市常住人口与建制镇人口的总和。其中，城市常住人口包括城市户籍人口和非户籍常住人口，而城市非户籍人口只能通过暂住证来统计。但事实上，城市非户籍常住人口中办理暂住手续的仅占少数，大量未办理暂住证的非户籍常住人口并没有进入统计数据之中。这似乎表明中国的城市化率应该比46.6%还要高些，然而这仅仅是问题的一个方面。

在另一方面，中国城市化进程伴随着一个极具中国特色的现象，即大批农村劳动力涌入城市并成为农民工。然而，农民工这一群体目前住在城市，却没有城市户籍，享受不到城市居民的待遇。这种入城而未市民化的农民工现象造就了当前中国"半城市化"的现状。从城市化的内涵来看，入城而未市民化的农民工严格来讲不能算是真正的城市人口，因此，如果除去这部分人口，中国的城市化率将不足30%，而这一数字远远落后于经济发展的水平，也就是说，中国的城市化率被严重高估了。

(二) "过度城市化"问题

中国的城市化水平表现出明显的地域差异，即东南部高于中西部、沿海地区高于内陆地区。尤其是1000万人口以上的超大城市，人口过快膨胀，城市蔓延式盲目扩张，城市化带来的负面影响日趋严重，"过度城市化"问题严重。

所谓"过度城市化"，主要指城市人口的增长相对城市所能提供的工作和住房增长更为迅速。1980年国务院批转的《全国城市规划工作会议纪要》提出"控制大城市规模，合理发展中等城市，积极发展小城市"的方针。1990年通过的《中华人民共和国城市规划法》吸收了这一方针，规定"国家实行严格控制大城市规模、合理发展中等城市和小城市"。直到今天，城市化发展的基调仍是"积极稳妥"，对大城市规模的控制原则并未改变。但这个颇具前瞻性的方针，在实践中并没有被贯彻执行。

由于过多地强调人口集聚效益和规模经济效益，地方政府普遍忽视城市化的负面影响，只注重发达国家在城市工业化发展过程中的一般规律，却忽视了中国的特殊国情。正是这种认识偏差，使中国的城市化落入"发展主义"陷阱，造成中国城市化过程的"冒进"。从某种意义上讲，城市化水平并非越高越好、越快越好。城市化应该与国家经济发展阶段和城乡具体发展状况相适应，要科学、有序、平衡地发展。

城市化过度发展有时是以发展的不平衡为代价的，甚至是靠牺牲某些特定群体的利益来换取的。首先，城市化的迅速发展导致对土地需求，特别是对耕地占用的急剧膨胀，造成耕地数量减少、耕地质量下降，大量失地农民往往得不到合理的补偿和安排。其次，大量人口涌入城市，而城市基础设施和公共服务供给的张力不足，造成住房紧张、交通拥堵、环境恶化等"城市病"。资料显示，中国目前有10个以上的超大城市人口已超过1000万。其中，北京、上海等超大城市的人口已超过3000万人。北京市常住人口2008年为3609万，全市人口密度近1.6万人/平方千米。上海城区有9个区人口密度超过1.5万人/平方千米，市政府所在地的黄浦区密度已达5.2万人/平方千米。广州越秀区（旧城核心区）人口密度已达3.1万人/平方千米。从这些统计数据来看，以上三个城市都已超过东京这个号称世界上人口密度最大的城市。根据《中国统计年鉴2009》的数据，北京城市化率为85%，上海城市化率为88%，已经达到世界先进水平。但同时，北京、上海的GDP只占全国的3.5%和5%，只相当于同类城市东京、纽约的1/10。人口密度过大给城市带来的负面影响是显而易见的。中央电视台2010年12月9日的新闻调查显示，仅交通拥堵一项每天就给全国15个城市造成经济损失约10亿元，而全国有2/3的城市存在程度不同的交通拥堵现象。城市化问题专家——美国学者保罗·诺克斯认为，"过度城市化"现象是目前欠发达国家和发展中国家在城市化进程中的一个显著特征。这些国家城市化水平的大幅度提高往往与这些"巨型城市"人口密度过高有关。较高的城市化率并没有产生期望的经济蓬勃发展，人口密度过高带来的交通拥堵、环境污染、治安恶化、贫富悬殊等"城市病"反而成为一个克服不了的难题。[①]

（三）城乡差别扩大

近几年来，随着我国经济的高速发展及社会系统的日益复杂化和结构化，城乡差别没有进一步缩小反而出现了进一步扩大的趋势，城乡发展出现了持续失衡的状态，农村相对于城市的弱势地位不但没有改善，却更趋恶化。城乡发展的失衡严重制约了经济社会的进一步发展。

当前我国农民人均收入普遍偏低，和城市居民的收入相比还不到其一半，农村和城市的差距进一步拉大。现如今，我国农业发展仍未摆脱传统的农业耕作方式，现代化的农业发展方式和方法还没有在农村得到普及，落后的农业技术方式和现代化的发展趋势背道而驰，严重阻碍了我国经济的进一步发展。

中国社会科学院城市发展与环境研究所发布的《中国城市发展报告

---

① 杨伟鲁：《中国城市化进程中必须重视的几个现实问题》，《经济纵横》2011年第4期。

No.4——聚焦民生》显示,我国城乡收入差距比为3.23:1,尽管较前两年有所缩小,但仍是世界上城乡收入差距最大的国家之一。中国农村地区相较城市的发展依然"慢几拍"。

加快城市化进程根本上有利于缩小城乡差别,但是,这并不意味着城市化时时处处都对城乡差别起到缩小效应。近些年来,城乡居民收入差距不断扩大、"三农"问题日益突出,已经引起全社会的广泛关注。政府虽然正在竭力阻止城乡贫富差距进一步加大,但形成更公平的分配制度仍任重道远。

(四) 生存环境、资源环境问题严峻

中国历史悠久、幅员辽阔,五千年的灿烂文化在城市中积淀,神奇的自然景观塑造了城市形象,基本形成了不同的城市特色。但近20年的粗放式建设,导致历史文明载体严重破坏,自然景致也风光不再,民族文化特色和地域特色在逐渐消失。而且,由于全国大中小城市的建设模式和步调基本一致,从欧式建筑一条街到大型草地广场,从林立的高楼大厦到新区拓建,城市出现了普遍的千城一面的景观"克隆"现象,城市的可识别性缺失。

在某些城市,人口的高度集聚和各种污染物排放量激增,造成了大气污染、垃圾围城、水资源短缺、噪声和光磁污染等各种难以解决的环境问题,城市生态环境、生态安全遭受严重威胁。据统计,流经城市的河段中78%不适合作为饮用水水源,50%以上的城市地下水受到污染;2002年全国660个城市中有400多个缺水,其中100多个严重缺水,已经成为城市发展的主要瓶颈。更为严重的是,各类污染已经由城市蔓延至小城镇和乡村。[①]

三 城市化与农民问题

随着我国城镇化步伐的加快,越来越多的农村人口开始流入城市。据

---

① 杨伟鲁:《中国城市化进程中必须重视的几个现实问题》,《经济纵横》2011年第4期。

最新统计数据显示，改革开放以来，我们只用 30 年时间就赶上了西方 200 年的城市化历程。而我国城市化的粗放式发展和过度城市化所带来的问题却主要体现在农村和农民（工），因此，必须首先认识城市化给农民带来的影响和问题。

农民工是我国社会转型历史时期所产生的弱势群体。目前对农民工的群体定位已从最初的"盲流"发展到今天的"城市建设者"和"产业工人的重要组成部分"。从社会学意义上来讲，农民工的产生有其特定的时代和历史背景，而这特定的时代和历史背景又一定程度上造成了农民工成长中的许多问题。

（一）土地收益和补偿问题

中国城市发展的进程中，城乡矛盾一直十分突出。有的专家曾经指出：中国城市的先进是剥削农村的结果，在某种意义上可以说城市"如此先进"是农村"如此落后"的原因。根据有关专家统计，改革开放以来城市改扩建和道路、机场、水利、矿山等建设，尤其是开发区建设，占用了大量土地。作为对失去土地的一种替代，政府应该给予农民适当补偿。但有资料显示，土地收益分配中，农民只得到 5%～10%，村集体得到 25%～30%；政府及相关部门得到 60%～70%。再加上农村土地的不合理集中使用，农民失去了生活的最后屏障——土地，却依然享受不到城市居民的最低收入保障等政策。政府征地不再只是仅仅用于公益事业，发展工业和第三产业成为政府征地的主要用途，如何既考虑长远的区域发展、公共产品的供给，又充分考虑农民的合理诉求，是一个严肃的新课题。

（二）失地后的社会保障问题

由于农村社会保障的缺失，土地仍然是包括从事非农产业活动的人口在内的全体农村居民的生活风险保障。但在现实操作中，农民失去赖以生存的土地后，农民身份虽已转为居民，城乡二元分隔体制并未随征地这种政府行为的出现而得到改变，很多地方政府因财力所限，被征用土地农民仍然没有享受应有的待遇，与城镇养老保障差距较大。很多地方农村医疗保障体制不健全，因病致贫、因贫失学等现象仍大量存在。

进城农民在享受公共服务方面不能和真正的市民对等，形成公共服务的分配不公。由于体制机制原因，很多进城农民难以获得同市民一样的社保待遇，并没有真正融入城市。城市化，应该是统筹城乡经济社会发展的城市化，是改变"三农"弱势状态的城市化，而不是又一次以牺牲农民利益，尤其是土地权益为代价的城市化。

在城市化进程中，失地农民"被市民化"倾向已经引起广泛的关注，但流动人口"被农民化"倾向则没有引起足够重视，流动人口往往被主流社会排斥，其利益常常被剥夺。城市化说到底是人的市民化，而不是楼房化和建制镇化。城市化是农民变市民，而不是把他们变成亦工亦农、亦城亦乡、颠沛流离、候鸟一般的"两栖人"。农民进城，需要的不仅是城里人的身份，而且要能够享受到城市的医疗、教育、养老等公共产品的服务，实现"老有养、少有教、壮有业、居有房、病有医"的民生诉求，这才是他们实实在在所需要和向往的。近年来，随着城市化进程的不断加快，农民工子女接受义务教育问题日益突出。

（三）失地农民的就业问题

如果说养老保障问题只解决农民 60 岁（女 55 岁）之后的基本生活来源，那么就业问题就关乎失地农民现实的生活来源。改革开放以来，农民除了务农之外，可以通过进入乡（镇）村企业获得非农收入，但目前乡村企业已基本上走过了粗放经营的数量型扩张期，并随着企业的改制深化，其吸纳农村劳动力就业的能力明显下降。据统计，2001 年宁波市江北区乡镇企业年均吸纳就业职工 3.21 万人，是 1995 年 4.17 万人的 77%，下降 23%。[①] 大中专毕业生、外来务工人员剧增，城里的就业压力已成为社会一大难题，失地农村劳力的就业问题因其择业观念、就业技能、知识素质等限制而更显困难。

---

① 参见 http://www.sdny.gov.cn/art/2004/4/15/art_621_30717.html。

(四) 生活形态转化引发的文化冲突问题

通过撤镇建街、撤村改居的建设，农民居住方式由农居转为社区居住，身份转为居民。城市文明与农村文明也由相对独立转为相互融合。价值观念、生活方式、风俗习惯方面的差异一方面使城市居民不愿轻易接纳这些进城农民，另一方面进城农民由于在城市找不到文化认同感而深感失落，成为城市的边缘人，易引发新的社会矛盾。

四 从城市化到后城市化，途径是建设"城乡一体化"

由于中国城市化的背景、国情与历史上发达国家的显著不同，中国城市化发展必须顺应当今世界的三大潮流，即适应知识经济时代的要求、参与经济全球化的激烈竞争、接受可持续发展的理念与行动；同时，要积极面对当前信息化、网络化的时代要求。

芒福德在《城市发展史——起源、演变与前景》一书中谈及特大城市的命运时指出，城市的扩张是有限的过程，当达到城市空间与资源所能承载的边界时，城市聚落也将发生分散的趋势。美国未来学家奈斯比特根据美国的实际发展轨迹预言，随着后工业化时期的来临，大量的人口将从城市中分散开去，寻找适合自身生存的空间。欧阳志远在《生态化——第三次产业革命的实质与方向》中提到，当社会生产力达到相当高程度后，大城市的相对重要性将在各方面降低，而高技术提供了交流与交通上的便利，使得人们想住在哪里就住在哪里。随着生产技术体系的改革，农业劳动的条件将逐步改善，工厂的高度自动化也将会把劳动力解放出来。因而城市人口将逐步向外分散，大量劳动力将被吸引去从事更贴近自然、更适宜个人发展的农业劳动。

伴随城市化的推进，我国空间结构变动呈现出后城市化的趋势。近年来，我国第三产业（服务业）取得了长足发展，其就业人数逐年递增。随着城市化和工业化的推进，农业劳动力转移已呈现出结构调整之势，第三产业将成为农村劳动力转移的最主要领域，农村劳动力转向服务业就业，将成为我国就业形态进入后工业社会的最大推动力。南京审计学院管理学院谢茂拾教授提出，我国将从就业形态上提前跨入后工业社会，即信息社会。[①]

在农业社会和工业社会中，物质和能源是主要资源，所从事的是大规模的物质生产。而在信息社会中，信息成为比物质和能源更为重要的资源，以开发和利用信息资源为目的的信息经济活动迅速扩大，逐渐取代工业生产活动而成为国民经济活动的主要内容。信息经济在国民经济中占据主导地位，并构成社会信息化的物质基础。以计算机、微电子和通信技术为主的信息技术革命是社会信息化的动力源泉。由于信息技术在资料生产、科研教育、医疗保健、企业和政府管理以及家庭中的广泛应用，从而对经济和社会发展产生了巨大而深刻的影响，从根本上改变了人们的生活方式、行为方式和价值观念。

党的十七大首次提出"城乡经济社会发展一体化"的概念和目标。报告指出，走中国特色农业现代化道路，建立以工促农、以城带乡长效机制，形成城乡经济社会发展一体化新格局。2011年3月，温家宝在十一届全国人民代表大会第四次会议《政府工作报告》中指出："发展农村非农产业，壮大县域经济。稳步推进城镇化，改善农民进城就业环境，加强农民工培训，多渠道扩大农村劳动力转移就业。"这无疑是我国面对城市化和后城市化的双重趋势而做出的应势之举。

那么，我国建设"城乡一体化"，应该采取何种模式？这是一个需要创新和探索的问题。沿海发达地区已经在实践中摸索总结了一些经验，主要包括在规划、社会管理、公共服务等方面的城乡一体化和一系列制度改革。

"绿水柳岸边，一排排整齐的公寓房配备了太阳能热水器，在绿色田野的映衬下格外整洁明亮。新的社区服务中心里，卫生、劳保、养老等服

[①] 谢茂拾：《我国提前跨入后工业社会就业形态的可行性研判》，《社会科学》2011年第5期。

务一应俱全……"① 这是在苏南农村随处可见的景象。常熟等苏南地区的城乡一体化，走的是"就地城镇化"路径，着力建设小城镇，把城乡一体化的重点放在县域。对农民来说，在大城市落户"门槛"太高，而小城镇、县城相对容易解决。沿海地区快速推进的"城乡一体化"实践证明，"三农"的核心在农民。在消除城乡差距、推进城乡一体化的进程中，关键是要解决好农民问题。

参考文献

　　杨伟鲁：《中国城市化进程中必须重视的几个现实问题》，《经济纵横》2011年第4期。
　　谢茂拾：《我国提前跨入后工业社会就业形态的可行性研判》，《社会科学》2011年第5期。
　　范丹宇：《我国城市化战略与模式分析的视角转换——空间结构变动的演化机制》，《科学学与科学技术管理》2002年第6期。
　　段进军：《中国城市发展模式的思考》，《苏州大学学报》2007年第2期。
　　冯云廷：《中国城市化的偏态发展与城市化模式的变革》，《济南大学学报》2006年第2期。

---

① 杨健：《"城乡一体化"提速须处理好权益等4大问题》，2010年6月7日《解放日报》。

回乡农民工继续外出就业的影响因素分析[*]

⊙ 顾　辉　汪　璇[**]

传统的发展经济学理论认为，农民从农村向城市地区的迁移是城市地区高收入的"拉力"和农村地区相对低收入的"推力"的理性选择的一种经济反映。著名的"托达罗人口迁移模型"对这种理论做了补充和发展，认为人口迁移不仅是对收入差距的反映，更是对预期收入的反映。后来，芝加哥经济学派代表人物 T. W. 舒尔茨提出了"人口迁移成本与预期收益"理论，将迁移成本概括为货币成本和非货币成本，前者包括在交通、住宅、食物等方面增加的支出，后者包括因迁移减少的收入及心理成本等。实际上，理解中国农民的城乡迁移决策，仅仅从经济方面来解释是远远不够的，影响农民工进城就业包含着更为复杂的经济、社会、文化等因素。

近年来，关于农民工回流的研究集中注意了金融危机的影响和农村创业高潮的吸引。这些研究着重从宏观上解释农民工回乡的原因，实际上，对于农民来说，留乡创业或就业还是继续外出打工是权衡利弊的个体决策，这种决策远不止是经济上成本—收益的比较，家庭负担、外出经历、社区发展等都影响着农民工的选择。根据全国妇联"第三期全国妇女地位抽样调查"对安徽农民工返乡者的数据显示，在问及回乡者返乡原因的项目中，因为家庭

---

[*] 本文为安徽省社科联课题成果，立项标号：A2009044。
[**] 顾辉，安徽省社会科学院社会学所助理研究员，博士；汪璇，安徽电气工程职业技术学院讲师。

原因回乡所占比例最高，这些因素包括结婚、生孩子或照料孩子及夫妻感情出现问题等，占到近4成的比例；涉及经济相关因素，包括"没有赚到钱"、"在家乡有更好的发展机会"，以及"失业找不到工作"等原因回乡的比例也较高，占到近3成；此外，不满意外面的生活和工作所占比例也超过了1/4。

影响农民外出决策的因素千差万别，依据对返乡者回乡原因的初步分析，我们可以进一步理解哪些因素会影响他们做出继续外出还是留乡的选择。根据对问卷的理解以及参考国内的研究，我们大致将影响返乡者继续外出进城就业的个体因素大致分为人力资本因素、经济因素、家庭影响因素及外出经历。

本文所使用数据来源于2010年安徽省妇联和安徽社会科学院联合进行的"第三期中国妇女地位抽样调查"。调查采用了分层不等概率抽样方法，全省省级抽样设计人数为3000人，获得有效回收问卷2989份，问卷填答合格率超过95%。调查问卷中，被访者或者其配偶有在户口所在地县市以外城镇连续务工经商6个月以上经历的，即受流动影响人员问卷共416份，占合格问卷的13.9%。在受流动影响人员中，男性被访者占到41.6%，女性占到58.4%；18~25岁的占到12.5%，25~30岁的占12.3%，31~40岁的占32.5%，41~50岁的占30.6%，51~60岁的占9.4%，61~65岁的占到2.7%。在受流动影响的被调查者中，已经返乡者为256人，占61.5%，其中男性占52.3%，女性占47.7%；已返乡者中，没有外出打算的占68.4%，有外出打算的占31.6%。

一 人力资本因素与外出/留乡决策

现代人力资本理论认为，劳动力流动对人力资本会产生积极的影响。舒尔茨着重强调劳动力流动对人力资本的积极影响。实际上，人力资本的提高又反过来有利于流动者迁移的决策。理论和经验研究都表明，文化程度高的劳动力比较容易找到工作，收入水平也相对较高，因此比较容易实现由农村向城市的流动或迁移。此外，年轻的单身男性劳动力具有较高的流动迁移倾向。我们根据问卷所提供的信息，将人力资本的主要变量对是否继续外出的影响做了相关分析，这些因素包括性别、年龄、受教育程度以及健康状况、技术职称等（见表1）。

从 Pearson 卡方检验的结果来看，性别、受教育程度、健康状况以及技术职称都不构成对被访者是否有继续外出打算的影响，但是，年龄对外出打算有显著性影响，从数据反映情况看，越年轻，打算外出的比例越高。

表1 性别、年龄、受教育程度、健康状况及技术职称因素下外出打算分布

单位：%

因素		您还有外出的打算吗？	
		没有	有
性别	男	67.9	32.1
	女	68.9	31.1
年龄	18~25岁	53.7	46.3
	26~30岁	67.6	32.4
	31~40岁	69.0	31.0
	41~50岁	68.8	31.2
	51~60岁	89.5	10.5
	61~65岁	100	0
受教育程度	不识字或识字很少	75.0	25.0
	小学	68.9	31.1
	初中	63.9	36.1
	高中	84.2	15.8
	中专/中技	70.0	30.0
	大学专科	66.7	33.3
健康状况	不健康	75.0	25.0
	健康	67.8	32.2
技术职称	没有	68.1	31.9
	有	75.0	25.0

注：Pearson 卡方检验的双侧 Sig. 值，性别、年龄、教育程度、健康和技术职称分别为 0.871、0.045、0.563、0.506 和 0.682。

二 经济因素与外出/留乡决策

早期的人口迁移理论着重对经济因素进行了分析，刘易斯认为，发展

中国家存在着城乡对立的二元经济结构，城市现代工业部门较高的就业收入，吸引传统农业部门大量存在的边际报酬为零的剩余劳动力。国内许多学者利用刘易斯关于发展中国家劳动力转移的二元经济模型和托达罗人口迁移模型来解释中国农村劳动力流动的原因。他们基本上认同城市居民的较高工资率、预期收入及不断扩大的城乡收入差距是吸引农民进城的根本动力。舒尔茨细化了这些经济影响因素，交通、住宅、食物等方面的经济支出，以及迁移后预期增加或减少的收入等都将最终影响流动者的迁移决策。根据问卷的调查项目，我们将职业、就业身份、平均月收入和平均年汇款作为经济影响因素，以此观察这些经济因素对被访者继续外出决策的影响（见表2、表3）。

表2 职业和就业身份下外出打算分布

单位：%

因素		您还有外出的打算吗？	
		没有	有
职业	农业劳动者	72.6	27.4
	蓝领	64.2	35.8
	低层白领	67.3	32.7
	高层白领	0	100
就业身份	受雇	69.9	30.1
	自营	57.1	42.9

注：Pearson卡方检验的双侧Sig.值，职业和就业身份分别为0.111和0.134。

表3 平均月收入和平均年汇款对外出打算的方差分析（ANOVA检验）

因素		平方和	均方	F值	显著性
平均月收入	组间	4727402.667	4727402.667	6.633	0.011
年汇款	组间	18038913.778	18038913.778	0.422	0.516

数据显示，被访者的职业和就业身份对是否打算继续外出就业存在显著性影响，Pearson卡方检验显著性水平均大于0.1。但是从列联表反映的数据看，职业地位较高的被调查者继续外出就业的比例更高，而农业劳动者比例最低，其中职业地位为高层白领选择继续外出就业的比例高达100%；就就业身份而言，自营劳动者继续外出的比例也高于那些受雇的被

访者。

对平均月收入和年汇款的方差检验表明,月收入水平对被调查者是否继续外出就业存在显著性影响,有外出打算的被调查者的月平均收入明显高于没有外出打算者。而平均年汇款额对于是否有外出打算不构成显著性影响。

三 家庭影响因素与外出/留乡决策

新劳动力迁移经济理论认为,个人迁移决策往往与家庭有着很大的关系,迁移决策是由家庭成员共同做出的,迁移的动机不仅来自城乡两地收入差距,也来自个人或家庭因素,因而将迁移视为一个有内在联系的群体(家庭或家族)的决策。有哪些家庭变量在影响中国农村劳动力流动迁移决策?我们认为,婚姻状况、家庭生产经营由谁负责和照料家人由谁负责、孩子数量、外出给家庭带来变化等因素都影响着个体的迁移决策(见表4、表5)。

表4 家庭因素下外出打算分布

单位:%

		您还有外出的打算吗?	
		没有	有
婚姻状况	已婚	52.0	48.0
	未婚	70.1	29.9
家庭生产经营由谁负责	家庭成员	68.4	31.6
	其他	68.1	31.9
照料家人由谁负责	家庭成员	67.4	32.6
	其他	75.9	24.1

注:Pearson 卡方检验的双侧 Sig. 值,婚姻状况、家庭生产经营由谁负责和照料家人由谁负责分别为 0.064、0.964 和 0.356。

表5 家庭孩子数和外出给家庭带来变化对外出打算的方差分析(ANOVA 检验)

因素		平方和	均方	F 值	显著性
家庭孩子数	组间	1.150	1.150	1.519	0.219
外出给家庭生活带来变化	组间	49.180	49.180	7.037	0.009

Pearson 卡方检验和方差分析表明，婚姻状况对是否有外出打算存在显著性差别，从数据看，已婚者中有外出打算的比例明显高于未婚者。此外，家庭经营活动由谁负责和照料家人由谁负责并未对外出打算造成显著性影响。方差检验表明，家庭孩子数未对是否打算外出构成显著影响，但是外出给家庭带来变化对是否外出构成了显著影响。这些变化包括居住条件、夫妻感情、子女教育状况、与子女关系、与父母关系以及与配偶父母关系等，这些关系改善越明显的被访者外出打算的概率越高。

四 外出经历与外出/留乡决策

基于托达罗城乡预期收入差距的人口迁移理论，过分注重从经济学角度观察分析农民的迁移决策。从农民工个体来看，当农民工进入城市后，必然要经历经济、社会、文化、心理层面的适应过程，这一过程反映着农民工对外出经历和城市遭遇的感受，并影响着再次外出的决策。这些外出经历包括在城市每天工作时长、首次外出时间、外出期间生活满意度等（见表6、表7）。

表6 外出经历因素下外出打算分布

单位：%

因素		您还有外出的打算吗？	
		没有	有
每天工作时长	8小时以内	63.0	37.0
	8~10小时	70.4	29.6
	10小时以上	67.1	32.9
首次外出省份	本省	50.0	50.0
	外省	55.3	44.7
外出期间生活满意度	不满意	74.8	25.2
	满意	59.3	40.7

注：Pearson 卡方检验的双侧 Sig. 值，每天工作时长、首次外出省份和外出期间生活满意度分别为 0.172、0.834 和 0.008。

表7　外出时间长短和歧视对外出打算的方差分析（ANOVA 检验）

因素		平方和	均方	F 值	显著性
第一次外出时间的长短	组间	293.961	293.961	7.651	0.007
外出歧视	组间	0.476	0.476	0.532	0.467

数据分析表明，每天工作时长、首次外出省份以及外出期间生活满意度都未对是否有外出打算构成显著性影响，但是外出期间生活满意度影响了被调查者继续外出的决策，外出期间生活满意度越高的被调查者越倾向于继续外出就业。外出期间生活不满意的被调查者中，仅有 25.2% 的人继续外出，而外出期间生活满意的被调查者中则有 40.7% 选择继续外出。此外，方差分析表明，离第一次外出时间的长短也对是否继续外出打工构成显著影响。数据显示，首次外出打工越早的被调查者，其选择继续外出的概率越小；相反，首次打工时间越晚的被调查者越倾向于继续外出。有外出打算的被访者离首次外出的时间平均为 9.6 年，而没有继续外出打算者则为 13.07 年。

五　结果讨论与政策思考

（一）户籍制度与农民工外出就业

户籍制度是研究影响农民工迁移决策的重要宏观因素之一，是近年来学者分析的一个热点。如李强（2004）指出户籍制度是我国城乡流动最为突出的制度障碍。朱宇（2004）认为户籍制度是造成许多迁移者无法到迁入地定居，从而使迁移人口中"非永久性迁移"者比例增多的一个重要原因。有学者指出，户籍制度之所以成为农民工流动的一个重要影响因素，不仅在于户籍制度是农民工流动的一个刚性"门槛"，主要还在于它承载了众多的政策制度，如就业社会保障与福利政策等，这些因素直接影响到农民工的生活预期与生活目标以及迁移成本。实际上，对农民工个体的迁移决策而言，留乡还是继续外出的影响因素，户籍制度并非对他们的个体选择形成实质性的影响。尤其是近年来国家加大对农村的投入和农业的扶持，社会主义新农村建设快速推进，农村的生产和生活都得到了明显改善，农民面临着在城市高昂生活成本和农村生活改善之间的理性选择时，城市户籍对农民工的吸引力或许并非那么强烈。在围绕城乡户籍和二元劳动力市场分割形成的影响农民工继续外出就业的因素中，在城市每日工作间长、外出受到城市人的歧视被视为分解的具体影响因素，但是在我们的分析中，这两个因素都对农民工留乡和继续外出的决策构成显著性影响。

实际上，对于解决农民工问题更为迫切的政策并非开放户籍制度广纳农民，而是考虑重点加强县域经济对农民工群体的吸引力。多项研究数据表明，农民工留城的意愿并非十分强烈，蔡禾指出，在现行户籍制度下，愿意放弃土地并将户口迁移到打工城市的农民工实际上只有25%，约3000千万人，随着农村社会的发展，这个比例可能会更低。针对县域经济吸纳农民工就业的区位优势和经济劣势，地方政府应依托区域资源禀赋优势，出台优惠政策，积极招商引资，大力发展县域经济，培育一批具有较强竞争优势的、吸纳就业能力强的主导产业，使之成为拉动就业增长的重要支撑，提升县域经济的就业吸引力，实现农民工就地、就近转移。

（二）人力资本与劳动力转移决策

在对农民工流动微观因素的研究探讨中，人力资本常常是影响其流动的主要微观因素之一。这些变量包括受教育（培训）水平、劳动力年龄、性别、婚姻状况和就业类型等，其中性别、年龄、教育是最常用的三个指标。众多研究表明，男性更倾向于外出就业，在城市务工人群中，男性居多；此外，年龄越小、文化程度越高的农民对进城务工的收入预期越要高于其他农民，因此他们更愿意进城务工，参加过培训也对农村外出劳动力的留城意愿有显著的正向影响。但是，对于农民工回乡以后继续外出还是留在家乡就业，这些人力资本因素的影响方向可能就会有所不同，有些因素失去解释力。而根据李成华（2011）等人的研究，受教育程度较高、流动前参加过技能培训的返乡农民工则更倾向于选择留乡就业。人力资本存量较高的返乡农民工更倾向于选择留乡就业。在我们的研究中，性别、教育程度和培训情况并未对农民工再次外出和留乡就业形成显著性影响，但是年龄因素构成了较为显著性的影响。尽管农村的生活改善和县域经济的发展构成了对农民工回流的吸引，但是对新生代农民工而言，出外打工的预期收益可能远不止经济收入，他们更看重城市经历对他们的远期影响。因此，促进农民工合理流动可能不仅在于提高他们的教育水平和提供良好的技能培训，而且更应该区分新生代和老一代农民工社会流动过程中的差异性，根据农民工就业过程中不同的诉求有针对性地制定措施。

（三）家庭决策与农民的经济理性

新经济迁移理论认为，家庭才是劳动力流动迁移决策的基本单位。国内有学者指出，现阶段我国农民工就业地选择并不是以个人为主体的自发决策，而是在对个人、家庭、社区状况等因素进行综合权衡基础上的理性决策，家庭、社区特征变量在其迁移选择决策过程中发挥着重要的作用。对农民家庭来说，家庭相对剥夺感和市场流动性差增加了农民外出务工的可能性，新经济迁移理论在中国是实用的。但是，对家庭影响决策的因素分析，学者更重视家庭的人口学特征及经济因素影响，如户主的文化程度、家庭劳动力数量、家庭收入状况、市场流动性限制、家庭经营耕地面积等。实际上，更多的学者开始重视家庭的文化因素对家庭决策造成的影响，如对家庭的归属感、家庭照料和社区的吸引力等，然而，在我们的研究中，家庭的人口学特征及一些文化因素并未对劳动力再次外出决策构成显著性影响，反而，外出务工给家庭带来的变化显著地影响了农民工的再次外出决策，这其中包括对夫妻感情的变化，与子女、父母关系的变化，家庭收入的变化和对未来生活改善的期望等。农民工外出就业的决策更多的是其理性选择的结果，这些选择更为直接地表现为经济收入提高的经济理性的结果，同时也表现为夫妻关系、与子女关系和父母关系的改善，以及对未来更好的预期等社会理性选择的结果。

继续外出就业还是留乡就业，对农民工来说，他们要面临着比较成本与收益的理性选择。对于他们，经济收入仍然是决定他们就业选择的主要因素之一，我国 1990 年代庞大的"民工潮"主要原因之一正是东南沿海相对较高的收入对农民的吸引力。随着国内产业格局的变化，以及安徽省"皖江城市带承接长三角产业转移示范区"建设的带动，农民工在就业地上面临着更多的选择，与原先多数跨省流动、跨地区流动相比，"离土不离乡"的流动方式正成为一种多数人选择的方式。因此，作为政策层面的社会建设，一方面应加快转移示范区的基础设施及配套建设，另一方面应该着重加强保障当地农民就地转移就业的相关制度建设，维护农民工的合法权益，确保农民工的预期收益，吸引更多的农民工留乡就业。

参考文献

盛来运：《中国农村劳动力外出的影响因素分析》，《中国农村观察》2007 年第 3 期。

国务院研究室课题组：《中国农民工调研报告》，中国言实出版社，2006。

孔祥成、刘芳：《20 世纪 90 年代以来中国农村剩余劳动力流动问题研究综述》，《贵州财经学院学报》2002 年第 5 期。

李强：《农民工与中国社会分层》，社会科学文献出版社，2004。

朱宇：《国外非永久性迁移的研究及其对我流动人口的启示》，《人口研究》2004 年第 3 期。

李晓云：《农民工流动动因及特点研究综述》，《陕西行政学院学报》2007 年第 3 期。

蔡禾、王进：《"农民工"永久迁移意愿研究》，《社会学研究》2007 年第 6 期。

白南生、何宇鹏：《回乡，还是外出？——安徽四川二省农村外出劳动力回流研究》，《社会学研究》2002 年第 3 期。

李楠：《农村外出劳动力留城与返乡意愿影响因素分析》，《中国人口科学》2010 年第 6 期。

李成华、张文才、靳小怡：《金融危机背景下人力资本对返乡农民工发展意愿的影响分析》，《西安交通大学学报（社会科学版）》2011 年第 2 期。

刘家强、王春蕊、刘嘉汉：《农民工就业地选择决策的影响因素分析》，《人口研究》2011 年第 2 期。

中国乡村社会建设

建立城乡一体的医疗保障制度

——以重庆市为例*

⊙ 向春玲**

一 问题缘起

中国经济体制的改革和市场经济的建立，给中国社会带来了巨大的变化，也必然对中国人口流动产生巨大影响。在计划经济体制下，户口政策将每个人限制在某一固定的地方工作和生活，社会流动十分缓慢。而市场经济强调生产要素和资源的合理流动，这里包括人力资源的合理流动。社会学把人口流动分为垂直的社会流动和水平的社会流动，垂直流动主要表现在人口从农村流向城市。这是因为我国经济体制改革和市场经济发展，使我国城乡对人口流动产生了巨大的动力：第一，农村进行的经济体制改革及土地联产承包责任制，解放了农村的劳动力，使一部分农民从农业生产中分离出来，从而出现了大量的农村剩余劳动力。第二，商品经济、市场经济的不断发展，使农民增强了商品意识、市场意识，产生了离开农村谋求新发展的需求，从而，形成了农村对剩余劳动力所产生的巨大推动力。第三，经济体制的改革，使城市产业结构发生

---

* 本文资料和数据来源于笔者2008年8月、12月两次在重庆城北区、渝中区、南川县、渝北区的调研，感谢重庆市医保局提供的相关文献资料和数据。

** 向春玲，中央党校社科部社会学教授。

变化，第二产业、第三产业就业人数增加很多，城市基础建建规模扩大，对建筑业人员的需求也越来越多，给流动人口提供了许多就业机会，因此，城市经济的发展，对农村地区的剩余劳动力产生了巨大的拉力。水平流动是人口从内地流向沿海。人口从不发达地区流向发达地区，从发达地区流向更发达地区，这主要是市场经济以经济利益为导向配置资源的表现。沿海地区城市经济发展快，就业机会多，工资收入高，对劳动力的吸引力强，出现了持续多年"孔雀东南飞"的人口流动现象。

我国经济的发展推动了城市化的快速发展，城市化率从改革开放初期的20%左右提高到现在的44.9%。目前，我国有1.3亿的农民在流动。今后，每年还要有1300万的农村人口向城市转移。城市化的发展是我国进行现代化建设的必然要求，因此，农村人口向城市的流动还将持续很多年，这种人口的大规模流动需要我们在社会保障、医疗保障政策和制度设计上打破城乡二元结构，实现城乡统筹、区域统筹。

中国共产党的十七届三中全会对当前中国社会有一个基本判断："我国进入着力破除城乡二元结构、形成城乡经济社会发展一体化新格局的重要时期。"为此，要"建立促进城乡经济社会发展一体化制度。促进公共资源在城乡之间均衡配置、生产要素在城乡之间自由流动，推动城乡经济社会发展融合"。城乡一体化不仅体现在城乡规划布局、产业分工、基础设施的一体化，还体现在城乡就业、教育、卫生和社会保障的一体化。

中国已经建立了覆盖城乡居民的医疗保障体系。目前，中国建立了由城镇职工基本医疗保险、城镇居民基本医疗保险、新型农村合作医疗和城乡医疗救助共同组成的基本医疗保障体系，分别覆盖城镇就业人口、城镇非就业人口、农村人口和城乡困难人群。已经基本上做到了全社会各种群体的全覆盖。其特点是：广覆盖、保基本、可持续，从重点保障大病起步，逐步向门诊小病延伸，建立了国家、单位、家庭和个人责任明确、分担合理的多渠道筹资机制。

但是随着我国城市化进程的加快，城乡二元结构矛盾日益凸显，在基本医疗保险制度方面，目前存在着以下一些问题。

首先是城乡分割。这一制度实行的是不同身份的人群有不同的医保政策,不仅参保缴费标准、财政补贴标准不同,报销比例、审批项目等医保待遇标准也有区分。这种城乡二元的医疗保障制度设计人为地分割了不同人群,造成了新的城乡二元结构。

其次是管理体制问题。城镇职工、城镇居民基本医疗保障制度与新型农村合作医疗保险制度各自建立了一套完整独立的、自上而下的管理系统。这样做虽然工作起来相对简单,但是它造成了条块分割、自成体系、互不兼容的局面,成为各级地方财政和经办管理的沉重负担。从大局来看,多头管理容易形成各自为政的局面,协调困难,效率低下,浪费资源,需要尽快理顺管理体制。

最后是开放性问题。城乡居民二元保障制度的设计,使城乡居民看病就医的可选择性也受到限制,相对富裕的农民不能加入城镇居民基本医疗保险制度,一些低收入的城市居民不能选择缴费较低的新型农合制度;另外,也不能满足我国庞大的流动人口看病就医的需求,难以适应我国市场经济和城市化快速发展的形式。因此,在基本医疗保险层面,应尽可能地强调社会的公平性;在制度设计上必须打破这种城乡二元的医疗保险制度,逐步探索城乡医疗保险制度的统一管理体制,建立城乡一体的医疗保障体系。

针对我国城乡医疗保障制度的现状,2008年初,吴仪副总理在全国城镇居民基本医疗保险扩大试点工作电视电话会议上指出:"已经确定为全国统筹城乡综合配套改革试验区的重庆市和成都市,以及东南沿海城乡一体化进程较快的地区,可以整合城乡基本医疗保障制度体系,探索城乡一体化的制度模式,为逐步建立政策衔接、待遇较均衡、管理更高效的医疗保险政策和管理服务平台探索路子。"2009年3月,中央和国务院新颁布的《关于深化医药卫生体制改革的意见》指出:"探索建立城乡一体化的基本医疗保障管理制度。"2007年6月,重庆市、成都市成为国务院统筹城乡综合配套改革试点城市,在城乡统筹的各种制度改革和实践方面走在了全国的前列,并取得了初步的成效。本文就重庆市城乡居民医疗保险制度的改革情况进行了研究和讨论,以期探讨建立城乡一体医疗保障制度的基本途径。

二 重庆市城乡居民合作医疗保险的探索

重庆市是中国西部唯一的直辖市，城乡二元结构矛盾突出，大城市、大农村、大库区、大山区并存是重庆市特殊的市情。3198.87万户籍人口中，仍有73.6%属于农业人口。城市居民可支配收入13750元，农民纯收入3509元。2000年以来，重庆市相继建立了城镇职工基本医疗保险、新型农村合作医疗等制度，使城镇职工和农村居民得到了基本医疗保障。2007年5月7日，中央正式批准重庆市为全国统筹城乡综合配套改革试验区。劳动保障工作是统筹城乡综合配套改革试验的重要内容，重庆市政府决定，在总结新型农村合作医疗经验的基础上，建立覆盖全体城乡居民的医疗保障制度。2007年9月5日，重庆市出台了《关于开展城乡居民合作医疗保险试点的指导意见》（以下简称《指导意见》）；2007年10月，重庆市在江北区、九龙坡区、南岸区、永川区和南川区开展城乡居民合作医疗保险试点；2008年试点范围扩大到21个，至此，已经有26个区县进入城乡居民合作医疗的试点。计划2009年试点区达到80%，2010年在全市建立覆盖城乡居民的合作医疗保险体系。2007年10月~2008年10月，在一年的统筹城乡医疗保障事业和医疗卫生事业发展方面，重庆市做出了积极探索。

（一）城乡居民医疗保险纳入同一个制度

重庆市建立了"城乡居民合作医疗制度"，它们的主要特点是"一个平台，两个标准"。"一个平台"是依靠新型农村合作医疗平台建立城乡居民合作医疗制度。"两个标准"是指制定两个档次的筹资标准和待遇标准，供城乡居民自由选择。重庆市的各试点地区按照《指导意见》的要求，根据本地的实际情况，还制定了具体实施办法，在参保缴费、定点医疗机构管理、药品目录、诊疗项目和服务设施范围、信息网络建设、补充保险等方面陆续制定了配套文件，进一步细化和完善了实施办法，为城乡居民合作医疗保险构建了相应的政策保障。

2003年，重庆市开始了新型农村合作医疗制度，经过5年的发展，已经覆盖2008万人口，形成了比较完善的管理体系，积累了低水平起步、保障大病医疗、有效控制医疗费用和基金风险、衔接医疗救助等成功经验。2007年，在全国实行城镇居民基本医疗保险试点的时候，重庆市没有在新农合制度之外再建立一个城镇居民医疗保险制度，而是结合统筹城乡综合改革配套试验区的实际，依托新型农村合作医疗的平台，将城镇居民基本医疗保险制度的建设直接与新农合制度融为一体，建立了"城乡居民合作医疗保险制度"。这样有利于整合公共资源，减少重复浪费，统筹城乡社会事业，均衡城乡公共服务，实现城乡医疗保险制度的公平性。为此，重庆市规定，凡是具有本市城乡户籍的农村居民和不属于城镇职工医疗保险覆盖范围的城镇居民，包括学生（除大学生外）和儿童，以及其他非从业城镇居民，均可在户籍所在地自愿参加城乡居民合作医疗保险。

（二）两个筹资标准和待遇标准，城乡居民可以根据自己情况选择缴费档次

根据重庆市城乡经济发展水平和城乡居民的收入情况，在筹资方式上，坚持低水平起步；在筹资渠道上，建立家庭缴费、集体扶持、政府补助的多方筹资机制。

1. 城乡统一缴费制度

重庆市在设计城乡居民合作医疗缴费标准时，充分考虑了城乡经济发展水平和城乡居民医疗消费的差异，全市实行统一的筹资标准，分为两个档次。一档筹资水平，2007年为50元/人·年，2008年为100元/人·年；二档筹资水平，2007年为160元/人·年，2008年为200元/人·年（见表1）。

表1 2007年、2008年重庆市城乡居民合作医疗筹资情况

单位：元/人·年

档次	2007年 筹资水平	2007年 政府补贴	2007年 个人缴费	2008年 筹资水平	2008年 政府补贴	2008年 个人缴费
一档	50	40	10	100	80	20
二档	160	40	120	200	80	120

城乡居民可以根据自己的情况自行选择缴费档次。一般来讲，一档是为农民设计的新农合的缴费档次，但是，困难的城镇居民也可以选择一档缴费；二档是为城镇居民设计的缴费档次，但是，有条件、相对富裕的农民也可以选择二档缴费，城乡居民打破身份界限，自由选择缴费档次。随着经济的发展，可适当调整筹资水平。各档次筹资水平减去政府的财政补贴之后，剩余部分为个人缴费。[①]

2. 城乡统一待遇制度

选择一档参保的，享受当地新型农村合作医疗规定的待遇，对参保人员按照每人每年不低于40元予以普遍补助。城镇困难居民（三类困难群体，即低保对象、重度残疾人、本人收入低于重庆市企业退休人员基本养老金最低标准的60周岁以上老年人）选择一档标准参保，政府增加的60元补助，可由城乡居民合作医疗保险管理中心记账，用于支付本人医疗费用的个人负担部分或建立补充医疗保险。

选择二档参保的，具体的待遇支付办法由各试点区政府在《指导意见》和《重庆市城乡居民合作医疗保险工作领导小组关于做好城乡居民合作医疗保险扩大试点工作的实施意见》自行制定。[②]重庆市江北区城乡合作医疗补偿标准情况详见表2、表3和表4。

表2　城乡居民合作医疗起付线

单位：元

项目	筹资标准	一级医疗机构（社区卫生机构）	二级医疗机构（乡镇级医疗机构）	三级医疗机构（市级医疗机构）
住院	一、二档	200	600	1000
特（重病）门诊	一、二档	200	600	1000

[①] 城乡居民以家庭为单位参保，按年度缴费。家庭中符合参保条件的所有成员应选择同一档次筹资水平参保，选择档次一经确定，两年之内不得更改，户籍在校学生由学校统一办理。为鼓励家庭缴费，《指导意见》还规定："城镇职工基本医疗保险的个人账户资金可用于其家庭成员缴纳城乡居民合作医疗保险费，也可用于支付其家庭成员符合政策规定的医疗消费中的个人自负部分费用。"

[②] 重庆市城乡居民合作医疗保险基金主要用于住院和门诊医疗费用支出，只建立统筹基金，不建立个人账户和家庭账户。

表3 城乡居民合作医疗一个年度报销封顶线

单位：元

项目	筹资标准	封顶金额
住院	一档	12000
	二档	50000
特病门诊	一档	800
	二档	1800
重大疾病门诊	二档	10000

表4 城乡居民合作医疗住院费用报销比例

单位：%

项目	筹资标准	一级医疗机构（社区卫生机构）	二级医疗机构（乡镇级医疗机构）	三级医疗机构（市级医疗机构）
住院报销比例	一档	45	25	15
	二档	60	40	25

重庆市各试点区在合作医疗的起付线，封顶线和报销比例上还略有不同，随着经济的增长，各区县都在不断地降低合作医疗的起付线，提高封顶线和报销比例，让参保的城乡居民在合作医疗保险制度中享受到更多的实惠。

（三）政府加大多层次的财政补助力度与城乡医疗救助制度的创新

1. 对一般城镇居民的补助

2007年政府每年按人均40元的标准进行补助，中央和市财政每年按20元标准进行补助。2008年政府每年按人均80元的标准进行补助，中央财政每年按人均补助标准提高到40元，市区财政每年按人均标准也相应提高到40元。

2. 对困难城乡居民的补助

城乡居民合作医疗保险试点过程中，重庆市政府将重点补助困难群体。农村困难居民参加一档城乡居民合作医疗保险或新型农村合作医疗，个人应缴纳的20元参保费用除五保对象由政府全额资助外，农村低保对象、在乡重点优抚对象由政府资助10元，个人缴纳10元。城市困难居民参加二档城乡居民合作医疗保险，个人应缴纳的120元参保费用由政府资助60元，个人缴纳60元；对城市困难居民自愿选择一档参保的，政府从60元补助资金中安排10元用于资助参保，余下的50元补助资金由合作医疗保险管理中心记账，用于当年本人医疗费用的个人负担部分，个人缴纳10元。

3. 对困难区县的补助

重庆市是一个城乡发展不平衡的城市，市政府将全市分为三个经济社会发展圈：主城区、普通区县、国家和市级贫困县。为此，市级财政对主城各区补助50%，一般区县（自治县）补助75%，国家和市级扶贫开发重点区县（自治县）补助90%，其余部分由区县（自治县）财政承担。

4. 做好城乡居民合作医疗与城乡医疗救助的制度衔接

2003年，民政部、卫生部、财政部发布《关于实施农村医疗救助的意见》；2005年，国务院办公厅转发了民政部、卫生部、劳动和社会保障部、财政部《关于建立城市医疗救助制度试点工作的意见》，我国城乡医疗制度已经建立起来，对城乡居民中的困难群众实施大病和常见病的医疗救助，确实减轻了患病贫困人口的经济负担。但是，这项制度还不能很好地解决困难群众的看病问题，存在着以下几个方面的不足：一是可及性不高。由于大病医疗救助设有门槛，且为事后救助，医院实行缴纳治疗费用后再报销的程序，困难群众往往因为垫付不起治疗费用而不敢就医，使这部分困难群众难以享受到医疗救助。二是公平性不强。起付线的设置，造成越是困难的群众越难以享受到医疗救助；按一定比例给予救助，使越困难的群众因自付医疗费用少而越得不到足够的救助数额。三是程序较烦琐。医疗救助审批程序设置较多，效率不高，时效不强，困难群众难以及时受助。四是效果没有预期明显。由于制度设计救助范围较窄、救助方式单一、救助门槛较高、救助水平较低，救助制度的作用难以发挥。要切实解决农村困难群众看病难、看病贵的问题，必须把合作医疗和农村医疗救助衔接起来，让困难农民看病既便宜又方便。2005年9月，重庆市渝北区政府根据《重庆市农村困难群众重大疾病医疗救助试行办法》的文件精神，结合渝北实际，研究制定了《重庆市渝北区城市医疗救助试行办法》。

本着"救急、救难、公平、简便"的原则，创新救助方式，简化救助程序，积极探索医疗救助制度与农村合作医疗制度的有机结合，使医疗救助简便易行、公平实用，让困难群众患病后能够及时得到治疗，增强医疗救助的可及性，提高救助资金的使用效益，充分发挥医疗救助制度应有的作用。

渝北区有效整合两种制度的做法是：①政府每年拿出一定的资金，按每年10～20元的个人缴费标准给予农村低保户、五保户和重点优抚对象全额资助，保证他们能够顺利参加城乡居民合作医疗制度。②对困难农民以及80周岁以上的老人，每人每年发给300元的日常医疗救助金，提高其家庭账户总金额，解决其日常门诊医疗费用。③对需要住院的困难农民，该区实行大病医疗的及时救助，取消住院费用的起付线。住院费用在1000元以内的，按城乡居民合作医疗制度规定报销后，患者自付部分由民政部门给予全额救助。从这个意义上来说，困难农民看病一分钱都不用出。费用在1000元以上的部分，按合作医疗规定报销后，由民政部门对患者自付部分给予60%的救助，但最高救助总额不超过3000元。④渝北将合作医疗定点医疗服务的区级医疗机构、街道医院、镇卫生院和村卫生所，全部纳入农村医疗救助服务单位，搭建起了医疗服务网络。在这些服务网络建立了农村困难群众医疗救助管理系统。现在，只要受助群众生病住院，报上卡号，医疗救助管理系统就将自动启动，将医疗费用自动分为合作医疗报销金额、民政救助金额、救助对象自付金额三个部分。出院时，受助者只需缴纳自付部分。"渝北模式"的特点，就是变事后救助为事前救助，解决救助对象的后顾之忧，使困难群众得病后能得到及时、快捷、方便的治疗，真正缓解困难群众看病贵、看病难的问题。渝北区成功地进行了合作医疗与民政医疗救助的无缝衔接，为此，渝北区获得了"全国医疗救助工作实施方案"评审会最高荣誉奖——特别贡献奖。目前，"渝北模式"正在全市推广。

（四）城乡居民基本医疗保险管理体制建设问题

1. 组织机构

重庆市城乡居民合作医疗保险试点工作采用的是三级管理模式。一是建立领导小组。市政府成立了由市政府分管领导任组长,劳动保障、卫生、财政、民政、发展改革、教育、药品监管、审计、农业、农办、扶贫、宣传、残联等部门为成员单位的"重庆市城乡居民合作医疗保险工作领导小组",对全市城乡居民合作医疗保险工作进行组织领导。领导小组办公室设在市劳动保障局,负责全市试点工作的具体日常事务,主要日常事务由市劳动保障局医疗保险处组织人员开展。各试点地区成立相应的组织领导机构,形成自上而下的工作体系。二是成立经办机构。各试点区成立"城乡居民合作医疗保险管理中心",直属当地政府,配备相应的工作人员,负责本行政区域内城乡居民合作医疗保险的日常管理工作。三是社区、街道(或乡镇)配备专兼职人员,负责本辖区城乡居民合作医疗保险的组织宣传、参保登记、身份审核等前台工作。经办机构所需的人员编制、办公场地由各区县(自治县)解决,开展工作所需经费,按实际参保人员每人每年1元的标准纳入财政预算安排,市和区县(自治县)两级财政各承担50%街道(乡镇)社区,负责本辖区城乡居民合作医疗保险的组织宣传、参保登记和身份审核。

2. 城乡居民医疗保险管理体制

重庆市《指导意见》从工作领导小组到办公室、经办机构的搭建都有较为明确的规定,但不少区县在具体实施过程中,执行市里的决策不坚决,导致整个试点工作进展较为迟缓。在重庆,城乡居民基本医疗保险和新型农村合作医疗,市级以上分属劳动部门和卫生部门管理。目前,26个试点区存在着四种管理模式。第一,由区县政府直管的经办机构(6个区县);第二,由区县劳动和社会保障部门主管的经办机构(4个区县);第三,由区县卫生部门主管的经办机构(5个区县);第四,城镇居民归劳动保障部门管理、农村居民归卫生部门管理(9个区县)。不统一的管理模式给市级领导小组办公室贯彻来自国务院和市政府的指令以及办公室日常沟通协调、收集报表等工作带来极大困难,基层经办机构忙于应付两个主管机构的基金报表和各项管理任务,不仅增加了基层经办机构的工作量,也增加了制度运行的行政成本,造成了资源的重复浪费。这种不统一的管理模式妨碍了城乡居民合作医疗保险的推进,已经成为目前开展居民医保试点工作的最大障碍。

三 总结与讨论

(一) 城乡一体的医疗保障制度建设意义重大

首先,城乡一体的医疗保障制度有效地维护了社会的公平性。制度的不公平是最大的不公平。第一,重庆市城乡合作医疗试点的最突出成效是在制度上打破了原有的城乡居民二元结构的医疗保障制度设计,一个平台使得城乡居民共享一个"城乡居民合作医疗保险制度"。建立打破城镇、农村户籍限制的城乡居民合作医疗保险体系,无论是城镇居民还是农村居民,都在同一个医疗保险制度的覆盖之下,这就从制度上消除了城镇和农村的二元差异,保证了社会公平的实现。第二,"两个标准"的设计考虑到城乡居民不同群体在经济收入、医疗消费上的差异,城乡居民可以根据自己的情况酌情选择。也满足了城乡流动人口对医疗保障制度的需求。例如,重庆城区拥有大量务工农民(山城"棒棒军"),多数没有医疗保障,城乡居民合作医疗保险制度让他们第一次在就医上拥有了跟城里人同等的待遇。同时,在"政府+个人"的筹资模式上,政府在城乡居民筹资水平的投入上是一致的,这是政府对待社会公民公平性的表现,克服了以往城乡有别的医疗保障投入。第三,在医疗费用报销待遇上,只有档次的差异,没有城乡居民之间的差异,从制度上克服了农民报销比例少、城镇居民报销比例多的情况。第四,加大了政府对社会弱势群体医疗保障的责任。重庆市是一个城乡二元结构突出的城市,在主城区也存在着居民收入差距大的问题,重庆市政府对城镇和农村的困难居民、低保户和低收入老年人等都给予了政策上的倾斜和医疗救助。因此,随着国家财政投入力度的加大,不仅有效缓解了资金筹集的困难,让每一个城乡居民都能享受到政府的补贴,而且有效缓解了因病致贫、因病返贫的社会现象,实实在在给城乡居民带来了实惠,真正体现了政府的公共服务职能,使得党和政府在群众中的威信得到进一步提高。

其次,城乡一体的医疗保障制度有效地整合了资源,降低了制度的运行成本。重庆市城乡居民合作医疗制度的建立，有效地总结和吸取了城镇职工基本医疗保险和新型农村合作医疗所取得的经验，有效利用了城镇职工基本医疗保险和新型农村合作医疗的网络信息平台，劳动保障部门建立起来的各级社会保障平台和卫生部门建立起来的各级卫生服务机构，有效整合了城镇职工基本医疗保险管理机构和新农合管理机构的行政资源，建立了具有重庆特色的城乡居民合作医疗保险管理体制和运行机制，提高了管理效率，避免了资源浪费，节约了制度的运行成本，为统筹城乡医疗保障体系的建立探索出了一条新路子。

最后是城乡一体的医疗保障制度有效地缓解了城乡居民"看病贵、看病难"的问题，推动了基层医疗卫生事业的发展。通过以大病统筹为主、兼顾门诊的合作医疗政策设计，一部分得大病的城乡居民享受到了合作医疗制度带来的实惠，看病就医率有所上升，群众医疗负担有所减轻，因病致贫、因病返贫的情况有所缓解。同时，城乡居民合作医疗保险通过报销待遇等制度设计，既引导了群众合理就医，又促使了各级医疗机构正确行使服务职能。在加强社区卫生服务建设上，既缓解了居民"看病难、看病贵"的问题，也促进了基层卫生事业的良性发展，给卫生体制改革和药品流通体制改革带来了生机与活力。

四 存在的主要问题与对策

（一）管理体制尚待进一步理顺

在城乡合作医疗的试点过程中，一些试点区县在推进试点过程中进展缓慢。主要原因是管理体制还没有理顺。重庆市《指导意见》从工作领导小组到办公室、经办机构的搭建都有较为明确的规定，但不少区县在具体实施过程中，执行市里的决策不坚决，以至于在重庆市里出现了四种管理模式，还有部分区县将城镇居民和农村居民仍然分开管理，违背了城乡居民合作医疗保险制度设计的基本原则。由于管理体制的不统一，信息系统目前由各试点区独立建设，导致市级领导小组办公室难以统一部署和安排，实际上难以达到"共建一个平台，运行两套标准，实行城乡统筹，均衡公共服务"的要求。也就是说，多头管理容易形成各自为政的局面，协调困难，效率低下，浪费资源，需要国家从建立城乡一体医疗保障体制的大局出发，整合现有的管理模式，尽快理顺管理体制。

（二）需要尽快提高统筹层次，实行市级统筹

目前，各试点及扩大试点区县城乡居民合作医疗保险虽然在筹资标准上基本统一，但是，在补助水平上有一定的差异，例如，渝北区的医疗报销封顶线一档为1.2万元，二档为5万元，而江北区峰顶线一档为3万元，二档为9万元；还有一些区县在住院医疗费的报销比例上也不尽相同。同是合作医疗保险，相邻区县补助的差异会带来相互之间的攀比和群众心理的不平衡，影响社会公平。同时，各试点区县还存在着"药品目录"、"诊疗项目目录"、"服务设施目录"三大目录设置不一，不能满足城乡居民异地看病就医的需求，给全市统筹带来障碍。提高统筹层次有很多好处，最基本的就是满足城乡居民异地看病、跨区流动的需求，在管理上也能节省成本。同时，根据社会保险的"大数原则"，提高统筹层次，能够增加统筹基金的基数，更大程度地发挥保险基金的共济作用，提高基金抗风险能力。

（三）加强社区卫生服务机构建设，提高经办机构能力

从参保居民就医的情况来看，多数启动试点区参保居民选择就医医院时，并没有体现对社区卫生服务机构的特别青睐。相比之下，尽管各区都对社区卫生服务机构设置了最高的待遇支付水平，多数参保居民仍然愿意选择到二级或三级医疗机构就医。这说明社区卫生服务机构建设需要进一步加强，通过让居民能感受到的实实在在的变化，改变居民——尤其是城镇居民——的就医习惯。另外，城乡医疗保险一体化的制度建设是一项多部门配合协调的系统工程。设于劳动保障局的办公室作为一个综合性的协调机构由多部门组成，而实际上所有具体工作由劳动保障局来组织实施，

在没有增加任何人员编制的情况下,办公室承担了城乡居民合作医疗保险试点过程中的行政、经办等诸多工作,尽管办公室工作人员经常加班加点,但仍然难以满足各项工作的需要。在其他的几个试点区,仍然存在着工作量大而经办人员严重不足的问题,这迫切需要政府增加城乡居民医疗保险经办机构的人员编制,加强各部门之间的配合,保障这项制度的有效运行。

重庆市在短短一年的试点工作中建立起了"一个平台,两个标准"的城乡居民合作医疗制度,是解决当前医疗保障城乡分割、条块分割问题的突破口,但还不是一个非常完善的城乡一体的医疗保险方案和最终制度,因为城镇职工医疗保险制度没有被纳入。如何在保证城镇医疗保障水平的基础上,逐步把农村医疗保障水平提上来,是下一步制度整合的一个重要问题。为了避免城乡居民合作医疗保险制度陷入资金沉积过多和部分人过度就医等问题,可否将城乡居民医疗保险制度与养老保险、最低生活保障制度等联系起来,起到相互补充、相互牵制的作用?另外,目前还存在着参保居民总体待遇水平不高、长效征缴机制尚需建立、信息平台建设有待完善等问题。这些问题的解决需要重庆市随着经济的发展、城乡统筹的不断推进和制度创新来解决。

总之,重庆市在城乡医疗保险制度的建设上,初步取得了资源得共享、城乡得统筹、居民得实惠、政府得民心、卫生得发展的成绩,有力地推动了重庆城乡统筹综合配套改革的试点工作,为全国城乡统筹的医疗保障制度改革和发展做出了有益的探索。

参考文献

〔美〕威廉·科克汉姆:《医学社会学》,华夏出版社,2000。

杜乐勋、张文鸣:《中国医疗卫生发展报告》,社会科学文献出版社,2007。

陈佳贵、王延中:《中国社会发展报告:转型中的卫生服务与医疗保障》,社会科学文献出版社,2007。

重庆市城乡居民合作医疗保险领导小组办公室:《重庆市城乡居民合作医疗保险文件汇编》,2007。

重庆市江北区城乡居民合作医疗保险管理中心:《重庆市江北区城乡居民合作医疗保险文件汇编》,2008。

中国东部沿海农村机构养老的现状分析

——以山东省寿光市为例

⊙ 郭 芳[*]

一 研究背景和文献回顾

"养老问题"已经成为 21 世纪整个世界都面临的问题。人口老龄化和老龄问题，对于实施计划生育政策的中国来说也将是未来几年内不得不面对的一个很严重的社会问题。《2009 年民政事业发展统计报告》显示，到 2009 年末，中国 65 岁以上的人口已经达到了 1.13 亿人，与 2008 年相比增加了 3.22%，占全国总人口的 8.5%。加之，中国是一个农业大国，农村老年人口占了全国老年人口的很大比例。解决中国农村老年人的养老问题是解决全国老年人养老问题的关键。

家庭养老是我国传统的养老形式。但是随着城市化的发展和 1979 年计划生育政策的实施，农村家庭养老功能开始弱化。加之双职工家庭的增多和农村青年向城市的流动，传统的家庭儿女养老正面临着严峻的挑战。因此，社会福利的社会化变得越来越必要。基于以上背景，本论文从社会福利服务的观点来探讨，在私人的福利服务不能满足老年人需求的时候，公共福利服务的机构养老应以怎样的方式来辅助家庭养老。为达到这一目的，把握农村

---

[*] 郭芳，日本同志社大学社会学研究科博士后期课程研究生。

地区现有的养老机构的现状和存在的问题就成了解决问题的关键。

一直以来，在农村地区普遍存在的养老机构是以五保老人为对象的敬老院，自己交钱入住的养老院基本上没有。但是，近年来随着经济的发展和城市化的进行，一部分富裕地区的农村也开始建设以一般老年人为对象的收费养老院。本研究选取了比较发达的山东省的农村地区为研究对象，通过山东省的事例调查，考察农村地区敬老院和养老院的现状，并分析它们的区别和存在的问题。

伴随着中国老龄化的严重化，关于老年人福利的研究也越来越多。1990年代以前的研究主要以人口的老龄化和老人的家庭抚养为中心，进入1990年代后，关于老年人生活保障和社区服务的研究也开始活跃起来。2000年后，农民工的大量出现和女性的社会参加使得农村养老问题日益严峻，但是关于农村老年人和农村老年人福利的研究却寥寥无几。

近年来，这方面的研究才渐渐增加，在日本出现了一批关注中国社会保障的研究者。他们的研究大致分为两种：一种是从制度方面分析中国的社会保障，例如，田多英范的《现代中国的社会保障制度》、尚晓援的《从国家福利到多元福利》、沈洁的《中国老人福利的现状和课题》、王文亮的《九亿农民的福利——现代中国的差别和贫困》等；另一种是通过实证研究来介绍中国老人福利问题，例如，城本るみ的《中国养老机构的运营——通过上海市的社会福利院》、大和三重的《中国老人介护的去向——以苏州市为例》、王国忠的《中国老人福利的变迁的考察——以城市老人介护为中心》等。从以上的文献来看，关于养老问题的研究主要集中于城市老年人。近年来开始关注农村，其中大部分研究集中在养老保险、农村医疗保险和新型合作医疗保险等方面，很少从社会福利服务的角度来研究农村养老。关于农村养老的刘灿的《现代中国农村的老年人和福利》，根据经济条件的不同，介绍了相对富裕地区、居中地区和相对贫困地区敬老院的情况，这一文献给了本文很大的启示。

本文在借鉴先行文献的基础上，介绍笔者对山东省农村地区养老机构进行的调查，并从现状中找出存在的问题，最后给中国机构养老提出几点建议。

二 中国老年人养老机构的现状

在我国，老年人福利机构是社会福利机构的一种，由民政部来设立和管理。据《2009年中国民政事业发展统计报告》显示，到2009年末，全国老年人福利机构共计38060所，床位258.1万个，比2007年的234.5万增加了10.1%。

2001年公布的《老年人社会福利机构基本规范》规定了中国养老机构的种类。主要有：老年社会福利院、敬老院、养老院、老年公寓、护老院、护养院、托老所及老年人服务中心等。其提供的服务和入住的对象如表1所示。

表1 中国的养老机构

机构种类	服务对象	提供服务
老年社会福利院	"三无老人"优先，一般老人	日常生活、文化娱乐、康复训练、医疗保健等
敬老院	"五保户"老人优先，一般老人	日常生活、文化娱乐、康复训练、医疗保健等
养老院	自理、介助、介护老人	日常生活、文化娱乐、康复训练、医疗保健等
老年公寓	自理老人	餐饮、清洁卫生、文化娱乐、医疗保健等
护老院	介助老人	日常生活、文化娱乐、康复训练、医疗保健等
护养院	介护老人	日常生活、文化娱乐、康复训练、医疗保健等
托老所	社区在住的所有老人	日常生活、文化娱乐、康复训练、医疗保健等
老年人服务中心	社区在住的所有老人	文化娱乐、康复训练、医疗保健、讯问服务等

资料来源：笔者根据民政局2001年《老年人社会福利机构基本规范》整理而成。

机构养老是一种让老年人离开自己的家到各种养老机构生活、其生活照料和护理由养老机构负责提供的养老方式。在家庭养老日益弱化的今天，作为社会养老的一种，机构养老变得越来越重要。在下一节，将通过事例来具体介绍中国农村机构养老的现状和课题。

三 农村机构养老的现状分析——通过事例调查

1. 事例介绍

本次调查以东部沿海的山东省寿光市为对象，所以首先来介绍一下调查地的地理位置、经济发展、人口构成和福利机构的设置等情况。

寿光市地处山东半岛中部，渤海莱州湾畔，总面积2180平方千米，海岸线长56千米，辖9个乡镇，5个街道办事处，人口102万。原是山东省潍坊市的一个县级市的寿光，1993年因达到了国务院的设市标准，撤县设市。寿光是"中国蔬菜之乡"，资源丰富，物产富饶。南部土质肥沃，宜于粮食、蔬菜、果树、棉花等多种农作物生长。北部地下卤水储量丰富，宜盐面积260万亩，被列为全国三大重点盐业开发区之一；沿海滩涂达45万亩，主要经济鱼类20多种。改革开放以来，寿光市经济和各项社会事业发展迅速，已连续7次进入全国综合实力百强县（市）行列，2003年度列全省县域经济30强第7位、全国百强县（市）第53位。2004年，全市完成国内生产总值193亿元；实现财政总收入12.8亿元，其中地方财政收入7.3亿元；各项存款余额136.9亿元；城市职工平均年收入13733元，农民人均纯收入5016元。

山东省是中国东部沿海经济发达地区，GDP总值仅次于广东省，在省份单位排名中占第二位。随着经济的发展和医疗水平的提高，老龄人口规模迅速扩大，老龄人口比例不断上升，现已成为全国第一老龄人口大省。据2007年山东省1%人口和劳动力抽样调查结果推算，山东省60岁及以上老龄人口将达1317万人，占全省总人口的14.06%。而寿光市的60岁以上人口达到了15.1%，高出全省1.04个百分点。到2007年末为止，寿光市总人口达102万，共29.9万户人家。另外，寿光市内的社会养老机构情况，笔者通过2008年的统计调查归结为表2。

表2 寿光市福利机构概况

单位：个，人

养老机构的名称	对象	床位	在住老人	职员
寿光市A镇养老中心	"五保户"老人	192	94	15
寿光市B镇养老中心	"五保户"老人	50	41	5
寿光市C敬老院	"五保户"老人	164	87	16
寿光市D社会福利中心	"五保户"老人 残疾人	864 696	建设中	280（预定）
寿光市E老年服务中心	一般老人	100	92	30

资料来源：笔者根据统计调查结果整理而成。

本次调查选取了寿光市 A 镇养老中心（传统的敬老院）和寿光市 E 老年服务中心（新型养老院）两处养老机构，以下将从各个方面对机构养老的现状做说明。

2. 敬老院——寿光市 A 镇养老中心

敬老院是在乡镇、村设置的供养"三无"①、"五保"老人和接待社会上的老年人安度晚年的社会养老服务机构。中国政府关于敬老院的管理，1997 年发布了《农村敬老院管理暂行办法》（以下简称《暂行办法》）。关于敬老院的设立，《暂定办法》第 6 条写道："民政部门是敬老院事业的主管部门，负责对敬老院工作的业务指导。"关于敬老院的供养对象，"敬老院以供养五保对象为主。在没有光荣院的地方可优先接收孤老优抚对象入院供养。有条件的敬老院可以向社会开放"。另外，在第 8 条中提到了敬老院的入住规定："五保对象入敬老院须由本人提出申请，经乡镇人民政府（村办敬老院经村民委员会）批准，并由本人和敬老院双方签订入院协议。"

本次调查从设施环境、人员配置、供养老人的生活现状等方面入手。调查的目的是明确中国农村敬老院的设施环境和人员配置构成、明确农村敬老院供养老人的生活现状。

调查时间：2008 年 10 月 18 日至 11 月 8 日

调查方法：参观调查和采访调查

在中国，根据经营主体的不同，养老机构可以分为国家经营、民间经营、集体经营、公司经营四种。寿光市 A 镇养老中心是市民政局设立的养老机构。2005 年开始由 A 镇镇政府接手经营。共有 168 个房间，居住用房间 123 个。现有 132 名 60 岁以上的"五保户"和 30 名职员。该敬老院分为 A 区和 B 区两个区域：A 区共有 110 个房间，其中 80 房间为居住用房间，现有 92 名"五保户"在住；B 区共有 58 个房间，43 个居住用房间里住着 60 名老年人，在住老人的平均年龄为 72 岁。

（1）供养结构和人员配备

该敬老院在住老人每年得到的补助是 2500 元，但是这些补助金不是直接

---

① 指无法定抚养义务人，或者虽有法定抚养义务人，但抚养义务人无抚养能力的老年人；无劳动能力的老年人；无生活来源的老年人。

发到老人手中，而是由敬老院统一管理。这2500元由国家政府、地方政府和"五保户"户口所在地的村委会三者提供。"五保户"户口所在地的村委会每年为老人提供450元或者相当于此金额的面粉或者大米。敬老院提供老人住宿、日常生活必需品和餐饮服务。另外，每个月作为零花钱发给每位老人10元。

该敬老院的人事编制如图1所示，民政局直属的1名理事长和1名院长管理A、B两区，院长以下的人员配置比较简单，没有详细的专业分工。2006年公布实施的《民政部关于农村五保供养服务机构建设的指导意见》中关于人员配备有这样的规定："五保供养服务机构工作岗位设置应当因事设岗、按需设岗……工作人员与机构供养对象比例原则上不低于1∶10。"但是实际情况中存在工作人员不足、工作人员专业知识缺乏等问题。

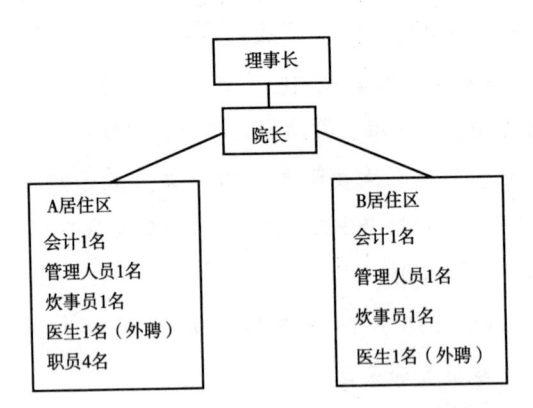

```
                    ┌─────────┐
                    │  理事长  │
                    └────┬────┘
                         │
                    ┌────┴────┐
                    │  院长   │
                    └────┬────┘
              ┌──────────┴──────────┐
      ┌───────┴────────┐    ┌───────┴────────┐
      │   A居住区      │    │   B居住区      │
      │ 会计1名        │    │ 会计1名        │
      │ 管理人员1名    │    │ 管理人员1名    │
      │ 炊事员1名      │    │ 炊事员1名      │
      │ 医生1名（外聘）│    │ 医生1名（外聘）│
      │ 职员4名        │    │                │
      └────────────────┘    └────────────────┘
```

图1　寿光市A镇养老中心人员配置

资料来源：笔者根据统计调查结果整理而成。

（2）设备环境

同样在2006年公布实施的《民政部关于农村五保供养服务机构建设的指导意见》中关于五保供养机构的建设标准也有规定："五保供养服务机构的各类建筑应当根据老年人、残疾人和未成年人生活需要进行设计，宜为砖混结构的平房院落或三层以下楼房，室内地面应选用平整、防滑材料，台阶、楼梯、扶手等设计要考虑供养对象生活安全的需要。"

该敬老院的建筑结构是平房院落，因为该敬老院位于农村地区，屋内不能供水，也没有排水处。老人们每天的生活用水都来源于院子里的水龙头，用过的水还要泼到院子里。到冬天，从屋内到屋外的移动对老人来说很困难，残留在屋外台阶上的水结冰后也容易让老人跌倒。

房间里设有床、椅子、衣橱、电视等基本家具。但是房内没有盥洗室，所以只能老人自己打水来，用脸盆洗脸。另外，该敬老院没有设置空调，一般来说高温对老人身体比较好，所以敬老院只安装了电扇。夏天敬老院的院子里可以看到老人们扇着扇子乘凉的景象。

除了房间内的设备之外，还存在着一个问题是未设置室内厕所。敬老院里厕所跟平房之间有移动距离，晚上老人们用尿桶在室内解决夜间排泄问题。

以上是该敬老院在设备环境上的现状和存在的问题，为了改善供养老人的生活，很有必要考虑老人生活的需求改造改建敬老院的设备环境。

（3）敬老院供养老人的生活现状

中国的敬老院里住的基本都是自理老人，当供养老人需要介护的时候一般会将其送往医院照顾。本次对敬老院里在住的10名老人关于入住敬老院的理由和对敬老院生活的看法进行了访问调查（见表3）。

表3　被采访老人的属性

单位：岁，年

名字	年龄	性别	身体状况	敬老院入住年数
A氏	87	女	健康	22
B氏	74	男	右腿有残疾	12
C氏	69	女	健康	3
D氏	78	女	耳聋	6
E氏	84	男	轻度精神病	12
F氏	76	女	健康	2
G氏	88	女	走路需拐杖	7
H氏	69	男	健康	5
I氏	77	女	走路需拐杖	1
G氏	86	男	聋哑	8

这些老人入住敬老院的理由可以归纳为以下三点：家里无抚养人；居住的地域社会支援不足；经济困难。关于现在敬老院的生活，比自己的家里环境好、朋友多成了老人评价敬老院的首要理由，但是很少能与外界交流是很多老人烦恼的一点。

此外，通过观察发现，中国敬老院只注重老人的衣食住行等硬件方面的供养，在老人的精神生活方面缺乏服务的提供。在调查中不管是从工作人员的口中还是从在住老人的口中都没有听到日常生活中工作人员与老人交流的信息。这一点是跟国外的一些老人院最明显的区别。为了提高老年人的生活质量，在软件方面提高服务质量是今后敬老院该改进的地方。

3. 养老院——寿光市 E 老人服务中心

养老院是专为接待自理老人或综合接待自理老人、介助老人、介护老人安度晚年而设置的社会养老服务机构，设有生活起居、文化娱乐、康复训练、医疗保健等多项服务设施。

一直以来，敬老院是中国农村地区唯一的养老机构，但是随着人口老龄化的发展，只是敬老院已不能满足老年人的需求，所以，寿光市响应政府"福利社会化"的号召，2005 年建立了这所非营利的社会化养老服务机构。这是寿光市在社会化养老方面的一次新尝试。

这次调查对养老院的入住对象、设备环境、提供的服务、在住老人的现状等方面做了分析。调查的目的是明确中国农村养老院的入住对象和设施环境、明确农村养老院在住老人的生活现状。

调查时间：2009 年 8 月 18 日至 8 月 30 日

调查方法：参观调查和访问调查

在日本，养老院分为住宅型老人院、健康型老人院、带有介护的老人院三种。寿光市 E 老人服务中心包括了以上三种类型，是混合型养老院。综合服务楼为"回"字形结构，为老人们提供四种不同类型的房间，拥有标准间、大套房、小套房、可监护套房，配有电梯、监控、呼叫系统，可同时接纳百位老年人入住养老。中心的服务宗旨是"全心全意为老年人服务"；服务理念是"一切为了老人，一切服务老人"。全面开展了自理、半自理、不能自理老人的护理业务，以满足不同身体状况老人的需求。

（1）入住对象

与敬老院不同，养老院的入住老人大部分是政府退休干部、学校退休教师、复员军人等有过正式工作的人，当然，一般的老人也可以入住。他们子女的经济条件一般比较好，换句话说，入住该养老院的老人相对来说是属于高收入层。

退休干部、军人和学校老师每个月都有 800～2500 元的退休金，并且大部分加入了医疗保险。该养老院定员 100 人，现有 67 位老人在住，其中

13对是夫妻一起入住。并且其中7位老人是卧床状态，生活需要全护理服务。入住者的平均年龄是79岁，70~80岁年龄段的人最多。

现在中国的"双职工"家庭越来越多，子女抚养父母的功能正在弱化，"养儿防老"也正在失去其原有的意义，"白天，一个人在家太闷了，来养老院还有个说话的伴儿"等成为老人入住养老院的主要理由。

（2）院内业务分类和提供的服务

养老院内根据老人的身体状况分为三个区进行护理：照顾区（一楼）的入住对象是日常生活行为完全自理，不依赖他人护理的老年人；生活介助区（二楼）的入住对象是日常生活行为依赖扶手、拐杖、轮椅和升降等设施帮助的老年人；生活介护区（三楼）的入住对象是日常生活行为依赖他人护理的老年人。

关于提供的服务，养老院给所有的入住老人提供住宿、餐饮、清扫、洗衣服等服务。养老院设有图书室、健身房、娱乐室、书画室、门球场等文化娱乐场所，可供老人免费使用。对需要护理的老人，由专业护理人员和医师提供护理。

关于费用问题，入住老人需提供住宿费、伙食费（见表4）和医药费。养老院内设有公共食堂，一日三餐全部提供，并公布一周的菜单，伙食费统一为300元/人。需要护理的老人根据护理程度的不同费用也不同，在调查中，养老院的管理人员没有透露护理的详细费用，所以在此不能做详细说明。

表4　房间的类型和费用

单位：元/月

房间类型		房价	伙食费	室内家具
夫妇室	1 DK	800	300	浴室、电视机、基本家具、空调、监控和呼叫系统
	2 DK	1320	300	
单人间		800	300	
双人间		500	300	

资料来源：寿光市E老人服务中心提供。

从表4的费用标准可以看出，新兴养老院的收费标准超出一般农民的生活水平，只有一些高收入阶层或者有退休金的老人才有能力入住。那些低收入阶层的农民还是被排除在外的。这也是我国养老保障制度以及社会保障制度存在的一大问题。

(3) 人员配置

在日本的养老院里，对人员配置有一定的基准，具体指：必须有1名院长（有一定的老人介护知识和经验）；1名以上生活指导员（有一定的老人介护知识和经验），他们必须是专职而不能兼职；还有一定人数的事物职员、护理职员、看护职员，1名以上康复指导员或者看护师；还有必要设置营养师、调理师、值夜班人员等。

跟日本养老院相比，寿光E老人服务中心跟本市医院签约，医院的5名医生定期来养老院给老人看病。此外，还雇佣了7名护士，他们都是卫校毕业的学生。对这些工作人员定期进行培训，学习最新的知识和技术。护士的主要工作是负责护理老人。除了医生和护士之外，还有5名职员，他们负责清扫、餐饮工作和洗衣服。这些职员大多是下岗人员再就业的40岁左右的女性。该养老院因为工资低，男性工作人员缺乏，现只有一名男性职员。

在中国，随着老龄化的发展，对社会工作者的培训，政府和民间都加大了力度，但是只集中在大城市。2000年实施的"家政服务员"和"养老护理员"考试还没有普及到寿光这样的县级市，再加上人们对福利事业认识的缺乏，导致福利工作人员短缺。今后，增加养老机构职员的数量和提高养老工作人员的质量是福利事业的另一重要课题。

(4) 养老院在住老人的生活现状

在这里通过采访调查来介绍一下养老院老人的生活状况。本次对6位老人进行了调查，其中A、B两人是单身，C、D和E、F是两对夫妻（见表5）。

表5 被采访老人的属性

单位：岁，元

事例	性别	年龄	职业	家庭成员	在住时间	支付费用	费用来源
A氏	女	83	小学教师	2个儿子	2年半	800+300	养老金
				1个女儿			
B氏	男	80	军人	1个儿子	9个月	800+300	养老金
C氏	女	80	农民	1个养子	1年	1320+600	丈夫的养老金
D氏	男	90	军人				
E氏	女	80	农民	3个儿子	2年	1320+600	子女
F氏	男	79	医生	1个女儿			

关于养老院的入住理由，大家是这样描述的：

　　A氏："孩子们建议我住养老院。我的大儿子在工厂工作，小儿子是小学老师，女儿照顾着两个外甥。三个孩子都没有时间来照顾我。丈夫20年前因为心脏病去世了，现在就一个人生活着，自己在家也挺闷的，再加上孩子们都这么建议，我就来了。"

　　B氏："自己决定来的。我有一个儿子，但是农活忙得不可开交。再加上三个孙子，光是孙子们就够他忙的了，我就不添乱了。自己也有退休金，来养老院里生活让孩子也放心。"

　　C氏："跟丈夫商量了一下来的。我跟现在的丈夫是二婚，我们没有孩子，丈夫有个养子。毕竟不是自己亲生的，生活在一起也不方便。听朋友们说现在的养老院不错，就跟丈夫搬来了。"

　　D氏因为脑血栓不能讲话。

　　E氏："被孩子们送来的，反而孩子多了还没人养老了，真是不该生他们。来这里都是他们决定的，到现在我也想回家，但是现在的房子小儿子夫妇住着，想回去都没地方去。所以每个月都让他们送钱来。"

　　F氏："虽然是孩子们让来的，但是来了之后也不觉得这里不好。孩子们拿钱养着我们，我跟老伴不一样，我是挺满足的。"

关于养老院生活的看法，大家是这样描述的：

　　A氏："现在的养老院挺好的，生活用品全，自己不用做饭，还帮忙洗衣服什么的。虽然没有自己家宽敞，但是挺方便。孩子和孙子每周日都来看我，跟在自己家里没有什么两样。自己打算就在这里住下去了。"

　　B氏："各家有各家的事，我是挺赞成住养老院的。设备比自己老家的好，同年龄的人也多，有说话的伴儿。随着年龄的增长，也想跟孩子孙子们一起生活，但是他们有他们的生活，分着住反而更好。"

　　C氏："养老院挺好的。能跟丈夫无拘无束的生活。养子夫妻一周来看两次,所以也不感觉闷。工作人员帮忙打扫、洗衣,挺方便。一天照顾老伴用去半天的时间,没事了自己就看看报,看看电视,跟别的老人聊聊天,人老了也就这点事儿。"

E氏:"说这里好的人挺多的,但是我就是不喜欢这里。跟一些不相识的人凑到一起不习惯。虽然这里所有的家务都帮忙干,那也赶不上孩子们的关心。"

F氏:"又能减轻孩子们的负担,又能自由地生活,我觉得挺好的。老伴整天说有四个孩子还被送进养老院里让别人笑话,我倒不觉得。"

四 小结和今后的课题

通过对山东省寿光市敬老院和养老院具体事例的调查,介绍了我国农村地区养老机构的现状和课题,可以简单地归结为以下几点:

①敬老院的供养对象范围狭窄。虽然政府文件上规定有一定能力的敬老院应该为一般老人开放,但是实际上因为资金短缺和提供服务的限制,敬老院的供养对象只局限于"五保户"老人。②敬老院的设备环境未考虑老人的生活需求。房屋前的台阶和室内厕所的未设置等问题不利于老人的日常生活。③养老院的费用高。高额的入住费用把低收入的一般老人拒之门外,造成了被扶养老人间的差距。④工作人员不足和提供服务质量不够高是敬老院和养老院共同存在的问题。因此未能满足老人的多样需求。⑤只注重衣食住等硬件方面的服务,忽视老人的精神生活是敬老院和养老院存在的另一问题。主要表现在工作人员与老人交流的缺乏。虽然机构里设置了活动室、娱乐室等设施,但是很多是形象工程,实际利用很少。

在老龄化不断严重化的背景下,农村社会正经受着传统社会结构和家庭模式的变迁,随之而来的农村养老问题也就更应该得到社会各界的普遍关注。针对以上问题,笔者提出以下两点意见和建议:①加强社会养老机构的建设和健康发展。现在中国养老机构的绝对数量虽然不足,但是因为老人对养老机构的认识不足和传统家庭养老观念的影响，闲置床位的存在是农村养老机构的烦恼之一。国家应该在加强机构建设的同时，考虑老人的生活需求改造旧的养老机构，并做好机构的引导工作，保证其健康发展。②重视社会福利人才的培养。工作人员的质量直接关系到提供服务的质量，因此，社会福利人才的培养至关重要。应该选送现有养老机构从业人员到院校培训，采用以业余为主、与半脱产学习相结合的方法，解决文化知识浅、专业人才缺乏的现状。应结合本单位、本部门的实际和经营状况，因地制宜地开设必要的专业知识和服务技能培训班，提高从业人员的服务本领和专业技能。应向国内外引进专业人才，大胆使用国内优秀技术人才和国外专业人才，填补多项组合型从业人才的长期空缺。

另外，因为研究费用和调查时间的限制，本研究也存在着一些不足之处。一点是：解决介于"五保"老人和高收入层老人之间的低收入老人的社会养老问题将是今后农村养老的一大问题，因此，研究低收入农村老人的社会养老具有重大的现实意义，笔者将此问题作为自己研究的一个课题，在今后的博士研究中将加以关注。另一点是：在家庭养老功能弱化的情况下，除社会养老之外，集体养老也就是社区服务的建设也很重要。因此，社区服务建设在农村社会中实施的可能性也将是笔者今后研究的一个视点。

参考文献

林明鲜、刘永策：《城乡人口老龄化与老龄问题研究》，山东人民出版社，2010。
梁鸿、赵德余：《人口老龄化与中国农村养老保障制度》，上海人民出版社，2008。
寿光统计局：《寿光统计年鉴2007》，潍坊市工大电子科技服务中心，2007。
周良才：《中国社会福利》，北京大学出版社，2007。
顾林生、王之菌：《中国城市与农村的差别以及国家综合保障体制建设》，《中国的社会保障改革与日本》，minerva书房，2007。
张纪浔：《现代中国社会保障论》，创成社，2001。
刘溦：《现代中国农村的老年人与福利》，日本侨报社，2010。

新中国成立以来党的农村社会建设理论与实践的考察与启示

⊙ 陈定洋[*]

社会建设，是"从社会所处的发展阶段的实际出发，顺应社会发展的趋势，遵循社会发展的规律，有组织、有目的、有计划地动员各种社会力量，在社会领域从事的各项建设"[①]。社会包括个人、群体和社会制度三个层面，社会建设也可分三个层面：一是个人层面，即解决每个人的生存与发展问题；二是群体层面，即妥善处理好阶层内部和阶层之间的社会关系，增强群体的整合力和凝聚力；三是社会整体层面，即优化社会制度等。因此，考察新中国成立以来，党领导农村社会建设历程，一是要深刻把握世界与中国社会发展的实际，以及在此基础上的农村社会建设理论与实践。从这个意义上说，农村社会建设史实质是党的发展观演变史。二是农村社会建设三个层面应为：一要提高农民个人能力，解决其生存与发展问题，主要是加强民生建设；二要增强农村群体的社会整合力和凝聚力，主要是完善农村社会结构，促进农村居民和睦相处，保障农村社会和谐稳定、健康发展；三要遵循社会发展规律，加强农村社会制度和体制机制建设。这三个层面则反映了新中国成立以来党的农村社会建设思想与实践的"扬弃"过程。

---

[*] 陈定洋，中共安徽省委党校党史党建教研部副教授。
[①] 陆学艺：《关于社会建设的理论和实践》，《理论前沿》2008年第11期。

一 新中国成立以来农村社会建设史实质是党的发展观演变史

20世纪50年代以来,人们对发展内涵的认识在不断演变和深化,形成了丰富多彩的发展观。新中国成立后,党对中国这样一个贫穷落后的发展中国家如何建设与发展,理念也在不断演变和深化,分别形成了工业化优先发展观、非均衡发展观、协调发展观和科学发展观。这些发展观决定了不同时期农村社会建设的时代特征和实践成效。

(一) 工业化优先发展观与"自力更生,建设社会主义新农村"(1953~1978年)

工业化优先发展观非中国特色。"二战"后,新独立的国家面对贫穷落后,为早日争取经济独立并追赶发达国家,纷纷提出了以工业化为特征、以物质财富最快增长为中心的发展观。著名发展经济学学者刘易斯认为决定经济成长的关键是工业部门自身的扩张过程。新中国成立初期,党面临发展中国家相似的经济条件,更受苏联"社会主义原始积累"的影响,1953年党的过渡时期总路线突出了工业化的核心地位,采取"以农补工"的工业化战略,建立了"工农产品交换剪刀差"经济制度、"人民公社"农村集体化制度和"城乡二元结构"户籍制度。这三项制度,保证了新中国成立初期工业优先发展战略的资本需求。

这一时期,人民公社体制实现了中国农村社会基础的重构,统一"社员"身份,体现了农民的同质和阶级结构的单一;"三级所有,队为基础"体现了农村经济组织政治化。中国呈现"强国家、弱社会"的社会结构与管理模式,并通过政治运动、意识形态宣传来推进农村社会建设。因为得不到外来资源,农村社会建设不得不依靠内部积累,维持低水平建设,如医疗、教育、救济等,做到"自力更生,建设社会主义新农村"。正是这种汲取农村资源的体制结构,极大地限制了农村人口平等地享有国家发展成果的可能和权利。这就是我们经常所说的,农民作为平等的国民,没有能够享有平等的国民待遇。

(二) 非均衡发展观与"让一部分人、一部分地区先富起来"(1979～1992年)

20世纪60年代末，人们开始对工业化优先发展战略暴露出来的"有增长无发展"现象提出批评，如杜德利·西尔斯反思道"增长本身是不够的，事实上也许对社会有害：一个国家除非在经济增长之外在不平等、失业和贫困方面趋于减少，否则不可能享有'发展'"[1]。同期世界形势发生了根本性变化，和平与发展成为时代主题。在此背景下，基于我国特殊国情，从十一届三中全会开始，党提出了"以经济建设为中心"、"让一部分人、一部分地区先富起来"的发展理念，逐渐形成了"非均衡发展观"[2]，扭转了片面追求重工业化的发展战略，采取轻工业优先发展战略。由于轻工业与农业的天然关联性，促进了农业发展。另外，在农村实行土地家庭承包经营，农业生产力获得了极大的解放。这两股力量共同促进了农村经济社会的发展。

这一时期，中国改革率先从农村成功突破。农村经济体制变革，人民公社体制已失去其经济支撑。1983年人民公社体制解体，体现国家与社会分权原则的"乡政村治"农村管理体制形成。在富民政策鼓励和市场经济推动下，农村阶层发生变化，涌现出一批富甲一方的农业专业承包大户、从事多种经营的专业户和经营工商业的农民企业家；新的专业性合作经济组织出现，体现农工商之间、城乡之间、地区之间、不同所有制企业之间的经济联合；农村呈现城镇化发展趋势。

(三) 协调发展观与"区域协调发展"、"统筹城乡发展"(1993～2002年)

1972年罗马俱乐部发表了《增长的极限》研究报告，明确提出"合

---

[1] 〔英〕杜德利·西尔斯：《发展的含义——现代化：理论与历史经验的再探讨》，上海译文出版社，1993。
[2] 1986年，邓小平在同新西兰总统朗伊的谈话中谈到了中国经济的非均衡发展。他说"我们坚持走社会主义道路，根本目标是实现共同富裕，然而平均发展是不可能的。"引自：《邓小平文选》第三卷，人民出版社，1993，第155页。

理的持久的均衡发展"概念。1992年，联合国环境与发展大会上"可持续发展"概念得到与会者的共识，人们认识到走可持续发展之路是人类面临的必然选择。基于非均衡发展战略引发的城乡之间、东西部地区之间发展差距扩大问题，党中央领导集体逐渐形成了协调发展观。1995年，党的十四届五中全会提出了可持续发展战略和区域协调发展的方针；"十六大"提出了统筹城乡经济社会发展观。

这一期间，通过加大中西部的发展力度，逐步缩小地区发展差距，促进区域协调发展，如国家开发银行提高中西部贷款额度、对"老、少、边、穷"地区采取"税收返还"财政转移支付政策，促进了中西部地区，特别是农村地区的发展。为保护"弱势产业"的农业，这一时期国家启动了农业保护政策：1993年统购统销体制解体；1994年和1996年先后两次调高粮食订购价格，调幅分别达到42%和40%；1997年制定粮食保护价，按保护价敞开收购余粮；农业保护经过与粮食部门"10年漫长的博弈"终于回到了逻辑起点——保护农民，2002年粮食生产直接补贴农民试点；为减轻农民负担，进行农村税费改革等。这一切为统筹城乡发展奠定了基础。

（四）科学发展观与"反哺农业"、"建设社会主义新农村"（2003年以来）

在2003年中共十六届三中全会上，党的新一届领导集体提出了"科学发展观"。纵观发展观的演进历程，可以清晰地看到，科学发展观"坚持以人为本，树立全面、协调、可持续的发展观，促进经济、社会和人的全面发展"，是对人类以往发展观的总结和发展，也是我国改革时期形成的非均衡发展观、协调发展观的自然演进，体现了我国在发展道路上不断探索的成果。[①]

在科学发展观的引领下，党中央要求把农村建设纳入各级政府建设规划之中，打破长期以来形成的"城市事情国家办，农村事情农民办"的"城乡二元"建设模式，让广大农民共享改革开放成果，陆续推出了以

---

① 金乐琴：《发展观与发展战略的演变：全球视角》，《学术研究》2004年第11期。

"多予、少取、放活"为特征的三农政策：通过"四补贴"直接增加农民收入（多予）全面取消农业税（少取）；通过发展农业综合生产能力和加快城乡一体化建设，建立农民增收的长效机制（放活）。2005年中共十六届五中全会上，党中央再次提出"建设社会主义新农村"。与20世纪50年代"自力更生，建设社会主义新农村"不同，当前的新农村建设是在新的历史背景下、在加大公共财政对农村公共事业投入基础上的"反哺农业"、"建设社会主义新农村"。

二 新中国成立以来党的农村社会建设思想与实践反映"扬弃"过程

新中国成立以来，党领导农民进行农村社会建设，经历了辛勤的探索，在个人、群体和社会制度三个层面上，都有着"扬弃"的发展。

（一）从尽力满足农民最低生活需要到实现人的全面发展

在"以农补工"、优先发展重工业前提下，毛泽东同志吸取苏联牺牲农民利益、农民生活长期得不到改善的社会主义建设教训，提出必须处理好重工业和轻工业、农业的关系。"除了遇到特大自然灾害以外，我们必须在增加农业生产的基础上，争取百分之九十的社员每年的收入比前一年有所增加，百分之十的社员的收入能够不增不减，如有减少，也要及早想办法加以解决。"[①] 在人民公社体制内，通过带有平均主义分配色彩的"工分制度"和"口粮制度"，保证了每个农村人口生存的基本粮食需求；同时，通过"社队自力更生为主，国家支援为辅"，在农村资源紧缺的情况下较好地举办了历史未能办到的许多公共事业，如"合作医疗"与"赤脚医生"制度、"五保户"与优抚制度（优待劳动日）及农村基础教育，尽力满足农民最低发展需要。

---

① 《毛泽东文集》第七卷，人民出版社，1999。

面对农村普遍贫困的状态，邓小平同志认为贫穷不是社会主义。邓小平同志总结世界上一些社会主义国家发生问题的根本原因是因为经济上不去，导致人民生活水平下降。因此，邓小平同志支持一部分人、一部分地区通过合法经营、诚实劳动先富起来，先富帮后富，实现共同富裕，"我们的根本问题就是要坚持社会主义的信念和原则，发展生产力，改善人民生活"。[①] 邓小平同志热情支持安徽农村"大包干"，继而推动农村一系列改革，1982~1986年，中共中央、国务院连续出台了针对"三农"的5个"一号文件"指导农村改革发展，成为中国改革中最亮丽的风景线。最显著的成效是在农村形成了两个充满生机和活力的市场主体：一个是农户成为相对独立的经济主体，培育了从"专业户"到"经济联合体"等农村经济社会组织；一个是乡镇企业发展，加快了农村第一、第二、第三产业有机结合，农民收入显著提高。

江泽民同志在纪念中国共产党成立80周年重要讲话中强调："我们要在发展社会主义物质文明和精神文明的基础上，不断促进人的全面发展。"这表明党的社会建设逐步从被动走向主动，从自为走向自觉，社会建设目标也从共同富裕逐步明晰为实现人的全面发展。为解决生存权这个最大最基本的人权问题，1994年国家颁布《国家八七扶贫攻坚计划》，改变了广大农村贫困地区社会、经济、文化的落后状况，为达到小康水平创造了条件。

为实现人的全面发展，党在发展农村经济的同时更加注重改善农村民生，从2004年开始，再次连续多年以中央"一号文件"的形式指导农村改革发展。在统筹城乡发展的指导思想下，一是解决教育公平，2004年确立"以县为主"的农村义务教育管理体制，2006年经重大修改的《义务教育法》正式出台，并郑重承诺：用两年时间全部免除农村义务教育阶段学生学杂费。二是促进农村剩余劳动力转移就业，从2003年起取消对企业使用农民工的行政审批，取消专为农民工设置的就业登记制度，要求做好对农民工的培训和维权工作，促进了农民工进城务工。三是发展新型农村合作医疗，确立了从2003年开始试点到2010年实现在全国建立基本覆盖

---

① 《邓小平文选》第三卷，人民出版社，1993。

农村居民的新型农村合作医疗制度的目标。四是完善"五保户"供养和建立农村最低生活保障制度，2006年国务院重新修订和颁布实施了《农村五保供养工作条例》，形成了以县级财政为最低统筹单位的新的五保供养政策，2007年在全国范围建立农村最低生活保障制度，努力实现"学有所教、劳有所得、病有所医、老有所养、住有所居"的社会建设目标。

（二）从致力平等社会关系到建构和谐社会

毛泽东同志指出："在我们的面前有两类社会矛盾，这就是敌我之间的矛盾和人民内部的矛盾。这是性质完全不同的两类矛盾。……人民内部的矛盾是分清是非问题，要用民主的、说服教育的方法去解决。"① 毛泽东还提出："我们一定要努力把党内党外、国内国外的一切积极的因素，全部调动起来，把我国建设成为一个强大的社会主义国家。"② 人民内部矛盾学说和调动一切积极因素思想，为党的社会建设提供了科学的世界观和方法论。毛泽东同志努力消除工农之间、城乡之间、体力劳动和脑力劳动之间三大差别，通过社会主义改造形成"两阶级一阶层"的社会阶层结构和实行平均主义的分配制度，致力于建构平等的社会关系；毛泽东同志关注干群关系，要求干部定期参加农业劳动，是"党的优良传统之一"，"对于参加生产劳动的伟大革命意义的认识，减少许多思想落后的干部的抵抗和阻力"③；他倡导男女平等，"妇女问题一定要安排好，要同男子同工同酬，在合作社、工厂都要一样"④。尽管现实没有创造出共产主义所设想的无差别、无阶级的社会，但在追求公平和平等方面取得了显著性历史成果。它确实缩小了城市和农村之间的差别，减少了社会的不平等。

改革开放以来，为了克服"大锅饭"、"平均主义"弊端，强调"效率优先，兼顾公平"的分配政策，从而带来收入差距的拉大和阶层分化。邓小平同志强调要防止出现两极分化，"如果我们的政策导致两极分化，我

---

① 《毛泽东文集》第七卷，人民出版社，1999。
② 《毛泽东文集》第七卷，人民出版社，1999。
③ 《建国以来毛泽东文稿》第十册，中央文献出版社，1996。
④ 《毛泽东文集》第六卷，人民出版社，1999年。

们就失败了","社会主义最大的优越性就是共同富裕,这是体现社会主义本质的一个东西"[①]。历史发展的正反两方面经验告诉我们,共同富裕只能有步骤、分阶段地实现。2001 年"七一"讲话中,江泽民同志首次使用了"新的社会阶层"的提法。"十六大"报告进一步确认新的社会阶层中的广大人员都是中国特色社会主义事业的建设者,修改后的党章中明确规定"其他社会阶层的先进分子"可以申请加入中国共产党,这有利于增强党的阶级基础和扩大党的群众基础,提高党在全社会的凝聚力和影响力。为优化社会结构,十六届六中全会提出构建社会主义和谐目标。"十七大"报告明确"初次分配和再分配都要处理好效率和公平的关系",将"合理有序的收入分配格局基本形成,中等收入者占多数,绝对贫困现象基本消除"作为全面建设小康社会的目标之一,要"促进政党关系、民族关系、宗教关系、阶层关系、海内外同胞关系的和谐,对于增进团结、凝聚力量具有不可替代的作用","鼓励新的社会阶层人士积极投身中国特色社会主义建设"。

(三) 从依靠政治动员到加强社会体制机制建设

改革开放前,党领导人民群众进行社会建设主要依靠政治动员(运动),通过领袖号召、群众运动、"大民主",调动群众的建设热情。如"大跃进"期间,毛主席同志要求合作社"对生活没有依靠的老、弱、孤、寡、残废等社员实行供给或给予补助";1969 年,毛主席发出"把医疗卫生工作的重点放到农村去"的号召等。从一定意义上说,政治运动保证了思想上的统一,降低了组织与监督成本。这一点连外国人士也看得非常清楚,把这一时期社会主义建设"各项成就还由于中共领导人在取得服从时巧妙地把说服、强迫和具体的要求结合起来。经常用党的观点大力说服民众的做法,使许多个人和集团相信共产党政策的正确,并且甚至使更多的人对接受的行为方式有了认识"[②]。但是,政治运动与阶级斗争相随相伴,最终爆发"文化大革命"这一历史悲剧。历史告诉我们,社会建设不能仅

---

① 《邓小平文选》第三卷,人民出版社,1993 年。
② 〔美〕R. 麦克法夸尔、费正清:《剑桥中华人民共和国史(1949~1965 年)》,中国社会科学出版社,1990。

仅依靠"革命热情",缺乏制度保障的建设是不能持久的。所以,邓小平同志在总结新中国成立以来历史经验教训时,提出"组织制度、工作制度方面的问题更重要"的观点,要求对党和国家领导制度进行改革。

改革开放以来,党领导农民进行了一系列社会体制机制建设。一是促进农村民主管理制度建设。为提供广大农民表达利益、协调矛盾、整合利益的体制机制,创造出自我管理、自我教育、自我服务的村民自治制度;推行村务公开制度,让农民群众真正享有知情权、参与权、管理权、监督权;建立"一事一议"制度,健全农民公益性建设的酬资酬劳机制等。二是加强农村法制建设。据不完全统计,30多年来,仅全国人大审议通过的有关促进农业农村发展方面的法律就有20多件,国务院制定的农业行政法规就有70多件;从1986年开始,在农村开展了"一五"至"五五"法制宣传教育活动,对促进农村和谐发展起到了积极作用。三是重视农村社会组织建设。积极发展农民专业合作社、鼓励农村组织老年人协会、计划生育协会、禁赌协会、红白理事会等农民组织,建立健全"党委领导、政府负责、社会协同、公众参与"的社会管理格局。

三 几点启示

(一) 新形势下农村社会建设必须坚持科学发展观

科学发展观是发展观的最新成果,创新了社会建设思想。坚持科学发展观,一要坚持以人为本,不断满足人们的多方面需求,促进人的全面发展;二要把公平正义理念贯穿社会建设始终,为广大农民建立保障"权利公平、机会公平、规则公平、分配公平"的体制机制;三要加大城乡统筹力度,实现社会发展成果全体国民共享。经过改革开放以来30多年的建设,人民群众的生活总体上达到小康水平,并向全面小康迈进。但农村与城市相比,不公平的"城乡二元"结构,使农民与市民享受的经济社会发展成果是不同的。当前,劳动就业、收入分配、社会保障、医疗、子女上学等问题一直困扰农民（农民工），并成为社会热点问题。因此，必须构建城乡经济社会发展一体化体制机制，不断加强农村社会建设，把保障和改善农村民生放在更加重要的位置，让公共财政的阳光公平地普照农村与城市，做到基本公共服务均等化，努力使全体人民共享经济社会发展的成果。

（二）要始终把农民的根本利益作为农村社会建设的出发点和落脚点

维护和实现人民群众的利益，始终是毛泽东同志关心的问题，"一切从人民利益出发，而不是从个人或小集团的利益出发；向人民负责和向党的领导机关负责的一致性，这些就是我们的出发点"[1]。即使毛泽东同志因国家工业化而与梁漱溟发生"农民之苦"争执，但毛泽东同志的出发点是"大仁政"，是为了农民的长远利益。邓小平同志把是否有利于提高人民生活水平作为人们衡量一切工作是非得失的判断标准之一；江泽民同志提出党要始终代表最广大人民群众的根本利益；胡锦涛同志强调要实现好、维护好、发展好最广大人民的根本利益。中国农村改革历程，正如温家宝同志指出的那样：农村改革的第一步以家庭承包经营为核心，保障农民生产经营自主权；第二步以农村税费改革为核心，调整国民收入分配关系；第三步以促进农村上层建筑变革为核心，解决农村上层建筑与经济基础不相适应的一些深层次问题。这几步改革贯穿着一条红线，就是保障农民的物质利益，维护农民的民主权利。[2] 农村改革如此，农村社会建设也是如此。"十六大"以来，党对民生问题给予了前所未有的关注，明确提出要加快推进以改善民生为重点的农村社会建设，认真解决农民最关心、最直接、最现实的利益问题，体现了"立党为公，执政为民"的理念与追求。

（三）要充分发挥农民在农村社会建设中的主体作用

能否尊重农民的创造，这关系到是否真心实意贯彻党的群众路线问

---

[1] 《毛泽东选集》第三卷，人民出版社，1991。
[2] 温家宝：《不失时机推进农村综合改革，为社会主义新农村建设提供体制保障》，《求是》2006年第18期。

题。实践证明,安徽农村"大包干"的成功,得益于万里同志领导的安徽省委和邓小平同志对群众首创精神的尊重。十一届三中全会之后,安徽农民首创"大包干",却在全国引起了激烈争论,《人民日报》发表文章指责包产(干)到户。在关键时刻,以万里同志为首的安徽省委深入农村调研,指出"实践证明,联系产量的责任制比不联系产量的责任制,增产效果更明显","支持绝大多数农民的积极性"。在安徽农村改革承受巨大压力的时候,邓小平同志态度鲜明地指出:"安徽肥西县绝大多数生产队搞了包产到户,增产幅度很大。'凤阳花鼓'中唱的那个凤阳县,绝大多数生产队搞了大包干,也是一年翻身,改变面貌。有的同志担心,这样搞会不会影响集体经济。我看这种担心是不必要的。"坚定地支持安徽农村改革,使家庭联产承包责任制得以确立,农村面貌随之焕然一新。[1] 村民自治制度、农村税费改革等农村变革,都是党在尊重农民创造基础上加以总结完善的。农民是农村改革的主体,同时也是农村社会建设的主体,要正确处理党与农民的"主导"与"主体"关系,形成"紧紧依靠人民,调动一切积极因素,努力形成社会和谐人人有责、和谐社会人人共享的生动局面"[2]。

(四) 农村社会建设要坚持和改善党的领导

社会建设是一项纷繁复杂的系统工程,它涉及利益的调整与分配,影响每一个公民的利益,必须发挥党的领导核心作用。新中国成立以来,农村社会建设的不同阶段,党领导农村社会建设取得了很大的成就。在今后的社会建设过程中,党必须把农村社会建设放在全局工作的突出位置,把关心农民利益与发挥农民积极性很好地统一起来,制定政策,整合力量,营造环境。坚持党的领导,还必须改善党的领导,这要求党加强自身建设,不断提高党的执政能力。当前,农村社会建设是对党的一次考验,无论是认识水平,还是领导水平,都需要进一步提高,正如胡锦涛同志强调的那样:"各级党委、政府和领导干部要不断提高激发创造活力的本领、

---

[1] 中共安徽党史研究室:《安徽农村改革之路》,中共党史出版社,2006。
[2] 胡锦涛:《在省部级主要领导干部提高构建社会主义和谐社会能力专题研讨班上的讲话》,2005年6月27日《人民日报》。

管理社会事务的本领、协调利益关系的本领、处理人民内部矛盾的本领、开展群众工作的本领、维护社会稳定的本领，把构建社会主义和谐社会的要求落到实处。"①

参考文献

〔英〕杜德利·西尔斯：《发展的含义——现代化：理论与历史经验的再探讨》，上海译文出版社，1993。

〔美〕R. 麦克法夸尔、费正清：《剑桥中华人民共和国史（1949～1965 年）》，中国社会科学出版社，1990。

《邓小平文选》第三卷，人民出版社，1993。

《毛泽东选集》第三卷，人民出版社，1991。

《毛泽东文集》第七卷，人民出版社，1999。

《毛泽东文集》第六卷，人民出版社，1999。

《建国以来毛泽东文稿》第十册，中央文献出版社，1996。

陆学艺：《关于社会建设的理论和实践》，《理论前沿》2008 年第 11 期。

金乐琴：《发展观与发展战略的演变：全球视角》，《学术研究》2004 年第 11 期。

温家宝：《不失时机推进农村综合改革，为社会主义新农村建设提供体制保障》，《求是》2006 年第 18 期。

中共安徽党史研究室：《安徽农村改革之路》，中共党史出版社，2006 年。

胡锦涛：《在省部级主要领导干部提高构建社会主义和谐社会能力专题研讨班上的讲话》，2005 年 6 月 27 日《人民日报》。

---

① 胡锦涛：《在省部级主要领导干部提高构建社会主义和谐社会能力专题研讨班上的讲话》，2005 年 6 月 27 日《人民日报》。

我国乡村治理中的农民组织化研究

⊙ 殷民娥[*]

城乡一体化是城市化发展的一个新阶段，是随着生产力的发展而促进城乡居民生产方式、生活方式和居住方式变化的过程。改变长期形成的城乡二元经济结构，不仅是发展思路和增长方式的转变，也涉及各种关系的调整，如调整乡村治理模式、促进农民组织化发展已经成为当前调整农村关系、推动城乡一体化发展的一个重要途径。

乡村治理与农民组织化。农村治理模式是指国家对农村社会的控制方式，它表现为国家自上而下对农村社会的管理幅度、管理强度和管理绩效。农村社会通常是指县级政权管辖之下的乡村社会，农村治理也主要指县乡政权对农村社会的管理。治理与统治区别在于：第一，治理的主体并非一定是政府机关，而统治的主体必须是政府；第二，政府统治权力是自上而下的，而治理则是上下互动的。也就是说，治理理论不再将政府作为公共权力的唯一行为主体，而是将各种民间的非政府组织都纳入公共管理主体范围内，并赋予这些组织以广阔的活动空间，通过互动、合作，协助政府实现公共管理目标。将治理理论应用到农村社会中即为乡村治理（郁大海，2008）。一般来说，乡村治理是指以乡村政府为基础的国家机构和乡村其他权威机构给乡村社会提供公共服务的活动。乡村政府或乡村其他

---

[*] 殷民娥，安徽省社会科学院社会学所助理研究员。

权威机构构成了乡村治理的主体。在乡村治理活动中，治理主体的产生方式、组织机构、治理资源的整合以及它和乡村社会的基本关系，构成了乡村治理机制。乡村治理的过程其实就是动员乡村一切力量进行管理和建设的过程（党国英，2008）。所谓"农民组织化"，是指农民为了更好地实现、保护和促进自身的经济利益和提高自己的社会政治地位而联合起来形成各种经济、政治及社会组织的行动和过程。农民组织化的内涵至少应包括两个层面的内容：其一是指农民在生产经营过程中分工和协作的程度，它体现了农民与农民、农民与其他经济主体之间的经济关系；其二是指农民作为社会劳动者和集体经济主人的社会化组织水平，它反映着农民的社会地位和政治权力（郝卫红，2008）。农民组织化是实现乡村治理的一种方式和途径，与一个国家政权建设紧密相连。20世纪80年代中期以来，乡镇政府改革一直是农村改革的重点。国内学者对政府运行与经济社会变迁相适应、乡镇政府职能转变等问题进行了研究。20世纪90年代以来，农村建设和乡镇政府职能研究伴随政府机构改革再次兴起，代表性观点主要有：一是以李昌平、李凡等学者为代表的主张撤销乡镇政府，实行乡镇自治；二是以徐勇、贺雪峰和项继权等学者为代表的主张"县政乡派村治"，乡镇政府作为县级政府的派出机构；三是以赵树凯、温铁军、党国英等学者为代表的主张在乡镇撤并基础上进一步精简机构；四是还有的学者主张基于乡镇差异性实行分散化治理。这些研究或从政府财政角度，或从民主政治方面，或从国家层面对乡村治理和基层政府职能等问题进行了讨论，本文是在城乡一体化背景下研究乡村治理与农民组织化问题。

一 宗族组织治理乡村时期：农民组织带有浓厚的血统家族色彩

在明清两代及其以前，国家权力的正式设置止于县一级，在乡和村则实行地方性自治。那么，这种自治是如何实现的？众多研究表明，实际上是由乡绅与宗族共同治理乡村的。如有学者指出："宋元明清宗族制度的总体特征是通过祭祖及建祠堂、选族长、修族谱、设族田、建族学使之组织化，其历史发展的趋势是体现其民间社会的普及和自治化。新的宗族制度与国家政权分离，两者之间的互动关系，构成该时期引人注目的历史内容。"自明代中叶以后，宗族司法权的强化和族长权威的形成，使宗族加强了对乡村社会的控制。在清代，宗族制度的政治性进一步加强，宗族组织成为成熟的基层社会组织，祠堂族长的司法权得到进一步加强，有的甚至拥有对族民的生杀权。传统农村的这种治理体制，反映了国家与乡绅、宗族之间控制地方社会的一种互补关系。费孝通先生曾称之为"双轨政治"，一是自上而下的政治轨道，它在乡村即由"差人"和"乡约"转达；二是自下而上的政治轨道，即通过地方自治组织的"管事"（绅士），从一切社会关系把压力透到上层，一直可以到皇帝本人。进入晚清，特别是民国时期，为了稳固自身的统治及加强国家建设的需要，中央政府试图将国家权力延伸至乡村，如设立乡政府、重建"保甲制"等。在20世纪上半叶，宗族的发展尽管出现了有所衰落的迹象，而且政府还开始了将国家权力延伸到乡村的实践，但实际上，宗族在乡村治理中的地位与角色依然十分显著。如W.古德所言：中国的宗族制度一直持续到1949年共产党掌握政权为止。中央政府的章法仅能涉及乡村中的一部分事务，到民国时期在某种程度上也是如此（肖唐镖，2008）。换言之，在此之前，宗族依然在乡村治理中扮演着正式的治理者角色。在宗族组织治理乡村时期，国家行政权力扮演着非正式的治理者角色，对乡村管理干涉较少。

二 人民公社体制治理乡村时期：农民组织是国家政权实现其统治的产物

新中国成立后，我国政府在经过简单的社会主义改造运动之后，对农村生产关系也做出了调整，扩大了农民组织化的领域和层次。从最初的初级合作社、高级合作社到人民公社，农民组织化程度迅速提高，并成为高度组织化社会中的一个重要结点。客观地说，开始搞初级合作社、高级合作社效果还是比较好的，因为它是人们自下而上相互选择、协作和优化的结果，是对生产力的解放和促进。但是，新中国成立后，为巩固新生的政权，国家政权的组织建设基本上延伸到社会的底层，并采取了极其严格的行政管理。1949~1954年，在农村建立了村一级的政权，即由村人民代表会议与村人民政府组成的人民政权。1954~1958年，国家取消了村级政权，乡镇成为农村的基层政权系统。1958年以后，党中央提出了依靠农业积累支撑工业化赶超战略，这一战略要求对乡村社会实行更有效的动员与控制。为适应这一需要，国家又撤销了乡政府，代之以人民公社，实行"政社合一"的模式控制。在人民公社体制下，国家通过建立人民公社、生产大队、生产队三级严密的组织体系，将每个农民严格束缚在公社体制内，参加公社组织的统一劳动、统一分配。人民公社体制虽然包括"政"、"社"两部分，但是，"社"从属于"政"、"政"包揽"社"，"政"、"社"边界模糊，国家利用行政手段控制了乡村的生产安排、资源配置、产品流通等生产环节，农民因此远离了市场，失去了经济自主权。人民公社体制通过集体化治理乡村社会，用地缘组织取代了血缘组织，政府没收了家族族产，很多宗祠被强制充公改成学校，在强势下行的国家权力面前，乡村原有的传统势力崩溃瓦解。

　　毛泽东同志在对小农经济的局限性予以深刻批判的基础上提出，解决农村问题的最好办法就是把劳动力组织起来，而最佳方式就是建立各种形式的农业生产合作社。尽管在具体实施过程中，由于片面强调社会主义所有制形式上的"大"和"公"，盲目追求"小集体向大集体过渡"、"大集体向全民过渡"的生产关系形式，一系列不恰当的动员和强迫方式使得农村合作化运动最终演变成人民公社化运动，带来了农业经济的灾难性破坏和农村生产力的大面积萎缩。但是，毛泽东同志的合作化思想作为一种可以有效利用的社会资本，能够促进人们之间的合作，降低相互交往的风险，加强人们之间的信任，便于达成一致的行动。而"毛泽东时代"原有的合作化体制，无论是在政治资源的利用上，还是在人员的动员上，以及在组织资源的储备上，都积累了良好的可资借鉴的经验，可以提供一个农民所信赖的，具有组织化、秩序化特征的表达渠道（李熠煜，2009）。

三 "乡政村治"乡村治理时期：农民组织化重在实现村民自治

改革开放以来，我国农村治理结构发生了重大变化。在农村基层政权和社会管理体制上逐渐形成了"乡政村治"格局，即在乡镇建立基层政权，对本乡镇事务行使国家行政管理职能，乡以下的村建立村民自治组织——村民委员会，对本村事务行使自治权。村民委员会由村民民主选举产生，代表村民的意愿和利益。

乡村治理理念的变化推动了农民组织化的发展。一直以来，我国的农民组织化发展都陷入一个怪圈，即越害怕组织化带来不稳定就越限制农民力量的成长，农民于是就越没有表达的渠道；农民越是这样弱小，其他强势群体就越会趁机侵犯农民的利益；其他基层对农民的索取越多，那么在农民中集聚的不稳定因素就越多，不稳定因素越多，政府就越限制农民力量的成长，由此导致我国农民组织化建设走极端。从 2006 年开始，国家全面取消农业税，使中国终于走出了"以农养政"的农业社会时代，也完成了近现代以来"以农养工"的工业化积累使命，国家开始步入"以工补农、以城带乡"，城乡统筹发展和新农村建设的新阶段。换言之，国家对乡村社会已经实现了由"汲取式"整合向"反哺式"整合的历史性转变。国家整合乡村社会的历史性转变，必然相应带来乡村治理理念的根本性变化：农村基层政府不再以"非农化"为取向，而转向服务农村、农民和农业上来，成为"为农服务"的政府。把乡镇政府由"汲取式"转为"反哺式"的服务型政府，新一轮乡政改革，不仅包含了乡镇机构改革，也涉及乡镇领导体制改革、农村公益性服务改革，以及农村基层民主政治建设改革等诸多方面。改革的主政者显然已经将乡镇改革从资源性调整转向体制性重建，开始追求基于新的体制性稳定基础上的乡村社会秩序，取代资源稳定基础上的旧秩序。乡村治理理念的根本性变化对农民和政府来说都意味着思想的解放和生产力的发展。从农民角度看，农民拥有合法组织后，农民可通过这种组织工具向政府表达自己的利益诉求。从政府的角度看，政府能进一步实现公共决策的科学化与合理化，还可以弱化农民的反体制意识，提高农民对基层政府的合法性认同。当前发展迅速的农民专业合作组织是解决人与人之间关系的一种方式，更是一个途径。它不仅保留了家族作为基本经营单位激励性强、监督成本低的特质，同时也改变了家族单位在应对进入市场、应对风险时的弱势地位，它是与当今生产力发展水平相适应的生产关系的表现方式。从苏南农村的实践状况看，若人与人之间的关系调整得好、凝聚得好，生产力就会得到再一次的解放，直接效果是促进农业增效、农民增收。只有把农民组织起来，重组和优化配置农村各种生产要素，才能使农村生产关系得到新的调整，使农村生产力获得新的释放、新的发展。发展现代化农业、推进新农村建设运行模式不能沿袭传统。现代乡村治理理念不同于传统的统治理念，基层政权与农民组织不再是统治与被统治的关系，与行政权力紧密联系的村民自治组织也在逐步完善当中，村"两委"在农民中的号召力和影响力较大，具有较强的权威性。刘永东等基于6省农民组织调查显示，村"两委"在农民组织的重大决策过程中参与程度非常高，70%以上组织"两委"都会介入。相对而言，村"两委"对民间纠纷调解组织、公共治安维护组织、维权组织、农民自教育类组织和农民技术协会等组织重大决策的参与程度比较高，83%以上的组织的重大决策都有村"两委"参与；相反，村"两委"对教会、寺庙、红白理事会、生产互助性组织等重大决策的参与程度相对较低。乡镇政府直接参与组织重大决策的情况不很普遍，对1/3的组织有不同程度的介入。村"两委"参与程度较高的组织，乡镇政府的参与也比较多。从农民组织的治理结构（融资方式、发起、管理和决策）可以看到，教会和寺庙等宗教类组织受政府影响最小；政府对红白理事会类组织，文体、健康类协会，生产互助性组织和农民技术协会等组织的影响较大，但村民在这些组织治理中仍然发挥较大作用；民间纠纷调解组织、公共治安维护组织、农民自教育类组织和村民维权组织这四类组织基本上由基层政府和村"两委"主导，官方色彩最为浓厚（刘永东，2008）。

四 乡村治理内发力量的激发

社会变迁可以由外部力量来推动（即规划性变迁），也可以是内部因素来激发（即内源式转型）。在乡村国家化改造的过程中，政府的一相情愿是乡村政权建设失败的一个重要原因。国家若要成功地将乡村社会整合到政治体系中，就必须考虑到乡村社会的传统和现状。人民公社体制因挫伤了农民的积极性、主动性和创造性，导致了中国乡村停滞不前、长期贫困，导致农民对公社感到反感和失望，国家外部力量对农村的改造历史地让位于农村的自主改造，激发农村自主改造的内发力量成为必然的趋势。

一是激发农民组织化意识。从奴隶制的土地国有时代到封建制的土地地主所有制时代，正常情况下，农民都被禁锢于有限的土地上，过着自给自足的生活；至多从事微量的商品买卖，自主经营的范围很小；同时，农民间的联系也只是亲缘或习俗的结果。新中国成立以来，个体农民的组织机制忽略了农民的自主性和农民的独立利益。"联产承包责任制"更强化了分散化而不是组织化（李桂丽，2009）。政府的单向惯性管理文化不利于村民自治组织的发展。当前，我国的政治体制和政治文化主要体现在政党体制、政府体制和村民的权力观念上。长期以来，地方政府、乡（镇）政府、村委会包办农民之事，使农民形成了顽固的"等、靠、要"思想，很难自觉地以市场为导向，自发形成"民办、民管、民受益"的村民自治组织。现代农业的基本特征是要素投入的集约化、资源配置的市场化、生产手段的科技化、产业经营的一体化。现代农业客观上要求农业生产经营主体具有适度的生产经营规模，能够充分掌握现代科技手段和市场信息，能够快捷应对变化莫测的市场风险。然而，在各行各业已经得到很大发展，农村生产力水平已经提高到可实现专业化、机械化、集约化水平的时候，面对国内外双重市场压力，我国农村经济活动还基本上处于自发的、无序的、盲目的经营状态，离现代农业的要求相差甚远。一家一户的分散经营方式很难做到要素投入的集约化、资源配置的市场化、生产手段的科技化和产业经营的一体化，无法取得规模效益，无法抵御潜在的市场风险。旧有的以低组织化程度为代表的生产关系已经不适应生产力发展水平要求，正在逐步成为农村生产力发展的桎梏，必须适时调整和完善现有的农村生产关系。利益机制是农民专业合作社生存与发展的重要基础。所以，要调动农民参与合作社的积极性，需要从目前农民社会发展和社会生活存在的具体问题着手，让农民自己建立较为规范的各种经济合作组织，来促进农业生产，改善农村社会生活，让农民切实获得利益。同时通过各种形式的培训和宣传，提高农民的综合素质，增强农民对合作社的认识。可以说，真正发现和满足农民对组织的需要，应是我们从事农民组织建设的基础和原则。

  二是激发村民自治的原动力。村民自治制度是农村扩大基层民主和提高农村治理水平的一种有效方式。村民自治的完善有利于依法实行民主选举、民主决策、民主管理、民主监督，积极稳妥地推进政治体制改革，健全民主制度，丰富民主形式。依法保障公民的知情权、参与权、表达权、监督权。扩大基层民主，完善厂务公开、村务公开等办事公开制度，完善基层民主管理制度，发挥社会自治功能，保证人民依法直接行使民主权利。村委会可以成为整合农民利益的组织，代表农民的利益，实现农民组织化的政治参与，与社会强势集团进行协商谈判，维护农民的合法权益。但是"乡政村治"格局注定了在我国农村社会管理体制中存在两种相对独立的权力，即乡镇政府的行政管理权和农村的村民自治权。由于村民自治是在国家政权强力推进下建立和发展起来的，对广大村民来说，可供选择的空间十分有限，国家权力的自然延伸惯性与乡村基层组织在狭小的地域内紧密结合，就容易导致村民自治的行政化倾向。村委会工作主要不是为村民搞好服务，而是协助乡镇政府完成各项任务。目前的农民组织在农村公共权力系统中仍处于被管理的地位，拥有的公共权威几乎可以忽略不计。尽管国家法律明文规定村民委员会是村民自治组织，不是国家基层政权组织，但许多乡镇政府仍把村委会当作自己的行政下级，习惯于传统的命令指挥式的管理方式，通过发文件、打电话、下指示让村委会去办理各项行政事务。这就从根本上违背了村民自治进行自我管理、自我服务、自我教育、自我发展的宗旨，使村民自治的目的难以达到。发挥村民自治的作用需要从以下几点出发：（1）加快乡镇政府体制改革步伐，改变乡镇政府以前那种"大包大揽"的行政管理方式，充分放权，将农民可以自我管理的事务全部交还给农民自己去处理，将那些不属于政府的职能应逐步交给中介组织、社会团体、民间服务组织，政府将工作重点放在政策引导、法规监督、提供服务、营造环境上。（2）乡镇政府和村党支部应只保留基本的指导和监督职能，不应插手具体村务处理中，使村委会成为名副其实的群众自主自治组织，在农村社会管理和公共服务中发挥其应有的主导作用。(3) 逐渐放松对农民组织的限制和约束，放宽社团活动领域和活动范围，给民间组织更大的发展空间，积极引导农民组织依法合理开展活动，充分发挥农民组织在配置资源、缓解社会矛盾和压力、规范调适社会关系等方面的特殊作用。(4) 加强对村委会的监督，指导与帮助村民建立有效的监督机制，纠正村委会"行政化"倾向，防止村干部的"异化"，充分发挥村民自治在农村社会事务中的"自我管理、自我服务、自我教育"作用。

城乡一体化建设离不开新型乡村治理模式的构建，关键还是在农村改革，释放农村生产力，改革不仅仅是要摆脱财政压力，还必须涉及乡村关系调适、农村基层政权体制功能优化和职能转型，以及一系列农村政治、社会领域的关系调整，从而超越传统的统治理念，以现代治理理念来建构新型乡政体制及乡村治理体系。

参考文献

郁大海、宗媛、史赞：《略论非政府组织在乡村治理中的作用》，《农村经济与科技》2008年第5期。

党国英：《我国乡村治理改革回顾与展望》，《社会科学战线》2008年第12期。

肖唐镖：《从正式治理者到非正式治理者——宗族在乡村治理中的角色变迁》，《社会学研究》2008年第5期。

李煜熤：《毛泽东农业合作化思想与当代农民专业合作化组织的发展》，《马克思主义与现实》2009年第2期。

郝卫红、温月芬：《论我国提高农民组织化程度的体制障碍》，《山西广播电视大学学报》2008年第3期。

李桂丽、霍学喜：《我国农民组织化模式探索与创新》，《农村经济》2009年第3期。

安徽农村养老服务对策研究

⊙"安徽农村养老服务问题与对策研究"课题组*

随着"低保"救济、"五保"供养的标准提高和政策完善,特别是"新农合"朝着全覆盖和逐步提高支付标准的目标强力推进,农村老年人口的经济保障状况将有根本改观。与此相比,农村养老服务方面存在的问题愈加凸显。在统筹协调城乡一体化发展方面,解决农村养老服务问题面临巨大压力,老年人的养老服务需求与社会养老资源供给矛盾突出。

安徽省是一个农业大省,据统计资料显示,截至2010年底,安徽省户籍人口中农业人口为5277万,农业人口占全省总人口比例高达77.29%,其中,全省约有70%以上的老年人生活在农村。"十二五"期间,安徽人口老龄化、高龄化、空巢化将进一步加速。有效应对人口老龄化,将成为各级政府关心、社会各界关注、广大群众特别是老年人迫切期待解决的重大民生问题。根据国家和省老龄事业发展"十二五"规划要求,安徽省"十二五"农村社会养老服务总体目标是:以科学发展观为指导,以改革创新为动力,初步建立起与安徽省经济社会发展水平相适应,以居家养老为基础,以互助养老为重点,以机构养老为支撑,政府主导、部门协调、社会参与、公众互助、城乡一体、多元有效的社会养老服务体系。

* 课题顾问:朱维芳;课题指导:侯世标、戴培坤;课题组长:辛朝惠、严方才、陈干泉;课题组成员:段贤来、黄家豪、夏波、常小美。

一 政策引导，合理规划，加强城乡统筹规划建设

一是加强政策引导。各级政府要充分认识到人口老龄化的严峻形势，将养老服务体系建设纳入国民经济和社会发展总体规划，把养老服务工作摆上政府的重要议事日程。充分发挥政府在制定政策、统筹规划、资金投入、监督管理等方面的职责，并将养老服务工作作为硬性指标纳入县乡政府工作目标考核范围，对目标完成情况进行严格考核。二是加强城乡统筹规划建设。对60岁及以上有服务需求的老人进行科学评估，逐步建立省、市、县（区）、街道（乡镇）、社区（村）的养老信息服务网络，建立养老服务信息库。科学规划各地养老机构的建设，要像学校、医院网点布局一样布局养老机构的网点；安排社区养老服务的设施、经费、人员，确定服务对象、内容和服务方式；确定补贴对象和补贴标准；规划经费来源和投入机制。三是加强政府各部门协调，形成合力。

二 政府主导，社会参与，加大公共财政投入和政策扶持力度

一是形成稳定的公共财政投入机制。逐步加大对养老服务体系建设资金投入力度，建立逐年增加公共财政投入的保障机制。将社会养老服务所需经费列入同级财政预算。根据经济和财政收入增长状况和养老服务扩展需要，确定养老费用的年度增长目标，形成养老服务经费投入机制和随GDP、财政收入同步增长的机制，并以规划或立法的形式予以明确。公共养老服务费用应由省级政府与市、县政府共同承担，并争取中央政府的转移支付。

二是大力扶持社会力量兴办养老服务。鼓励和支持民营企业、社会团体和个人投资兴办各类养老服务机构，推行"公办民营"、"民办公

助"等形式,促进社会化养老发展。在国家制定优惠政策基础上,地方政府也应出台相应的优惠政策。如优先安排民办养老服务机构建设用地,对利用现有闲置资源兴办养老服务的,可由政府出资租赁场地,无偿由民营企业经营管理。对新建的民办养老机构实行一次性补贴,对营运中的养老机构按床位实行年度补贴。优化对民办养老机构金融服务,为民办养老服务提供融资便利。对民办养老机构建设项目前景看好的、市场急需的建设项目,财政部门给予必要的贷款贴息。对专门为老年人发展事业而捐赠的企业及其他纳税人,对其捐赠部分可享受税收政策优惠。

三 因地制宜,不断创新,探索多样化的养老服务模式

一是以居家养老为基础,尽快扩大农村养老服务面。居家养老具有明显的地缘优势和亲缘优势,是一种更加符合我国国情的养老模式。可以在老年人居住比较集中且有服务需求的村落,以新农村建设为契机,修建或利用集体闲置校舍、厂房、活动室或租用农户闲置房产,整合村卫生室医疗资源,力争在各村建立起具有生活照料、日间托管、精神慰藉、医疗保健、文化娱乐等服务功能于一体的居家养老服务站,逐步形成"居家养老服务网"。

二是以互助养老为重点,着力提高养老服务质量。互助养老的关键是整合社会养老资源,为农村老年人提供生活照料、安全看护、精神慰藉等多样化的服务,使老年人在熟悉的环境里得到救助和照料。课题组建议,在条件较好的农村地区,按照"集体建院、集中居住、自我保障、互助服务"的原则,建立互助养老服务新模式。这种养老新模式既符合老人传统养老习惯,也是一种低成本的养老服务模式,群众住得起,村集体也办得起,符合当前农村经济发展水平,值得进一步推广。

三是以机构养老为支撑,进一步规范农村养老服务。促进乡镇敬老院资源整合,向综合性养老服务中心转变。

四 多方联动，培养农村养老服务专业化人才队伍

一是广泛动员，多方参与，形成多渠道、多层次的养老专业人才培训方式。将养老服务技能培训纳入城乡就业培训体系，落实相关优惠政策。有关部门要加强居家养老管理、服务人员的培训，建立一支具有事业感、责任心、慈善情的专业化服务队伍。鼓励各类职业培训机构对农村社区养老服务人员开展职业技能培训。扶持有关大专院校开设涉老服务专业，开办护理专业职业高中、中技学校，培养护理技术专业人才和管理服务人才，特别是培养能留在农村的、农村自己的人才。

二是立足实际，着眼服务，建立专业化和志愿者相结合的养老服务队伍。结合老年人养老需求的实际，注重强化工作人员的服务意识，积极倡导、发展拥有专业服务能力的志愿者队伍，探索建立义工服务时间储备制等互助服务体制。

五 搭建载体，强化农村养老服务基层组织建设

一是加强老年协会的组织建设。在成立老年协会的过程中，村和社区注重挑选那些德高望重、工作经验丰富、又愿意为老年人服务的老干部、老教师，以及从机关退下来的老同志担任协会会长、副会长或是秘书长等职务，并确保老年协会有固定的活动场所（体育锻炼、休闲娱乐场所）、一定的活动经费以及完善的规章制度和章程。采取部门帮助、企业援助、社会捐助、财政以奖代补的形式，多方筹措老年协会活动资金。

二是充分发挥老年协会的服务功能。加强对各类养老服务机构的管理，充分发挥老年协会在维护农村社会稳定、社会养老服务、调解涉老纠纷、监督协管家庭赡养协议的执行、维护老年人权益、关心下一代教育、活跃老年人精神文化生活、促进当地经济发展中的积极作用，让广大老年人成为新农村建设的实践者、推动者和受益者。

参考文献

成海军:《中国农村养老方式的现状与前瞻》,《广东社会科学》2000年第3期。
傅远佳:《构建和谐农村与农村社会养老保障制度建设》,《行政论坛》2006年第4期。
朱有国:《我国农村家庭养老面临的困境与对策》,《郑州航空工业管理学院学报》2007年第5期。
初炜、胡冬梅等:《农村老年人群养老需求模式及其影响因素分析》,《中国社会医学杂志》2008年第1期。
蒋新红:《农村养老服务的出路与途径》,《云南行政学院学报》2009年第3期。

从钱庙理事会看村级社会组织的目标、结构和功能

⊙ "中国百村经济社会调查"安徽凤台钱庙课题组*

  社会管理的核心就是要变管理为服务，让人民群众自己来管理自己，让社会管理回归社会，这是社会主义民主的应有之义。社会管理极大地提高了民众自我约束和疏解矛盾的空间，从而节约了政府治理的成本。安徽省凤台县钱庙村原来经济发展落后、社会矛盾突出，是远近闻名的上访村，曾有一半村民都出去上访。2006年，钱庙村社区成立了"经济发展理事会"，并开展了卓有成效的工作。村民们感到发生矛盾时"有地方解决"，心里有冤屈时"有地方诉说"，遇到纠纷时"有人帮助调解"。此后，钱庙村很少再有人上访，成为一个团结和睦的村庄。他们的实践证明，农村社区社会组织的发育在解决社会矛盾中能发挥重要的作用，在广泛的社会层面大大减少了基层政权的社会事务，使其能够集中力量进行经济建设。

一 钱庙社区理事会概述

（一）理事会发展概述

  钱庙社区理事会是在钱庙村理事会基础上发展而来的。2006年，为解

---

* "中国百村经济社会调查"安徽凤台钱庙课题组，组长：姚多咏、王开玉。成员：王方霞、丁阿丽、丁相匀、何长伟、刘静一、杜丽萍、韩沁钊、王伟。

决社会矛盾，钱庙村群众提议成立村理事会，很快得到乡政府和党委领导的重视。钱庙村第一书记刘利立即召开会议讨论并成立"经济发展理事会"。

2011年7月，钱庙社区党委成立，钱庙村理事会随之更名为钱庙社区理事会，办公场所设在原来的村"计生办"。目前，该理事会服务范围扩展延伸到钱庙村所辖的10个自然庄、27个村民小组。理事会共有7名成员，都是以前的村委会干部以及有威望的老同志。

（二）钱庙村理事会成立原因及背景分析

1. 自然环境背景

钱庙社区位于安徽省凤台县西北部，距县城30千米。钱庙社区有一条县级公路穿过，社区以此发展了街道经济，个体经营与小商小贩们骑道经营。由于经营品种的雷同，经营户之间经常发生一系列的矛盾。有些群众为了鸡毛蒜皮的小事三天两头到村部闹，带着家里老小、亲戚朋友直接在村部群斗打骂的现象更是经常发生。这严重地干扰了村干部的正常工作，使得干部们没法安心发展经济、处理其他重要事件。

与邻近村庄相比，钱庙村的自然矿藏资源并不丰富，没有任何工矿企业。2005年以前，本村的经济发展主要靠农业，因此与其他有资源的乡村相比，经济发展严重落后。2005年，钱庙村欠外债100多万元。农村有句俗话叫"穷争恶吵"，由于村子本身穷、基础又不好，因此时间长了，干群、群众间就滋生出很多矛盾。

西淝河、港河环绕全乡。每到春耕和秋耕的时候，不是春洪，就是秋洪，到了夏天还容易内涝。钱庙村四面环水，大雨大淹，小雨小淹，因此常年需要做好部分群众的思想工作。

2. 人文社会背景

村委换届频繁。新中国成立以来，特别是20世纪80年代、20世纪90年代，村委干部变换频繁，这也导致了前任与后任间工作上的脱节，在处理乡村事件时可能出现一些困难，矛盾越积越多，因此也会导致百姓的不满。

近几年，村里出现农民外出务工及定居等现象，带来一系列乡村社会风土人情的变化。有很多青年在外务工的过程中结识了未来伴侣，或带回来定居或嫁出去，时常发生一些婚姻上的纠纷事件。在农村，法律意识还没有完全普及开来，而且法律诉讼的程序繁杂。农村社会历来注重邻里之间和睦相处，民间矛盾多走调解之路，大家遇到矛盾都希望不要吃官司、闹到对簿公堂的地步。因此，理事会的产生就顺应了这种过渡期的需求。

2005年，刘利担当钱庙村第一书记后，他利用自己的特长探索钱庙社区经济社会发展之路，在他的领导下，全村很快办起了企业，发展了集体经济。但是长期以来积累的邻里纠纷及上访等问题严重干扰了钱庙村的干部们，使他们不能集中精力、一心一意搞经济建设。刘利书记考虑村委成员时间精力有限，若想以最大的精力投入社区经济发展上，就必须处理好各种阻碍经济发展的社会纠纷矛盾。在这种情况下，村里利用退休的老干部在以前工作中所树立起来的威望、积累起来的丰富经验以及成熟的工作方法，成立了钱庙村经济社会发展理事会，以协助村里解决各种社会矛盾。

二 钱庙村理事会的成立及宗旨

(一) 钱庙村理事会的成立过程

钱庙村理事会的成立并非一帆风顺，成立理事会也并非钱庙村首创之举。当时，钱庙乡有几个村都设有"理事会"，不过在它们那里，该组织并没有起到什么实质性的作用，差不多形同虚设。因此，刘利书记提出建立理事会时，村委有几个成员担心会出现跟其他几个村一样的情形，不太同意设这个组织。

为了得到村委的支持，刘利多次召开党支部会议，介绍村支部工作中存在的困难，并阐述成立理事会的重要意义。在一次会议上刘利激昂地说："我们现在做的不仅是别人没有做的，即使是别人已经做过的，我们还要将同样的东西做到最好、最细致、最务实。这些都叫作创新。总之，我们在政治上的核心价值就是党委领导下的创新。邓小平同志曾经说发展是硬道理，改革开放是必由之路，我看在我们这儿，创新是发展的必由之路，是建设好和谐农村的必由之路。大家知道理事会是个什么样的角色吗？接天接地！'接天'就是说理事会把处理的民事纠纷和监督的报告给我们，我们才知道最近老百姓最需要什么、我们的集体企业能服务些什么；'接地'就是平时老百姓觉得在理事会那儿能够得到跟在村部闹同样的处理效果，而不需要采取那种极端的方式。这就极大地减少了内耗。"一席话说得大家顿时感到了理事会的分量，也知道了自己考虑问题的欠妥之处，理解了理事会的重要意义。

　　干部的思想打通后还需真正落到实处。后来决定由刘传章、刘学政和钱继尧在一个月内组织成立，运作资金由村里负担。三人揽下任务后，工作也立刻展开起来，任务也分配开来，比如章程的拟写、资金的筹备、办公地点的选择、人员的加入、工作的展开分别交由其他四人负责。就这样快马加鞭，2006年4月29日，理事会正式成立了。

（二）理事会的宗旨、任务分工及工作机制

　　理事会是钱庙村村民为了实现自我管理、自我教育、自我服务而自发组织起来的非营利的群众性组织。该理事会旨在继续发挥老同志、老干部的聪明才智，缓和化解干群、群众间的矛盾；监督指导如挖沟建渠等工作；为村委领导分忧，为钱庙老百姓的福祉、为钱庙村的跨越式发展贡献自己的力量。理事会主要处理民事纠纷、计划生育等问题，还有对农田水利、修路、植树造林等的监督指导以及向村委汇报情况等。例如，空心村改造中，有些人思想上想不通，理事会就主动去做他们的思想工作。

　　2011年换届之后，理事会的理事长由钱庙社区党委书记刘利兼任，副理事长为刘传章，会长为刘学政，副会长为栾登雨，理事会成员是全职工作。每天早上8点上班，中午11点30分下班；下午2点上班、5点下班，周末两天为休息日。星期一、星期三、星期五上午开例会，学习规章制度、读书看报，学习科学发展观等理论知识。遇到群众投诉的时候就去处理问题，一般都是集体处理，而不是某个人分管某个或某几个村庄。

三　钱庙社区理事会取得的成果分析

（一）理事会取得的成果

近几年来，作为基层社会建设创新形成的社会组织，理事会秉承公平正义的原则，共成功调解民事纠纷76起，全村无民转刑、民转治安案件。钱庙村已经从几年前有名的上访村转变为现在的零上访村，理事会为钱庙社区的发展提供了和谐稳定的社会环境。根据群众意愿，理事会还向村"两委"提出发展企业的五条建议，为全村经济发展作出了极大的贡献。钱庙社区经济发展理事会在贯彻提升自己理论实践素养、服务社区百姓和为村委领导工作分忧相结合的原则过程中，按照钱庙社区经济发展理事会章程的规定，吸收有志于推动钱庙社区经济发展进程、愿意作出积极贡献的同志为常务理事。今后，现任村干部60周岁退休后，将转到理事会工作，为村集体经济的发展继续发挥余热。并积极实行引进来、走出去，到田间地头、到百姓家中的便民措施，促进钱庙社区打造皖北旗帜社区事业的发展。

（二）理事会取得成功的原因分析

钱庙社区理事会是在借鉴邻村理事会的基础上建立起来的，所有宗旨、章程、主要任务等都与邻村的经济发展理事会相似，但是钱庙村的理事会在工作效果上、百姓口碑上取得的成绩远远超过了其他村，起到了基层政权的左膀右臂作用，完全达到了创办时的预期目标。总结起来，钱庙理事会的成功经验主要有以下几点值得借鉴。

第一，有一支锐意进取的社区领导干部团队。作为整体，领导队伍体现着中国传统的地域文化精神与现代社会公平正义精神及合作意识的完美融合。基层领导干部为群众办实事，不仅需要长远的眼光，更需要敢作敢当的责任感和不计较个人得失的奉献精神。无论是从理事会建立动机上还是在筹资准备的活动中，以刘利为核心的领导团队都给予了理事会成员坚定的信心和积极的支持。社区支付理事会成员每人每月700元的工资，而村干部每人每月的工资才只有600元。

第二，依靠中国传统的风土人情，工作方法面向现代化。虽然钱庙村理事会成员基本上都是年过花甲的老人，但是他们工作上仍然非常认真，经常聚在一起讨论已经处理过的事件，彼此分享着经验和心得，并以此为案例，讨论处理问题的技巧。他们在相互争论中权衡处理事件效果的利弊，从而选择相应的方式方法。

第三，自发运用处理问题的技巧。这些老干部将他们在几十年的时间中积累的经验灵活运用到现在的理事会工作中，而且深入细微之处。如在处理一些案例时，他们反复讨论如何选择房间以及房间里物件的选择、摆设。这些事宜都要遵守和符合当地的风俗习惯，考虑到人情冷暖，以达到当时双方心理上的平衡。

第四，采取中立性原则，实行模糊性策略。在理事会处理的案件中大多数都是两个家庭间的利益纠葛，很少有牵扯到多个家庭间的复杂的利益纠纷。因此，理事会通常采取中立性原则。在证据不明朗的情况下，对两方的争论观点都予以承认。理事会不追根究底，当事方愿意说多少就分析多少。如果处理过程中有偏差，矛盾双方当事人自然会说出来，如果当事人不想说，理事会也会尊重当事人及其家人的意愿。模糊化处理的好处是显而易见的，既尊重了矛盾双方的隐私，又突出了主要的焦点问题。

第五，理事会成员积极争当"五员"。即争当"宣传员"：经常上门用聊天谈心的形式宣讲政策方针，征求群众意见，教育引导群众主动参与；争当"组织员"：组织投工投劳、规划建设、筹集资金、发展生产等；争当"服务员"：为家庭劳动力较少、经济较困难的农户提供帮助；争当"调解员"：解决实际的问题和冲突，妥善处理各种矛盾和纠纷；争当"监督员"：对基础设施建设的工程进度、资金使用等进行监督。

第六，政治学习与理论实践相结合。理事会资料室有很多政治理论图书，从毛泽东思想到科学发展观，配套齐全。理事会成员定期学习研讨，使自身业务素质和能力素质得到提高，从而实现自己继续发挥余热的作用。

钱庙社区理事会是对基层社会组织的一个创新。它根植于淮河流域传统风土人情的土壤，面朝现代社会的工作方法，创新现代社会管理方式，从而自发适应了社区经济社会发展的需要。通过章程内容任务上的如实履行，在形式方法上的探索创新，形成了新农村建设中社区发展的一种新的管理模式与精神。

参考文献

栾晓峰：《社会组织创新社会管理体制成效探析》，《理论学刊》2011年第11期。

朱耀垠：《加强和创新社会管理》，《中国民政》2011年第5期。

张宝锋：《城市基层社会管理体制创新的理念、原则和措施》，《学术论坛》2006年第5期。

史云贵、屠火明：《基层社会合作治理：完善中国特色公民治理的可行性路径探析》，《社会科学研究》2010年第3期。

姬中宪：《园区模式：社会组织发展的一种新路径——以浦东公益服务园为例》，《江苏行政学院学报》2012年第1期。

周航、赵连章：《社会组织发展与社会管理创新》，《东北师大学报（哲学社会科学版）》2011年第6期。

中国乡村家庭与生态建设

以信息化助力乡村现代化建设

⊙ 贺 凌[*]

建设社会主义新农村,是党中央从贯彻落实科学发展观、构建社会主义和谐社会的全局出发做出的重大战略部署,是我国现代化进程中的重大历史任务,是解决"三农"问题的必然选择。如何积极探索借助当今最具活力的信息技术来装备农业、武装农民,发展现代农业,为社会主义乡村现代化建设服务,是农村和农业信息化建设的新任务,是摆在我们面前的一个重大课题。

一 推进农业和农村信息化是时代提出的要求

中央提出"生产发展、生活宽裕、乡风文明、村容整洁、管理民主"20个字的社会主义新农村建设总体要求,描绘出一幅乡村现代化的美好蓝图。其内涵十分丰富,关系到农村、农业、农民问题的方方面面,涉及生产、生活、管理与政治、经济、文化等诸多领域,而在这些领域中,都需要信息化在其中发挥不可替代的作用。由党中央、国务院批准发布的《2006~2020年国家信息化发展战略》中,把推进全面向"三农"服务的

---

[*] 贺凌,安徽省人大教科委主任。

信息化摆到战略重点的首要位置。

　　社会主义乡村现代化建设是一个由传统农业向现代农业转变的过程，是新时代的一项长期任务，其最根本的任务是进一步解放和发展农村的生产力。我们今天理解的现代农业，其内涵已不同于20世纪50~90年代人们普遍所认为的机械化、电气化、水利化的农业，那时候主要强调农业装备技术水平，这些固然还很重要，但改革开放以来，人们更强调生产经营方式，强调集约化、社会化，以达到较高的劳动生产率、资源产出率和商品率，能够实现保障农产品供给、增加农民收入、促进农业可持续发展的目标。现代农业是要向着生态农业、数字化农业、工厂化农业、可持续农业的方向发展。在当今工业化、城镇化的进程中，发展现代农业，其本身就是工业化、信息化、城镇化、市场化、国际化的一个有机组成部分。农业现代化与工业化不是对立的，而是相互支撑、互为一体的。农业现代化又是对传统农业的改造和提升，其中带有革命性的飞跃，就是要加快农业科技进步、加强农业基础设施建设、调整农业生产结构、转变农业增长方式、提高农业综合生产能力，走出一条有中国特色的农业现代化之路，而信息化正是要扮演这个改造、提升过程的推动者。事实证明，在当今信息社会的大背景下建设社会主义新农村，信息化既是社会主义乡村现代化建设不可或缺的重要内容，又是乡村现代化建设的"助推器"。

　　信息技术具有极强的渗透性，用信息技术改造传统农业，使信息技术在农业生产的产前、产中、产后全面渗透和广泛运用的过程，就是农业的信息化。农业信息化为现代农业提供了新的发展平台，从粗放农作、养殖到精准农作、养殖的普及推广，从农业信息人工采集到智能化农业信息系统的开发应用，从农副产品的原始加工到精加工控制系统的投入使用，诸如此类，都是现代信息技术快速向农业领域渗透的表现，预示着在未来新的农业技术革命过程中，信息技术将发挥更大的作用。在农村，借助信息网络的普及，以及各种信息传播体系的不断健全，农业信息服务可以实现进村入户，农民种养产品实现了与各类商业平台的信息对接，扩大了市场，获取了收益；广大农村对网络文化的需求也日趋旺盛，农村中小学现代远程教育、现代农村党员远程教育等网络教育活动的开展，一定程度上解决了落后地区受教育人群对发达地区优势教育资源的需求，为提高农村教育文化和基层村镇民主管理水平提供了帮助。这些也就是农村信息化的内容。可以说，农业和农村信息化将会贯穿于社会主义乡村现代化建设的全过程，成为现代农业发展的重要标志。而在社会主义乡村现代化建设的初期，推进农业和农村信息化，更是一项紧迫的任务。一句话，就是要以信息化来促进现代农业发展、带动农村社会进步、助推社会主义乡村现代化建设。

二 农业和农村信息化的根本任务是惠及农民

农业和农村信息化与社会主义乡村现代化建设，是一个相互依托、相互促进的过程。一方面要根据各地实际，在乡村现代化建设总体框架指引下，大力开展信息技术应用促进乡村现代化建设。另一方面要不断提高信息化水平，针对各种需求开发更多面向基层、面向农民的应用，推进农业和农村信息化建设逐步深化。然而，就整体而言，广大农村信息化水平还很低，还很难适应农村各级管理机构，特别是广大农民群众对生产、生活信息的迫切需求。从安徽省的情况来看，农业信息网络近几年发展较快，安徽农业信息网、"安徽农网"等主要涉农网络已实现省、市、县、乡四级联网，信息"高速公路"框架初步建成，但信息资源较为分散，集成度不强，信息发布存在着一定的自由性和随意性，降低了信息资源的质量和精度，增加了农民查询信息资源的难度，在缺乏专业技术人员指导的情况下，农民会对信息搜索查询产生一定畏难情绪。同时，农业信息资源开发不够、利用层次不高。全省农业信息网站包含上百个不同的农业信息发布页面，其中多是综合性信息、交叉信息，专业性信息和特色信息较为缺乏。部门自用数据库较多，公用共享数据库较少，尚不能实现联网检索。一些农业信息成果与农民和农村实际联系不强，农民利用价值不高。一些地方由于种种原因，缺乏信息管理，有价值的信息闲置和有需求的信息短缺的状况并存，农民对网络信息的可靠性、权威性和利用价值产生质疑，也阻碍了农民对网络信息资源的利用，再加上受经济、文化水平的制约，部分农民转而又通过传统手段来获取信息，客观上进一步加深了城乡"数字鸿沟"。

乡村现代化建设需要信息化来带动,信息化带动乡村现代化建设需要给农民提供有效信息。信息化建设必须体现以人为本,惠及全民。如何把信息送到农民手上,与应用相衔接,与需求相呼应,形成互动,产生效益,是我们目前农业和农村信息化建设中的一个关键任务。近年来,安徽省在以下方面做了一些探索和实践。

一是切实解决把有效信息送到农民手上的"最后一千米"问题。农村信息化"最后一千米"问题应该包括农村信息通达"最后一千米"和信息应用服务"最后一千米"。就安徽省情况来看,目前全省"村村通电话"、"三电合一"、"农业电视节目进村入户"、农业信息"进村入户到企"等网络基础设施工程已取得一定成效。安徽2万多个行政村"村村通"建设任务全面完成,目前正在进一步向自然村延伸。经过近几年安徽省"信息入乡"工程的推动,各类涉农信息网站实现了省、市、县、乡四级联网,2012年通信部门又启动了"村村能上网"工程。总体上看,安徽省农业和农村信息网络已经初具规模,信息网络"最后一千米"问题已不是制约农业和农村信息化建设的主要矛盾和障碍。要切实加以解决的重点,是农村信息化应用服务的"最后一千米"问题。再形象地说,就是"路"已修得差不多了,关键是"路"上要跑"车","车"上要装"货","货"要送到农民的手上。十分可喜的是,安徽省在推进农村党员干部现代远程教育试点的过程中,发现农村基层组织在信息化建设中可以发挥特别的优势,使农村党支部成为农村信息服务"最后一千米"的最好角色。由省委组织部牵头、各有关部门和单位合力实施的"电视上网"工程,实现了物理网络与组织网络的有机结合,有效破解了信息进村入户的难题。在全省28000个基层组织普遍建立的基于宽带互联网传送信息的"先锋在线"终端站点,把信息首先传到各基层组织;一些基层组织结合实际开展了无线广播、有线电视、农技电话等现代电子媒介与科技杂志、供求信息宣传单等传统纸质媒介相结合的传播活动,把农民群众所需的信息送到家。我们在农村调研时把这一现象归纳成四句话:"信息要进村,首先进支部,通过党支部,信息到农户。"

二是着手开展涉农信息资源的共享整合。农业和农村信息服务对象主要是农民和基层管理者。对广大农民而言，最需要的是农业科技、畜牧养殖、水利气象、产品供求等生产经营类信息；对基层管理者而言，最需要的是政策法规、财税征收、人口管理、计生劳保等监管服务类信息。而现阶段农村信息化建设和运作的现实是，各涉农部门都掌握着大量的涉农信息在自身网站上发布。用户查询信息必须登录不同网站，有时还要设置不同用户名和密码，信息获取周期长，程序烦琐，信息关联度不强，利用率低。解决这一问题，必须整合各涉农部门的信息资源，建立信息共享机制和数据交换体系。省气象局创建的安徽农村综合经济信息网（简称"安徽农网"）对此做了有益的探索。"安徽农网"有较好的技术基础和业已形成的组织体系，按照"资源整合、部门合作、信息共享"的原则，联合十几个部门建设了一批全省性的网站群，诸如"茶网—中国"、"中国星火计划网—安徽站"、"安徽农业招商网"、"安徽农机网"、"安徽畜牧网"、"安徽种业网"、"安徽菜篮子网"、"安徽水利物资网"等，还进一步延伸与有关企业合作建立了200多个专业性网站，信息会聚效应日益显现。在各涉农部门和通信部门的配合下，以"安徽农网"为依托，初步搭建了一个全省统一的农业和农村综合信息服务与交换平台，形成了"一网多用"的建设模式，该平台已基本囊括农业生产和农村发展主要方面的信息内容，界面简单，安全性高，且维护方便，大大提高了网络资源利用效率。

　　三是从需求出发，加大信息资源的开发利用。信息资源是现代社会重要的基础战略资源，也是最活跃的生产要素。加大对各类涉农信息资源的开发利用，可以使信息流更加有效地引导人流、物流和资金流，对农业生产和农村发展必需的材料、原料、能源等资源起到重要的节约和增值作用，这也是建设资源节约型社会的重要基础。在具体实施中要注意两点：一要从需求出发，根据信息服务对象的特点，开发并提供有针对性的信息服务。以逐步提高信息服务能力为核心，既要为政府宏观决策提供信息服务，也要为生产经营者提供信息服务。二要以应用为主导，不断拓宽信息服务内容，应对信息需求的多样性和复杂性。当前，信息服务已渗透到农业生产、农村发展的全过程，不仅需要生产、科技、政策信息，还需要供求、价格、劳动力转移等信息，不仅需要原始信息、单项信息、静态信息，更需要分析预测信息、综合信息、动态信息。这就需要各涉农部门根据各自业务范围，站在农民角度，不断挖掘信息的广度和深度，多开发一些面向农民、农业企业和政府的涉农服务及管理信息资源，并通过统一平台，指导信息服务对象在实际中加以应用。安徽省农业系统开发的"农技110热线咨询"、农村供求信息"一站通"联播都发挥了很好的效果。"一站通"联播近两年发布供求信息10万多条，实现网上交易80多亿元；"农技110"咨询服务系统每天访问量1000人次以上，已成为农民生产经营的好帮手。

三 推进农业和农村信息化需要采取强有力的措施

农业和农村信息化工作是一个综合概念、系统工程，也是一项历史使命和长期任务。安徽省各地、各有关部门进行的探索和实践，已经取得了一系列可喜的成效，有的成功案例在全国都产生了积极影响，得到国家相关领导部门的称赞。但是，从整体来看，与国家信息化发展战略的阶段要求还有很大的距离，还远不能适应广大农村和农民的需求。在当前农村信息化的起步阶段，各级政府的责任就是要努力创造一个使广大农村群众"用得上、用得起、用得好"的信息化发展环境。在具体工作指导上，必须采取强有力的措施。

(1) 规划先行

农业和农村信息化建设需要多个部门通力合作，绝不能分散开发、孤立设计，必须搞好统一规划、建立统一标准，以信息资源的整合与开发为基础，系统有序地进行建设。不仅参与这项工作的部门要将信息化规划纳入本部门的发展规划，还要合作制订农业和农村信息化发展专项规划，明确任务与目标，排出重点项目，落实具体措施，指导农业和农村信息化稳步协调发展。

(2) 试点引路

安徽省幅员辽阔，各地条件不同。要按照"五要五不要"（要注重实效，不要形式主义；要量力而行，不要盲目攀比；要民主商议，不要强迫命令；要突出特色，不要强求一律；要引导扶持，不要包办代替）的要求，为探索出各类农业和农村信息化建设的有效模式，先期应选择若干不同类型地区，以县为单位开展农业和农村信息化试点。2011年以来，省信息办会同省农委已经按照省委关于全省社会主义新农村"千村百镇"示范工程的部署，制订了全省乡村现代化建设"千村百镇"示范工程方案，并已付诸实施。信息产业部已将安徽省芜湖、阜阳两市列入全国农村信息化综合信息服务试点，两市已启动相关试点项目，逐步推开。这两项试点、示范工作正在结合进行，协调推进。在试点中积累经验形成示范，成熟后在全省进行推广。

（3）加大投入

引导和推动各级政府加大对农业和农村信息化的资金投入。省政府应设立农业和农村信息化建设专项资金，有条件的地方政府也要相应设立。同时鼓励其他行业和各类企业、行业服务组织参与投资农业和农村信息服务事业。坚持政府主导和市场化动作相结合，以农民普遍能够接受的价格和方式提供实用的信息服务。对农业和农村信息服务网络通道租用和农民上网费给予优惠，促进农村网络用户的发展，提高农村信息传播能力。为保证信息服务低成本运行，政府应协调有关部门并出台政策，对农业系统租用网络通道费用、乡村信息服务组织和农民的上网费给予适当减免；对农业信息的传播、发布和各宣传媒体应提供无偿支持；对从事农业信息服务的实体给予补贴和税收方面的优惠。为发挥各类资金的综合效应，各地有关农业基建项目，可与相关的农村信息化项目结合起来建设。

（4）创新机制

一要逐步建立政府主导下的社会广泛参与机制。利用科研院所、中介组织、运营商、龙头企业、种养大户等社会力量，共同推进工作开展。二要完善服务体系。在现有农业服务体系的基础上，加强信息服务体系建设，重点完善以农业技术推广、农业经营管理服务为主体的县乡两级农业信息化服务组织体系。三要针对农业和农村信息服务主体的特殊性，加强对现有信息网络的规范管理，制定具体管理办法，明确各级信息机构职责，健全岗位责任制。建立健全农业和农村经济信息披露发布制度，实行信息采集、会商、分析预测和对外发布的规范化管理。规范管理农业信息网络建设、信息服务和信息运行机制，增强农业信息服务活力，促进农业和农村信息化工作健康发展。四要大力开展农村信息员队伍建设和信息化知识教育培训工作，尽快建立一支结构合理、素质较高、服务优良的农村信息员队伍，提高信息采集、分析、利用水平。

参考文献

王炬：《加快农村信息化建设　促进农村现代化进程》，《农业图书情报学刊》2003年第4期。

赵维夷、杨晓蓉、赵英杰：《关于中国农村信息化建设的思考》，《农业网络信息》2004年第2期。

陈良玉、陈爱峰：《中国农村信息化建设现状及发展方向研究》，《中国农业科技导报》2005年第2期。

黄浩：《我国农村信息化及实现途径的探索》，《科技情报开发与经济》2006年第4期。

郭书田：《试论农村信息化》，《农业经济问题》2007年第1期。

从"村落"到"村":
解读一个变迁中的村庄

⊙ 李庆真[*]

一 研究的问题与分析的视角

一个村庄的历史及其在村民内心深处留下的记忆尽管经历了急剧的社会变迁,但在"熟人社会"的情境下依然对村民的共识性社会心理的形成产生重要影响,而这种对村庄共识性社会心理的建构反过来又会对村民的思维方式和行为模式产生影响,从而使他们在面临可选择性情境时能够做出他们认为符合村庄情境、较为"理性"的选择来。因此,对处于"熟人情境"下的村庄来说,认识和分析村庄在经历大的社会运动或社会变迁时村民的态度和行为反应,以及在此基础上形成的共识性社会心理,很可能是解开当前我国乡村在现代化进程中所面临一系列困境的一把钥匙。

本文正是运用"记忆—行动—后果"这一分析框架,通过对处于黄淮平原腹地的汪村进行个案研究,探寻造成我国乡村在现代化进程中出现的诸如"村庄日趋离散化、原子化"、"村庄的传统和记忆的消解"、"村庄传统意义上的社会信任、社会资本的弱化和丧失"和"村庄共同体日趋衰落"(徐勇,2002;贺雪峰,2003)等现象的根源。

---

 * 李庆真,杭州电子科技大学人文学院社会学教研室讲师,中山大学社会学博士。

二 汪村：一个被称作"老汪湖"的村庄

本文所研究的汪村位于安徽省的东北部，地处黄淮平原，其地形比较平坦，没有山地和丘陵。耕地土质属于黏土型，其生长能力属于中等偏上的水平。全村除了"大堤"以北的"老汪湖"因为地势较低常在多雨季节容易受涝灾以外，其地理条件应该算是比较好的。汪村在 SC 镇的东北部，距镇中心约为 7.5 千米，是一个离镇中心较远的村庄，被当地人俗称为"老汪湖"。所谓"老汪湖"，是指该村的主要耕田处于由一条用于防御洪水的大堤围起来的方圆几十千米的低平凹地内，像一个很大的湖底，一旦此地区发生洪涝灾害，这里就成了有名的"蓄水湖"。每逢特大洪水来临，这里就会"汪洋一片"，所以叫做"老汪湖"。汪村的耕地有 2/3 以上在这"大堤"以北的"老汪湖"里，还有 1/3 的"保命田"在"大堤"以南。这样，即使在雨水多的年份，只要不是特大洪涝灾害，村民的基本生活就可以得到保障。然而不幸的是，汪村面临的不仅是涝灾，还有旱灾，常常是在同一年份里，春末夏初雨水多，造成洪涝灾害，而秋冬季节又会干旱少雨，土地不能及时耕种，庄稼不能够得到及时的浇灌，农田水利设施又因多年失修而废弃，加上"靠天吃饭"的习惯还在村民的思想中延续，因此，自然灾害是影响汪村农业生产的主要因素。

汪村共有 6 个村民组，分为两大块，一大块为村庄的前半部分，主要以梁姓居民为主，附有少数胡、陈、康姓居民；另一大块是村庄的后半部分，主要以李姓居民为主，附有少数陈、付、章、金姓居民。其中，李姓与邻村 CT 村为同一祖宗。改革开放以来，人们的宗族意识已经逐渐淡化，但并没有完全消失，其间曾四次重修家谱，并于 1999 年通过大规模的集资和个人募捐方式进行了"认祖归宗"活动，凡李氏家族均派代表前往商讨祭祀、修谱和建陵园等事宜。在各方的积极配合与努力下，新的家谱和"李氏陵园"终与李氏子孙见面。当问及村民为什么愿意参与此项活动时，他们说："都是自己的祖宗，别人都这样做，我也没有理由不这样做。再者，'认祖归宗'的事，也可以使自己不受别人欺负。当遇到事情时，大伙也都愿意帮忙，挺好的。"在我国现代化日益推进的今天，传统的东西像"幽灵"一般还附着在"现代"村民的脑海中，左右着他们的行为。

然而，反过来想，又觉得一切都合情合理，在村庄"社会关联度"日益降低和村民日益"原子化"的今天，村民的归属无着落，传统意义的归附也许在这样一个"人心不古"的时代可以慰藉他们的心灵，以寻求到一种精神上的支柱。当用一种所谓的"现代的"、"科学的"力量和各种政治运动来试图改造和破除乡村的"传统"时，乡村人赖以生存的心灵小屋在土崩瓦解中成为一片废墟，一切历史都已成为破碎的瓦砾。无以庇护的乡村人急切地盼望着家园的重建。而当秋去冬来，废墟依然是废墟，单薄的身躯再也无法抵抗严寒的时候，他们又不得不捡起本已碎裂的瓦砾重建一个可以憩身的小屋。

三 记忆中的苦难与共恤

社会时空的转变也许会让我们以一种新的视角去看待历史，而当历史的记忆随着时间的流逝而渐去渐远，以致生活于其中的人们也逐渐忘记社会的历史的时候，我们似乎可以说社会变迁在遗忘历史。而事实上，社会记忆的消失并没有像人们想象的那样简单。正如人的记忆不会永远地消失一样，社会记忆在社会变迁中如一条虽时缓时急但不会断流的河，一直在围绕着我们流淌。当我们对现实生活中某一带有普遍性的社会事实无法用现实中的另一种事实进行有效的解释时，追溯历史，也许是我们最好的方法。

汪村的村庄史，事实上是一部苦难史，这是访谈中60岁以上老人的一个共识。新中国成立前的汪村，由于身处江淮腹地，是兵家必争之地，因此，战乱频仍，烽火不断，人民生活极为艰难。另外，由于地处苏鲁豫皖的交界地带，所以，此地区还是土匪出没、恶霸猖獗的地方。加上连年的灾荒与饥馑，该地区的人民真的是受尽了苦难。访谈中，笔者感触最深的就是老人讲解的苦难史。但由于是口述，所以访谈的资料都比较琐碎。而且由于无结构式的访谈，所以，被访者讲述的大多是故事描述性的，或者说是地方历史事件的片断描述，唯一不同的是，故事中的主人公多是汪村或邻村的。"苦"与"难"或许是对村庄历史的最好概括，然而，一个村庄的历史于人们的"记忆"与"反应"远非那么简单。在村民们讲述的"苦难史"中，笔者似乎还读出了超出"苦难"的另一层含义，那就是"苦难共恤"的精神，即面临共同的苦难表现出来的"患难与共"的精神。这种精神在特定历史条件下成为村庄的共识性话语，并在村庄的记忆中逐渐沉淀为一种用以评判和引导村民行为的潜在规则和标准。

在艰苦岁月中形成的"共同体"在形式上表现为他们生于斯、长于斯并世代繁衍的村落。而在精神上，"共同体"却成了村民在艰难环境中聊以慰藉心灵的家园。因此，从某种意义上来说，"共同体"是他们生命的支柱。这种"共同体"的凝聚力是强大的，即便是在最艰难的时候也表现了它顽强生命力。它以一种特殊的形式记载着村庄的历史。汪村的村民们没有忘记1958～1960年三年由自然和人为原因共同酿造的苦难历史中以无数生命凝聚而成的共恤之情。

汪村在特殊年代形成了共恤的精神，也产生了这种精神得以凝聚的村集体领导人——李书记。李书记是个务实的人，对村民也特别热情、友好，被村民称为"老好人"。他在任期间为村民办了许多实事。这首先表现在他带领村民利用农闲时间挖河、筑堤等事情上。由于汪村地处老汪湖，地势低洼，夏、秋季节由于雨水较多经常造成洪涝灾害。吸取历史的教训，以李书记为首的村委会带领全村人民疏通河道，打坝修堰，以确保居住区和大堤以南田地的安全。大堤的修筑为汪村村民在洪水之年设立了一道防护墙，在一定程度上确保了村民的生命和财产安全，因为汪村村民除了在"大堤"以北有田地以外，每户还在堤南有一小部分土地，只要洪水不至于淹了房子，堤南"保命田"的收成足以使一个家庭度过有灾之年。例如，1988年的那场大水可以说是自1953年以来最罕见的，但其损失却是最小的，因为有这道防护墙保护了村民的生命财产安全，并有"保命田"的收成可以帮助渡过难关。循堤而挖的河在1980年代中前期一直是河道宽阔、水清草旺，一派天然的好景象。每年夏天这里都是男人和孩子们戏游的好地方。更为重要的是，河道通往与灵璧县接界的小红闸，而后流入新汴河。这样,河道就畅通了,足以疏缓灾情。

　　李书记为汪村村民办的第二件实事是带领村民挖塘养鱼。当地村民把挖的塘叫"汪"。汪村大小共有6个"汪"。在35岁以上村民的记忆中,这些汪原来都是满滢滢的,水清见底。夏天是村民们游泳和妇女洗衣服的好地方。冬天,汪里结了厚厚的冰,成为孩子们天然的溜冰场。除此以外,这些汪还为汪村村民提供了天然的营养物质,如鱼、虾、蟹、田螺、莲藕、菱角等。在当时生活水平还比较低的情况下,这些物产丰富了村民餐桌上的菜肴。村民们为拥有这么一个天然的食物源和娱乐园而不再感到黄土的凄凉。

　　李书记为汪村做的第三件实事是创立了农业科技实验站(村民称为"农科站")。农科站的地址就选在该村东北角一大片叫"三叉河"的田地里。农科站虽然没有为汪村带来预想的成果(由于建站不久就分田单干了,农科站因为集体经济的解体而被迫解散),但它毕竟是一次尝试,使村民们懂得了科技种田的重要性。同时,村民也在农科站科技人员的指导下改良了农作物的栽培技术。在田间耕作和管理等方面也取得了很大的进展。其中,最有成效的是西瓜种植和树苗栽培技术,都为汪村集体经济的发展带来了活力。在农科站的示范作用下,当年汪村大部分农户种上了西瓜,并大获丰收,一时间该地区成为西瓜的主产区。

　　目前汪村的主干道路都是李书记在任的时候修的。那时候虽然是土路,但很平整,也很宽阔,许多村民都自觉维护道路。因为,路虽然是公家的,但为自己也带来了许多方便,它不但是村民们运输庄稼和走亲戚的交通道,同时也是临路村民们乘凉、闲聊的好场所。每天一大早至上午九十点,晚上吃完饭到晚上九十点,以及农闲时的绝大多数时间,村民们都会不约而同地来到原村妇女主任(后庄)和会计(前庄)家门前的路上闲聊。由于村的三条主路是贯通村庄东西和南北的,所以,居住在前庄和后庄的村民一出门很容易就看到各个聚居区的公共场所。于是大家在闲暇时都不约而同地去那里聊天,尤其是孩子和男人们。村民来到这里可以听一些消息灵通的人讲一些新鲜事,不管是从电视、广播看来的、听来的,还是道听途说的,大家都愿意去听,并不时发表自己的意见。2003年春节期间和村民闲聊时,他们说,和以前相比,这里的人少多了。

也许是现在大家都忙着去挣钱了，有的外出，有的忙自己的家务，来这里聊天的人越来越少。也有的村民讲："现在的人都没有实话，人心叵测的，谁愿意听那些无聊的人扯大淡？"村民的话让笔者想起了哈贝•马斯的"公共领域"理论，在一个共同居住的社区，居民对公共领域的参与和彼此之间交流、沟通的减少是意味着一种国家权力对乡村社会空间的渗透，还是意味着现代性对乡村社会的殖民化，或者两者兼而有之？值得我们去思考。

对于汪村村民来说，李支书的领导是成功的，他把整个村的村民都团结到了一起。首先，他自己以身作则，作为"老好人"的他对村民是友好、热情的。他不光为村民办了许多实事，还处处体恤困难村民，在全村6个组分别成立了6个帮困队，由党团员带头帮助村民解决实际困难。其次，李书记是一个很务实的人，现在的村委会办公室还挂着他在任时制作的"自力更生，艰苦创业"的牌匾。"当时李书记就是把它挂在办公桌上方的。"一位老主任这样告诉笔者。"对于一个村子来说，它的发展，什么是最关键的？是村领导吗？"笔者问他。他说："当然是村领导了！老百姓虽然也重要，但他们是分散的啊！需要有人引导。农民很听话的，你往哪里领他们就往哪里去。再者，绝大多数村民毕竟文化有限，他们不知道该如何去决策的，他们需要有人指引才行。"

老主任的话是有道理的。分散的村民因为没有一条线把他们串起来，毕竟是一盘散沙。有时受文化素质的限制，很难做出一个长远的理性决策。这时，他们就需要有一个能够凝聚民心的组织、一个有人格魅力的领导去带领他们，这样才能形成一种合力去完成一个更大的事业。在这方面，李书记是成功的，他在当时整个农村生活水平比较低的情况下，以自己的人格魅力和聪明才智将全村人拧成一股绳，形成一个具有较大凝聚力的共同体，自力更生，艰苦创业，将一个没有任何优势资源的村庄搞得红红火火、人心向齐。

在谈到对李书记的印象时，一位村民这样告诉笔者："那时我们有啥事都找李书记，好像他是一个大法官一样，我们信任他！相信在他那里就有公平，因为他人好，待人又热情，让人觉得受了委屈有人撑腰一样。所以，人人都爱戴他！现在的村干部有几个像他那样的？就没有！"

四 从"村落"到"村"的转变

在汪村,随着李书记等领导班子的卸任,历史中延续的"村落共同体"也日益走向衰落,这突出地表现在李书记为汪村所实施"工程"的破败上。例如,近年来,李书记带领村民所挖的环堤河由于村民的竭泽而渔和开荒种地而被阻断了。又由于河道流经数个村庄,跨乡、镇甚至跨了县(入灵璧县)界而无人疏通和管理。如今,这条河道几乎长年是干涸的,到处是泥埂,到处是被村民开垦的荒地和水坑。原来河滩上的芦苇也都被村民连根撅了,现在有的种上了庄稼,有的荒废着。一遇多水之秋,这里的泥土就被冲入河道。由此,大堤越来越低了,河道也越来越平了。若再遇洪灾,隐患也越来越大了。再如李书记在任时带领村民所挖的池塘——汪村的六个"汪",均已干涸、破败。这些汪先后有4个长年干涸,即使雨季存了一点水很快也会干掉。汪的损坏一方面是由于村民们的竭泽而渔,另一方面也是因为它是公共的而无人问津。有的汪被村民们占去当了菜园地,还有的被占为宅基地。汪原来所能带给村民的福祉都因村民对它的无情掠夺和村委会的不作为而丧失殆尽。

伴着共同体的衰落,汪村的村委会也就日益走上了如上文所说的"行政化"道路。汪村自李书记卸任以后,先后又换五任村支书,除了当前的村支书是由邻村派来的以外,其余四位均为本村村民。五位村支书虽然都有各自的治理方式,但其权力的运作机制却是相同的,即在上必须有有政治背景的人作后盾,在下必须有各自的圈内人(主要是族内人)支持。不管其做出的法术如何高明,其运作的机制和结果却是惊人的相同:上台要有人提携,运作要有人支持,下台大多是因为犯错误或激起民愤。用村民的话说就是:"那些人(指村干部)黄鼠狼下崽子,一窝不如一窝!"自1988年以来,汪村村民们所看到的是村集体实力的每况愈下和村干部的越来越不得人心。村民说:"现在的村干部素质越来越差,动不动就喊着骂着要打人,好像他是官老爷一样的,到处张牙舞爪。其实谁怕他?只能说他没水平!"

在汪村的调查中，笔者能明显地感到村民在对过去村庄的怀旧中也暗含着他们对现实的无奈和叹息，甚至是一种抗拒。在现代化自上而下推进的过程中，由于村庄没有了一个可以凝聚人心的组织，分散的村民被市场经济大潮冲得七零八落。为了在这场史无前例的大潮中生存，他们拼命地寻找可以维系他们生命的"稻草绳"。只要有，他们会不顾一切地去夺取，并把它紧紧地抓住。同时，为了生存，他们可能丢掉一切制约他们的枷锁：信仰、信任、道德，甚至法律。然而，市场经济毕竟是大潮，尽管他们拼命地挣扎，仍显得孤助无援。那种无助在村民的脸上都能看得出来。村庄越来越分散，没有谁能替他们说话，因为村干部已经成为地方政府的代言人了。村民的这种分散性进一步加速了村庄共同体的衰落。由此，具有共同体性质的"村落"也就变成了仅仅是形式上聚在一起的"村"。这在汪村突出地表现在"民心向外"的三支"流动大军"[①]的形成与膨胀上，汪村的村民们除小孩和老人以及农忙季节回村收种的人以外，有的长期在外，有的季节性流动。在访谈中，汪村村民几乎形成了共同的认识："出去挣钱呗，在村子待着有啥劲？现在的人这么坏，出去不受气，爱咋着就咋着。"

五 变迁的后果及其分析

随着村民的外流和村集体整合能力的下降，村庄的道路和用于农业生产的水利设施都处于破败状态。汪村的水利设施大多是集体化时期修的，主要有田地头上的引水渠、水渠与河道上的桥和村民辛苦挖成的汪。河道的破坏与水渠、小桥的年久失修使汪村遇水成灾、无水干旱，造成大灾大难、小灾小难的农业生产"免疫力"急剧下降的局面。

在现代化过程中，当传统的权威性与价值观日渐丧失对社会主体束缚作用的时候，我们将建立怎样的社会规范来约束人们的行为，又将形塑怎

[①] 这三支"流动大军"分别是以中青年为主的"打工族"，以中老年为主的"讨饭族"和以中青年夫妇为主体、以三轮车为交通工具去外地从事经商、拾荒、运输等活动的"三轮车族"。

样的乡村人来承担乡村发展的重任？都是社会转型期亟须解决的社会课题。当用"现代"去分解"传统"的时候，我们是否有了一种新的东西去代替它、发展它？汪村的现实告诉我们：还没有。我国乡村社区的村民"原子化"状态已是普遍现象，已有的乡村调查研究均已告诉我们这是一个不争的事实。其导致的直接后果就是社会秩序的混乱与村民冷漠表情下掩藏的那种绝望与无助。在对汪村生活态度的量表测量统计结果中已明显地证明了这些结论。如在回答："你对将来的生活的态度"时，回答"不知道"和"较悲观"的分别占有30.5%和21.6%，这两种合计共占到了被访者的52.1%；回答"充满信心"的仅占19.8%。也许汪村的每一位村民都会承认的一个社会现实是"现在的生活是比以前好多了，不仅能够吃饱肚子，而且比以前轻闲多了，也自由了，想干什么就干什么，不受别人的限制。有机会还能出去看看外面的世界"。可是村民对未来的态度却是一种并不十分乐观的看法，原因是什么呢？他们的悲观情绪似乎没有理由从他们的现实生活中产生，但其答案似乎又离不开现实生活，因为一种态度的形成总是客观事实在人大脑中意识化思维的结果，它不可能是无水之源。但这种现实的真正根源是什么呢？在调查中笔者发现，至少以下方面是造成这一现象的主要原因：①"现代化"的各种社会特质，尤其是市场经济条件下的"工业主义"（吉登斯，1999），通过政治途径和大众传媒以及城市的示范效应输入村庄，对村庄传统价值规范支解以后又无能力建立新的与其相适应的价值体系，从而使人们的信仰及其价值体系处于"真空"状态，原有的诚信基础遭到破坏，而新的诚信机制又因缺乏建立的社会基础而"搁浅"在"茫然"状态，这时候，人们遵守的权威价值规范又因社会变迁而逐步弱化，以致趋向瓦解，从而使人们无所适从，产生社会失范现象，致使整个村庄没有了整合的基础。②在村庄发展的过程中出现的对村民造成强烈刺激的社会问题（如部分政府官员的腐败问题、村干部的痞化及黑恶势力的村霸问题和由于社会政策与制度安排不当而造成的利益分配不公等问题），使人们对改革过高的期望值大大受挫。村民因其利益被直接或间接地侵害而产生了对现实的不满。强烈的失落感和挫折感使村民对社会的认同感大大降低，于是对现实社会就有了一种本能的抵抗情绪。就这样使其行为及其支配动机发生了由社会到个人的根本性转变。随之而来的便是社会责任感的降低与处世态度的冷漠化。③随着由于市场经济和历次政治运动共同作用下村庄的"传统"与"记忆"的渐去渐远，村民赖以依存的"社区共同体"日益失去它往日的凝聚力和整合力，致使社区成员因为没有了团结的基础而日趋"原子化"。④由于上述原因而导致的传统乡村协调机制（如宗族制度、伦理规范）的失效，而法律等现代社会协调机制因为成本太高和缺乏在乡村社会普及的基础而搁浅在官方的文件里。加上村民自治组织——村委会几乎处于瘫痪状态，以致出现乡村社区社会控制"缺场"的局面，这也是乡村社区社会治安恶化、人们的安全感降低的主要原因。这些又进一步强化了村民对社区共同体的离散倾向。

村庄的"记忆"与"共同体精神"的缺失、村民日益分散的"原子化"特征和市场经济条件下的理性化、功利化，一起把村民推上了"没有信仰"、"缺乏诚信"的不归之途。他们在迷茫的市场经济大潮中寻找可以为他们引航的航标。当村集体的权威在村民心目中日益丧失的时候，村民便将主持"正义"与"公理"的希望寄托于乡村基层地方政府的身上。而现实的残酷一次又一次击碎了他们良好的愿望，地方政府与乡村社会的过度政治化及其非公正性的行为把村民可以看作能够"为民主张正义"、"为民做主"、"替民请命"的最后一点光亮也给破灭了。在传统的家、国和权力等襁褓式的保护中生存惯了的农民，一旦失去了可以依托的支撑力量，在市场经济大潮中，像失去了双亲而流浪于街头的孤儿一样，便随"私利"之波为了生存而逐流了。分散了的农民如一支没有组织的船队在没有航标的茫茫大海中横冲直撞，遭遇风险总是在所难免的了。

现在，当我们在提出"建设社会主义新农村"战略目标的背景下去谈乡村社会的进一步发展时，首先要明确，"新"建立之前的"旧"是什么？为何要革除"旧"？"新农村"的"新"新在何处？其运作所依赖的社会情境（尤其是各方面的体制）是怎样的？如何才能建立"新"？对这些问题的思考和回答也是我们改变目前乡村离散化局面的一个根本出发点。这里提出以下建议：第一，从改革现有的乡村治理体制入手，建立新型的乡村治理、管理体系。分清治理和管理的界限，管理为乡村的自治提供服务和公共资源，而自治必须立足于村庄自有的文化，避免行政化。第二，村庄的领头人要来自于乡村，又要高于乡村（主要体现在素质上），为乡村培养和输入建设性人才是关键,当前一些地方实行的"培养农村百名大学生工程"是一个有益的尝试,值得推广和借鉴。关键是不要流于形式,要有相关的制度保证。第三,要建立乡村治理者权利与义务、职责与报酬对等的行政和劳动管理体制。目前乡村治理者是权、利轻,而责、务重,这可能是导致出现村庄治理"行政化"、村干部腐败以及村干部"痞化"和村庄"离散化"等问题的一个重要原因。第四,借鉴20世纪二三十年代"乡村建设运动"的经验,在一些条件成熟的地区(如汪村)搞一场新形势下的乡村建设运动将可能是改变乡村现状、建设社会主义新农村的一个较好的路径。这里,需要有政府、企业和社会各界的支持和投入,仅仅靠学者是不行的。第五,新乡村建设运动要与各种体制改革和制度建设结合起来,如乡村基层行政管理体制改革、乡村养老保险和乡村合作医疗制度建设等。这是一项宏大的工程,需要有计划、有步骤、逐渐地推进。

具体到汪村而言,笔者认为,培养或从外部输入乡村治理人才以改变目前村集体瘫痪的状况是改变村庄面貌、发展村庄的第一步。就村庄的历史和现状来看,汪村有共同体及其凝聚力的历史,有大量的富余劳动力,有较好的地理和自然条件,只要有一个有才华和能力、有素质和威信、有魄力的带头人,就可以将汪村建设好和发展好。但这样的带头人需要从外部输入。但输入的人才要使村庄运转起来除了要有相应的制度保障以外,还要有村民的支持,这里,带头人的才能、素质和品行,以及如何树立在村民中的威信以取得村民的支持是关键。笔者认为,借鉴"培养农民大学生"、"大学生当村官""大学生支教"、"农村教育硕士研究生培养计划"等相关的做法,完全可以为培养新型乡村治理人才与高校合作做一次有益的尝试,这也许是一条较好的出路。

参考文献

〔美〕杜赞奇:《文化、权力与国家——1900~1942年的华北农村》,王福明译,江苏人民出版社,1996。

〔英〕吉登斯:《现代性与自我认同》,赵旭东等译,三联书店,1998。

袁亚愚等:《社会学家的分析——中国社会问题》,中国社会出版社,1998。

沙莲香等:《社会学家的分析——中国社会文化心理》,中国社会出版社,1998。
曹锦清:《黄河边的中国》,上海文艺出版社,2000。
徐勇:《中国农村研究》,中国社会科学出版社,2003。
贺雪峰:《新乡土中国》,广西师范大学出版社,2003。
贺雪峰:《缺乏分层与缺失记忆型村庄的权力结构——关于村庄性质的一项内部考察》,《社会学研究》2001年第2期。
刘玉照:《村落共同体、基层市场共同体和基层生产共同体——中国乡村社会结构及其变迁》,《社会科学阵线》2002年第5期。

从文化资本到经济资本：乡村社会记忆的功能转向及其思考

——以徽州历史档案为分析对象[*]

⊙ 杨雪云　丁华东[**]

转型期乡村研究的一个重要问题是对乡村社会的基本性质做深入探讨，而对转型期乡村社会记忆的变迁进行考察，是探究乡村社会性质的有效途径之一。

当前，社会转型期的乡村记忆正受到快速变迁的社会生活的重大影响：在很多村庄，昔日自然形成的村庄格局正在被打破，充斥于日常生活的仪式习俗正日益被淡忘，人与人之间经世沿袭、朴素感性的处世之道正在为理性化的现代交往原则所替代。正是在这一背景下，传统的、带有乡土气息的社会记忆正悄然发生变化，其文化规约、社区认同的功能日渐淡化，与市场对接、获取经济资本的功能日益凸显，乡村社会记忆正经历着从文化资本到经济资本的转向。这一转向过程中不少乡村社区记忆渐趋弱化乃至丧失，与此不同，徽州社会记忆转向伴随着历史与今天的有机联系、过去与现在的全面融合，其独特之处耐人寻味，那么徽州社会记忆在当下社会转型期发生了何种变迁，其内在逻辑是什么，它能给我们带来哪些启示？

---

[*] 本文为国家社科基金项目"档案与社会记忆研究"（批准号10BTQ040）；上海市教育委员会科研创新项目"档案与社会记忆建构研究——以徽州历史档案为分析对象"（资助编号09YS64）、安徽省哲学社会科学规划办项目（AHSK07-08D37）及安徽省教育厅项目"社会记忆与新农村建设"研究成果之一。

[**] 杨雪云，安徽大学社会与政治学院副教授；丁华东，上海大学图书情报档案系教授。

本文借助法国当代著名社会学家布迪厄的资本视角，以徽州社会记忆的重要载体——徽州历史档案为分析对象，通过对徽州乡村社会记忆特征及其运作机制的解读分析，对以上问题做出探讨。

一　传统乡村社会记忆的文化资本质性

（一）文化资本的生成离不开社会记忆

"文化资本"是布迪厄展开批判性社会分析的重要工具，它分为三大形态，即身体化形态的文化资本、客观形态的文化资本和制度化形态的文化资本。身体化形态的文化资本指人们通过在一定的环境中长期熏染、凝聚于身体、渗透于精神的知识、技能、素养、品位，它反映的是在特定环境中的人的综合特质。客观形态的文化资本是指以物的形式呈现的文化资本，如书籍、建筑、工具等，因为所有物的创造均离不开人，所以客观形态的文化资本也可以说是人的内在素养的物化。制度化形态的文化资本则主要指在集体的层面，对个人所存有的身体性文化资本的价值予以正式承认的规则或方式，它凸显的是特定社会环境对特定素养的认同与尊崇。以上文化资本的三种形态之间并非截然分立的，而是贯通交会、融于一体。

对布迪厄文化资本的理解离不开对他的另一重要概念"场域"的理解。所谓"场域"，即是人们身处的、对人不断产生影响，同时也为人的行动不断形塑的特定环境，"它是由一些具有共同生产物、价值观、思想、制度、组织、规则的人员组合而成的多元复合体"[1]。文化资本并非抽象之物，它总是和特定场域联系在一起，其具体特质总与特定场域密切相关，因此，"人们之所以还要对这些不同种类的'资本'进行区分，主要是因为每一种形态的'资本'只有在创造出这一'资本'的特定场域内才能够最大限度地发挥其固有效用"。

---

[1]　朱伟钰：《资本的非经济学解读：布迪厄的文化资本解析》，《社会科学》2005 年第 6 期。

徽州社会的文化资本是徽州人在徽州这一特定场域创造出来的，有其鲜明的地域特色，而这一特色的形成与展现和徽州地区独特、系统的社会记忆息息相关。"社会记忆是指人们将在生产实践和社会生活中所创造的一切物质财富和精神财富以信息的方式加以编码、储存和重新提取的过程的总称。"[①] 它是一个动态系统，既包含对过去社会信息的记载，也包括信息的提取，即记忆在当下社会中的解读、传递与操演。如果以具体形态来划分，社会记忆主要包括器物记忆、制度记忆和观念记忆。

徽州有着中国其他乡村无与伦比的历史档案，它们以自身的丰富与完整为徽州社会保存了一幅鲜活生动的有关过往社会生活的全景图。在中国地方区域遗留下来的历史文书档案中，徽州文书档案占有三个之最：一是年代跨度最长，前后跨度达 748 年；二是种类最多，现存种类达 179 种；三是数量最多，现存总数至少 23 万卷（件）。档案中既有大量的器物图片资料，也有制度的原始文本，徽州历史档案是徽州器物、制度、观念记忆的总汇集。

文化资本作为与文化及文化活动有关的有形及无形资产，不管其以器物、制度还是观念的形态出现，其生成均与社会记忆有着必然的联系。首先，文化资本非速成之物，它的生成需要花费大量的时间与精力，需要数代人的传承与积淀。每一件器物、每一项制度以及场域内对人的某种精神气质的集体认同与推崇，都蕴涵着人们对当下生活的理解与阐释，然而，"我们对现在的体验，大多取决于我们对过去的了解；我们有关过去的形象，通常服务于现存社会秩序的合法化"[②] 由于徽州历史档案使徽州人对"过去的了解"全面而细致，为徽州文化资本的积累提供了丰富独特的素材与养分，正是在此基础之上，徽州人经世累积的文化资本不仅丰富精致而且富有地方韵味。其次，社会记忆的连贯性对文化资本的生成、积累至关重要。生成于特定场域的文化资本是场域内的行动者长久互动体验、反复评价选择的结果，在这一过程中，社会生活的秩序化、社会记忆的连贯性对于文化资本的生成积累至关重要。

---

① 孙德忠：《社会记忆论》，湖北人民出版社，2006。
② 纳日碧力戈：《作为操演的民间口述和作为行动的社会记忆》，《广西民族学院学报》2003 年第 3 期。

徽州多山，"其险阻四塞几类蜀之剑阁矣，而僻在一隅，用武者莫之顾，中世以来兵燹鲜焉"，这为徽州社会记忆的积累与保存提供了得天独厚的地理条件，尽管如此，徽州社会并非世外桃源，历史上一些大的动荡也给这一地区带来严重影响，其社会秩序也曾一度遭受很大破坏，但徽州人对谱牒的撰修一贯重视，"三世不修谱为不孝"成为徽州人的普遍理念，"三十年一小修、五十年一大修"成为徽州人的普遍习俗。在这样的社会氛围中，每一次战乱过后，徽州人首先关注的是通过重建祠堂、重修族谱，修复被战乱打断的社会记忆，正因有了这样的社会基础，徽州社会记忆虽经战乱遭受严重破坏，但仍能在最大限度上得以修复，保持其连贯性。

徽州清晰连贯的社会记忆、完整丰富的文化遗存造就了徽州文化资本的深厚底蕴，这不仅从徽州器物所渗透的人文特色、从徽州制度规则所涵蕴的共同体意识，还从徽州人自律、自省的群体气质中得到彰显。

（二）社会记忆的传承离不开文化资本

"社会记忆是指人们将在生产实践和社会生活中所创造的一切物质财富和精神财富以信息的方式加以编码、储存和重新提取的过程的总称。"[1]它从来不是抽象的，总是发生于特定环境，既布迪厄所说的具体场域之中。只有那些有机会被反复提取的信息（社会记忆）才有可能在现实生活中一遍遍被反复操演，从而得以更为完整地传承。

然而，场域内的事件纷杂繁多，为什么是这些事情而不是别的事情被记忆？换句话说，人们依据什么认定有些信息是有价值的、值得记忆的，并在日后的行动中反复实践从而成为特定场域内人们的行为特征？布氏的文化资本概念为我们从新角度探究社会记忆在特定场域内的传承机制带来了启示。

由于社会记忆是"编码、储存和重新提取"的全过程，因此，在生活实践中，社会记忆是一个动态系统，不仅存储于人的大脑和历史档案里，还体现在社会行动中，寻常生活中的仪式、表演、冲突、合作等无不蕴

---

[1] 孙德忠：《社会记忆论》，湖北人民出版社，2006。

涵、透射着丰富的社会记忆，我们甚至可以说，"社会记忆实在就是社会行动"①。作为行动的社会记忆不是信息的被动接收器，完全受环境的宰制，它有着一定的选择能力，选择的依据在于特定场域内文化资本的具体内容及特质。每一场域内都有自己普遍流通、行之有效的文化资本，对这类文化资本的积累，无论是以物的、制度的还是身体的形式，均能给行动者带来更多地位与声望，正是在这个意义上，文化资本成为连接人与环境关系的桥梁，它对人的行动具有引导作用。

作为徽州社会记忆的重要组成部分，尽管徽州历史档案卷帙浩繁，似乎是事无巨细皆有收录，但事实上貌似繁杂的记录一直围绕其中轴与核心，那就是徽州人所推崇的契约精神、宗族教育、精致生活等不同形态的文化资本。

徽州社会记忆有着其他乡村无与伦比的系统性与连续性。在缺乏现代高科技信息存储技术的年代，文本无疑是容量大且存储时间长久的信息储存手段，这一手段在社会记忆的存储方面可以说被徽州人运用到了极致，因为"他们知道言谈举止的短暂与虚无，所以他们宁愿相信纸砚和笔墨，用他们琐碎到事无巨细的文字记录下历史的真实风貌"。徽州历史档案的具体形态包括土地买卖契约、租佃文约、合同文书、誊契簿、租谷簿、宗祠簿、典当文约、卖身契、税契凭证、推单、赋税票据、黄册底籍、鱼鳞图册、土地号簿、户领丘册、会簿、借券、任命状、试题、兰谱、信札、诉讼案卷、旌表批文等，记录并反映了地方基层社会与民众生活的状态，大到州县，小到图甲、个人，都有比较完整的各方面的文书档案。公务文书有州县、县政诸如吏户礼兵刑工等六科的鳞册；私人文书有徽州大大小小宗族的世系递嬗、宗族教育、科举状况、土地积累、管理经营、宗祠创建、族产管理、与官府和地方其他家族的关系等；还有更多涉及徽州平民百姓日常的衣食住行、生老病死、婚丧嫁娶、各种会社、风俗习惯等日常生活的记录，详细到每家每户，有的具体到个人。② 如此缜密细致的文本记录，前后贯通、纵横交织、相互补充、彼此应和，形成徽州纵深绵延的社会记忆，

---

① 纳日碧力戈：《作为操演的民间口述和作为行动的社会记忆》，《广西民族学院学报》2003年第3期。
② 周绍泉：《徽州文书与徽学》，《历史研究》2000年第1期。

其字里行间无不渗透着徽州社会传统的价值观念和社会规则,这不仅为徽州人追忆过往社会生活提供了丰富素材,也为徽州人不断提取、反复操演这些观念与规则提供了明晰的依据,而这又进一步让这些观念与规则深深地镶嵌在集体的记忆里,成为场域内稳定的生活理念与价值取向。

徽州人在做人方面崇尚诚实守信,道德良善;在制度上,崇文重教,讲求契约与规则。这样一种为人做事的准则决定了徽州人对物的价值取向和审美偏好,他们创造的建筑与器物多倾向于表达人与自然的和谐共生,除满足人的功能性需求外,更注重寄托生活意义,表达生命反思。徽州人对以上文化资本的偏好,使那些与此理念相应和的社会记忆被反复提取、操演并随之得以自然传承。

(三) 传统乡村社会记忆的文化资本特征

以上对传统乡村社会记忆与村庄场域文化资本两者之间关系的分析表明,在我国,传统乡村社会记忆弥散于乡间,凝聚于一切可能的载体中,透射出文化资本的特征,其功能具体表现在对人的文化规约,对村庄乡土人文气息的营造,以及引领乡民对生活意义、生命价值的追索与体验。这一点,在传统徽州社会得到更为充分的体现。

徽州以商著称,应当说追逐利益是商人的共同目标,然而,从徽州历史档案来看,它更多地不是记录与鼓动经济利益的最大化,而是强调与颂扬经济行为的道德规范。

徽州历史档案中有关徽商信义为本处理经济关系的记录不胜枚举。明代歙县胡仁之"贾嘉禾,年饥,斗米千钱,同人请杂以苦恶,持不可"[①]。清代婺源朱文炽"尝鬻茶珠江,逾市期,交易文契,炽必书'陈茶'两字,以示不欺。牙侩力劝更换,坚执不移。屯滞二十余载,亏耗数万金,卒无怨悔"[②]。

即便在危困时刻,义利难以两全时,他们也往往会毫不犹豫地舍利而

---

① 《大泌山房集》卷73《胡仁之家传》。
② 光绪《婺源县志》卷33《人物·义行》。

取义。清代祁门商人汪应干,"有海阳客携千金寓其家。顺治己亥,祁有寇乱,客遁去,应干为贼所执,以刃索金,干顾其子曰:'趣取吾所有来。'其子知其意,出家赀付贼得免"①。明代祁门马禄"长客常州,受友人寄金百余,有同旅盗金亡去,禄秘不言,罄已赀偿之。已而盗败,得所寄金,友人始知之"②。

  徽州历史档案对以上忠义之士的记载既是记忆的存储,也是价值的认同与弘扬,更是借助社会记忆导引人们行动的方向。在徽州,"信义服人"成为徽商"营谋渐裕"的普遍途径③,"其经营团体是以实现成员道德上的和谐融洽为根本的价值取向,而不是以赢利为主要目标,其团体内部人与人之间是一种尊卑贵贱、长幼亲疏的道德关系,而不是各自具有独立经济利益的契约关系。在这种心理支配下,人们很难接受商业制度下那种唯利是图的经营思想和人与人之间的那种赤裸裸的金钱交易关系"④。深厚久远的社会记忆不仅导引着徽州人的经济行为,即便在更为私人化的消费行为中也起到了明晰的规约与引领的作用。

  徽商因商而富者人数众多,但俭朴节约的生活方式在徽商中却蔚然成风。歙县一带"大富之家,日食不过一脔,贫者盂饭盘蔬而已。城市日鬻仅数猪,乡村尤俭。羊惟大祭用之,鸡非祀先款客,罕用食者,鹅鸭则无烹之者矣"⑤!

  生活节俭的徽商,在读书教育、公益事业等文化消费上却又显示出大方豪气的一面。他们通过经商积累一定财富后,不惜重金建学馆、办义学、设书院,投资文教、培养子弟,以尽可能让更多的子弟入学就读,徽州人对教育的重视成效卓著,仅依嘉庆《两淮盐法志》中的《科第表》所列,从顺治二年(1645年)到嘉庆十年(1805年)160年间,徽商子弟登科者256人,其中,进士85人、举人116人、贡生55人。⑥徽商子弟登科及第者数量可观由此可见一斑。

---

① 道光《安徽通志》卷196《义行》。
② 康熙《徽州府志》卷15《尚义》。
③ 《婺源县采辑·义行》。
④ 洪璞:《儒家经济伦理与徽商》,《南京大学学报(哲学·人文·社科版)》1995年第1期。
⑤ 《歙事闲谭》第18册《歙风俗礼教考》。
⑥ 方竞:《从徽商的消费形态看传统社会商人的历史命运》,《合肥学院学报》2005年第4期。

传统徽州强烈明晰的社会记忆，造就了徽州人重视过去、向村而生的价值取向与生活态度，在中国历史上还没有哪一个商帮像徽商这样如此关心公益事业，他们广置族田、义田，救济本族或家乡穷人，这不但使行动者在场域内深孚众望，累积了丰厚的文化资本，而且，这一精神潜移默化，对生活世界形成了深层浸润，最终造就了徽州场域的独特意蕴及徽州人的群体气质。

无论是徽商的经商致富、衣锦还乡，还是徽官的各地任职、荣归故里，一次一次，反反复复，无一不是信息的进与出、吐与纳，徽州社会记忆就是在这种多种信息交会、新旧理念碰撞的环境下展开的，这是一个信息编码、储存和提取的过程，也是一个信息辨析、选择与重构的过程，它伴随着记忆与遗忘的互动、凸显与遮蔽的交替，文本书写与意义诠释的互融互构。在这样的环境里，同化与顺应不仅是徽州社会记忆存储与传承过程中呈现出的特点，而且已全然成为徽州社会记忆本身不可分割的一部分。两者间的这一自然关系与乡村特定的生产生活方式、民俗民德、人际关系等交融契合，形成徽州乡村社会核心价值的稳定性与自治性。不过，"自治性不意味着超稳定结构和一味守成，恰恰相反，它意味着很强的历史适应性和形式灵活性：在变迁中吸纳，在同化中变异"[①]。

二 转型期乡村社会记忆从文化资本向经济资本的转变

传统乡村社会记忆与文化资本之间彼此融入、互构共生的关系在当下社会转型期发生了很大变化。20世纪80年代以后，在"一切以经济建设为中心"的国家话语和经济全球化的时代话语要求之下，中国社会发生了急剧深刻而全方位的变化，伴随社会转型而来的是社会记忆变迁及其功能的经济转变，作为徽州社会记忆的重要形态，徽州历史档案在社会转型期从文化资本向经济资本的功能转变主要表现在以下几方面。

---

① 朱士群、李远行：《自治性与徽州村庄》，《中国研究》2006年春季卷。

（一）徽州历史档案在促进旅游产业发展中的功能表现

徽州历史档案在促进旅游产业发展中的功能体现在从宏观到微观、从整体到局部的各个方面。首先，徽州历史档案本身就是一种文化旅游资源，是一种高品位的人文景观。对许多游览者而言，参观徽州历史档案展览与观赏古牌坊、古民居、古桥梁等徽派建筑一样起到了怀古思今的功效。

其次，旅游是一种文化体验与精神享受，因此，就旅游资源而言，意蕴至关重要，徽州历史档案为徽州保存了丰富久远的社会记忆，徽州的生活理念与价值取向经数百年的浸润、发散，体现在人、物、人与人及人与物的关系中，时时、处处，有形、无形，营造出徽州独特的意蕴。这种给人触动、引人深思，同时给人带来精神疗养的意蕴，恰恰是众多乡村游的崇尚者所极力追求而在别处又难有所得的。正如有学者所言，古村落旅游的一个重要依托是古村落的文化"意境"[①]，显然，凭借当今的技术与材料，仅从外形上仿制某些建筑并不是一件特别困难的事情，但缺少经久绵延的记忆，没有与过去生活的连接，这种"意境"却是任何高精专技术都难以营造与复制的。

最后，理想的旅游产品往往结构合理、内涵丰富，但受地理及人文各方面条件所限，不少旅游地产品单一，很难达到这一点。徽州清晰绵延的社会记忆与徽州的秀美山色、人文积淀相得益彰，有效地将徽州的习俗风尚、社会历史、精神气质交织融合，拓宽了徽州的旅游内涵，丰富了旅游形式，使游客既能欣赏徽州的青山绿水、田园风光，也有机会领略浸润于当地居民日常习俗、饮食娱乐，乃至方言俚语中的古朴生活方式，更能通过徽派建筑装饰、字画楹联领悟到渗透其间的勤勉、节俭、诚信、伦理，以及进取向上的精神追求，从而使游客获得从感官到精神全方位的体验与触动。

（二）徽州历史档案在推进传统产品开发中的功能表现

徽州历史档案在推进传统产品开发中的功能主要表现在：它既有效地

[①] 黄安民、李洪波：《文化生态旅游初探》，《桂林旅游高等专科学校学报》2000年第3期。

延续了传统产品的传承，同时传统产品与徽州社会记忆的密切联系又进一步拓展了市场对传统产品的热衷与需求。

我国历史文化悠久，各种传统手工产品众多，这些传统手工产品既是日常生活用品，同时又是文化艺术产品，凝聚着不同地区人们的社会历史、习俗风尚与审美取向，体现与承载着各地久远丰富的社会记忆。然而，由于传统产品的生产工艺仅仅依赖代际口耳相传，缺少文字记载，随着科技的进步、机器生产的普及以及人们生活理念与生活方式的变迁，不少传统手工产品已经失传，更多的传统手工技术濒临灭绝。徽州历史档案保留了徽州社会丰富完整的社会记忆，使徽州诸多传统产品如徽墨、歙砚、徽漆、纸笔、木雕等，均能够依据原始档案研究开发，继承发扬，创造新的经济效益。除此以外，徽州茶、丝、漆、木、竹、瓷土等土特名产，也可以从历史档案中徽商的经营策略、经营项目中寻求新的发展思路，打开更为广阔的市场，实现更多的经济效益。

（三）徽州历史档案在建构社会关系与动员社会力量招商引资、推动地方经济发展方面的功能表现

历史上，徽商注重乡族情谊，有聚族经商的习惯，在经商过程中资本通融、信息互享、"以众帮众"，在经营中自然结成徽商网络。通过庞大周密的徽商网络，徽商们彼此交流商业信息、共同处理公益事业，力量的集聚与整合不仅使徽商势力得以加强，同时也进一步推动了商品经济的发展与地域市场的融合。

时至今日，尽管往日的徽商网络早已今非昔比，但清晰绵延的社会记忆使徽州注重乡族情谊的传统得以传承，通过族谱利用族人等血缘关系招商引资成为徽州推动地方经济发展的重要途径。近年来，徽州人利用历史上形成的社会网络引进了一批民间资本，办起了许多小企业。

不仅如此，依凭徽州历史档案，借助徽州这一文化平台传播徽商精神，打造"新徽商"，成为安徽省政府吸引中外客商广开投资渠道的重要举措。创办于2005年的中国国际徽商大会是安徽省主办的综合性经贸盛会，意在弘扬徽商精神，展示安徽风貌，促进招商引资、贸易洽谈。近几年来其知名度不断提升，已经成为安徽省品位最高、规模最大、影响最广

的对外开放标志性平台，为安徽经济发展起到了重要推动作用。

以上徽州历史档案在当代地方经济发展中的作用展示了"文化搭台，经济唱戏"在实践中的不同运作模式，尽管形式不同，实际上都是对社会记忆的挖掘与运用，展示出社会记忆从文化功能向经济功能转化的具体路径。

三 乡村社会记忆资本转向给乡村社会带来的影响

（1）社会记忆资本转向的普遍性。在市场经济的宏观背景下，经济理性成为人们社会实践与行动选择的重要基础，城市如此，乡村也不例外，经济资本成为整个社会大场域的通用资本与一般等价物，在最大限度上实现物品经济价值已经成为行动者行动的基本导向，在这一宏观背景下，社会记忆从文化资本向经济资本的转向也已成为社会普遍现象。

（2）记忆资本转向对乡村社会记忆传承的影响。社会记忆的资本转向使乡村社会记忆与文化资本原有的互构共生关系被打破，乡村社会记忆传承日益偏离原有的脉络及逻辑。尽管传统乡村社会记忆的传承与文化资本互构共生、相得益彰，但社会记忆的经济资本功能在传统乡村也并非全新的事物，只是传统乡村社会记忆更多展现的是文化资本的显功能，其作为经济资本的潜功能被抑制。乡村社会记忆的资本转向激活了这部分因抑制而沉睡蛰伏的乡村记忆，同时也使一些原本鲜明活跃的乡村记忆渐趋淡化乃至消解。

传统乡村人与人之间的交往主要建立在"熟人社会"礼义诚信的基础之上，必要时，人们也会借助立字画押等理性行为明确各方权利义务以避免不必要的纠纷，只不过这类行为在传统乡村社会既非主流更非常态，即便是在徽州这样的契约社会，它的存在也仅限于特定的领域。今天，伴随着乡村社会记忆的资本转向，乡村社会原本沉睡蛰伏的记忆被进一步激活，理性选择成为适用于社会生活各领域的普适准则，利益考量成为主流价值取向。

在激活部分记忆的同时，社会记忆的资本转向也消解了一部分传统的社会记忆。与徽州不同，我国绝大多数的乡村记忆缺少徽州历史档案这样系统缜密的文本载体，新中国成立后，历经多次运动，乡村宗祠、家庙、族旗、楹联等多被销毁，乡村社会记忆的物的载体也几近湮灭，因此，对于中国多数乡村而言，乡村社会记忆呈现出人格化特征，乡村故事、传说、仪式等多通过口耳相传的模式传承，这在村庄相对封闭、文化资本备受尊崇的传统社会尚可维持，在村庄走向开放、人员流动普遍、经济资本成为普遍诉求的情境下，那些不能在短时期内有望转化为经济资本的社会记忆被人们有意无意地淡化遗忘，逐渐远离人们的生活世界，经久绵延的传统乡村社会记忆历经市场大潮的淘洗日渐模糊。

乡村社会记忆的资本转向使昔日清晰明朗的传统记忆日渐模糊，与之伴随的则是乡村场域的全面蜕变。

对于场域内的行动者而言，社会记忆绝非可有可无的东西，"当他们失去目标的时候，过去给予他们方向；当他们在外漂泊之时，过去给予他们归属；当他们绝望的时候，过去给予他们力量之源。换言之，记忆是一种文化规划，它导引着我们的意向，设定着我们的心境，指导着我们的行为"[1]。社会记忆不但是理解当下生活的依据，也是引领未来生活的资本，它通过赋予行动者核心价值规约行动的界限，昭示生活的意义。

在传统乡村社会，"深刻的社区记忆必然造成长长的传统社会关联链条和以这一社会关联链条为基础的一致行动能力"[2]。长长的社会关联链条表现为乡村场域内人与人之间的紧密联结、错综有序的人际关系，一致行动能力则表现为集体记忆对成员产生的强大约束力，该约束力来自于成员对社会记忆的存储与认同、对场域内特定文化资本的崇尚与追求，以及在此基础上由内而生的自律自省。乡村居民的这种内在品质、处理人际关系的基本准则、人与人之间关系的和谐状态与乡村的自然环境融合在一起，成为乡土社会的生成要素，从这个意义上来说，社会记忆不仅是滋润乡土社会的养分，更是构成乡土社会的主要成分。

---

[1] Schwartz B., "Memory as a Cultural System: Abraham Lincoln in World War II," *American Sociological Review* (1996).

[2] 贺雪峰、仝志辉：《论村庄社会关联——兼论村庄秩序的合法性》，《中国社会科学》2002年第3期。

徽州地区独特的人文气息很大程度上来自其以文本形态记载传承的系统社会记忆，强烈清晰的社会记忆既是徽州吸引资本的条件，也是其在适度追求经济效益的过程中保持乡土本色的原因。

相反，那些社会记忆不够强烈系统，并且仅以人格化形态存储传承的乡村，社会记忆与经济资本的密切联系很容易使村庄为经济理性所主宰，经济资本越来越多地成为村民价值评估的通行标准乃至唯一标准，传统社会记忆在经济效益的兑现过程中逐渐淡化甚至断裂。失去传统记忆的引领，新的成熟现代理性又尚未完全建立，村庄整个陷入既缺乏本体性价值又缺乏社会性价值的迷茫状态，"在缺乏本体性价值又缺少社会性价值的情况下，一个社会就不再有道德和信仰的力量来约束私欲的膨胀，就不会有长远的预期，就会成为一个短视的没有前途和希望的社会"[①]。

四 徽州社会记忆资本转向带来的思考

社会记忆积累传承的过程本身就是一个选择与重构的过程。因此，在乡村现代化进程中，为了更好地适应和发展，需要对传统社会记忆做出取舍，原本是一件很正常的事情，但是，取舍与适应绝不同于全盘抛弃，而理当是基于自身地方特色的收放有度、兼容并蓄。在这一点上，徽州社会记忆给我们带来了启示。

与一些地方舍弃社会记忆的精神传承、极力迎合市场的做法不同，徽州社会记忆在与市场对接的过程中显现出很强的柔韧性，柔是指它的不凝滞、不倦怠、顺时应变；韧是指它的有恒常、有坚守、变而不离其宗。徽州秉承自己的社会记忆，在坚守核心价值的前提下适度顺应市场经济，依据自身条件寻求与市场的对接，这使徽州社会记忆与经济资本的对接中，彰显出自身特色，这特色本身又进一步成就了徽州社会记忆的深远"意境"，为徽州社会记忆的资本化进一步创造了机遇。徽州社会记忆资本转向的途径与表现为其他地区提取、善用和保护乡村社会记忆提供了很好的经验。

---

① 贺雪峰：《农民价值观的变迁及对乡村治理的影响》，《学习与探索》2007年第5期。

不仅如此，作为徽州社会记忆的重要载体，徽州历史档案在社会记忆的资本化过程中，发挥自身优势，将社会记忆适度糅合到获取经济资本的诸多实践之中，既提升了旅游品位，又拓展了传统产品，同时也通过建构与动员各种社会关系网络提高了招商引资的成效，徽州历史档案走出书斋，通向市场，在运用与发挥其价值的过程中保留社会记忆，在资本增值的过程中传承记忆，使历史档案在与现实的勾连中焕发新的生命力，这无疑在保护、开发及善用历史档案方面也为我们带来了很好的启示。

最后，值得一提的是，对徽州历史档案、徽州社会记忆的开发利用如同对其他任何珍贵文化资源的开发利用一样，必须开发有度、利用有节，开发是为了更好地利用，同时也是为了更好地保护与传承，绝不可完全为经济理性所主宰，急功近利搞掠夺式开发——能获利的就竭泽而渔，不能获利的就任其自生自灭——如果那样的话，传统社会记忆将消散于无形，乡村人文气息将无处寻踪，最终，社会记忆的经济资本功能也将难以为继。

参考文献

朱伟钰：《资本的非经济学解读：布迪厄的文化资本解析》，《社会科学》2005年第6期。

孙德忠：《社会记忆论》，湖北人民出版社，2006。

纳日碧力戈：《作为操演的民间口述和作为行动的社会记忆》，《广西民族学院学报》2003年第3期。

洪璞：《儒家经济伦理与徽商》，《南京大学学报（哲学·人文·社会科学版）》，1995年第1期。

方竞：《从徽商的消费形态看传统社会商人的历史命运》，《合肥学院学报》2005年第4期。

食品安全与生态农业

——以《魅力盐铺》中的生态菊花产业为例

⊙ 李 琼[*]

一 目前食品安全问题现状

中国有句古话"民以食为天",在中国文化的深层结构中,"食"被赋予了社会整合的意义,正如美籍华人孙隆基所说,"'食'如果用来作为一种社会功能,则可以促进'和合感'"[①],可见其对国人的重要意义。最近几年来,频有媒体报道中国食品安全事件:从致癌的苏丹红到嗑药的八宝鱼;从婴儿奶粉中的亚硝酸盐超标到让人致命的瘦肉精;从膨大剂到塑化剂。食品安全方面存在的安全隐患事故层出不穷。目前农业的生产状况是影响食品安全的主要因素,主要表现在以下几个方面:一是过分依赖农药、化肥,单纯追求数量,导致农产品品质不断下降;二是片面追求经济效益,对新技术的不恰当使用增加了食品的安全隐患;三是农民科技水平相对薄弱,对农业生产与生态建设之间关系难以把握,使农业生产缺乏可持续性。要改善农业生产状况,从根本上消除食品的安全隐患,需要转变农业生产方式,发展生态农业。所谓生态农业,是指在环境与经济协调发展思想的指导下,按照农业生态系统内物种共生、物质循环、能量多层次利

---

[*] 李琼,安徽大学社会与政治学院硕士研究生。
[①] 孙隆基:《中国文化的深层结构》,唐山出版社,1990。

用的生态学原理，因地制宜地利用现代科学技术与传统农业技术的精华相结合，充分发挥地区资源优势，依据经济发展水平及整体、协调、再生产原则，运用系统工程方法，全面规划、合理组织农业生产，实现农业高产、优质、高效及可持续发展，达到生态和经济两个系统的良性循环和经济、社会、生态三大效益的统一。本文以盐铺生态菊花产业为例，描述了生态农业下的绿色食品发展模式。

二 生态农业的建设——盐铺菊花产业发展模式

（一）盐铺村的区位和资源优势

盐铺村拥有小二型水库两座，人工湖一座，是一个以低山丘陵为主的城郊农业村，其土壤含植物有机质丰富，疏松透气性好。优良的自然条件为生产优质菊花提供了基础保障，是黄山贡菊的最适宜栽培区。盐铺村自2002年开始黄山脱毒贡菊种植，种植面积年年扩张，农户有一定的种植、烘干技术和管理能力，项目单位黄山市绿风实业有限公司有种植、示范推广经验和技术力量，同时在技术上还依托县科技局和安徽农业大学生命科学院进行指导。从技术角度来讲，在黄山贡菊种苗高效繁殖技术体系的基础上，根据黄山贡菊的生态环境特点、生长发育和生理生化特性，形成的一整套黄山贡菊良种（两季花）高产优质栽培模式和技术方案，是发展黄山贡菊大面积栽培的新突破。

（二）盐铺菊花产业发展之路

1. 艰难的起步

盐铺村菊花种植的发展过程是曲折的，起步阶段走了不少弯路。盐铺村是一个城郊型农业村，有土地，但长年种植传统作物，产出很低。1999年开始农村产业结构调整。盐铺村从引进试种草莓、藕、茭白、毛豆、中草药开始，有成功有失败，但都没有取得很好的效果。2002年，在获知县科技局试种黄山脱毒贡菊种植的信息后，村委一班人通过努力争取成了县科技局试种黄山脱毒贡菊单位。但是，在谁带头试种的问题上，班子成员展开了讨论，因为种植成败会影响家庭一年的收益，也影响着盐铺村未来的农业经济发展道路。为了更好地掌握技术和经验，为将来推广奠定基础，最后决定由有过创业经验的李讨饭、曹长来、华长来三人试种。试种第一年，只有曹长来的6分地收益3000元，另两人均只保本。在接下来的班子会上，大家讨论了继续种植的利弊，最后决定再试种一年，而且所有党员都要试种，户数多了，对比性也就更强。2003年，村"两委"成员7人全部参与试种，试种面积共12亩，因受市场和种植技术影响，效益不是太好。2004年，全村黄山脱毒贡菊种植户18户，种植面积36亩。2005年，全村黄山脱毒贡菊种植户38户，种植面积80亩，年产值70万元，黄山脱毒贡菊的经济效益开始凸显。2006年，全村黄山脱毒贡菊种植户76户，种植面积260亩，年产值394万元，仅菊花一项年增加农民收入近3000元。2007年，全村黄山脱毒贡菊种植户232户，种植面积800亩，年产值1200万元，率先成为在全市农民人均纯收入超1万元的新农村。如今，盐铺村已成为黄山脱毒贡菊的重要产地之一，无论菊花市场如何起伏，该村的菊花销售不出村口，菊花种植户坐在家中就有客商上门收购。

2. 找准方向，发展菊花特色产业

初步尝到种植菊花带来的甜头之后，盐铺村民决定将菊花当做产业来做强做大。2004年5月，由黄山市市级新农村建设示范村——盐铺村村集体控股、村民集资入股组成的"黄山市绿风实业有限公司"成立，注册资金30万元，兴办的初衷是改变盐铺村的村容村貌和增加农民收入，通过"公司+农户"模式，建设黄山脱毒贡菊生产示范基地项目，力求通过项目建设，进一步促进特色农业的发展，实现山区资源优势向经济优势转变，推动城郊生态型农业的发展。

2005年，盐铺村成立了菊花协会。为发展壮大菊花特色产业，2007年3月30日，成立了"盐铺特色产业农民合作社"，社员近400人，通过把分散的农民组织起来，采取统一供种、统一供肥、统一供药、统一销售的

"四统一"方式发展菊花产业。合作社成立第一年,注册了自己的商标,实现了销售收入近15万元,给会员农户返利7万多元。2007年9月10日,盐铺成立了"黄山市休宁县盐铺特种产业专业合作社",以此带动全村的特种产业黄山贡菊的种植、加工向立体方向发展。

此外,菊花种植需要技术,村里便开展菊花种植技术培训,对种植户进行知识培训、栽培技术培训、采收加工技术培训。成立菊花专业技术服务队和菊花病虫害统防统治专业服务队,全面负责菊花生产的技术指导和技术人才培训,开展菊花常见病虫害防治,对菊花的常见虫害防治和菊花的常见病害防治进行技术培训,并改良菊花烘干技术。

3. 打生态牌,走绿色路

(1) 休宁县建立千亩无公害黄山贡菊基地。无公害贡菊是选择黄山贡菊中的优质品种,经组织培养而成,种植加工过程完全符合无公害生产要求,属绿色饮品中的佳品。而休宁县得天独厚的自然条件以及多年的种植经验又为无公害贡菊生产提供了良好的生态环境和丰富的实践经验。休宁县科技局在源芳乡九丘村试种成功并创造了夏秋两季收花新技术(亩产干花150~200公斤)的基础上,根据市场需求,以源芳乡为依托,建立苗圃基地,向全县辐射,建立千亩无公害贡菊生产基地。

(2) 休宁县发布菊花标准。2006年6月15日,休宁县质量技术监督局发布有机黄山菊花生产各项标准。为配合休宁县国家级有机黄山菊花农业标准化示范区建设,切实提高菊花的品质,实现菊花的有机化生产及加工,县质量技术监督局、科技局和黄山市翡翠药业有限公司等单位联合起草的《有机黄山菊花栽培技术规程》(DB341022/T004-2006)、《有机黄山菊花加工技术规程》(DB341022/T005-2006)、《有机黄山菊花》(DB341022/T006-2006)系列标准,通过审定并予以发布实施,这将促使休宁县菊花生产在栽培、加工及产品上有标生产、有标销售,并实现菊花生产的产前、产中、产后的全过程监督,保证菊花无公害生产与加工,为盐铺村的有机菊花生态产业发展提供了标准和保障。2009年2月5日,盐铺村与安徽庆元堂徽菊有限公司签订协议,共同开发盐铺村有机菊花生产。

（三）盐铺脱毒贡菊种植的效益和重要意义

一是产生了显著的经济效益。黄山地处皖南山区，是纯山区县市，经济发展相对滞后，该成果的转化不仅培育了龙头企业，发展了黄山贡菊生产，扩大了就业，而且为农村剩余劳动的就业拓宽了路子，带动3万农民发展种植黄山贡菊6万亩，总收入达3.0亿元，基地及周边农民人均增收1000元，带动了当地农民增收，并增加了地方财政收入。

二是带来了巨大的社会效益。盐铺脱毒贡菊的开发，极大地促进了产业结构调整。黄山是茶叶主产地，茶叶是山区农民的主要经济来源。山区农民经济来源单一，生活水平低下，大力发展黄山贡菊生产，加快农业结构调整，是拓宽农民增收渠道和脱贫致富的有效捷径。通过黄山贡菊良种苗（两季花）组培技术，人工种植黄山贡菊不仅可在大田大地进行，而且可在庭院、房前屋后、山林中间进行，不破坏生态而且还美化并保护了生态环境。有机生产可减少因大量施用化肥、农药对土壤与环境造成的严重污染。同时，只有农民富裕了，才能扼制偷伐林木的行为；茶菊间作，有利于提高产品质量，防止水土流失，对保护生态环境意义重大；还可充分利用农民半年耕种半年闲的闲散时间和部分先富起来的农民的闲散资金。

三是带来良好的生态效益。随着人民生活水平的提高，"崇尚自然"、"回归自然"成为当今人类普遍追求的新理念，越来越多的人认识和青睐天然药物。国内市场名贵中药的需求迅速增长，全球"中药热"已日渐兴起，其发展非常迅速。脱毒贡菊采用组培高新技术烘培，将科研成果转化为生产力，以产业化的操作模式扩大生产，恢复了黄山贡菊的优良品质，满足了人类治病保健对黄山贡菊的需求。实施有机农业技术的综合应用，可大大降低菊花产品农药残留，提高质量，满足人们健康的需要，对人类治病保健作出了巨大贡献。同时，通过黄山贡菊良种苗（两季花）组培技术应用，进而推广到其他植物，尤其是皖南珍稀药用植物，生态、观赏植物的繁育，是造福人类的德政工程，极大地加快了黄山生态示范市建设的进程。

下一步，盐铺村将立足资源优势、区位优势，在大力保护自然生态环境的基础上，坚持市场引导和重点扶持服务，继续大力实施"双培双带"示范，走城郊无公害特色种植发展农村经济的路子，抓住农业综合开发、退耕还林等契机，以果蔬基地建设为龙头，轮换种植，互动发展，大面积大规模调整农业产业结构，使盐铺村经济更好更快地发展。

三 食品安全与生态农业的关系

盐铺村生态菊花产业的发展模式体现了食品安全与生态农业的互动关系主要表现在以下几个方面。

(1) 生态农业是食品安全的保证

发展生态农业，确保食品安全，有利于提高广大人民群众的生活质量。目前，我国各大类食品均存在安全隐患。食物的种类非常多，但从人们日常消费来看，主要分为粮食类、植物类、蔬菜类、果品类和副产食品类等。从这几类食品来看，不同种类食品的安全性有较大差异，但每类食品都存在安全隐患。食品安全问题不仅造成很大的经济损失，而且严重制约了我国农产品出口；食品安全问题在严重危害人类身体健康的同时，也给民众造成了巨大的心理恐惧和心理障碍。面对食品安全的威胁，我国只有加快发展生态农业，生产绿色食品，才能尽快消除农产品中有毒有害物质的残留，从而保证我国食品安全，并从根本上解决我国食物中毒和其他食源性疾病问题。

(2) 食品安全是生态农业发展的动力

食品安全促使人们大力发展生态农业。人们对绿色安全食品的需求，需要大力发展生态农业。

(3) 安全食品的开发促进了农业生产的可持续发展

可持续农业是可持续发展战略的一个重要组成部分。农业可持续发展是指在农业上形成资源节约、环境友好、产业高效、农民增收的农业发展新格局，它包括人与自然环境的协调，也包含人类社会协调发展的思想。可持续发展农业目前在我国已受到高度重视，并成为指导农业现代化发展的基本思想。[①]

安全食品的开发既可以保护农业生态环境，又可以为农民增收创造新的经济增长点，还可以促进农村社会生活的改善。它是集生态、经济和社会效益为一体的农业可持续经营模式，必将推动农业生产的可持续发展。

四 小结

安徽省黄山市盐铺村的生态菊花产业的发展模式因地制宜地结合了当地的地理环境，运用了高新技术生产生态菊花，为当地带来了巨大的社会效益、经济效益和生态效益。生态农业的发展需要具体问题具体分析，生态农业发展了，食品的安全隐患才可以得到解决。

参考文献

孙隆基：《中国文化的深层结构》，唐山出版社，1990。
王开玉、胡宁主编《魅力盐铺》，社会科学文献出版社，2010。
姜小兰、吕军利：《由当前食品安全隐患而引发的生态农业建设的思考》，《生态经济》，2010。

[①] 姜小兰、吕军利：《由当前食品安全隐患而引发的生态农业建设的思考》，《生态经济》2010年第1期。

发展绿色环保产业
推进文明生态村建设

⊙ 申宗民[*]

随着我国经济水平的日益发展，科学技术的突飞猛进，人民的生活水平有了显著的提高，在追求经济增长的同时，更加注重绿色 GDP 的提升。建设社会主义新农村，就是要把生态的文明与和谐放在首位，这也是实现农村可持续发展的必然要求。党的"十七大"报告提出："要建设生态文明，基本形成节约能源资源和保护生态环境的产业结构、增长方式、消费模式。"生态文明建设是党中央继提出社会主义物质文明、精神文明和政治文明建设后的又一个重要战略举措。在社会主义新农村建设中要正确处理好经济建设、人口增长与资源利用、生态平衡之间的关系，通过建设资源节约型、环境友好型、生态保护型的新型文明生态村，在生态平衡和环境良好的基础上，实现经济的持续增长和农民生活质量的改善，真正实现建设生产发展、生活宽裕、乡风文明、村容整洁、管理民主的社会主义新农村。

一 文明生态村建设的提出及意义

生态村建设是国际上人居环境改善、住区生态化建设的一个潮流。生

---

* 申宗民，安徽大学社会与政治学院硕士研究生。

态村的概念最早是由丹麦学者罗伯特·古尔曼于20世纪90年代初提出的。21世纪以来，全球生态村运动继续升温，并以倡导一种新的生活方式为基本目标，谋求生活质量及生态持续。国外生态村运动不限于农村，还延伸到城市住区，是发达国家在饱受工业化、城市化和石油农业负面影响之苦后，为提升生活质量、体现环境关怀所采取的一种由下而上的行动，与我国的国情、所处发展阶段并不完全吻合。但是，国外生态村运动所包含的丰富内涵和精神实质，以及某些具体做法仍对我们有很大的启发意义[1]。我国从现有国情出发，为解决农村存在的大量生态和环境问题，改变只追求经济发展而忽视生态环境保护的老路，把建设社会主义和谐新型的生态文明村提上日程，促进农村经济社会环境的可持续发展，更有力地推进社会主义新农村的建设。

文明生态村建设是按照全面建设小康社会和科学发展观的要求，以改善农村人居环境为突破口，以提高农民素质和生活质量为根本出发点，以"经济发展、民主健全、精神充实、环境良好"为内涵，融经济发展、社会进步和生态优化为一体，物质文明、政治文明、精神文明协调发展，生态环境、生态经济、生态文化共同进步，经济效益、社会效益和生态效益良性统一，从而建设一个富裕、民主、文明、和谐的社会主义新农村。文明生态村建设聚焦"三农"问题，突出"发展生态经济、保护生态环境、培育生态文化"的主题，顺应了人与自然和谐相处的社会发展潮流，适应了广大农村的发展要求，推动了经济社会的同步发展，也满足了农民群众实现温饱后提高生活质量的愿望。以农业资源的综合利用和保护为手段、以经济的循环发展为前提、以良好的生态环境为基础、以社会全面进步为目标的文明生态村建设，正是缓解日益突出的人口、生态环境制约和自然资源与经济社会发展矛盾和压力的出路及有效措施，是落实科学发展观，促进农村经济全面、协调、可持续发展和社会全面进步的客观需要，也是新农村建设、全面小康社会建设的时代要求和必然选择[2]。要建设社会主义新农村，就要把生态和谐放在重要的位置。实现农村生态和谐是农村社会可持续发展

---

[1] 姜志德、唐学玉：《小康生态村建设问题的思考》，《乡镇经济》2005年第7期。
[2] 韩凤朝：《文明生态村——新农村建设的必然要求》，《领导之友》2006年第7期。

的必然要求，在建设社会主义新农村的伟大征程中，我们要积极正确地处理好经济发展与生态环境保护间的关系，合理高效地开发自然资源和可再生能源，推进文明生态村的宏伟建设，实现农村经济社会的可持续发展。

二 我国农村的生态和环境问题现状

当前，中国农村环境污染现状可以概括为：点源污染与面源污染共存；生活污染和工业污染叠加；各种新旧污染相互交织；工业及城市污染向农村转移。[①] 具体表现在以下几个方面。

（一）功能区未得到合理规划

我国农村的一些地区，特别是落后和不发达村落，生产功能区与牲畜饲养区相互混杂，生活居住区和种植耕作区"融为一体"，直接导致生态环境急剧恶化。特别是每当盛夏来临，蚊虫叮咬致使疾病滋生，垃圾臭味夹杂工业尾气弥漫乡村，严重威胁村民的身体健康和村容村貌，也违背了我国发展乡村建设"乡风文明、村容整洁"的要求。由于大部分村庄没有垃圾集中处理区，直接导致村落里外成了一个"大型"的垃圾倾倒区、回收站、"收容所"，道路两旁垃圾堆积如山，"蔚为壮观"。乡镇企业用地与种植园区用地时有冲突，生活和生产污水排入干净水域，部分农村人畜共居，厕所、圈养畜禽等没有进行有序的规划建设和合理整治，脏、乱、差等环境问题长期没有得到切实有效解决，没有适宜居住和生活的干净卫生的私人环境，严重影响了人们的生活质量和发展要求。

（二）生产和工业垃圾乱堆乱放

一方面，随着农村经济社会的快速发展，农村垃圾不仅数量猛增，而

[①] 刘军邵：《当前农村环境问题的现状及对策建议》，《河南农业》2011年第5期。

且结构也发生了明显变化。过去农村垃圾主要是一些易腐烂的菜叶瓜皮、柴火秸秆，现在是塑料袋、废电池、农膜、农药瓶、工业废品等的混合体，难以分解的垃圾种类越来越多。特别是由于大量使用塑料制品，导致垃圾中不可降解物所占比例迅速增加，约占污染物的1/3。另一方面，部分地方农村经济的畸形发展也导致农村生态环境不断恶化。例如，乡镇餐饮业、加工业发展较快，他们大多采用煤做燃料，对大气环境造成严重污染；个别砖瓦厂、采矿厂盲目开土石，造成生态破坏、环境污染；一些农用三轮车、拖拉机等大部分使用柴油和含铅汽油，造成大气污染；农村饮用水水源地保护力度较弱，饮用水源污染现象时有发生，严重影响群众身体健康。据统计，国内大约有2300万家乡镇企业，在这些乡镇企业中，制砖、铸造、水泥、炼焦4个行业能耗占整个乡镇企业能耗的56%，二氧化碳排放量占全国的1/6[①]。

（三）农村垃圾处理技术落后

随着现代化进程步伐的加快，小城镇和农村聚居点规模迅速扩大。但在"新镇、新村、新房"建设中，规划和配套基础设施建设普遍未能跟上，如大部分城镇只重视编制城镇总体建设规划，却忽视了农村基本设施的建设，农村聚居点普遍缺少规划，使得农村聚居点环境保护基础设施大量缺乏。村民一般将生活垃圾直接排入河沟渠道或就地堆放，直接导致严重的生态破坏和环境污染现象。卫生部调查显示，目前，农村每天每人产生的生活垃圾量为0.86千克，全国农村每年的生活垃圾量接近3亿吨，除一些新农村建设试点进行垃圾处理外，大部分村镇垃圾随意堆放，沟渠河道垃圾淤塞、路旁堆积"垃圾山"、塑料袋四处乱飞等现象随处可见[②]。同时，农村垃圾处理技术落后，主要是靠堆肥、焚烧、卫生填埋，但这三种技术都存在自身的弊端，很难或不易推广使用。

---

① 魏梦佳：《农村生活垃圾城镇化趋势日益显著危及生态环境》，《半月谈》2009年第1期。
② 师连枝：《农村可再生能源发展与新农村建设》，《西南民族大学学报（人文社会科学版）》2007年第3期。

三 发展绿色环保产业的具体措施

（一）开发农村可再生能源，合理规划功能区

利用农村生活垃圾和农作物秸秆充当电源，利用人畜粪污和废渣废料制备沼气，利用水能、风能、太阳能、潮汐能、地热能等大自然的可再生能源来发电供热，既可就地取材、变废为宝，又能节约能源、方便使用。更重要的在于可直接稳定、持续不断地增加农村的能源供应，从根本上解决农村能源紧缺问题。伴随着农村经济社会的发展，农民在生产和生活方面对能源的需求迅速增长，而目前全国能源供应普遍紧张，其供需矛盾也日益突出，资源和环境将成为今后发展的主要制约因素。国家对农村能源的供给是相当有限的，不可能在近期有大幅增长，于是，用电难、发热难、烧火难的问题就愈发突出。长此以往，农村经济的发展和农民生活水平的提高势必会受到严重制约。而这首先就需要合理布局村镇基础设施和生产生活服务设施，结合农村具体实际情况，改变以往村镇建设和居民建房分布散乱、质量不高的状况，合理规划，分类指导，促使农民建房向居住区集中。其次，建立垃圾集中收集、转运和处理设施，将农业生产在村庄范围内进行功能分区，将农田与庭院、种植与养殖、生产和生活和谐有机地结合起来，将农村环境建设规划与农业产业规划，特别是畜禽养殖业发展结合起来，通过划定禁养区、限养区、宜养区等区域，控制和集中处理畜禽养殖业污染。最后，建立工业园区，引导乡镇企业向园区集中，实行污染集中控制和处置，最大程度地消除和减少乡镇企业的污染。

（二）加大科技投入，提高自主创新能力

把先进的成熟的科学技术积极具体运用于农业、农村、农民，以区域经济社会发展为基础，抓好农牧科技成果转化示范基地建设，"引进"和

"创新"相结合,加大特色农牧业和新农村建设相关科技攻关,深化农业科技体制改革,大力组织实施品种优化工程与技术更新工程。加强农村环保适用技术研究、开发和推广,充分发挥科技支撑作用,以技术创新促进农村环境问题的解决。积极创新农村环境管理政策,优化整合各类资金,建立政府、企业、社会多元化投入机制,强化科技的支撑作用。在充分整合和利用现有科技资源的基础上,尽快建立和完善农村环保科技支撑体系。推动农村环境保护科技创新,大力研究、开发和推广农村生活污水和垃圾处理、农业面源污染防治、农业废弃物综合利用以及农村健康危害评价等方面的环保实用技术。建立农村环保适用技术发布制度,加快科研成果转化,通过试点示范、教育培训等方式,促进农村环保适用技术的应用。建立生态循环型现代农业的技术创新、推广、服务体系,加大科研投入,着力兴建先进的绿色技术科研基地,努力培养农业科技人才,融合政府、生产、学校、科研部门的力量,重点攻破废弃物资源化技术、减排减量技术、耦合技术等三类急需实用技术的研发。注重农业装备和工程建设,要求循环生产的各个环节均能实现机械化和工程化,以解决"三农"中的实际问题,加快农业现代化步伐。

(三) 建立农村能源信息系统,加快实现可再生能源产业市场化进程

可再生能源的开发使用是一个系统的联动工程,它要求相应的水、路、管、厕、电网、通信等基础设施与之配套,而这些基础设施的建设和改善,必将促进农业生产经营条件的改善和农民生活质量的提升,使村庄得以合理规划和布局,从而使村容更整洁、乡风更文明。农村可再生能源的开发需要大量准确的信息资料,因此必须建立农村能源信息系统,使其与国家的整个能源信息系统对接,以利于国家、企业决策和居民选择。具体来讲,国家应适时发布国家的可再生能源发展规划,给农村能源开发提供方向性指导;国家要组织开展可再生能源资源的调查、开发和利用评价工作,并及时将情况公之于众,为农村能源的开发利用奠定基础;国家通过专门机构和人员,统计和通报农村可再生能源发展的情况和动态,介绍农村可再生能源开发的新技术、新设备、新产品、新政策等。总结近些年

来各地在生态农业建设中取得的成功经验，将实践中被证明切实可行的生态农业模式运用到文明生态村建设中去。形成封闭的循环的物流渠道，要根据市场需求开发具有地方特色的农产品，创建无公害农产品基地，防治生产环节中的污染。要有农产品的质量标准意识，提高产品的技术含量，将农业生产、加工和销售有机地结合起来，提高农业生产效率。

（四）优化升级产业结构，大力发展循环经济

继续调整改进农业产业结构，大力推进绿色环保产业的发展，开发绿色食品和绿色产业，推行清洁生产，降低农药和化肥的使用量，发展高效生态农业，按照经济生态化、生产园区化、产品标准化的要求，以粮食功能区和现代农业园区建设为抓手，促进土地规模经营和无公害、绿色、有机农产品基地建设，推进农业科技进步和农作制度创新，提高农业规模化、标准化、产业化、科技化、生态化水平，努力持续促进农民创业增收。积极发展生态农产品，推广应用低残留、高效、无毒农药和生物防治，推动一批建立绿色农产品、有机农产品生产基地。

推动乡镇工业结构调整，拓宽农业发展的内涵与外延，开发利用生物资源，延伸农业的食物营养、工业原料、就业增收、生态保障功能，拓宽发展领域。对农产品进行深度加工，降低农药和化肥的施用量，合理配置农业生产要素，提高资源利用效率，解决农业生产过程中造成的污染，推进农作物秸秆、农村生活垃圾和污水、畜禽粪便等废弃物资源的循环利用，坚持合理规划，分类指导，建立垃圾集中收集、转运、处置设施，避免走以往单纯的"烧"、"埋"和以破坏生态环境为代价的老路，要走出一条科技含量高、经济效益好、资源消耗低、环境污染少的真正意义上"以人为本"的科学发展道路。按照生物链规律组织农业生产，延长产业链，将绿色理念置入从土地整理和土壤改良、种子选育、作物栽培、保水施肥、农产品加工、保鲜储运和销售的各个环节，形成"种养—加工—运销"配套的产业链。对农作物废弃物进行循环开发利用，能够有效改善农业生产生活环境，提高农业生产的经济和环境效益。

四 小结

可持续发展是文明生态村建设的核心宗旨与目标。所以必须彻底摒弃以大量消耗资源能源、破坏生态环境为代价来促进经济增长的发展方式，采取合理式保护、集约型开发、生态环境效益与经济社会效益并重的战略。大力发展循环经济和绿色环保产业，促进产业结构优化升级，从而最大限度地节约和利用资源，开发可再生能源，减少生产和生活行为对生态环境的不利影响，实现经济增长与自然资源、生态环境保护和开发的协调与平衡，最终实现农村政治、经济、社会、环境的和谐发展。

采煤塌陷区居民安置问题的社会学思考
——以 HN 市为例
⊙ 丁祎东[*]

一 HN 市塌陷区整体概况

(一) HN 市采煤塌陷区分布及受损概况

HN 矿区自 1903 年开矿以来，历时百余年，采煤塌陷始终伴随着煤炭产业的发展而发生。

1. 采煤塌陷区分布情况

截止到 2009 年底，HN 市采煤塌陷区分布在一县五区（八公山区、大通区、潘集区、凤台县、毛集实验区、谢家集区），涉及 27 个乡镇（街道）。

2. 采煤塌陷区面积及土地征收情况

HN 市境内到 2009 年底采煤塌陷区面积约 24.558 万亩（163.72 平方千米），其中 HN 矿业集团 18.976 万亩，国投新集集团 3.554 万亩，占全市总面积的 6.48%，耕地面积约 16 万亩。预计到 2020 年，全市塌陷区总面积将达到 55.362 万亩（369.08 平方千米），将占全市总面积的

---

[*] 丁祎东，淮南市潘集区古沟回族乡大学生村官。

14.61%。全市最终塌陷地将达到 102.421 万亩，塌陷区占全市总面积的 26.3%[1]。

3. 采煤塌陷区地质环境受损情况

根据现状调查评估结果，将全市矿山地质环境分为 4 个矿山地质环境影响严重区、1 个矿山地质环境影响较严重区和 1 个矿山地质环境影响一般区。

（二）HN 市主要采煤塌陷区的水域环境状况

根据地面的破坏程度、稳定情况和采掘周期，将塌陷区划分为稳沉、基本稳沉、未稳沉三种类型。稳沉塌陷区：地下煤早已采完，地表塌陷已稳定，塌陷深度 10～20 米。基本稳沉塌陷区：第一水平煤层已采完，第二煤层尚未开采，地表塌陷基本稳定，塌陷深度 4～6 米。未稳沉塌陷区：第一水平或第二水平煤层正在采动，地表在塌陷中。目前 HN 市采煤塌陷区 80% 是未稳沉塌陷区，集中于凤台县和潘集区。[2]

土地的沉陷造成很多农民失去房屋、耕地，由此引发了许多的社会问题。随着更多煤矿的投产，煤矿沉陷区域的面积在逐年递增，即将有更多的农民因为失地而陷入贫困的境地。

二 塌陷区居民生活

笔者实地调查了凤台县、潘集区一些已经被安置的塌陷区农民，深入了解塌陷区农民对于搬迁安置后的生活状况，了解到少数成功转型的塌陷区农民对现在的生活是比较满意的，而大多数塌陷区农民对未来生活是一种担忧与期盼的心情。

---

[1] 潘集区国土资源局：《关于我区采煤塌陷区有关情况》，2010 年 3 月。
[2] 参见《淮南市沉陷办公室手册》。

（一）塌陷区居民生活之喜

随着 HN 矿区开发和县城扩建步伐的不断加快，矿区周围潘集、凤台等区的农民相继失去土地，如何解决农民失地引发的各类问题，成了 HN 市的一个重大难题。近年来，HN 市引导塌陷区失地农民转变观念，逐步实现了"农民变居民、农民变工人、农民变股东、农民变商户"的可喜转变，有效解决了失地农民的后顾之忧，实现了顺利的转型。

（二）塌陷区居民生活之三忧三盼

在看到凤台县、潘集区一些塌陷区居民成功转型的同时，笔者也了解到了许多让人忧心的塌陷区居民生活现状：居民生活来源单一、生活闲散、失地农民就业困难等，情况不容乐观。

调查中了解到，失地农民面对当前的生活状况有"三忧"。一是担忧由于失去土地，失去收入来源，未来生活质量会下降；二是担忧年轻人长期无所事事，生活闲散，不是吃喝玩乐就是聚众赌博，给家庭和社会带来不稳定；三是为子女就学和未来就业感到忧虑。因而，失地农民对各级党委政府有"三盼"：一是期盼社会各界加强对有就业能力的青年失地农民的职业技能培训，提供就业机会；二是加强社区文化娱乐场所的建设与管理，为失地农民提供娱乐、休闲、锻炼的场所；三是加强社区基础教育设施的建设，改善办学条件，使失地农民子女能真正享受到城市居民的良好教育。

三 对塌陷区居民安置问题的思考

笔者对 100 名塌陷区农民进行问卷调查，统计得出，15%左右的塌陷区农民对于安置工作满意，30%左右的塌陷区农民表示基本满意，55%左右的塌陷区农民表示不满意，甚至表示对安置工作很失望、很愤怒。不满意的地方大多集中在土地补偿过低、强制搬迁、就业问题无法解决上。针对问卷调查的结果，笔者有如下思考。

（一）对于塌陷区农民赔偿问题的看法

笔者认为，对失地农民赔偿方面存在的问题，必须要从源头上进行治理。由于采煤造成的塌陷，赔偿责任应由相应的采矿单位负责，在开采之前就要明确相应的责任，根据政府制定的关于塌陷区经济赔偿的法律法规，做到开采前有明确的赔偿依据，开采后有明确的赔偿责任，赔偿时要有合理的赔偿标准。政府要发挥管理和协调作用，煤矿开采前要对煤矿所在地进行评估，调查备案，开采时监督和鉴定采矿单位的责任，跟踪掌握塌陷情况，征收相关的治理费和保证金，同时监督采矿单位的赔偿金支付问题。

（二）对塌陷区失地农民权益保障的看法

政府的行为必须受到严格限制。就政府而言，必须受到严格的法律限制。尤其对于农民的私有财产，不论是国家还是其他用地人，都只能通过订立合同的方式取得。为切实保障被征地农民合法权益，坚决实行"先保后征"，被征地农民社保资金到位后才能启动项目。

规定严格的法律程序。一是征用过程应严格履行审批程序、财产评估程序、补偿标准公示程序、听证程序、强制拆迁程序等。二是要有切实可行的救济手段，如行政裁决程序、仲裁程序、诉讼程序等。并且特别要避免地方政府同时充当决策者、规则制定者、征用方及纠纷的最后裁决者。

明确规定失地农民社会保障。强制性地规定失地农民必须纳入社会保障体系，其内容包括失地农民的养老保险、医疗保险、失业保险、最低生活保障等。

（三）对失地农民就业安置的看法

实现全面就业是解决失地农民生活来源、加快其生产生活方式转变的重要保证。当前，应按照市场化原则，制定城乡统一的劳动力就业政策，建立城乡统一的、平等的劳动力就业市场，实现城乡统筹就业，为失地农民免费提供求职登记、择业指导、职业介绍、推荐安置等一系列服务。

完善和落实就业扶持政策。一是把原只限于城镇居民的就业、再就业扶持政策适用范围扩大到失地农民。按照城市下岗职工再就业优惠政策，给予税收减免和个人自主创业信贷扶持，帮助和促进失地农民就业创业。二是建立失地农民就业保障基金，用于失地农民职业技术培训费用补助，或补贴援助失地农民自主创业。

四 对妥善解决塌陷区居民生活问题的社会学思考

塌陷区居民对生活的担忧和不适，不仅仅是一个民生问题，同时也是一个人文问题。不但要从经济的角度入手，也要从人文的角度入手，从社会学视角挖掘塌陷区居民生活转变不顺利的原因，寻找解决方案。

（一）社会失范

塌陷区农民失地前角色定位大多是传统型的。他们日出而作，日落而息，"安土重迁经营农业，遵从着古老的道德与传统，讲究伦理人情，忽视法律和规则，远离国家和政治"①。在失去土地、搬迁到新的小区、开始尝试融入城市社会后，他们的传统生活方式发生了翻天覆地的变化：原来有土地的农民失去了土地，不再面朝黄土背朝天，必须寻找新的就业方式；原来宽敞的独门独院的村庄居住环境突然变成了狭窄的小区公寓；人际关系也从以前可以走家串户变成了充满疏离感的公寓式邻里关系。这一切对传统生活方式的颠覆，造成了失地农民的失范状态。所谓失范，一般

---

① 徐慧清、蔡淑燕：《转型期农村家庭冲突的社会学解读》，《经济与社会发展》2005年第3期。

的理解是指一定社会中规范的缺失，或者虽有规范但却失去了（或者尚不具备）应有的约束力，从而使得社会成员的行为呈现这样那样的无序状态。这里的规范既包括法律、纪律等强制性规范，也包括伦理、道德等非强制性规范。高兆明[1]以不同社会背景下失范的社会性质为标准将失范分为常态下的社会失范和转型时期中的社会失范，其中转型时期中的社会失范的特点在于既有的生活方式、交往方式、生活世界失却了存在的合理性根据，社会生活方式本身正在发生深刻的变化。它一方面意味着曾经在一个相当长时期中对社会生活发挥有效调节作用的社会价值规范体系的合理性受到强烈冲击，意味着一个新的社会价值规范体系诞生的必然性；另一方面，意味着这种社会失范的原因在于两种生活方式的更替，以及由此决定的两种社会价值规范的更替。[2]

失地农民的社会失范主要是由于传统生活方式作为一种生活约束力，在土地塌陷后，因为搬迁造成了这种传统约束力变弱，甚至消失，而新的生活方式没有建立或者不习惯，新的社会规范体系尚未产生作用而造成的一种心理上的真空。在这种心理真空下，塌陷区搬迁农民普遍表现出了不适应或者生活不顺利，比如上文所说生活闲散、就业困难等，因此引发了塌陷区失地农民对未来生活的担忧。如果社会失范长期得不到解决，势必造成潜在的社会不安定因素。

（二）角色扮演障碍

社会角色是指与人的社会地位、社会身份相一致的权利、义务的规范和行为模式。角色扮演障碍，是角色扮演者在扮演一种身份角色时，由于对于角色的不理解和不适应，在扮演过程中所出现的心理和行为上的障碍。塌陷区农民原本是一个农民身份，是一种和农村社区相适应的静态而封闭的农民角色。其原先居住的村落，是一种熟人化的生活场景，共同生活习惯和伦理认同使得他们能够较为准确和理性地认识并把握自己的行

---

[1] 高兆明，南京师范大学哲学系特聘教授，江苏省重点学科伦理学负责人。
[2] 杜金亮、孙红霞：《中国现实人格的失范》，《东岳论丛》2003 年 5 月。

为。当他们走出村间地头、田园乡土的旧生活场域，进入以工业化和消费化为中心的城市生活时，从常理上来讲，其自身所承担的社会角色就应该有所改变以适应新的生活。

正如美国社会学家布劳所说："流动的人不能简单地抛弃旧有的角色属性和角色关系，但他们如果不接受新的角色属性，也不建立新的角色属性，那么他们就不能适应他们的新位置。迁移的人口，其社会生活毫无疑问地要受到他们农村背景和他们现在所处的城市环境的双重影响。"当塌陷区搬迁农民面对城市社区社会结构的复杂多样性、人口组成的异质性、社会流动的多样性、人际交往的疏离感等特征时，由于原有的经历、学识、心理状态、行为规范等方面的差异，乡村、城市社区这两种不同文化规范的差距极易使他们出现矛盾、困惑、迷茫情绪，继而产生角色障碍。

（三）面对失范与角色扮演障碍政府应该做些什么

塌陷区农民本来是有地种有粮吃的劳动者，大部分都没有考虑过主动城镇化，离开土地寻找其他的谋生手段。由于煤矿开采造成了塌陷区农民失去了赖以为生的土地，强制性被城镇化，这种突如其来的转变让很多农民处于心理上和生活上的失范状态，由于角色障碍问题，造成了塌陷区失地农民对于生活充满了不安全感。他们是工业化发展的牺牲品，是这个社会的弱势群体，而且人数多、困难多、情况复杂，处理不好的话会影响社会的团结稳定。因此，对于失范和角色扮演障碍的情况，政府应该采取相应的措施，给予塌陷区失地农民人文关怀，帮助他们适应新的社会角色，建立起新的生活方式。

政府要统筹城乡发展，促进结构转型，加快城乡一体化发展。要加快市场建设，提供更多的就业岗位，吸收失地农民就业，保障塌陷区农民失地不失业。人社部门应该免费提供失地农民就业培训，帮助失地农民塑造新的社会角色；应尽最大努力丰富失地农民业余活动。政府及有关部门要高度重视丰富失地农民的业余生活，要加大资金投入，新建小区的文体设施要与主体工程共同建设，还要挖掘乡土文化传统，为群众性文体活动搭建好平台。同时应呼吁社会各界关注塌陷区农民，给予他们理解和支持。

参考文献

凤台县政府：《关于塌陷区综合治理开发的实施意见》，凤台县政协委员提案，2010。

贾淑品：《农民市民化过程中的角色失范与角色转移障碍探析》，《淮南师范学院学报》2006年第6期。

潘集区政府：《关于我区采煤塌陷区有关情况》，潘集区国土资源局文件，2010。

赵淑芹、胡振琪：《矿区复垦土地利用结构优化研究》，中国农业出版社，2007。

张艺、马姝瑞：《煤采完了，地塌陷了，采煤沉陷区路在何方?》，2011年2月17日《中国矿业报》。

陈大众：《把地理"洼地"打造成生态"高地"》，2009年12月《安徽经济报》。

孔改红、李富平：《采煤塌陷区环境保护与治理研究》，《河北煤炭》2006年第1期。

从"生态自发"到"生态利益自觉"

——农村精英的生态实践及其社会效应[*]

⊙ 陈　涛[**]

在当前生态系统遭到严重破坏的背景下，如何破解经济发展与环境退化的二元悖论是亟待解决的现实课题。作为环境社会学的重要理论范式，生活环境主义强调从生活者的生活实际出发，根据各个地区的实际情况以及当地人的生活现状和生活智慧，寻找解决环境问题的答案（鸟越皓之，2009）。生活者的生产实践以及生活智慧对解决环境问题具有重要的现实意义，而他们的环境意识和环境保护实践是在一定的"环境—社会"系统内形成的。本文以"中国生态养蟹第一县"——安徽当涂县的河蟹生态养殖产业发展为案例对此进行研究。

一　研究区域与研究问题

当涂位于长江中下游南岸，区位优势明显，紧靠长江三角洲，毗邻南京，距离上海 320 千米。因长江在境内是东北流向，所以当涂在历史上隶

---

[*] 基金资助：国家社科基金"人—水"和谐机制研究（项目编号：07BSH036），同时受国家留学基金委公派项目（学号：2009671034）资助。

[**] 陈涛，中国海洋大学法政学院社会学博士，讲师。

属"江东"或"江左"地区。当涂古为长江要津、金陵咽喉，有"吴头楚尾"、"南北津渡"之称，是宋太平州、元太平路、明太平府治所，清长江水师提督署和安徽学政驻地。当涂还是全国最早的建制县之一，有江东千年名县之称。秦始皇二十六年（前221年），置丹阳县（治今当涂丹阳镇）。隋开皇九年（公元589年）徙侨置当涂县于姑孰。境内居住着以汉族为主的汉、回、满、蒙古、壮、藏、彝、布依、土、白、侗、朝鲜、苗等13个民族（当涂县志编纂委员会，1996）。

当涂"一山四水五分田"，水网密布并且相互贯通。境内盛产水产品，其中河蟹享有盛名。当涂"石臼湖"牌螃蟹与江苏阳澄湖大闸蟹、河北白洋淀大闸蟹并称为"中华三只蟹"（韦伟，2007），并且素有"到了当涂不观采石辜负目，不食石臼湖螃蟹辜负腹"之称。旧志记载："当涂境内水产螃蟹，有湖蟹、江蟹、河蟹之异，花津釜山近湖者，金脚素菜毛尤肥美，史称'花津蟹'。清乾隆皇帝下江南，偶食其味，御封为'蟹之王'。世传旧时县官曾作贡品进献，每只达一斤四两有奇。"（当涂县志编纂委员会，1996）1976年，美国总统尼克松访华时，石臼湖螃蟹还被列为国宴名菜（晋松，2001）。

当涂河蟹作为一项产业的发展，始于1970年代，并经历了从粗放型"大养蟹"到生态型"养大蟹"的转型。其中，"大养蟹"是以蟹苗高密度投入、生态资源零投入为特征，最终导致了1990年代中后期水域严重污染（水质由Ⅱ类、Ⅲ类恶化为Ⅳ类、Ⅴ类），水草和螺蛳等水生资源被破坏殆尽。水域生态系统的破坏加剧了河蟹产业的衰败，河蟹产业跌入低谷。2002年以来，经过水产专家的技术指导，河蟹产业走上了以"种草、投螺、稀放、配养、调水"为主要特征的生态养殖之路。生态养殖不仅促使水产经济重新崛起，也促使水域生态系统得到修复。目前，实施生态养殖区域的水质已经由Ⅳ类、Ⅴ类恢复到Ⅱ类、Ⅲ类，水域生物多样性指数明显上升。同时，随着河蟹产业的发展，村集体经济得到壮大，医疗、养老、年终福利分配等社会事业均得到快速发展，初步走上了生态现代化道路。当涂生态养殖模式被称为水产"当涂模式"，农业部已在全国内陆区域推广这一生态模式。2007年，当涂生态养殖技术作为商务部的援外技术项目走进非洲科特迪瓦共和国。2009年，当涂首批河蟹通过国家有机论证

(转换论证阶段),同年,被中国渔业协会授予"中国生态养蟹第一县"称号。目前,当涂河蟹已销售到韩国、日本和中国香港等东南亚国家和地区(陈涛,2010)。

水产"当涂模式"是"自下而上"和"自上而下"两条线路交会的结果。就产业发展而言,"自上而下"的政府行为发挥了关键功能,是生态产业发展壮大的根本原因;而从历史的时间渊源来看,"自下而上"的民间探索要早于"自上而下"的官方推动。从"自下而上"的视角来看,有两个问题值得深入分析。一方面是他们对生态技术的采用,即民间社会最初是如何采用新型技术的。对此,早期人类学家就新技术发明被采用情况进行了很多研究(Buttel,1990),社会学家则以技术"传播—采用"(diffusion-adoption)为主题进行专门研究,笔者也对当涂生态养殖技术何以推广、何以被采用进行了阐释(陈涛,2010、2011)。另一方面是民间社会对生态养殖方式的探索。本文即是对农村精英有关生态模式的探索及其社会效应的研究。随着对水产"当涂模式"的深入研究,笔者发现,农村精英在产业转型和生态养殖实践中发挥着独特的功能。在特定的"环境—社会"系统内,他们自觉的生态养殖理念的树立不但具有环境意义,也具有更广泛的社会意义。本研究中的农村精英具有如下特征:①他们是社区中的少数人;②文化水平较高并具有一定的创新和技术革新能力;③所拥有的社会资源比社区中其他人要多;④具有一定的生态利益自觉意识;⑤在产业转型中发挥了引领功能。在某种程度上,这样一批特定的农村精英可被称为生态精英。

从人与环境的关系看,人的不当行为是环境问题产生的根本原因。因此,从人的行为角度对环境问题进行研究,不仅有助于提高对环境问题的认知,而且有助于探索人与自然和谐相处、共存共生之路。本文的研究假设是,农村精英对生态模式的认知经历了从"生态自发"到"生态利益自觉"的转型。由此引出具体的研究问题:最初的"生态自发"是如何形成的?普遍性的"生态利益自觉"行为是何以产生的?当普遍性的"生态利益自觉"观念树立后,产生了什么社会效应?这对当前环境问题的解决以及污染产业的生态转型具有什么样的启示?

二 反思与比较中形成"生态自发"

精英人物的引领在生态转型中扮演着重要角色。没有这种精英,生态—经济双赢产业或社区就不可能出现(陈阿江,2009)。早在政府"自上而下"地推动生态养殖之前,就有一批土生土长的水产专家和农村精英在反思既有的养殖模式,并探索式地进行了生态型养殖方式试验。本文以其中的典型代表人物、兴村生态养殖第一人 Y 为例进行研究。在河蟹产业陷入困境阶段,他率先探索以"种植水草、投放螺蛳"[①]为特征的新型模式,为产业转型实践中发挥了示范功能。

(一)资源与环境进入潜意识

在水系纵横的江南水乡,水就像是大自然的恩赐,俯拾皆是。利用水面进行水产养殖,几乎是所有水乡人的基本技能。1980 年代,当涂养殖户利用水资源养殖河蟹富了腰包,鼓了钱囊。据他们回忆,当时只要有水面,就肯定能赚钱。在这样的社会背景中,养殖户的知识结构中没有生态意识,更不会有所谓的生态养殖理念与实践。尽管他们一直生活在特定的生态系统中,但并不知道"环境"究竟是什么,又能发挥什么功能。直到粗放型的养殖方式不但造成水域严重污染和资源严重破坏,还导致经济效益严重下滑、亏损(当时,亏损率达 90% 左右)的时候,他们中的精英才开始觉得仿佛是哪儿出了问题。

农村精英 Y 是一个善于思考和勤于总结的人。通过对比 1980 年代以来养殖水面的差异,他有了"水脏"和"水干净"这样的感官印象,有了

---

① 水草和螺蛳是河蟹养殖能否走上可持续发展道路的关键。一方面,它们本身是饵料——水草是植物饵料,螺蛳是动物饵料。另一方面,两者能够分解有害物质,调节水质。河蟹养殖中,不仅"蟹大小,看水草",而且,"要想蟹病少,赶快种水草"。陈涛:《从"大养蟹"到"养大蟹"的环境社会学分析——兴村个案研究》,《河海大学学报(哲学社会科学版)》2008 年第 4 期。

水草丰富和水草匮乏这样的直观感受，最终形成了他的所谓的"灭绝性养殖"这样的术语称谓。在这种前后对比中，水草和螺蛳这样的"资源"概念和"水质"这样的环境概念进入了他的潜意识。

  他认为："灭绝性养殖的那些年，河蟹养殖亏损严重。当时，太深奥的东西我也搞不懂，也不清楚污染问题。我之所以想到要转变养殖方式，主要是靠感官。就是对比1980年代的养殖水面和1990年代养殖水面的差异，想想为什么那时候能赚钱；而经过10年养殖，为什么就不能赚钱，甚至亏本？其实，这种思考与分析也是被迫的。我们靠水吃水，养蟹是主要的生计来源。当靠水吃水、靠河蟹养殖吃饭这条路遇到困境时，就不得不寻找出路，看看是哪儿出了毛病。正所谓'穷则思变，变则通'，通过和经济效益好的时期比，和经济效益好的区域比，我最终发现是我们这里的水出问题了：水面不干净了，水体中本来丰富的水草和螺蛳也没有了，而且放养密度也高多了。于是，我慢慢得出这样的结论：这就是'灭绝性养殖'方式出问题了。"（2009年8月10日访谈资料）

  历时性的反思是新型模式产生的基础。在Y的比较框架中，因为靠水吃水，常年与水打交道使他懂得了水质保护的重要性。事实上，这种反思和分析最终促成生态产业兴起与古巴有机农业发展具有内在的一致性。为了应对粮食危机和生态问题，古巴人重新挖掘了先民的智慧。他们一是回想起古老的技术——农业混合作业（间作）和生物施肥——这是在现代化学物质出现之前，他们祖祖辈辈一直使用的方式；二是采用新的生物杀虫剂和生物肥料（Rosset，2005）。

（二）实践出真知：对比试验的开展

  正如同马克思所说的，当工人以为自己的贫困是机器和厂房造成的而并不了解其根源时，其最初的阶级斗争是以砸机器等形态为特征的自发斗争。农村精英对"生态"的认知也具有这种特质。在感到"灭绝性养殖方式"导致水体水草、螺蛳匮乏的时候,他首先想到的是将缺失的那些资源补齐。于是,他开始种植水草、投放螺蛳。但他这时并没有明确的生态意识,而只是基于经验比较滞后的探索性试验。笔者将这种基于生活经验初步形成的、尚不具有明确生态理念的浅层生态观称为"生态自发"。"生态自发"只是基于经验层次的认知,是一种感性认识。

1997年前后,农村精英Y就已经开始比较系统地进行水草和螺蛳培育,但并没有引起共鸣。周围养殖户认为花钱承包水面不养河蟹而养水草的行为是亏本买卖,是不划算的。关于修补水体中的水草和螺蛳究竟是否是正确之路,他自己也并不明确,因为并没有现成的经验可循。三年后的对比试验,则让他坚定了信念。2000年,他承包了两个水面。一个是本村的10公顷水面,另一个是外村的11.7公顷水面。两个不同的水面,水体资源和生态条件差别很大,本村的水面由于长期粗放式养殖,水质已经很差;而外村的水面水质相对较好,水体资源也比较丰富。在这两块生态条件本来差异就很大的水面,他实施了两种不同的养殖方式。本村水面由于承包期即将结束,他本人也没有继续承包的意图,采取的是和其他养殖户一样的粗放型养殖方式,而在外村水面中则尝试新型养殖方式。首先,投放螺蛳两万斤。其次,实施水面"抛荒"措施:他圈养了3公顷水面不养殖任何水产品而专门用来培育水草。按照Y自己的话语,因为那时候没有草种,这3公顷是实施生态养殖的草库,而"草库"当年培育出了120船金鱼草。这些水草全部投放在养殖水面中,平均每公顷水面分配十多船。经过一年时间,这种养殖方式就获得了成功,取得了显著的经济效益。而本村水面几乎没有经济效益。这种巨大反差,在养殖户中产生了巨大反响,他还被镇政府邀请做养殖经验报告。但是第二年,由于过于"溺爱"水草,水草覆盖率过高,影响了河蟹的正常生长,导致养殖效益再次下降。这让他懂得了水草并不是越多越好的道理,于是又学会了控制水草。第三年,通过合理的水草覆盖,他再次获得丰厚的经济效益。

通过历时性和区域性的对比分析,特别是这个对比性试验,他在认识论层面豁然开朗:以前的效益之所以好,是因为水体中的水生资源丰富、水质清澈见底;现在养殖效益之所以差,是因为水生资源严重匮乏,水质受到严重污染。那么,如何才能振兴河蟹产业?这就是重视水域环境和资源的保护。具体地说，就是要改变以前的"人放天养"、"灭绝性养殖"的方式，实施种植水草、投放螺蛳、降低放养密度、调节养殖水面水质的新型养殖方式。同时，在养殖中套养鳜鱼、黄白鲢等，进一步提高综合效益。用他的话来说就是：生态养殖要注意生态类的多样性及其量的合理搭配。比如，养花白鲢不仅是为了经济利润，也是因为它们可以吃浮游动植物，是水体的清洁工。这种通过生物链促进生态平衡的养殖实践就是水产专家后来所总结出来的"种草、投螺、稀放、配养、调水"的生态养殖模式。

三 生态利益自觉的形成

农村精英在一定的"环境—社会"系统内逐渐由生态自发走向生态利益自觉，而当更多的养殖户形成生态利益自觉后，又促使了社会性的生态利益自觉机制的形成。生态利益自觉产生了良好的社会效应，在更大的系统内保护了生态环境。

（一）生态利益自觉的形成路径

在Y自己看来，他对资源以及生态的认知建立在生活经验基础上。从认知阶段上来说，经验是认知的感性认识阶段，是理性认识的初级阶段。知识结构中本来没有"资源"和"环境"这些元素，而纵向和横向的比较后，这些元素进入潜意识（1997年前后）。随着2000年及其后续几年的试验，"资源"和"环境"由潜意识进入意识层面。2002年开始，当涂县和有关科研机构开展系统的产学研合作，实施"河蟹振兴工程"，全国水产系统的专家纷纷前来宣传生态养殖理念、提供技术指导和服务。在这种社会背景下，他接触了大量的信息，确信了自己的探索是正确的。更重要的是，他明白了新型养殖方式的原理，生态认知完成了从感性到理性的飞跃，进入生态利益自觉阶段（见图1）。生态利益自觉是有着明确意识、方向以及目的，能预期行动结果的理性认知。

"生态利益自觉"这一概念最初是由陈阿江（2009）提出的，是指自

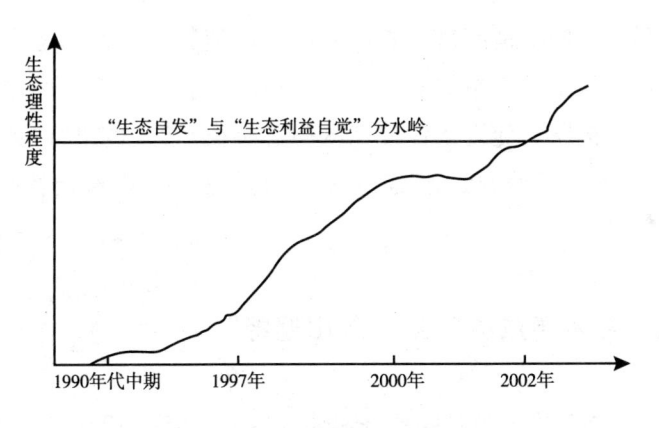

图 1 农村精英的生态认知路线

觉意识到生态或环境的"外部性",可以给系统(企业或社区)造成经济损失(成本)或带来经济收益。生态利益自觉兼顾了人类的短期利益和长期利益、"我"的利益与"我"之外的环境利益。景军(2009)所提出的"生态文化自觉"与之有异曲同工之妙,他认为,从生态环境极度恶化转变到可持续发展的过程是一个认知革命和文化自觉均起到关键作用的过程。笔者认为,生态文化自觉和生态利益自觉都是认识产业转型和生态转型的重要概念工具,它潜在地说明了地方文化和民间实践在产业的生态化转型中具有重要作用。

(二)农村精英的资源环境观

笔者曾于 2008 年 1 月、2009 年 8 月中旬和下旬以及 2010 年 9 月前后四次对 Y 进行专访,每次访谈中,"资源"与"环境"这两个词都会不时地闪现,几乎是其话语体系中出现频率最高的词汇。那么,他的资源环境观是什么样的?

简单地说,就是"要想赚钱就要先养生态"。农村精英的资源环境观就是由向资源和环境索取改为保护资源和环境、增进水域生物多样性。其中,环境指的是水质,就是水不能被污染,一旦水被污染,河蟹养殖必然亏本,而水质调节好是河蟹产业取得经济效益的基础。所以,生态养殖过程是"以水养蟹,以蟹保水"的过程。资源主要是水草和螺蛳等水生物资源，它们既是河蟹生长所必需的动植物饵料，更是水体清洁工和人工培育的水下生物系统。这些资源环环相扣，培养和保护生物多样性是通过生物链原理促进水体自然的生态平衡。通过农村精英的生态养殖，水域环境得到修复，水域再次清澈见底，并能直接饮用（陈涛，2011）。

（三）从"独木不成林"到"漫山遍野"

现在，虽然生态养殖已经是普遍性的行为，但在 1997 年以及 2000 年前后，很少有人会"种草、投螺"，因为这是"亏本买卖"。Y 当时的感受是，那时的试验是"独木不成林"、"曲高和寡"，难以形成"气候"。

生态养殖成为普遍性行为最终还是在政府的推动下完成的。县和有关乡镇政府邀请中国科学院、中国水产科学研究院、中国农业科学院、中国海洋大学、上海海洋大学、南京农业大学等单位的水产专家前来进行技术指导和培训，并先后实施了"河蟹振兴工程"、"河蟹产业提升工程"、"水产技术人才提升工程"等。2006 年，当涂县被农业部确立为"渔业科技入户"示范工程项目的实施县。通过这些财政政策和生态技术的支持，生态养殖最终形成蔚为壮观的场面。访谈中，农村精英也认为，其关于生态养殖的经验只是局部地区的实践经验，而水产专家前来调查分析后，经过理论与实践的结合，所总结出的"种草、投螺、稀放、配养、调水"这套水产"当涂模式"具有更高的和更系统的价值。

四 生态利益自觉的社会效应

目前，生态养殖理念已经深入人心。从自上而下的视角来看，各级政府对生态养殖高度重视，予以多种政策支持，同时形成了一定的产业布局和预防工业污染的机制。从自下而上的视角看，普通养殖户将生态利益自觉付诸生产生活实践中。而且，还内在地形成了一定的抵制污染以及污染产业的社会性机制。

（一）形成了合理的产业布局

当涂在以河蟹养殖为主要区域的农业区形成了"O"型生态农业布局（见图2），范围内的6个乡镇主要发展生态养殖、绿色食品加工以及其他轻工业（陈涛，2009）。这种产业布局也推动了政绩考核机制的改革。2005年，县政府出台了《关于进一步推进全县河蟹生态养殖的意见》，将发展生态养殖列入乡镇经济发展计划，建立了生态产业发展的考核指标。

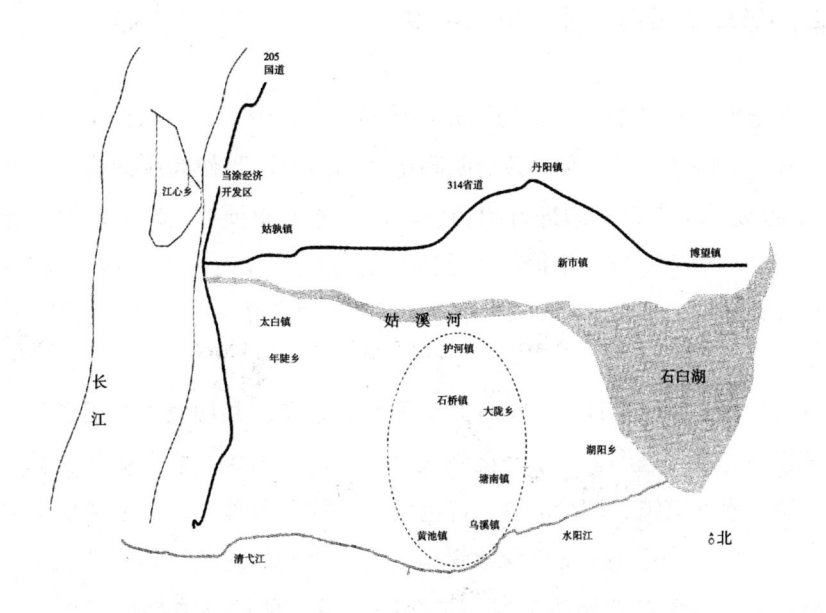

图2 当涂县工农业经济布局

注：粗线横"T"表示的是重点工业布局，虚线"O"表示的是生态农业布局。

资料来源：陈涛（2009）。

这种产业布局规划为因势利导地将河蟹产业做大做强提供了制度空间。直接理解其这一点可能并不够深刻，而通过比较研究，其深层价值更明显。比如，与之形成鲜明对照的是，苏南地区也是久负盛名的鱼米之乡，无论是水域面积，还是发展水产经济的基础和优势都远远好于当涂县。但是，目前苏南工业经济占据绝对强势地位，而水产经济被边缘化。苏南的产业规划为给工业经济发展提供了充分空间，而水产、水稻等传统的优势产业被一而再、再而三地压缩。2007年太湖蓝藻事件后，河蟹养殖、水稻种植等传统优势产业遭受新一轮的压缩。从国家或者更大的系统视角来看，工农业的合理布局意义重大。在当前工业化遍地开花的背景下，如果全国都能因地制宜地规划产业布局，宜工则工，宜农则农，就可限制乃至遏制工业经济的畸形发展，也有利于从源头上更好地保护生态环境。

（二）形成了预防工业污染的机制

在全国"招商引资"忙得不亦乐乎的社会背景下，当涂县也不可能规避这种发展路径。县委和县政府明确将"招商引资"作为所谓的"一号工程"，并要求全力以赴地进行招商引资，引进工业项目。但是，生态养殖产业的经济和环境效益使得深入推进生态养殖产业发展在当地达成共识，并形成浓厚的社会氛围。而这又促进了政府部门在招商引资中预防工业污染。

这种社会氛围促进了乡镇政府明确发展方向，并加强了对招商项目的环境评估力度，进而否决了一批外来投资项目。比如，塘南镇确立了"生态立镇、水产富镇、环境美镇、特色兴镇"的发展理念，在招商引资中树立了"既要金山银山，更要绿水青山"的发展观，对长三角和珠三角梯度转移过来的污染产业坚决抵制，也否决了多个环保不达标投资项目。比如，2005年，浙江一客商经过考察决定在工业集中区投资1000万元上一条服装水洗生产线。当得知该项目存在水污染情况后，镇政府拒绝了项目入园。[①] 塘南镇的经济基础主要就来源于水产养殖，所以对生态养殖非常重视。政府在招商引资中态度明确，坚决限制污染企业的进入，这是预防工业污染的重要机制。

---

① 王春水：《生态扮靓新农村》，塘南镇政府官网，http://www.tangnan.gov.cn/tangnan/showmessage.php? al = 1&id = 352，2006年11月29日。

（三）推动了机制改革，并提高了村民的环境意识

生态养殖需要一个过程，如果承包期过短，养殖户担心"前人栽树、后人乘凉"，并很可能会因为时间短而不愿意实施生态养殖。特别是，如果竞标到的水面水质不好，那么，水环境的生物修复一般就需要一年时间，养殖户实施生态养殖的积极性就不会很高。为改变这种境况，当地政府积极推动相应的机制改革，而改革或创新后的机制更好地保护了水资源，促进了生态产业发展。

首先，延长水面承包期限，承包期由 3 年改为 5 年。2003 年开始，塘南等乡镇率先将承包期由过去的 3 年延长至 5 年。在 5 年承包期制度下，养殖户基本可做到"一年投资，四年受益"（2009 年 8 月 26 日访谈资料）。其次，水面承包采取了具有现代性的竞标方式。这些政策的出台，解决了养殖户的后顾之忧，也激发了养殖户的承包热情和投资力度，促进了生态产业的发展。而与此同时，生态养殖让村民切实体会到了生态环境的重要性，进而提高了村民的环境意识，增强了其环境保护的自觉性，这有利于建构现代意义的生态公民（Dobson，2003）。

（四）形成了抵制污染的社会性力量

当涂虽然没有民间环保组织，但并不缺乏抵制污染的社会性力量。在很大程度上，这种社会性力量的产生源于生态产业的发展。

塘南镇政府由"招商引资"发展珍珠蚌产业，转而取缔该项产业就是这方面的典型案例。该镇有一块将近 19 公顷的水面，之前是镇政府通过招商引资，请浙江客商在此养殖淡水珍珠蚌。但是，珍珠蚌养殖造成了严重的水污染问题。主要原因有二：一是珍珠蚌生长过程中需要大量浮游生物，只有水越肥，浮游生物才会越多。所以，为了养殖效益，养殖户大量投放畜禽粪便等有机肥，造成水域严重富营养化。二是养殖过程中仅仅是珍珠蚌这种单一的水产品，没有其他水生物调节失衡的水环境。这不仅造成水域生态环境破坏，而且影响了周边居民的生活。在此背景下，河蟹养

殖户纷纷向镇政府反映污染问题，请政府部门重视。最终，镇政府在"民意"的要求下采取措施，取消了珍珠蚌养殖，并规定以后不再发展这项产业。同时，将水面发包，通过生态养蟹、种植水草等生物措施修复该水域生态条件（2009年8月26日访谈资料）。可见，关于珍珠蚌养殖，政府在民意的力量下经过了从"招商引资"到"禁止养殖"的转变。取缔珍珠蚌养殖，是镇政府基于民众意志的表达，综合考虑当地经济发展而做出的决策。另外，河蟹养殖户所组建成立的河蟹生态养殖公司、协会等组织，也有助于形成罗吉斯等人所称的 Farm Pressure Groups，即农业压力集团（Rogers，1988），从而和工业化的利益集团形成对抗性的组织力量，更好地抵制工业污染。

五 结论与讨论

当涂生态养殖产业的发展是集体智慧的结晶，是农村精英和政府、水产专家共同努力的结果。农村精英是一个社会群体，从"生态自发"到"生态利益自觉"的探索路径是当地一批民间精英对生态养殖模式探索路径的写照。

表1 从生态自发与生态利益自觉的基本维度

	生态自发	生态利益自觉
认识论	经验主义	理性主义
认识阶段	感性认识	理性认识
路径方向	不是很明确，不断探索中	方向性明确，具有明确的目的性和计划性
与外力系统的关系	没有受到或很少受到外力影响	受到政府和水产专家等外力引导
结果预期	不能或者难以预期结果	能预见到生态养殖的结果
行为群体	个体的、分散的	群体性、普遍性

笔者从认识论、认识阶段、路径方向、与外力系统的关系、结果预期以及行为群体六个方面对两者进行分析阐释（见表1）。①从认识论范畴来说，生态自发阶段属于经验主义，而生态利益自觉则是理性主义；②在对

生态养殖的认识阶段上,前者是感性认识阶段,后者是理性认识阶段;③在如何实施生态养殖的路径方向方面,前者没有明确的路线,处于不断的试验和探索过程中,而后者已经懂得了基本机理,有了明确路径和方向,并懂得经济效益与环境效益的相互制约关系,具有明确的目的性和计划性;④与外力系统的关系方面,前者几乎没有受到或者很少受到外力的影响,是农村精英在一定的"环境—社会"系统内自发产生的行为,后者则受到政府和水产专家系统的引导;⑤在对新型养殖的结果预期方面,前者由于没有可供借鉴的直接经验,处于试验中,不能预期结果,而后者则能预期结果;⑥从行为群体来说,前者是分散的、少数农村精英的个体行为,后者则是普遍性的群体行为。

当前,我国的生态环境问题已经十分严重,严重制约着社会经济的可持续发展。农业是弱势产业,很多地方为了追求 GDP 不顾一切地发展工业经济,不但限制压缩了农业的发展,也带来了灾难性的生态难题。长此以往,不但会遭遇"增长的极限",也会遭遇"寂静的春天"。因此,当涂农村精英在河蟹产业发展中形成的生态利益自觉及其社会效应具有重要的借鉴价值。当然,这需要农业产业形成特色并达到一定的规模,否则弱势的农业还是难以与强势的工业相抗衡。因此,在当前生态环境遭遇严重困境的时期,既需要基层农村精英和普通民众的生态利益自觉,也需要政府部门在合理规划工农业布局和政绩考核机制方面形成生态利益自觉机制。

参考文献

Buttel, F. H, Larson, O. F & Gillespie, G. W., *The Sociology of Agriculture* (New York: Greenwood Press, 1990).

Dobson, A., *Citizenship and the Environment* (Oxford: Oxford University Press, 2003.)

Rogers, E. M. & Burdge, R. J. et al., *Social Change in Rural Societies* (New Jersey: Prentice-Hall, Inc, 1998).

Rosset, P. M., "*Cuba*: A Successful Case Study of Sustainable Agriculture", in: King, L & McCarthy, D (eds). *Environmental Sociology* (Lanham: Rowman & Littlefield Publishers, Inc, 2005).

韦伟:《迈向和谐的马鞍山》,社会科学文献出版社,2007。

陈阿江:《再论人水和谐——太湖淮河流域生态转型契机与类型研究》,《江苏社会科学》2009年第4期。

陈涛:《1978年以来县域经济发展与环境变迁——以当涂县为个案》,《广西民族大学学报(哲学社会科学版)》2009年第4期。

陈涛:《生态技术推广的体制性缺陷与破解路径——皖南大公圩生态养殖技术推广的实践与启示》,《广西民族大学学报(哲学社会科学版)》2010年第6期。

陈涛:《生态技术的社会适应性》,《广西民族大学学报(哲学社会科学版)》2011年第3期。

陈涛:《以河蟹产业为媒介的地域社会——生态产业发展的社会文化效应》,《中州学刊》2011年第4期。

当涂县志编纂委员会:《当涂县志》,中华书局,1996。

晋松:《当涂揽胜》,黄山书社,2001。

景军:《认知与自觉:一个西北乡村的环境抗争》,《中国农业大学学报(社会科学版)》2009年第4期。

〔日〕鸟越皓之:《环境社会》,宋金文译,中国环境科学出版社,2009。

从小月家的故事看"民二代"的
家庭教育

⊙ 韩晓燕 郭 娟[*]

一 引言

随着我国社会转型的深入和转型节奏的加剧,人口流动日益频繁,并且在流动人口当中越来越多地出现家庭式迁移[①]的现象,而这些家庭也成为了流动人口家庭。在家庭式迁移背景下,随父母一同迁往城市的"民二代"的教育问题一直是社会和学界关心的重要问题,而在"民二代"的教育问题上,家庭教育对这些孩子及整个家庭的决策和选择有着重要的影响,家庭教育也是亲子之间存在着丰富的互动的重要场域。本研究[②]是通过分别对父母和孩子的质性访谈,挖掘这个家庭中孩子的学习情况、整个

---

[*] 韩晓燕,华东师范大学社会发展学院副教授、副院长、社会工作系主任、青少年与社会工作研究中心主任。郭娟,华东师范大学社会发展学院讲师,社会工作实训中心项目总监,青少年与社会工作研究中心主任助理。

[①] 钱文荣、张黎莉:《家庭式迁移背景下农民工的工作——家庭关系》,《南京农业大学学报(社会科学版)》2008年第4期。文中"家庭式迁移指的是户主与配偶均为农村迁移人口,并且家庭成员在迁入地一起居住、生活达六个月以上,而不是分散与他人混居混住,这里的家庭形式具体包括:只有夫妻二人;夫妻二人及其未成家子女;夫妻二人及其中一方(或双方)的父母"。而本文的研究对象正是这些家庭式迁移式背景下的家庭成员们。

[②] 本研究访谈的家庭较多,并持续做了3年的跟踪调查,这篇文章是从中选取的典型案例之一。

家庭成员的移民经历、身份认同以及家庭关系等，本文选取了小月的家庭这个典型案例，从家庭教育的视角可以清晰地对这个移民家庭的故事进行呈现和介绍。

二 相关概念的提出

关于家庭教育的概念，本研究主要参考张树东和徐浙宁的观点，两者的观点具有较强的综合性和代表性。张树东把家庭教育可操作化为家庭影响力这一概念，认为是父母对子女的态度和父母对子女的教育方式的合力。张树东根据东北师范大学张德教授编制的家庭影响力调查表，对家庭影响力的不同指标进行了细化，认为，父母对子女的态度包括：父母对子女的期望；父母对子女的关心；父母对子女的感情。父母对子女的教育方式包括：教育目标——培养独立或依赖；教育方法——重批评或重表扬；管理模式——专断式或民主式。[1] 而徐浙宁对移民家庭教育进行的研究当中，调查的情况包括家庭基本情况、家庭教育观念、家庭教育期望、亲子互动等，分析父母对孩子的成就期望、学历期望、成就鼓励、情感关注和情感理解等情况[2]。吴银涛在移民家庭教育影响因素的研究当中认为，亲子关系包括孩子对父母的理解、父母的关照和管教及亲子互动这三个方面。[3] 这里的亲子关系也就是广泛意义上的亲子互动。

已有的对我国移民家庭的家庭教育进行的研究可以为本研究提供参考和研究基础，但这方面有代表性的研究多采用定量研究的方法[4]，对家庭教育的不同维度或者影响因素等进行测量和相关分析，而定性研究能更细致地观察和捕捉到比定量研究方法更为丰富的资料。在此基础上，本文用定性研究的方法展开小月这个移民家庭的故事。

---

[1] 张树东：《成就动机、家庭影响力及学业成就的关系研究》，《教育学报》2007年第1期。
[2] 徐浙宁：《"90一代"城市新移民与当地青少年家庭教育状况的比较》，《中国青年研究》2008年第1期。
[3] 吴银涛：《城市新移民家庭教育影响因素探索》，《成都大学学报》（社会科学版）2007年第1期。
[4] 如徐浙宁和张树东的研究均为定量研究。

结合本研究的设计和访谈情况，本文关注的移民家庭的家庭教育包括父母对子女的态度和父母对子女的教育方式两个方面：①父母对子女的态度：父母对子女的期望、关心和感情，其中期望包括在子女现有成绩基础上的成绩期望、学历期望、工作期望、工资期望等。②父母对子女的教育方式：包括教育目标——培养独立或依赖、教育方法——重批评或重表扬、管理模式——专断式或民主式。在每一个维度的选择上不像定量研究一样的精确测量，但还是能从访谈资料当中明显判别出教育方式的特点，从而帮助呈现故事，因此本文侧重关注父母对子女的态度，将父母对子女的教育方式作为参考。但由于亲子关系中不仅包括父母对孩子的态度，也包含了孩子对父母的各种反馈，是家庭教育作用的重要体现，在本文当中将予以呈现，于是又增加了第三方面：③亲子关系：包括孩子对父母的理解，父母的关照和管教，以及亲子互动。

三 小月家的故事

对小月家庭背景的了解有助于对这个家庭发生故事的理解，以下首先介绍小月家的基本情况。

（一）小月家庭的基本情况

小月是家里的二女儿，上有姐姐，下有弟弟，她和父母关系很亲近，也很懂事，学习用功，成绩很好，但感觉压力也很大。父母年轻的时候生活在安徽农村，1990年代初到上海闯荡，待三个孩子在上海上学后感觉到生活压力，在朋友的帮助下慢慢在上海立足，到现在还是一直在辛苦地做生意，挣得足够养家的物质资本。

1991年春节，小月的父亲一人来到上海。不到几个月，母亲也随父亲到了上海。孩子们都是在上海长大的，姐姐是上一年级的时候来的，小月和弟弟在上海出生长大。姐姐现在在上技校，小月上初二，弟弟在预初。只有在暑假的时候，孩子们才偶尔回到老家，老家有母亲那边的亲戚在，亲戚们的孩子都在老家读书。

　　一开始，父母是在工厂上班，待到孩子们都要上学了，家庭不能支付孩子们的学费，于是父亲想到要另谋出路，开始做生意。一直到现在，父母以做生意来维持整个家庭的开销，他们认为"钱已经不是问题"了，就是"太辛苦"，晚上经常两三点才能回家，因为住的地方和做生意的办公地点都在一块，所以环境是比较吵闹的，经常会有车开进开出。一家人就是在这样一个有点嘈杂的地方生存着。

　　父母在上海立足之初，得到朋友们的帮忙，最开始提供帮助的是个上海人，是以前认识的一个回城知青，他是父亲的"熟人"，父母来上海的一部分原因也是因为"有熟人"，能照顾他们，有地方住。

　　父母的生意是在上海人的帮助下开始的，最初困难重重，人生地不熟，连上海话都听不懂，但是很多人都会帮忙，老乡之间会互相帮忙，和外地认识的人也会联系，有信息的沟通交流，认为上海好人多，不好的人少，现在在上海生活比在家好，上海城市大，机遇多。

　　尽管这个家庭在上海的立足得到上海人、老乡和外地人的帮忙，父母也认为朋友之间的沟通和信息传达都很多，但是孩子的世界却没有这么丰富的资源。缺少"玩"的生活，交往面窄。小月平时学习非常忙，六点多回到家里，做作业一般会做到十一点多，没时间和朋友玩，即使是周末现在也不出去玩。家旁边没有什么朋友，平时跟周围的人不联系。课外活动几乎没有，仅有的课外活动也就是知识竞赛。有时候趁学校活动的时候（比如出板报）跟同学去文化馆、博物馆，父母也带自己去过较远的文化馆、博物馆和周边城市玩过，但是没有其他亲戚朋友带自己去。在自己的朋友当中会发现，自己跟朋友是比较相似的，朋友当中来自外地的比较多。小月跟上海人相处是可以的，但是感觉"不舒服"、"奇怪"，没有很亲密地在一起，是很普通的关系。家教给予的支持不足。小月还有个家教，是外地人，读过大学，现在在工作兼做辅导，有时候跟她聊聊出路的事情，但是不多，老师认为她自己也是个人努力过来的，最好是靠自己，没有能力能够帮到小月，所以小月问她也不多，没有从家教老师那边得到太多的信息、资源和支持。尽管有这么一个潜在的资源，但是在和小月的交往当中没有发挥太多的作用。

　　小月和父母并不喜欢现在的谋生方式。这和许多移民家庭的情况是相似的，艰难立足之后又想办法更换不同于当前的生活方式，孩子的教育往往成了这些家庭的希望，尽管存在制度上的限制（比如不能在上海考高中），但是仍然磨灭不了这些家庭的努力和乐观。小月的家庭也如此，并且整个家庭的家庭教育和亲子关系都在孩子读书这个问题上有集中体现。

（二）小月家庭教育的事实呈现

1. 小月的好成绩、自身学习动机和期望

小月是班长，学习成绩在班里排第一，年级排到前十几名。但是希望可以获得更好的成绩，最好能排到年级前五名。认为自己在学习上尽了90%的努力。争取到老师说的可以留在上海进入"一个学校"[1]的机会。每天做作业会做到很晚，没有时间出去玩或者和家人朋友玩，压力很大。

努力学习的动力来源于建立自尊。之所以如此努力与要强，小月说是因为成绩不好的时候会被人瞧不起，被上海的同学（从后面看来是班上的，应该都是外地生，在上海长大）瞧不起。但是老师不会，老师对每个人都是平等的。

被瞧不起的时候自己感觉很没面子，正是同学之间这样一种力量激励着自己不断努力，保持好成绩，现在自己对成绩差的同学不存在瞧不起的态度。

> 访问员：什么使你那么努力读书的？
>
> 受访者小月：没有，就是说，因为是一直成绩都很好嘛，就想变得更好，不想再落下。记得刚开始来的时候成绩不好嘛，会被人瞧不起。会觉得很难受。
>
> 访问员：谁瞧不起你？
>
> 受访者小月：班上同学会瞧不起你。
>
> 访问员：老师呢？
>
> 受访者小月：老师不会。
>
> ……受访者小月：因为他们（指同学）一直在上海读书嘛，他们

---

[1] 从后文的访谈来说此处指上海的中专，这是老师鼓励这些移民家庭孩子们的。

感觉好像就和上海人一样，他自己不好还瞧不起你，就这个样子。

考大学和赚钱是对自己的期望。小月是几乎不考虑技校的，希望自己能够考高中，上大学，学金融类专业，将来赚到钱能在父母银婚的时候花钱让父母去旅游。如果自己只能上技校还是会伤心的，会觉得可惜，至于去留上海，如何去创造考大学的条件自己都没有想得太多，也没有很关注，因为在小月看来未来的很多事情都是由父母考虑的。她留在上海上高中考大学的期望已经成为一种潜意识，即使是想象未来的时候，她都把留在上海上高中作为一个自然的前提。当然，在留在上海考大学之外，她还有赚钱的期望。

> 访问员：嗯嗯。那你自己有没有想过，我要计划一下以后的出路呢？
> 受访者小月：还没有。
> ……
> 访问员：但是你担心嘛，对不对？
> 受访者小月：嗯，反正就是说，以后我上高中以后，我应该是学英语吧，然后就是文科，然后以后我再看。反正高中就是这样子。

2. 父母对小月的态度和教育方式

父母期望孩子考大学。父母认为，目前生活当中最大的困难就是希望孩子可以通过正常途径考上高中，对孩子别无他求，只希望孩子能好好读书，将来能有更多的发展机会。父母认为上高中、考大学比赚钱重要，但是坚决不回老家，上海机会多，资源多，老家没有生活来源。如果在上海没有考高中、上大学的机会，即使是出国也不回老家。

小月的愿望就是留在上海考高中，潜意识当中认为自己将来是会考高中的，对未来的设想都在自己上高中的前提下，自己考上大学，学习金融专业，赚钱是很重要的。而父母则希望孩子们能有上高中的机会，过得好，有学问，尽力去争取这样的结果就是最好的。

> 受访者母亲：对。小学的时候，她们几个，三四个女孩就在一块了，她就要比，不甘示弱，是不是啊。她很要强，干什么都不想落

后。是不是啊。

……

受访者母亲：我们最大的愿望就是她，能不能够呢，就是在上海，就是经过这个正常的途径去考高中、上大学，就是这样的哎。

受访者小月：他们肯定希望我读得比较高一点嘛，然后就是说找到一个好工作，然后生活得好一点。

访问员：什么工作啊？

受访者小月：我妈妈只要我喜欢啊，然后就是说，就是你每个月钱够花，然后够就好了。

……

受访者小月：高中至少要读，还要读大学，可能还要继续上。

访问员：上到什么程度？

受访者小月：嗯，现在还不知道，可能以后还要继续读下去，因为现在大学生很多，读了大学没有什么用的。

……

受访者小月：至少要，研究生也要读完吧。

访问员：嗯，那你想要读什么？

受访者小月：我啊。呃，我就想要做那个，金融方面的。

父母对小月的肯定和民主式管理。母亲认为孩子不想上技校是因为想考大学找个好的工作，技校没前途，父母并没有给孩子太大的压力，而是充分尊重孩子自己的意见。

受访者母亲：没有，我们没有要求。我们对小孩子，呃，没有施加多大的压力。就是尽你（小月）自己的努力。

（三）从一种巧合中看亲子关系：父母和不同孩子的亲疏关系

小月和姐姐的成绩是不一样的：小月成绩很好，而姐姐成绩一般。而父母和两个小孩之间的关系也是不一样的。

父母和小月关系亲近。在父母看来，小月能懂得父母工作的辛苦，是懂事的、要强的，非常有竞争意识，很多事情小月认为最大的支持就是父母，父母能为她安排好未来。父母和小月之间比较了解，小月心里有事跟父母说的比较多，而且认为肯定是找父母说的。在对自己出路的看法，以及想到这个问题时的感受，小月认为最能和自己分担这些和交流这些的就是父母。

姐姐似乎是一个不太有声音的人，姐姐成绩不好，上技校，尽管小月绝不考虑上技校，但是在小月的印象中姐姐生活应该是开心的，姐姐现在上技校还可以，不会很伤心，实际上父母跟小月一样都不太了解姐姐在学校过得怎么样，将来找工作情况会怎么样。在父母眼里姐姐也要强，但是成绩不好，性格内向，和家人的交流不多，这个家庭的成员和这个大女儿的交往沟通没有小月这么顺利和深入，小月和父母对姐姐并不是十分了解。因此，上技校的姐姐生活得是不是父母和小月随口说起来的、带着猜测口吻的那么"好"是值得考证的。弟弟成绩也没有小月好，被父母认为是聪明的，但是不用功。

受访者母亲：要说用心呢，就是她最用心了。小月是最用心的。哎，小孩子不过也很聪明。

访问员：你没有跟你姐姐谈过吗？

受访者小月：没有，她现在还没有学到什么，她现在主要还在学美术。

访问员：那她不知道读完有什么工作的？

受访者小月：她知道啊，她有跟爸妈讲。

访问员：那你知道吗？

受访者小月：不知道。

访问员：他们知道，你不知道？

受访者小月：[在笑] 呵呵呵呵。不知道。

访问员：[停顿3秒] 那你姐姐有没有一些计划，找工作的？现在有没有想这个问题啊，你姐姐？

受访者小月：应该还没有吧。

访问员：没有啊？

受访者小月：她现在分还没有分呢，就是大家都一样，以后才要分吧。室内装潢或者服装设计……

（四）"我不是上海人"的身份认同和"留上海考大学"的决策

1. "我没有上海户口，我是老家人"

小月判断自己是否是上海人的标准是依照户口的，自己在上海出生，在上海长大，但自己不是上海人，因为自己没有上海户口；如果有户口，不是在上海出生长大，那也是上海人。

她始终认定自己是安徽人，因为有安徽户口。小月回到老家觉得自己是老家人，那里是自己的家乡，上海人也觉得小月是安徽人，而老家人觉得小月是上海人。小月认为："假如说我一开始就是上海人就不会想做安徽人了。"小月感觉自己跟老家人除了生活习惯不一样，其他没什么不一样的，老家交通买东西不方便。老家跟上海的视野不一样，上海能带给人宽阔的视野，而老家则让人产生井底之蛙的感觉，对外界来说是很封闭的。

2. "我不要上海户口，只要能考试"

在小月眼里，上海人"连亲戚都不亲"，很生疏，联系不紧密，不会互相帮忙。小月在学校有跟上海人相处的能力，朋辈群体中的上海人给小月的感觉"不舒服"、"奇怪"，没有很亲密地在一起，是很普通的关系。

即使现在给她一个上海户口也不要，除非安徽户口不能考试，这种情况下她才会考虑要上海户口，而且上海户口要能让她考大学就要。

除非自己一开始就是上海人，一出生的户口就是上海的，不然无论如何也会认为自己是外地人，并不是上海人。

3. "我要留在上海"

以前就在上海读书的，快初三了还是想留在上海读，妈妈不希望小月回去，小月自己也不想回老家。这边的同学有很多都放弃了，成绩不好，考试就刚能及格,而小月却是一直在努力,学习很用功,感觉竞争压力也很大,因为老师说如果是年级前 50 名就有机会上"一个学校"①,她觉得这是一个机会,很在意自己的成绩。尽管知道现在大学生也很难找工作,但是小月还是坚持想在上海上大学,甚至读研究生。

留在上海的主要困难是不能考高中,其他没什么预见性的困难,而且这个并不能让小月感到很困扰,一方面,繁忙的学习让她没有时间去为这些担心,另一方面,她相信父母能为自己处理和安排好这件事情。在上海的机会是可以学到很多东西,接触到很多东西,自己始终选择留下来。

4. 小月和父母"留上海考大学"的决策

小月父母对孩子的期望就是留在上海上大学,成绩好,学问很重要,找到好工作。而小月的价值取向是留在上海上大学,成绩好,赚钱。两者的相同点是认为受教育、成绩要好、都要留在上海上大学。两者的不同点是父母认为对孩子的期望是找到好工作,没有赚钱的期望,但是孩子有赚钱和为父母的晚年花钱做些事情的愿望。小月父母完全尊重孩子自己的选择。

> 受访者父亲:对,读技校嘛,能有什么。她说她还是想上大学。
> 受访者母亲:她说就是以后想有个好的发展。她现在说想上好高中,想上好大学。她说,她将来呢,哎对,能找个好工作。

四 评价:家庭教育方式与"留上海考大学"的决策

(一) 个人决策与家庭决策

从表面看来,父母非常尊重小月的选择,但是实际上小月的决策是出

---

① 从后面的访谈看来是群益职校。

于父母希望她会有这样的取向，而孩子的懂事、听话、孝顺，重大事件上有父母考虑为孩子执行父母的期望提供条件。而且父母表现出对孩子的"尊重"。孩子的未来主要信任父母的安排，但是父母认为尊重孩子自己的选择，其实父母已经把选择灌输给孩子，让孩子来说出和做出大人的决定。这个决策不仅是孩子个人的想法，也是全家决策的体现，是全家希望和理想的寄托。

> 访问员：那你知道父母对你的期望吗？
> 受访者小月：知道。
> 访问员：什么期望？
> 受访者小月：因为我姐姐就说她读的是技校，然后我爸爸妈妈就希望我能继续读大学，将来留在上海。
> ……
> 受访者母亲：对。她有时候说，回来哇啦哇啦都要说出来。她有什么事回来都跟我们说。
> 访问员：那么她知道你们心里面的事吗？她会知道你们工作上的事吗？
> 受访者母亲：她知道，哎。
> 受访者父亲：各方面的事嘛，一天都在这里嘛。
> 受访者母亲：对。
> 访问员：哦，她看到你们很辛苦的。
> 受访者母亲：对，对。她很关心我们的。有时候，问问啊，很好。她真的挺懂事的。

（二）亲子关系的建立让决策的最终形成成为可能

小月的选择实际上是父母把自己认为要留在上海上大学的决策内化为孩子的决策，父母和小月之间有良好的交流（姐姐的情况和小月不一样），父母认为自己充分尊重小月的选择，父母的所有努力都是为了小月，这些

"认为"的背后是小月和父母在现有的家庭教育和亲子关系沟通中已经基本达成意见一致的状况。父母有自身的取向，认为学问和上大学重要，而且不回老家，在选择上十分坚定，然后将这个观点渗透到小月的意愿当中，并认为这是女儿自己做出的选择。

父母的价值取向对小月的影响是很直接的，但是小月的决策对父母是否有影响是研究当中尚未发现的。而且，孩子为什么有"赚钱"的愿望，而父母不太看重"赚钱"，更多地重视学问和找到好工作，都是值得探究的。

（三）一种积极的力量

在这个家庭的故事和"留上海考大学"的决策中可以看到一个移民家庭中两代人的努力和希望，不仅个人付出自己的努力，而且两代人之间建立起互相理解、互相沟通、相互交流的互动方式，为了可能的希望不断努力，正是这样一种力量塑造了移民家庭的现有家庭教育方式，给移民家庭和它的成员们提供着支持，以家庭为单位的迁移，不仅给留守儿童成就好的学习环境，而且是解决农民化为市民的最佳选择[1]，维持着家庭的稳定，给家庭带来希望，塑造着移民家庭特有的故事。

参考文献

韩晓燕、文旻：《"隐性抗争"与"隐性合谋"：城市新移民家庭家庭策略的互动模式——以上海市流动人口家庭的初中后教育选择为例》，《云南师范大学学报（哲学社会科学版）》2011年第2期。

---

[1] 王开玉认为，对于任何一个孩子来说，最好的成长就是与父母在一起。王开玉一直倡导农民工以家庭为单位迁移到城市，"这当然有很多现实困难，不仅需要农民工转变观念，更需要输入地政府做出更多的努力"。并认为，如果形成农民工以家庭为单位迁移到城市的趋势，"留守儿童"问题的拐点将会出现。（李菲、沈洋：《5800万的特殊群体——"留守儿童"问题再次引起关注》新华社记者 中华人民共和国中央人民政府网，2012年5月31日。）

钱文荣、张黎莉:《家庭式迁移背景下农民工的工作——家庭关系》,《南京农业大学学报(社会科学版)》2008年第4期。

吴银涛:《城市新移民家庭教育影响因素探索》,《成都大学学报(社会科学版)》2007年第1期。

徐浙宁:《"90一代"城市新移民与当地青少年家庭教育状况的比较》,《中国青年研究》2008年第1期。

张树东:《成就动机、家庭影响力及学业成就的关系研究》,《教育学报》2007年第1期。

农民工子女教育问题研究

⊙ 赵以宝[*]

国务院总理温家宝曾说过,农民工是当代中国产业工人的主力军。

安徽省社会科学院研究员王开玉教授在他主编的《立体社会观察》一书中披露:"在中国城市化过程中,有两亿农民走向了城市。""全国妇联的一项调查,中国农村留守儿童已经达到2000万,并呈继续增长的趋势。在一些农村劳动力输出大省,留守儿童在当地儿童数量中所占比例已高达18%~20%。"

调查问卷表明:90%以上农民工的打工目的都是为了挣钱让孩子能上个好学校,将来通过考试改变命运。他们一方面把"打工"作为摆脱贫穷、寻求幸福的途径,另一方面是"望子成龙"心切。即使一部分困难群体只把"打工"作为谋生的手段,也没有放弃对子女未来的希望,他们希望自己的孩子一级一级地入学深造,成人成才,超越自己。

农民工子女呈现两种状态:一是随打工父母进入城市就学,称为"流动儿童";二是留在家乡托人照管,称为"留守儿童"。从目前的总体上看,后者大于前者。

农民工子女教育问题已上升为当代中国教育的焦点、热点问题,不仅关系到巩固"普九"成果的大政方针,而且直接影响农民工子女一代人的

---

[*] 赵以宝,安徽红星教育集团董事长,《工商导报》"天下徽商"专题部主任。

未来与发展。

现在,父母外出打工、孩子留守家园的现象在农村普遍存在,留守儿童会面临学业失教、生活失助、心理失衡、道德失范、安全失保、感情失缺的"六失"问题。笔者了解到安徽省凤台县的王桥初中,该校生源辐射6个行政村,农业人口2.6万人,其中外出打工人员1.4万人。2009年在校留守学生278人,占全校学生总数的61%,2010年在校留守学生263人,占学生总数的48%,基本上留守学生在全校占据"半壁江山"。据校长介绍,留守学生中的大多数缺失家庭教育,缺少父母的关爱,父母一门心思只顾打工挣钱。他们认为只要有了钱,子女就会有前途,殊不知在关键时期放弃家庭教育,极有可能毁掉一代人。留守学生中有的冷漠、孤独,有的自卑自闭,有的在爷爷奶奶、外公外婆的溺爱放纵下滋生"骄"、"娇"二气,还有的与社会上的"小混混"混在一起,或者通过网络游戏弥补心灵的空虚。在留守儿童中,旷课、迟到时有发生,逃学、厌学屡见不鲜,对批评教育心怀抵触,往往采取过激行为。对此,大张挞伐难以奏效,动辄处分,适得其反,如果处置不当,极易把他们推入辍学流失之列。

对于孤苦无助的留守儿童,多少有识之士从心灵深处发出了"救救孩子"的呼喊。

爱因斯坦说过:"没有爱就没有教育";"有了爱,便有了一切";"热爱是最好的老师"。对于留守儿童,只有用真诚的爱、多方面交织的爱铸造的"金钥匙",才能有效打开他们眉结的忧、心中的"锁"。

首先,教育部门要营造一份特殊的浓浓的爱。面对留守儿童这个特殊的群体,教育工作者要"捧着一颗爱心,关爱留守儿童"。近几年来,许多学校把关爱、教育留守学生作为学校工作的重中之重,广洒爱心,滴滴汇海,为留守儿童撑起一片充满阳光的蓝天。在凤台县王桥中学,笔者看到一份2010年专门针对留守学生制订的全年12项校级活动计划,例如,组织留守学生夏令营、"留守儿童迎中秋,忆亲情、颂关爱"演讲演出活动等。该校给每个留守学生建立留守档案,定期召开留守学生工作会议,分析留守学生的学习、生活、家庭情况,分别制定措施,实行留守学生包保责任制等,从机制上创设关爱留守学生的教育模式。而灵璧县大路中学则通过创设寄宿制的办法来重视、关爱留守学生。该校近年来先后建起学生宿舍楼3幢、学生餐厅1幢、教学楼2幢，完善教学设施，为留守学生打造学习、生活的乐园。设立关爱留守学生办公室、"留守学生关爱之家"等。推行教职工与留守学生"结对帮扶"制度，承担"爱心妈妈"、"爱心姐姐"心理咨询室。推行优秀学生与留守学生"结缘"制度。安装亲情电话，开辟"绿色通道"，免费让留守学生倾听家长的声音。实行真情关爱"三优先"，对留守学生在学习上优先辅导，生活上优先照顾，活动上优先安排。各种比赛让留守学生有更多展示的机会，班队会上给留守学生更多倾诉的机会，实践活动中让留守学生位于最前面。

其次，整合资源，延伸关爱，构建关爱留守儿童的社会教育网络。肥东县长东学区中心学校鉴于留守儿童的校外管理难以顾及，形成了关爱行动的"盲点"，于是他们决定把留守儿童工作延伸到社区，延伸到社会。学校与社区共同组建了关爱留守儿童工作协调小组，社区有36名"五老"人员组成校外帮扶队伍，社区建立了"留守儿童活动中心"。长乐社区党总支书记丁传香既是留守儿童的校外辅导员，同时自己结对帮扶一名叫王云的留守儿童，直到小学毕业。淮南市妇联在节假日为留守儿童印制发放"关爱行动"贺卡，不但为留守儿童送来祝福，还让他们给远方的父母送去感恩的话语。灵璧县大路中学建立了留守儿童管理的长效机制，实行校长、教师、监护人、关工委"四轮驱动"，着力完善学校、社会、家庭"三结合"的留守儿童教育网络，真正达到校内有人教，校外有人管、思想教育有人抓的目的。该校还通过聘请校外辅导员、聘请法制副校长对留守儿童的教育管理形成合力。从家访、家长会、家长学校等三个层面对留守儿童的委托监护人进行家庭教育理念、方式、方法的培训，提高委托监护人的责任意识和家教能力、水平。

再次，用政策营造对流动儿童的关爱。2008年，根据国务院文件通知，城市义务教育阶段公办学校学生学杂费全部免除，由国家额定补贴。当时笔者在上海松江区九亭镇投资兴办的农民工子女学校——红星小学却成了此项政策的"真空地带"，流动儿童们仍需承受义务教育阶段学杂费的负担。笔者想起，来沪办学的初衷就是为农民工子女解决"上学难"、"上学贵"的问题，为此毅然决定：从2008年秋季开始，红星小学和公办学校一样，让所有在校的农民工子女同样享受免费教育的"国民待遇"。笔者深知，对数以千万计的流动儿童来说，这点付出只能是杯水车薪，但这毕竟是笔者践行"平民教育"理想，为流动儿童送去温暖的举措之一。

最近，笔者深入沪、苏、浙地区，对部分农民工子女学校状况做了实地调查，看到农民工子女学校在大、中城市星罗棋布，成千上万名流动儿童就学问题得到了缓解。然而，纵观这些农民工子女学校的管理模式，也还存在诸多问题。例如：农民工流出地、流入地的教育主管部门把这类学校视为"编外"或"另类"而管理不到位，素质教育得不到有效开展，师资队伍的培训、考核"搭不上车"，由于"政策的真空"，私立学校实施免费教育还只能是凤毛麟角，等。笔者认为，对于流动儿童的教育不仅需要学校的关爱和社会力量的扶持，还需要政策的关爱。王开玉教授在其论著《立体社会观察》中指出："农民工的现象将会长期存在，我们对农民工的研究不仅不能放弃，而且还要不断地深入。"从农民工的研究而衍生的留守儿童、流动儿童教育问题的研究，同样不能放弃。

参考文献

郭彩琴：《城市中"农民工"受教育不公平现状透视》，《学海》2001年第5期。

周宗奎、孙晓军等：《农村留守儿童心理发展与教育问题》，《北京师范大学学报（社会科学版）》2005年第1期。

项继权：《农民工子女教育：政策选择与制度保障——关于农民工子女教育问题的调查分析及政策建议》，《华中师范大学学报（人文社会科学版）》2005年第3期。

于慎鸿：《农村"留守儿童"教育问题探析》，《中州学刊》2006年第3期。

欧阳国庆、黄玉怡：《农民工子女教育问题初探》，《上海农村经济》2006年第4期。

金丽馥、夏中杰：《农民工子女教育问题及解决办法》，《安徽农业科学》2007年第8期。

王开玉：《立体社会观察》，社会科学文献出版社，2010。

农村留守儿童的家庭自我认同意识研究
——对《不一样的童年》一书调查研究成果的分析

⊙ 罗国芬[*]

一　引言

近些年来，在我国农村留守儿童问题逐步"显性化"的过程中，关于如何关爱农村留守儿童的各种思路、措施中，往往少不了一条，如"爱心妈妈"之类的，希望农村社区中有爱心的人士出来积极关爱留守儿童。不少地方通过结对等方法，让富有爱心的乡村干部、妇联同志、基层教师等担任"爱心妈妈"来帮助留守儿童。对于这样的举措，剔除报道中的宣传成分，其实可以说，对其在实际中的具体成效如何，目前根本是一个没有引起深切关注的问题。其实，换个角度来说，所谓"爱心妈妈"之类的做法，无非是通过营造家庭氛围和亲密环境，让留守儿童在远离父母的情况下也能够享受到类似"家庭"的温暖。这类行政倡导下的"爱心家庭"能够起到多大的作用，目前，基本上没有什么扎实的研究成果予以说明。不过，根据以往的大量研究成果证实，我国的农村留守儿童其实除了一些大龄的属于自我监护之外，其他绝大部分留守儿童是由父母中之一方，或祖辈、其他亲属、邻居等照料起居、生活、学习等。撇开自我监护部分先不谈，在留守儿童监护的其他形式中，要说其代养人缺乏爱心似乎会不符合

---

[*] 罗国芬，华东师大社会学博士研究生，上海理工大学管理学院讲师。

事实。而这样的留守环境对留守儿童成长的不利影响又似乎得到相当多的研究成果的证实。那么，如何来考察并不一定缺乏爱心的留守环境中的"爱心"成效问题，似乎仍有待进一步研究。鉴于爱心妈妈家庭也好，民间自发筹组的寄放留守儿童的各类家庭也好，讨论其监管成效的问题都离不开成人的视角，即事先就假定这样的措施是为留守儿童好的，肯定也应该是有效的，而这样的假定是否一定成立，则缺乏更多实证研究证据来支撑。本文则希望通过考察农村留守儿童的家庭自我认同意识的特征和问题，从农村留守儿童的视角来看待问题。这种对象视角的考察方法对反思各类成人自以为是设定的对留守儿童好的措施具有一定的借鉴意义。

二 理论视角和二手分析的资料来源

"自我认同意识（Self Identity）"最初是由心理学家埃里克逊使用的一个心理学术语，后来从个人扩展开来而被进一步应用于各种各样的集体自我认同意识，如企业自我认同意识和国民性等。日本社会学家上野千鹤子则首先使用"家庭自我认同意识"（Family Identity，FI）这一术语。上野千鹤子指出，构成"家庭"的层面有现实和意识两个方面，现实表现为家庭的实体形式，而意识则是凝聚家庭形式与内容的核心。因此，与其说"家庭"存在于现实中，还不如说它更多地存在于人们的意识之中。上野千鹤子把使家庭成立的意识称作家庭自我认同意识，即指把什么等同于家庭的一种"界定范围的定义"（上野千鹤子，2004）。

我们的研究指出，与中国的儿童留守现象类似，日本的单身赴任形成的背景，是近代以来由于产业化的发展而导致工作场所与家庭所在地出现分离的现象。因此，研究日本转型时期家庭变迁的家庭自我认同意识理论，同样适用于研究中国的留守儿童问题（佘凌、罗国芬，2008）。

但如何运用家庭自我认同意识理论来研究中国留守儿童，尤其是其中数量最为庞大的农村留守儿童的问题呢？学术界这方面的探索还非常罕见。由于国内不少研究团队已经针对农村留守儿童的心理、教育和社会化状况等进行过较多较为扎实的经验研究，留下不少丰硕的研究成果，本人不拟再做详尽的经验调查研究，而希望利用现有的研究资料，借用家庭社会学中的家庭自我认同意识理论来分析农村留守儿童的家庭自我认同意识的特征。在社会科学的研究中，很多学者不屑于做这一类的二手研究。但本人认为，其他学者丰富的研究成果，也可以从新的视角和技术去进行分析。这既是对前辈研究者资料的充分发掘与利用，也是学术探讨的一种方式。基于此一研究目的，本文的二手分析所依据的研究资料选自安徽社会科学院王开玉研究员所率领的研究团队所积累的经验调查成果。[①] 这一方面是因为王开玉研究员的研究团队所积累的经验调查成果非常厚实，另一方面也是因为他们的研究成果中有很多资料可供进一步分析。

三　农村留守儿童的家庭自我认同意识

从现在被公众认可的留守儿童（留守子女）的定义来看，留守儿童的实质是未成年子女与其父母双方或一方在一定时间内的亲子分离现象。从这种实质来看，父母与未成年子女的亲子分离现象应该是较为普遍的一种社会现象。父母与未成年子女的亲子分离，不管是过去还是现在，不管是中国还是外国，都是经常存在的情况（佘凌、罗国芬，2007）。

家庭自我认同意识显示的是个人主观上所划定的家庭边界在哪。那么，农村留守儿童的家庭自我认同意识又有些什么样的特征呢？下面依据王开玉研究员研究团队在安徽省四市九县所做的留守儿童生活状态与教育状况详细调查资料进行分析。本次二手分析主要了解农村留守儿童个人主观上所划定的家庭边界在哪。判断的依据来源于调查资料中对调查对象个人背景的交代及调查问答实录中有关家庭人口数及留守状况的有关描述。如在调查实录中，基本上都有一句"你家几口人"，而在其后的问答中则有这些留守儿童共同生活的其他成员的较详细的情况介绍。由于调查中是先问"你家几口人"，所以关于这道题的回答正好从留守儿童无意识的层面揭示其家庭自我认同的边界，而结合其后的关于留守儿童现今具体生活

---

① 王开玉：《不一样的童年：中国农民工子女调查报告》，合肥工业大学出版社，2007。

情况的介绍，可以据以判断留守儿童生活状况及其家庭边界看法是否一致。在本处的 74 个调查个案中，能够根据调查实录判断出其家庭人口数、家庭自我认同情况的案例为 45 个。从这 45 个案例中，可以看出以下几点问题。

（一）不在家的父/母或父母双方仍被留守儿童视为"家庭"成员

父母亲因务工、经商等经济性或非经济性原因外出，已经和留守子女形成亲子分离的态势，他们的居住地和子女的居住地虽然远隔千山万水，但在不少留守子女眼里，不管父母亲远在何处，仍是自己的家庭成员。在 45 个可以依据调查实录资料进行判断的案例中，有 21 人的留守子女把远在他乡的父亲或母亲仍算作"家庭"成员，如王开玉研究员的课题组（以下简称课题组）在 2005 年 6 月所做的调查中，在张母桥生活的高某，父亲在外打工已经六七年，母亲在外打工也已 1 年，另外还有爷爷奶奶和弟弟一起生活。按居住形态来说，高某现在居住的"住户"只有 4 人，但在回答"你家几口人"的时候，她下意识地回答是 6 人，即把在外的父母也算在内。

（二）部分抚养农村留守儿童的祖辈或其他亲属不被视为"家庭"成员

如果说在外的父母是和自己处于同一个核心家庭，那么，留守儿童不因父母外出就把外出人员排除在"家庭人口"之外还比较好理解的话，一些留守儿童把跟自己长期居住生活在一起、照顾自己的爷爷奶奶、外公外婆或其他亲属不算作是"家庭人口"就显得有点难以理解。对这部分的祖辈或其他亲属来说，尽管他们费尽心力照顾这些留守儿童的生活起居以及学习，没有功劳有苦劳，没有苦劳有疲劳，但在部分的留守儿童看来，在他们心目中，其家庭的边界是不包括这些辛劳的老人或其他亲属的。如课题组在 2005 年 6 月所做的调查中，在张母桥生活的 12 岁女生汪某，父母亲在外打工已经 5 年，她和妹妹一起留守在老家。但汪某在回答"你家几口人"的时候，就只回答父母、妹妹和自己 4 人，没有把日常照养自己的亲属算在内。南陵县的 QWH，已经 13 岁，在回答"你家几口人"的时候，也只回答父母、弟弟和自己4人，也没有把日常照养自己的亲属算在内。

（三）大部分农村留守儿童不把同样留守于一个祖辈处的叔伯姑舅姨的子女等视为家庭成员

在农村的留守儿童家庭中，留守儿童的父母往往是有几个兄弟姐妹，随着打工潮的兴起，兄弟姐妹一起外出务工、经商的不在少数。因此，在一些农村老人那里，往往是几个孩子的子女都寄放在家里。对农村留守儿童来说，这样的情况意味着他们要与同样未成年的叔伯姑舅姨的子女共同生活在爷爷奶奶、外公外婆或其他亲属那里，同处一个屋檐下。但是，即使是共同居住在同一个屋檐下，在课题组调查的所有案例中，只要与叔伯姑舅姨的子女共同属于留守儿童的案例，无一例外的，在回答家庭人口数的时候，并没有把这些有着较近血缘关系的堂、表兄弟姐妹算作自己的"家庭成员"。如课题组2005年7月10日在安徽宿松县所做的调查中，14岁的SEY，和爷爷奶奶以及弟弟一起留守老家，平日一起生活的还包括其叔叔家的两个小孩。但他在回答"你家几口人"的时候，也只回答父母、爷爷奶奶、弟弟和自己6个人，没有把日常一起生活的叔叔家的两个堂兄弟算在内。而与之形成鲜明对照的是，课题组在2005年5月在安徽肥东县所做的调查中，12岁的许某，和爷爷奶奶一起留守老家，其弟弟5岁，生活在合肥，妹妹6岁，生活在新疆。父母在外打工。但他在回答"你家几口人"的时候，只回答父母、弟弟妹妹和自己5个人，没有包括长期照顾自己的爷爷奶奶，却把日常根本没有一起生活的弟弟妹妹算在内。

农村留守儿童的父母双方或一方外出，亲子分离是既成事实。而这种亲子分离所造成的亲子分居两处或两处以上的地方对子女的家庭自我认同意识造成了什么样的影响呢？从课题组所调查的案例来看，农村留守儿童的家庭自我认同意识与其实际居住的"家庭结构"范围是有区别的，具体表现在以下两个方面。

一方面，不同住的，可以是家庭成员。即父母之一甚至双方都没有跟留守儿童生活在一起，但在留守儿童眼里，这些很少谋面的父母从来都是家庭的成员，他们也希望日后能够与父母团聚。因此，这样的家庭认同意识使得他们有一个较为稳固的家庭认同，但因居处分离，这样的家庭自我认同意识也只是停留在意识层面，在现阶段的生活中却不能落实为居处一致的家居生活。

另一方面，同住的，不一定是家庭成员。即抚养照顾农村留守儿童的爷爷奶奶、外公外婆和其他亲属，以及处于同一屋檐下的同样未成年的叔伯姑舅姨的孩子，在农村留守儿童眼里，却不一定是涵盖在自己的"家庭"边界里（尽管农村留守儿童与祖辈、亲属和堂、表兄弟姐妹有着较密切的血缘关系）。这样的家庭认同意识使得他们尽管居处一致、生活在一起，但所想所思未必合拍。

四 农村留守儿童家庭自我认同意识的社会影响与政策意义

（一）农村留守儿童家庭自我认同意识的社会影响

1. 农村留守儿童的家庭自我认同意识的原则

留守儿童的实质是未成年子女与其父母双方或一方在一定时间内的亲子分离现象。由于缺乏历史纵向资料比较，目前学术界所发布的关于农村留守儿童的现状调查，其调查对象基本上是"90后"，甚至"00后"。他们出生时就已经是社会主义市场经济初步形成的时期。经过改革开放以来30年的发展，逐利的正当性早已成为深入骨髓的常识。由于农村人口的大量外流，按理来说，农村家庭人口数目应该有较大数量的下降才对。但事实上，从居住的角度来看农村家庭人口数量的话，不少农村家庭因留守儿童的关系，其实其家庭人口数可能反而是增加的。但即便如此，社会风气的浸润也使得农村传统的社会关系发生了变化（杨善华、侯红蕊，1999），体现在当事人眼里，甚至可以说会产生"传统网络市场化"的现象。只有在这样的背景下，我们才可以理解，由于青壮年人口的外流和农村儿童的大量留守，就居住而言，家庭（"住户"）人口数可能增多，但农村留守儿童的家庭自我认同意识的范围反倒是趋小的（即农村留守儿童家庭自我认同意识的范围趋向"核心家庭化"，甚至发展到部分农村留守儿童已经不愿意把辛苦照料自己的祖辈算作自己家的家庭人口了）。从这里，我们也可以大致归纳农村留守儿童家庭自我认同意识的两条重要原则，具体如下所示。

第一，出身家庭至上。农村留守儿童的家庭自我认同意识的首要原则是以自己为中心的出身家庭至上，即使父母远在千里之外，其家庭认同的边界还是包括了父母。这种认同方式似乎与日本单身赴任情况下留守妻子与孩子的家庭自我认同意识有所不同。日本单身赴任情况下留守妻子与孩子的家庭自我认同意识往往以居住为原则，对在外的一方的认同意识薄弱。（上野千鹤子，2004）

第二，与是否分家关联紧密。农村留守儿童的家庭自我认同意识与其父辈与祖辈是否分家、父辈与其他父执辈是否分家的关联非常密切。如果没有分家，如留守儿童的父辈是独生子女，且其父辈与祖辈没有正式的分家，那么留守儿童可能较愿意把共同居住的祖辈纳入家庭的边界范围之内。但如果其父辈与祖辈已经分家、父辈与其他父执辈已经分家，留守儿童的家庭自我认同意识则可能倾向于只包括自己的核心家庭，尽管他们与祖辈生活在一起的时间还超过与父母在一起的时间。

2. 农村留守儿童的家庭自我认同意识往往与代养者的家庭自我认同意识有所冲突

由上述的案例中其实可以看到，尽管有共同的居住生活，但在识别家庭边界的时候，不少的农村留守儿童并没有把代为监护、照顾的爷爷奶奶、外公外婆和其他亲属算作自己的家庭成员。而根据家庭自我认同意识理论，每一个"家庭"成员的家庭自我认同意识既可能一致，个人的家庭认同边界能够互相吻合，也可能有所冲突，不同人的家庭自我认同意识所涵盖的范围都不太一样，互有出入。而在家庭自我认同意识有所矛盾、冲突的时候，这样的家庭自我认同意识会影响到他们之间的互动，产生一些矛盾、隔阂。

根据案例，农村留守儿童的家庭自我认同意识与代养者的家庭自我认同意识有所冲突的情况分为以下两种主要类型：其一是农村留守儿童的家庭自我认同意识不包括照顾他们生活起居和学习的代养者（主要是爷爷奶奶），而代养者的家庭自我认同意识则包括自己所代养的孙子女或外孙子女，二者有所冲突（如老人觉得代养的孙辈尤其是孙子女是自己的血脉延伸，理所当然要宠或管孙辈，而孙辈觉得自己的家庭成员只包括父母不包括祖辈，他们往往对祖辈的一些管教行为很反感）。其二是农村留守儿童的家庭自我认同意识包括照顾他们生活起居和学习的代养者（主要是爷爷奶奶），但不包括一起生活的叔伯姑舅姨的未成年子女，而代养者的家庭自我认同意识则包括自己所代养的所有孙子女或外孙子女，不愿区分彼此。因此，老人对代养的这群孩子尽可能的一视同仁，但孩子们年龄不一，理解程度也各异，加上家庭自我认同意识有明显差异，导致孩子们对老人即使正常的照顾不同年龄孙辈的较一视同仁的行为，也可能被孙辈解读为"偏心眼"的行为而产生误解和隔阂。

3. 农村留守儿童家庭在"家庭"人际关系的方面，因居处复杂及认同歧异，其复杂程度难以小视

比如，非留守儿童家庭人际关系往往只包括亲子关系和兄弟姐妹关系，比较单纯。但在留守家庭，除了爸爸妈妈兄弟姐妹这类亲子、兄弟姐妹关系之外，还有与其他平常状态下并不居住在一起的其他成员的关系，如祖辈、表（堂）兄弟姐妹、叔伯姑舅姨保姆以及其他人。比如，一些留守儿童家里的共同居住人员就包括表叔、二妈、姐夫、舅妈的弟弟、奶奶的哥哥、朋友、嫂子、侄子、堂弟、堂嫂、姨夫、侄女、住校同学等。因此，留守往往会给留守儿童造成一种更为复杂的社会关系。这样的关系网络较为复杂，要很好地处理这些关系也殊为不易。这样的留守家庭与由亲生父母组成的家庭有所不同。例如，在留守家庭原来就有小孩子的情况下，家长对待亲生（孙）子女和留守子女也可能不同。大量事实表明，这种留守造成了竞争性的关系，有时甚至是冲突的要求，会使得留守儿童及其亲生父母的生活更加复杂。

（二）农村留守儿童家庭自我认同意识的政策意义

同住在一起的人不一定被视为家庭成员。因此，才会出现留守儿童把不在身边的父母还是算作家庭成员,而把天天吃住在一起的祖辈或其他人排除在家庭成员之外的现象。这样的现象其实非常普遍,在王开玉研究员所编著的《不一样的童年:中国农民工子女调查报告》一书中就揭示了很多类似的案例,本处不赘述,感兴趣的读者可自行参阅原文。从政策意义来看,可以从前述农村留守儿童家庭自我认同意识的情形分析,在目前民间自发形成的有着"家庭"形式的家庭里,留守儿童的家庭自我认同意识却是与其现在的居住形态有着较大的背离,没有居住在一起的,可能是留守儿童魂牵梦萦所认同的家庭成员,而长期同住一个屋檐下、共吃一锅饭的老人、同辈却可能是他们所认为的"外人"。因此,设置"爱心妈妈"之类的措施也好,加强培训、辅导祖辈的措施也好,如果不从农村留守儿童的家庭自我认同意识着手的话,也许其效应就要打折扣(当然,这样的观点是笔者的理论推导,至于实际情况如何,学界同仁不妨去调查、验证)。

五 结语

本文属于针对其他研究者的一手调查资料所做的二手分析。由于资料收集时主要考察的是安徽农村留守儿童的生活状态与教育状况,因此,本文对研究资料的再利用也受到所用资料的一些局限:①所用资料有详尽的个案调查实录,但具体到本文所论述的家庭自我认同意识的议题,对一些个案中所涉及的资料并不能做出准确判断,如在某些个案中没有关于家庭人口数的问答,所以无从判断这部分农村留守儿童认同的家庭边界划在哪。②所用资料不是经过严格抽样调查所获得的样本,且调查对象有限,难以据此做出适当的统计推断,也没有办法准确估计留守儿童家庭自我认同意识各种情形的数量分布。

但尽管如此,所用资料中详尽的记录也为我们分析留守儿童的家庭自我认同意识提供了不可多得的原始资料,从类型学的角度来看,资料中各个不同的案例也为农村留守儿童的家庭自我认同意识提供了不同的类型。因此,这些案例在分类学的意义上也是有其巨大价值的。特别是在国内学界对农村留守儿童家庭自我认同意识的研究还刚起步的时候，其意义尤其不容忽视。当然，今后的研究，希望学界同仁能够通过较大规模的抽样调查来获得农村留守儿童家庭自我认同意识的数量分布，并探讨农村留守儿童的家庭自我认同意识与其生活、学习、心理和社会化等方面之间的关系，深化对留守儿童的研究。

参考文献

〔日〕上野千鹤子：《近代家庭的形成和终结》，吴咏梅译，商务印书馆，2004。

卢平：《残缺的温暖：留守儿童眼中的"家"》，《中国农业大学学报（社会科学版）》2009年第4期。

佘凌、罗国芬：《中国人口迁移与留守子女的历史思考》，《中国青年政治学院学报》2007年第1期。

佘凌、罗国芬：《家庭自我认同意识理论：留守儿童问题研究的新视角》，《河南大学学报》2008年第1期。

王开玉：《不一样的童年：中国农民工子女调查报告》，合肥工业大学出版社，2007。

杨善华、侯红蕊：《血缘、姻缘、亲情与利益——现阶段中国农村社会中"差序格局"的"理性化"趋势》，《宁夏社会科学》1999年第6期。

周艳：《不一样的童年与同一片蓝天——王开玉〈不一样的童年——中国农民工子女调查报告〉述评》，《合肥学院学报（社会科学版）》2008年第2期。

浅析亲情缺失对留守儿童社会化的影响

⊙ 司海云*

"孩子是祖国的花朵，是祖国未来的接班人。"为了使每一朵花能成为祖国的栋梁，父母们把毕生的精力和满腔的希望都寄托给了孩子们。孩子们是否能健康茁壮成长，牵动着我们的目光，也牵动着我们的心。本是在父母怀里撒娇、尽享童趣的年纪，留守儿童却因父母不在身边，日常生活得不到保障，学习上几乎无人辅导，情感上更是处于饥渴状态。

一 留守儿童问题的背景分析

农民工阶层的出现顺应了社会发展的一般规律，是中国经济、社会、政治发展的重要"生长点"，但他们目前是在制度的夹缝中艰难生存，面临着很多问题，其中尤为重要的是农民工子女的生存和教育状况问题。由于亲情的缺失，留守儿童在社会化的过程中不可避免地遇到了一些问题，而这些问题折射出的主要是家庭功能和父母抚养角色的弱化。

人的一生中，绝大多数都会经历家庭教育、学校教育和社会教育。家庭教育则教人学会做人的道理；学校教育传授和培养人生存的知识；社会

---

* 司海云，安徽大学社会学硕士。

教育教人学会人际交往的方法。人的启蒙教育在家庭,然而农民工外出务工,对于留守儿童来说,造成了他们的亲情缺失问题。从生态遗传学视角来说,人类在不断地进化和发展着,孩子比父母亲接受新事物更主动一些,相互之间本来就存在着一定的差距,祖父母与孙子或者孙女之间的代沟会更大,由此可能带来相互之间在交往和沟通等问题上的障碍。同时,这种隔代的监护方式,又使得老一辈人对孙子、孙女采取溺爱、迁就、放纵等不正确的教育方式。笔者认为,亲情缺失引起的教育缺失等问题,已经严重地影响到了未来人口的质量。

二 留守儿童亲情缺失的现状

父母对子女关爱和呵护是儿童情感健全发展的基础,是其他人不可替代的。由单亲或隔代抚养长大的儿童,虽然也受到亲属的爱护,但由于缺少双亲或父母中的另一个的关爱与教育,容易产生孤独、寂寞等负面情感,常导致其情感得不到交流、心理问题无法得到及时解决,不利于其心理压力的及时疏导。

当留守儿童的父母一方长期缺位时,对子女的教育主要落在了父或母的单系上,原来的双系结构变成单系结构,家庭教育职能明显弱化。费孝通早就意识到这种单系抚育所带来的不利影响。他说过:"缺少父母任何一方,不但日常生活不易维持,而且男孩子不能在母亲那里获得他所需要的全部生活方式,女孩子单跟父亲同样得不到完全的教育。"[1] 而留守儿童的父母双方都外出时,原来的双系结构几乎彻底瓦解,留守儿童的家庭教育主要依靠隔代监护人来执行。而在祖辈监护中,他们一般缺乏科学的家庭教育知识,往往只满足孩子物质生活上的需求,缺少精神、道德上的教育。而即使是父亲或母亲监护,也常因忙于家务、工作,无暇顾及留守儿童的日常教育。

由于父母长期在外务工,留守儿童无法拥有完整的家庭,无法享受

---

[1] 费孝通:《乡土中国生育制度》,北京大学出版社,2004。

正常的亲情。所以作为特殊的儿童群体，他们对亲情有着更加迫切的需求。正是由于亲情缺失，留守儿童在日常生活中无法得到父母最基本的照顾和关怀，导致生活质量下降，对生活的满意度降低；亲情缺失不但影响留守儿童在家庭中正常地学习各种生活和社会规范，而且父母监督作用的减弱也使其学习动力不足，学习退步。最关键的是亲情的缺失导致留守儿童在儿童早期与父母的情感交流受阻，不利于其形成健全的人格和个性，进而诱发青少年犯罪，影响其一生的发展。总之，留守儿童出现的以上问题正是诸多学者和调研机构在研究中所综合出来的生活问题、学习问题、心理和道德问题等，这些问题的出现都是由于亲情缺失而衍生出来的。

三 亲情缺失对其社会化的影响

家庭是个人社会化的重要社会主体之一。对于一般儿童而言，从出生到完全独立进入社会，一大半的时间都在家庭中度过。家庭的教育和影响对个人早期社会化，甚至一生的社会化都具有重要意义。儿童期的社会化是整个社会化的基础，一旦失败，将直接影响到后期的智力和情感发展。正如心理学家所说：没有亲情的教育是一种残缺的教育，缺乏亲情关怀的孩子，其身体、智力、情感的成长以及其社会发展都会受到损害。

（一）生活和学习状况

皮亚杰曾经研究过个体的认识发展，根据他的研究结果，儿童的主要认知方式是具象思维，主要靠感觉和模仿来认识整个世界，非常容易受到外界环境的影响。这决定了具体生活环境特别是家庭环境在儿童社会化过程中的重要性。此外，家庭关系对儿童的成长也有重要影响，父母经常与孩子沟通的家庭，孩子会显得自信、有朝气；相反，父母之间的冲突和冷漠会使孩子心理机能较差，容易发生情绪混乱。

在儿童的成长阶段，家庭对其承担着养育和教育的功能。父母的外出对农村留守儿童来说不仅是少了共同生活的家庭成员，更是少了生活上的照料、关心和帮助。监护人的照料大多数只管温饱，而很少顾及饮食的营养搭配。

另外，学习是儿童成长过程中最重要的内容。适龄入学儿童基本上能接受正规教育，多数农村留守儿童学习态度端正，希望通过"读书"这种途径跳出农门，报答父母，改变自己和家人的生活状况。通过调查得知，留守儿童与非留守儿童的学习情况存在一定程度的差异。留守儿童在学习成绩的"优秀率"、"良好率"及在对学习感兴趣程度方面均明显低于非留守儿童，而在迟到现象的比率上则要高于非留守儿童。在留守儿童家庭中，负责抚养儿童的单亲或长辈会因为家里人手的缺乏而忙于家庭事务与农业劳动，无暇顾及孩子，对孩子学习状况的关注度也低于非留守儿童的家庭，且长辈的文化程度一般较低，在学业上无法对儿童实施实质性的帮助。这些因素不仅使得监护人在孩子学习上有困难时无法给予帮助，而且在日常生活中也不善于培养孩子的学习积极性和养成良好的学习习惯，不利于孩子在学习上主观能动性的发挥。

通过大量文献资料的调查数据显示，部分留守儿童在学习上存在以下两点共同问题：首先，没有明确的学习动机。儿童的成长需要还主要停留在生理的物资需要和心理的依恋需要上，他们把父母的奖励作为自己学习的动力。而留守儿童"影响源"的缺失，致使他们贪玩或畏惧学习困难而厌学、逃学、辍学。其次，留守儿童的自控能力差，学习自觉性不强。儿童在学习中，除了需要学校老师的教育引导外，家长或亲人的督导对其学习也十分重要。外出务工的父母，只是通过电话偶尔查问孩子的学习状况，或通过其家中的监护人进行监督，而他们的要求大多只是停留在口头上，很少付诸实际去监督。这种持续的缺乏指导和监督，最终导致孩子学习成绩下降，还可能造成孩子对学习产生抵触心理。

（二）心理方面

家庭环境对儿童社会化的意义在于对儿童感情和爱的培养。在各种社会环境中，家庭所可能给予个人的感情交流和爱的体验是最多的。一个人的感情能否正常地发展，他能否理解爱，既懂得接受别人的爱，也能给予别人爱，这种感情方面的社会化很大程度上取决于他所处的家庭环境。

童年时期是儿童心理情感形成的关键期。农村留守儿童在父母外出之后，家庭结构上的不完整、情感沟通和亲子互动的缺失对农村留守儿童的人格和心理的健全发展会带来潜在的影响。农村留守儿童父母长年在外奔波，回家次数少，对孩子的成长缺乏足够的关注和指导。而青少年正处于情感、性格变化和人格形成的重要时期；长期与父母分离造成的亲情缺失，极易使他们的性格变得内向、自卑、孤僻和悲观；长期缺乏亲情的抚慰与关怀，使孩子焦虑紧张，缺乏安全感，心理得不到健康发展。特别值得强调的是，人的心理发展是不断积累和调整的过程，留守状态和经历对儿童的情感、性格和心理所产生的影响具有累积效应和滞后效应。所以，对留守儿童的心理状况，除了要看到当前存在的问题以外，还要密切关注潜在的影响。

（三）道德方面

道德社会化是指社会成员通过社会互动学习道德规范、内化道德价值、培养道德情操的过程。家庭教育对个体道德、人格形成的影响是持久不间断的，个体道德认知、道德情感、道德意志和道德行为的养成是长期不间断的过程，家庭教育天然的连续性为其提供了重要保证。留守儿童的父母一方或者双方长期在外打工，这就会导致道德教育的缺位。

埃里克森的"人格发展八阶段论"认为，人的本性最初无所谓好坏，但有向任一方面发展的可能。人格的发展是一个有阶段的过程，每一阶段都需完成一个特定的文化制约任务，人在向积极和消极发展的矛盾中实现平衡。如果人在各阶段向消极品质发展，就会产生消极心理——向消极品质发展，或出现情绪障碍，为后一阶段制造麻烦，出现病态和不健全的人格。家庭教育具有的早期性、家庭成员关系的密切性、父母对子女了解的深刻全面性等特点，使家庭教育较之于学校教育和社会教育在对个体道德社会化影响中存在着特殊优势。

(四) 行为方面

家庭是个体最初的活动范围，家庭生活的行为规范是孩子最初接触到的社会规范。孩子总是以其父母的言行为榜样，以父母的需求、情感为认同的对象，通过同化作用，逐渐形成自己的一套行为习惯。留守儿童父母单方或双方长期外出务工致使父母的言传身教自然缺失，这在很大程度上阻碍了儿童行为规范方面的社会化。舒尔茨的人际行为三维理论中解释说，如果儿童小时候得不到亲人充分的爱，经常面对冷淡和排斥，长大会表现出低个人行为。

在农村留守儿童家庭当中，父母双方或一方的缺位，使儿童习得基本生活知识、技能以及基本社会行为规范的最直接的教育途径遭到了破坏，在某种程度上影响了儿童社会化的顺利进行。资料显示，农村留守儿童社会化不足主要表现为人际交往能力不强、生活自理能力相对较差、产生认知偏差与行为偏差，以致形成不良的价值观念与行为方式，如抽烟、打架、赌博、偷盗和更为严重的犯罪行为等。

四 对策与建议

(一) 家庭

外出就业的农民并非以挣钱为最终目的，更多的人是为了积累经济资本，保证下一代能够好好读书。因此，在城市务工的父母绝不能一味地为了挣钱，而忽视对孩子的引导和教育。

法国克里斯琴·施皮茨博士曾经这样忠告做父母的人，培养你们的孩子，多和孩子在一起，因为亲情的抚慰与关怀有助于孩子的成长。留守儿童的父母要把关心子女身心的正常发展，培养孩子良好的习惯与学校教育密切配合当作家长的神圣职责，应该重视加强亲子间的沟通，平时多打电话回家，争取每隔一段时间回家看望孩子一次。另外，还要积极培养孩子的主动意识，让他们学会主动与家长沟通，比如遇到问题或是想念爸爸妈妈时自己主动给父母打电话。最后，还要注意提升留守儿童父母的素质，特别是留在家中照顾孩子的母亲。母亲在抚育子女方面起着非常重要的作用，但事实是很多母亲没有意识到自己的重要性，更没有意识到自己应该如何更好地抚养和教育孩子。

（二）学校

我国有句古语："子不教，父之过；教不严，师之惰。"学校是孩子成长的第二课堂，老师是孩子的第二任父母。要把老师与父母对下一代的教育责任提升到同等重要的地位。

老师要转变教育观念，不仅要关注学生智力因素的培养，更要关注学生非智力因素的培养。由于留守儿童的父母不在孩子身边，老师要更多地去关心这些孩子，增加家访的次数，通过与孩子交心谈心，掌握留守儿童的学习、生活和思想状况，从而有针对性地进行教育疏导，填补他们缺失的亲情。同时，改善农村学校寄宿条件，设置代理家长，真正关心孩子的身心健康，使学校能及时填补留守儿童家庭抚育的空白。

学校在为青少年提供良好教育的同时，也要关注他们的身心发展，加强对留守儿童的心理教育，尤其是生活在特殊条件下的留守儿童，学校要给予更多的关注，对其品德行为偏差和心理障碍问题，定期开展思想教育和情感教育工作。

（三）社会

首先，积极构筑留守儿童援助网络体系，由村委会、学校共同组成一个能够担负起儿童监护、生活料理和教育工作的机构。其次，大力整治学校周边环境，彻底清除给青少年造成精神污染的各类垃圾，如取缔违法经营的网吧等。同时，要构建农村公共文化服务体系，提供适应农村群众需要的公共文化产品和服务，提高农村居民的思想文化素质，营造良好的文化氛围和社会风气，优化社会育人环境，让留守儿童在健康向上的社会环境中受到良好的熏陶。

参考文献

［瑞］皮亚杰：《儿童心理学》，吴福元译，商务印书馆，1980。

［美］乔纳森·特纳、简·斯戴兹：《人类情感——社会学的理论》，孙俊才、文军译，东方出版社，2009。

［美］戴维·迈尔斯：《社会心理学》，侯玉波等译，人民邮电出版社，2006。

王开玉：《不一样的童年——中国农民工子女调查报告》，合肥工业大学出版社，2007。

薛素珍、柳林：《儿童社会学》，山东人民出版社，1985。

孔维民：《情感心理学新论》，吉林人民出版社，2002。

陆士桢、魏兆鹏、胡伟：《中国儿童政策概论》，社会科学文献出版社，2005。

卢德平：《中国弱势儿童群体：问题和对策》，社会科学文献出版社，2007。

全国13所高等院校《社会心理学》编写组：《社会心理学》，南开大学出版社，2003。

朱启臻、张春明：《社会心理学原理及其应用》，中国社会出版社，2000.

国务院研究室课题组：《中国农民工调研报告》，中国言实出版社，2006。

民生时代中国农民工新观察

毛細管電気泳動の実際

导　语

在我们推进城镇化、工业化、现代化和农业产业化的过程中，由2亿多中国农民在流动，涌向城镇。2008年，农民工占全部非农产业从业人员的比重已达到43.5%。2009年，中国"农民工"总规模约为2.3亿人。全国第五次人口普查资料显示，农民工在第二产业从业人员中占58%，在第三产业从业人员中占52%，在加工制造业从业人员中占68%，在建筑业从业人员中占80%。这些数据说明，农民工已经成为我国产业工人的主体，成为创造社会财富的主要力量，是国民经济运行和发展不可或缺的主力，他们对中国的经济社会发展起着巨大的推动作用。2012年《社会蓝皮书》指出，2011年中国城镇人口占总人口的比重首次超过50%，进入以城市社会为主的新成长阶段。

2005年10月中国社会学会换届期间，安徽省社会学会和安徽省社会结构研究中心共同举办了"农民工是中国农村中等收入者"的研讨论坛，深化了对农民工问题的研究。在我国城镇化、工业化、农业现代化进程中，农民工群体一直是人们关注的焦点。这项研究不仅一刻也没有间断，而且受到了媒体的高度关注和密集报道，是一个放大了的论坛。在这个进程中，他们和研究者一起，和农民工同心、同步、同行，是我们这个时代农民工的历史档案，同时研究成果通过媒体的报道，有些重要的观点进入了决策层，推动了农民工和新生代农民工发展中许多问题的解决。我们把这些新闻观察也一起会集在本书内。

中国发展研究基金会发布的《中国发展报告2010》指出，今后20年，中国将以每年2000万人的速度实现农民向市民的转化。也就是说，到2030年将有4亿农民进城，中国城镇人口中有一半是农村移民。流动人口是农村中文化层次较高、整体比较优秀的群体，也是城市化中最活跃的有利因素之一，农民工在推动我国城市化进程中将会发挥更加重要的作用。在这个过程中，中国政府针对这一巨大人群在城镇化过程中产生和面临的问题，制定了一系列完全不同于某些国家先使农民破产再进城就业的政策，而是保护他们的土地承包权、宅基地使用权、集体收益分配权等生存基础，对他们在城市的就业、子女就学和发展，国家、社会、城市的居民都尽可能地创造好的环境，所以才有了新生代农民工的前赴后继。在世界现代化的过程中形成了独特的中国道路。

"民生时代"的解读

⊙ 王开玉 蔡 敏 等

中国踏入民生时代以来,社会学者对"民生时代"、"民生时代的社会建设"等问题进行了深入研究,并通过媒体把研究成果推广至全社会,扩大了社会学的影响力。现把中国社会学会常务理事、安徽省社会学会常务副会长王开玉研究员对于"民生时代"的解读及其评论摘编如下,以飨读者。

一 "民生时代"的解读

新华网北京2011年3月6日电 《"民生答卷"温暖民心》 物价、就业、收入分配、社保医保建设、房地产调控……一系列民生议题如人们在两会前所预料的那样,占据了温家宝总理5日所做政府工作报告的较大篇幅。随着中国改革开放深入推进,各种民生问题日益凸显,保障和改善民生不仅是重要的经济、社会问题,更是"重大政治问题"。社会学家王开玉认为,"民生时代"的两会因为承载着更重的使命而比以往任何时候都更受瞩目。只有求真务实解决民生难题,才能真正实现下情上达、不负人民重托。(记者蔡敏、刘翔霄、陈君)

《新安晚报》2011年10月27日报道 《专家学者解读张宝顺在党代

会上作的报告》 王开玉研究员表示,当今社会进入了"民生时代"。"2012年城乡居民社会养老保险制度全覆盖"、"2015年城镇保障性住房覆盖面达到20%",这些都是安徽在民生时代的具体目标。

"民生时代,政府的功能要转换,要成为公共服务型政府。"王开玉认为,报告提出研究制定区域人口转移就业和落户政策,主要因为我省(安徽)是个农业大省,进城务工者是农村中等收入者主体,随着土地流转和乡村工业化,必须要在他们进城就业上进行服务,解决他们户口、教育、社保等各种问题。民生时代百姓腰包要更鼓,也更注重公平问题,深化收入分配制度改革十分重要。

王开玉认为,应当加大政府对初次分配和再分配的调控力度,增大城乡居民收入在初次分配中的比重,实现国家"十二五"规划中提出的"两个同步"。(记者钟虹、郁宗菊、姚一鸣)

二 "民生时代"的农村社会保障

新华网河北频道2011年3月2日报道 《农村老人期待老有所养病有所医》 针对农村"空巢老人"现象的日趋严重,省社科院研究员王开玉分析说,家庭联产承包责任制实行后,由于青壮年人口外出务工,一些农村地区出现了大量空巢家庭,因此在对"空巢老人"的照顾上产生了现实问题。农村依靠家庭养老,但由谁来向老年人提供经济支持、日常生活的照料以及精神上慰藉,这是个实际问题。

新华网合肥2011年12月15日电 《中国各地探索多种农村养老服务模式应对人口老龄化》 随着国家不断提高养老资助标准并朝着全覆盖目标推进,中国农村老年人口的经济保障状况正得到根本改观。然而,这个世界人口大国农村养老服务问题依然凸显,各地探索多样模式破解难题。

社会学家王开玉指出,在"低保"救济、"五保"供养的标准提高和政策完善,特别是国家补贴的"新型农村社会养老保险"朝着全覆盖目标推进的背景下,中国农村老年人经济状况得到改善,但养老服务需求与社会养老资源供给矛盾愈加突出。

"这个问题能否得到解决,直接关系到农村老年人的生活质量,关系到农村社会的和谐稳定和中国城乡统筹发展、全面建设小康社会宏伟目标的实现。"王开玉说。(记者蔡敏)

三 大学生就业

新华网合肥2011年10月10日电 《中国职场出现"裸辞"一族开始重视工作幸福感》 明天要去哪里上班?这是合肥市民张文烨正在考虑的问题,今年28岁的他刚刚辞去了仅干了3个月的工作,这是他研究生毕业后的第四份工作。

社会学家王开玉认为,"裸辞"现象增多,表明现代人开始重视工作幸福感,而不只局限于工资多少、职位高低,这是社会的一种进步,但应谨慎理性对待。(记者詹婷婷 钱佳)

新华网合肥2011年12月1日电 《中国首批"90后"大学毕业生面对空前就业压力》 中国首批"90后"大学生即将毕业进入职场。这批被一些舆论贴上"前卫、个性、叛逆、自我"标签的年轻人,在岁末年初的招聘季里奔波于大小城市寻找岗位,首次感受到空前就业压力。

安徽省社科院知名社会学者王开玉指出,大量社会调查显示,"90后"大学生这种坚持自我、自由的意识非常强。

王开玉说,大学生的优势在于拥有完备的知识体系、学习能力强、综合素质高。尽管短期看来,一些毕业生的收入可能不如农民工,但从职业发展潜力来说,和长期从事简单工种、重复劳动的农民工没有可比性。

"广大应届毕业生要充分认清自身优势,求职时事先做好长远职业规划,做好应对挫折的准备,不要简单用薪水来衡量一份工作的价值。"王开玉说。(记者蔡敏)

新华网合肥2011年12月14日电 《中国考研热潮折射大学生不同就业心态》 安徽省社科院研究员王开玉对于目前的考研热潮则给出了他的

看法。"现在社会整体的文化水平在提高,用人单位对人才的知识水平的要求也越来越高,学生选择考研继续深造,无可厚非。"但对于一些人盲目考研,王开玉说,"逃避就业,或者说把考研作为逃避现实的途径,这样不可取。人生需要规划,考研不仅仅为了提高学历,更应该学会要把高学历转化为高素质。"(记者 朱青)

农民工对城市化的贡献和期待

⊙ 王开玉 蔡 敏 储叶来 杨玉华 等

学者画出未来城市

安徽省社会科学院王开玉在会上发言时谈到,据上海市领导介绍,上海市新建的房子,只有1/3是自己建的,1/3是外国人建的,1/3是外地人建的,大量资金从外面引进,最苦最累的活都是农民工干的。"他们为这个城市的运转作出了重要贡献。"所以,上海人讲,上海能发展到今天,也要靠老外和老乡。不仅上海,任何一个大城市没有农民工就没有它的正常建设和发展。所以我们要善待农民工,像对待城市居民一样安排好他们的生活、家庭和子女就学。(1999年8月4日《合肥晚报》第四版)

农民工子女就学:离"一费制"还有多远

农民工子女就学应该享受和城市市民子女一样的待遇。对于大多数民工来说,《关于进一步做好进城务工就业农民子女义务教育工作的意见》的出台无疑是件好事,这种"一费制"的享受是他们梦寐以求的。然而记者在采访中却发现教育主管部门和不少学校都担心:如果按照现有的教育资源和教育模式,《意见》的实施是否很顺利?

安徽省社科院社会学所王开玉所长在到这个问题时这样认为,"孩子的义务教育不仅仅是家长的义务,也是政府的义务,这种义务不因孩子的流动而被剥夺了，但是当农村孩子流入城市后却不能享受这种义务教育待遇，这在法理上是没有道理的。更进一步说，这些外地务工的农民已在今天的城市建设中发挥着不可替代的作用。他们是城市的建设者、服务者，也是城市的纳税人，他们应该享有与其他纳税人的同等权利，包括他们孩子受基本的国民教育的权利"。（2003年11月7日　新华网安徽频道　记者程堂艺、缪莉莉）

调查表明：农民工成为中国农村中等收入者主体

农民工成为中国农村中等收入者主体。调查表明：农民工成为中国农村中等收入者主体安徽省社会科学院著名学者王开玉日前向新华社记者独家透露，一项国家重点课题研究表明，农民工成为我国农村中等收入者的主体。

2003年，王开玉和他的同仁承担了国家社科基金"扩大中等收入者比重"的研究课题，农村方向的研究选择安徽省当涂县作为调查地点。根据调查，现阶段农村中等收入者阶层主要由农民工、私营企业主、个体工商户等群体组成，但是农民工群体是农村中等收入者阶层的主体。在当涂县，农民工群体占劳动力人口的比例为23.3%，而他们的年收入在8000～25000元之间的比例高达61.8%。

王开玉说，农民工作为目前我国农村中等收入者群体的主要组成部分，他们并不是以依赖农业生产致富的群体。相反，正是因为他们走出了农村，从繁重的农业生产的体力劳动中解放出来，流向了城镇，从农业转移到非农业才真正实现了他们脱贫致富的目的。特别是新生代的农民，他们比较年轻，受过很好的教育，他们不思稼穑，是外出打工的最活跃的一个群体。

据介绍，中国政府已明确提出"以共同富裕为目标，扩大中等收入者比重，提高低收入者收入水平"。扩大中等收入者比重第一次被写进国家发展计划，表明了中国政府对社会的阶层利益和阶层的价值取向和生活方式的高度重视。如何扩大中等收入者比重，构建和谐社会，将成为方方面面研究和实现的一大任务。（2004年12月6日　新华网　记者储叶来）

安徽"劳务名牌"响当当

做好农民工的劳务品牌。北京市方庄小区的章凯曾驱车千里，到安徽无为县姚沟镇来找保姆。他说："无为小保姆勤快又灵活，最懂料理家务，可是块响当当的名牌呀，抢手呢！"像"无为保姆"一样，安徽进城农民工创出的许多"劳务名牌"，在全国各地用工市场上很是红火。

有42万外出农民工的霍邱县，建立了10个师资强、设施全、重实践的民工技能培训基地，让农民工在进城前"有一技之长，有专业之学"。

目前，安徽已初步"编织出"一个完备的农民职业教育网络，全省共有826家各类教育培训机构参与农村劳动力的职业技能培训，形成了年培训40万民工的综合能力。今年安徽还启动实施"阳光培训工程"，财政投入资金4000万元，培训农村劳动力16万人。

安徽省社科院专家王开玉认为，"劳务品牌"的大量涌现，有效地提高了农民工的务工收入，一部分民工依托品牌，自己办企业、开公司，积聚的家产达数十万、甚至上千万元。在中关村经营电脑的霍邱农民傅斌告诉记者，当地老乡在这里创下千万资产的有10多人了，百万富翁更多。同时，"劳务创牌"带动的专业化趋势，使农民工也更适应城市社会，有助于推动工业化、城市化进程。（2004年12月2日《人民日报》华东新闻 记者陈先发、储叶来）

安徽民工：崇尚品牌　追求技能

实践表明，不断创造劳务品牌，努力提升自身技能，是安徽民工走出的一条成功之路。自民工潮以来，安徽一些外出务工已成功造就一大批劳务品牌，一部分人已使自己由苦力变成技能型蓝领。

安徽省社会科学院专家王开玉，曾专题作过民工问题调研，他一再提醒记者呼吁，加速培养农民劳务品牌、加快培训民工技能，已成为迫切解决的问题。民工就业市场有越来越萎缩趋势，过去农村民工主要靠卖苦力，以低廉的劳动力获取报酬；而现在，民工就业门槛抬高，越来越要求具备一定的技能，再加上城市高素质劳力增多，农民工未来的就业市场竞争将更加激烈。（2005年1月18日　新华网安徽频道　记者储叶来）

清理欠薪，期待走上法治路径

欠薪，讨薪，追薪。每到岁末年终，拖欠农民工工资问题又摆到了各级劳动部门案前。造成欠薪现象的原因是多方面的，同时带来的社会后果也是严重的。在一定程度上，拖欠农民工工资问题，已经成为建设和谐社会的一大障碍。

省社科院社会所所长、社会问题研究专家王开玉教授日前在接受笔者采访时说，近年来，各地区、各级政府纷纷出台一些相应的措施，以确保民工利益和社会稳定。但是，目前各级政府的清欠手段主要采取行政渠道，这并不是长久治本之策。治理拖欠农民工工资应走法治之路，建立起杜绝欠薪现象的长效机制。（2006年1月18日《安徽日报》）

欠薪招致市场报复

只要你稍稍留意一下省城众多建筑工地，就会发现中老年农民工渐渐成为城市建筑的一支"主力军"，原本需要年轻体壮者的挖掘土方等重体力活岗位上，出现的大多是一些年迈、佝偻的身影。在省城安庆西路一施工现场，很多上了年纪的农民工在手持铁锹劳作着。

安徽省社科院社会学所所长王开玉认为，建筑工地难招年轻农民工，实质上是一种"伪农民工荒"现象，一方面受珠三角地区"农民工荒"内移的影响，农民工输出加大；另一方面由于近年来建筑工头欠薪现象层出不穷，大大伤害了农民工的感情，降低了农民工对整个建筑行业的信心。现在农民工已渐渐被大家所接受，他们的经济地位和社会地位在不同程度上都有所提高，但仅仅如此是远远不够的。从某种程度上讲，提薪也难招年轻农民工正是劳工市场给予建筑行业的一种"报复"。这一现象无疑给建筑行业敲响了警钟，也值得有关方面深思。（2006年3月5日 《新安晚报》）

大龄民工遭遇就业困境

老民工们长年累月去干脏、累、危险的工作，造成他们技能老化、体力透支后无法与年轻人竞争。在外打了多少年工现在又不得不回到农村的"老民工"很多。这些人是大活不会干，小活不愿干，有的就利用打工积蓄开个代销店，有的在家闲着无事帮儿女看孩子。有的没事就打牌、赌博。他们的心态需要调整。

针对"老民工"大量返流农村的现象，省社科院社会研究专家王开玉教授认为，主要原因是城市对于农民工的社会保障体系还没有完全建立，使他们的贫、病、老很难得到保障，最终只能从哪来回哪去，在农村去寻求最原始的家庭保障。

王开玉教授建议，作为企业，应该放远目光。重视老员工的培训和社会保障，让他们病有所医、贫有所助、老有所养。作为政府和有关部门，应该尽快出台相应的政策和措施，建立健全农民工的各种社会保障体系，同时进行户籍制度改革，真正改变原来以户籍为基础二元社会传统保障体制，让农民工渐渐地融入城市之中。作为民工自身，也要提高法律意识，增强安全意识、健康意识、权益意识，对于从事高危行业的，更应该做好自身安全防范措施，确保身体健康。(2006年9月18日　《安徽日报》)

农民工开始更加关心就业环境

随着第二代、第三代农民工的增多，农民工出门就业不再单单关心工资待遇、工作强度，而是更加看重当地治安环境、法制维权环境及人情味。

安徽省滁州市来安县是传统的劳务输出地。这个县劳动和社会保障局局长甄长青介绍说，过去农民工流向随机性比较大，没有明显的集中地。如今全县每年输出的10万名劳动力中，绝大部分到了上海、无锡、南京等地。农民工普遍反映，考虑到工作强度、就业环境，到这些地方打工相对效益更高。

安徽社科院社会学家王开玉指出，对就业环境的看重是中国农民工经过多年发展、积累后，更为成熟、更趋理智的体现。这种择业标准的改变将促使经济发达地区不断改善社会"软环境"，从而推进社会实现全面进步。(2007年3月23日　新华网　记者蔡敏、马姝瑞)

纪念改革开放30周年：30年中国农民三次"大突围"

今天已很难从北京中关村电脑销售商栗洋身上找到多少"土味儿"。

1991年淮河特大洪灾后，这个青年农民捆起一床旧棉被，离开了当地人称作沿淮"老灾窝"的安徽霍邱县冯井镇，闯到中关村打工。他做过搬运工、泥瓦匠，最后搞起了电脑处理器CPU的经销。经过多年"夜里睡冷地板、白天做小老板"的磨砺，他拥有了数百万元家产。

在栗洋的示范下，偏僻的冯井镇已有1100多个农民到中关村做起营销生意，撑起了中关村CPU市场的半壁江山。

社会学家、安徽省社科院的王开玉说，30年改革开放，中国农民从业方式由"只能种地"发展到多样化就业，创业范围由"出不了村"延伸到五湖四海，生活方式由单调的"铁板一块"变成了多姿多彩。这得益于三次规模宏大的农村人口社会流动。

第一次是农民突破产业束缚、离土不离乡地发展乡镇企业。第二次是农民突破地域限制、离土又离乡地进城务工经商。第三次是立足于城乡之间发展现代农业、发展农村市场经济。这三次"大突围"有4亿多农民从"面朝黄土背朝天"的传统方式"破茧"而出，成为企业家、乡村工人、农民工、经纪人等"新型农民"，推动了中国工业化、城镇化的历史进程。(2008年10月21日 新华社 记者陈先发、陈俊、董峻)

中国农民工亟待破解收支困局

2010年中央1号文件首次将"新生代农民工"提法纳入中央正式文件，提出积极稳妥推进城镇化、深化户籍制度改革、促进符合条件的农业转移人口在城镇落户、鼓励有条件的城市将有稳定职业并在城市居住一定年限的农民工逐步纳入城镇住房保障体系。

在即将召开的两会上，如何破解新生代农民工在教育、就业、住房、社保等方面的现实困境有望成为关注的焦点。

安徽知名社会学家王开玉指出，最近在一些地区蔓延的"用工荒"根本原因是劳资矛盾和工资过低造成的。"不是农民工不愿干，而是他们更看重工资、福利、工作环境等多种因素了。"

王开玉认为，放开农民进城落户限制，逐步实现进城农民有稳定居所、稳定就业岗位、稳定社会保障，才能从根本上保证农民工真正融入城市。(2010年2月26日 新华网 记者蔡敏、肖思思、赵颖)

"热死人"事件频发呼唤高温保护立法

安徽省合肥市第二人民医院病房内,一度因高温中暑生命垂危的外来务工人员樊玉蛾仍然躺在病床上。截至目前,中国中部安徽省合肥市已经出现3例户外工作者中暑死亡病例。

安徽省知名社会学家王开玉指出,煤矿安全事故出了人命会受到高度关注。在极端天气可能常态化的新时期,高温保护同样也是生命关怀,同样体现以人为本,它应该和其他安全事故处理一样,建立起完善的制度措施和处罚规定。同时,有关部门还应加大监管力度,加大对劳动者维权意识和企业社会责任意识的培养。(2010年8月10日 新华网 记者蔡敏、朱青)

《春天里》的梦想需要更多呵护与关爱

29岁的刘刚和44岁的王旭光着膀子在出租屋翻唱歌曲《春天里》的视频上传到网上后,迅速红遍网络。

在城乡二元结构、公众身份情结暂时无法根本改变的现实环境下,指望一首《春天里》打动所有人,让所有人尊重农民工权利不太现实。现实社会生态里,因为户口、身份的差异,农民工住房、养老、子女教育都有着无法绕开的障碍。正如长期调研农民工问题的安徽省社科院专家王开玉所言,"城市化不仅指农村人口从形式上转化为城市人口,更深刻的内涵是指生存条件、生活条件和生活质量的城市化。城市从心态上接纳他们"。(2010年11月13日 《湖南日报》 记者汉应民)

中国多地严查保障房质量安全

不久前,安徽省太湖县一处安置小区因为"楼板被踩穿"引发了人们对保障性安置住房质量的广泛热议。对此,安徽正着手组织一场保障房质量安全大检查。今后,该省还将对所有保障房建设落实强制性标准,并把工程质量安全纳入对地方官员的约谈问责内容。

随着今年中国大规模推进保障性安居工程建设,各地保障房建设高速推进,保障房的质量问题开始引起各界关注。

安徽省社科院研究员王开玉认为,保障房涉及民生利益,严格质量只是第一步，今后在保障房公平分配和可持续建设上，各级政府还将面临更多的考验和挑战。(2011年8月13日　新华网　记者杨玉华)

"以后就把自己当成铜陵人了。"

11月23日上午，在铜陵工作多年之后，来自上海的张春华领到首批流动人口居住证，他喜不自禁。当天上午，铜陵市流动人口居住证首发仪式在铜陵市举行，首批发放20张流动人口居住证。此后，铜陵市将正式逐渐取消"农业户口"和"非农业户口"的划分，统一为"居民户口"。此举在安徽省属首次。作为我省城乡一体化综合配套改革试验区，该市户籍改革正式全面拉开帷幕。

"户籍制度改革不是简单的户口簿变更，附着在户口簿上的，是不同的公共产品的分配。"安徽省社科院研究员王开玉认为，铜陵市为改革做了较为充分的准备，又具备较强的经济基础，如果这块"石头"踩实了，对全省其他城市来说，将会具有积极的示范意义。

"一些地方改革之所以没有实质性进展，在于改革的目的不是为了解决户籍制度长期不合理所积累的问题，而是有其他打算。"王开玉直言不讳地指出，有的地方是单纯为了提高城市化的比重，有的地方是盯上了农民的土地。

"如何保障进城农民的利益不受损，让他们进城后不再有后顾之忧，这将是有关部门必须考虑的问题。"王开玉指出，铜陵市此次户籍制度改革，列出了许多实质性的原则，但究竟改革的效果怎么样，示范效应还有待实践检验。(2011年11月24日　《江淮晨报》　记者张援南、方佳伟、过仕宁)

链接：

邻近年底，从中央农村工作会议上传出了让广大农民兄弟高兴的好消息。中共中央政治局常委、国务院总理温家宝在中央农村工作会议上指出，土地承包经营权、宅基地使用权、集体收益分配权等，是法律赋予农民的合法财产权利，无论他们是否还需要以此来做基本保障，也无论他们是留在农村还是进入城镇，任何人都无权剥夺。(《千万莫忽视了农民的表达权》，《半月谈》2012年第2期)

中国各界积极帮助农民工在年关前领到足额薪水

在房地产行业遭遇"寒冬"、一批中小企业面临债务危机、全球经济影响出口订单下滑等复杂经济形势下,中国各界正积极行动起来,在农历新年前夕帮助农民工领到足额薪水,以最大限度地让这些一线劳动者免受影响,安心返乡过年。

长期研究中国农民工问题的社会学家王开玉表示,治理拖欠农民工工资顽疾,必须加强监管,重塑企业伦理。对于无视法律和道义而恶意欠薪的企业,不仅应纳入"黑名单",而且应限制其进入相关行业。同时,应尽快推动相关法律的完善,严格执法,让欠薪者付出"罪罚相当"的违法成本。(2011年12月27日 新华网 记者蔡敏)

做好"加减法"鼓起"钱袋子" 农民收入大幅增长

实现农民收入翻一番,既要加大扶持力度,广开增收渠道,又要减轻农民负担,优化农民就业环境,加快农村公共事业建设。

"农民进城障碍仍然不少,因城乡分割造成的各种歧视性政策,让农民进城仍停留在打工身份上。"省社科院研究员王开玉说。

技能不足、素质偏低、社会培训体系落后,也让农民工资性收入缺乏稳定向上力量。农村公共就业服务体系、金融服务体系等薄弱,则客观上阻塞了农民转移就业通道。

调查分析显示,今年我省外出务工人员的外出方式仍以自发为主,由亲朋好友介绍外出从业的比重为52.0%,自己寻找就业的比重为41.5%,政府组织的外出比重仅为1.2%。"当前,我省农民收入同全国差距最大的就是工资性收入,比全国平均水平差227元。"王开玉说,加强农民就业服务,才能加快弥补短板。(2011年12月27日 《安徽日报》 记者史力)

就业创业扶上马还要送一程

近年来,我省积极开展培训,健全服务体系,探索破解各种难题。经过系统培训,许多农民工掌握一技之长,成为人才市场上的"香饽饽"。"绩溪徽厨"、"寿县裁缝"、"休宁木匠"、"皖嫂家政"等一批劳务品牌,已在全国范围内形成影响,带动越来越多的农民工走向勤劳致富之路。

"农民工培训虽然成绩不小，但任重道远，而且要更加注重实效性。"安徽省社科院研究员王开玉表示，目前，我省农民工中，高级工只占不到5%，高级技师只占1.29%，34%没有技术等级和56%初中级工都需要加大培训才能胜任一定工作岗位需要。更为重要的是，培训不能简单地提供理论和普及知识的学习，要更加突出职业技能的实训，有针对性地提高人力资源的从业能力，为社会输送更多更好合格的实用型人才。(2012年1月5日 《安徽日报》 记者聂扬飞)

居住证制度调查：流动人口逐步享受市民待遇

4月11日，有媒体报道甘肃省将全面推行居住证制度，依托居住证统筹流动人口在现住地的登记管理、社会保障和公共服务。这是在广西、安徽、陕西、山东等多地之后，又一个宣布将全面推行居住证制度的省份。

安徽省知名社会学家王开玉指出，大城市社会福利待遇高，户口含金量大，在居住证制度推行过程中，地方政府不得不兼顾外来人口的强烈需求和城市的承载能力。(2012年5月2日 《半月谈》2012年第8期 记者周梦榕、高敬)

新生代农民工已成为城镇化的主体

⊙ 王开玉 蔡 敏 杨玉华等

新一代农民工悄然转变：从城乡流动到融入城市

38岁的周景龙老家在安徽省阜阳市阜南县新村，木工手艺不错的他七年来辗转于省城合肥的各个建筑工地上，只有农忙的时候回老家帮把手。

在周景龙的老家新村，比他低一辈的外出务工年轻人却已经失去这样颇似"候鸟"的打工规律。像周师傅村里的年轻人这样，更加专职地进城务工，代表的正是目前中国农民工的变化之一，此前由国务院研究室牵头进行的中国首次农民工状况调查显示，中国农民工正在悄然发生三大转变，由亦工亦农向全职非农转变，由城乡流动向融入城市转变，由谋求生存向追求平等转变。

长期调研农民工问题的安徽省社科院专家王开玉指出，年青一代农民工接受新事物的能力极强，进城务工不再仅仅为挣钱，而是更向往现代化的生活方式，对尊重、平等和社会承认也有更多的企盼。（2006年10月3日 新华网 记者蔡敏、马姝瑞）

产业梯度转移催生中国农民工"双向流动"新潮流

据中国农业部乡镇企业局公布的数据，全国累计有1.2亿农村劳动力外出务工。而同时，已有近500万农民工回到农村发展现代农业、开办工商企业，兴办的企业总数约占全国乡镇企业总数的五分之一。

安徽省社会学家王开玉指出，国务院 2006 年《关于解决农民工问题的若干意见》强调，"大力发展乡镇企业和县域经济，扩大当地转移就业容量。这是农民转移就业的重要途径。"农民工回乡创业正是农村大量剩余劳动力实现本地转移就业的有效途径。(2007 年 3 月 17 日　新华网　记者蔡敏、杨玉华)

农民工开始更加关心就业环境

随着第二代、第三代农民工的增多，农民工出门就业不再单单关心工资待遇、工作强度，而是更加看重当地治安环境、法制维权环境及人情味。

安徽省滁州市来安县是传统的劳务输出地。这个县劳动和社会保障局局长甄长青介绍说，过去农民工流向随机性比较大，没有明显的集中地。如今全县每年输出的 10 万名劳动力中，绝大部分到了上海、无锡、南京等地。农民工普遍反映，考虑到工作强度、就业环境，到这些地方打工相对效益更高。

安徽社科院社会学家王开玉指出，对就业环境的看重是中国农民工经过多年发展、积累后，更为成熟、更趋理智的体现。这种择业标准的改变将促使经济发达地区不断改善社会"软环境"，从而推进社会实现全面进步。(2007 年 3 月 23 日　新华网　记者蔡敏、马姝瑞)

新一代农民工正在从"卖苦力"向"拼智力"转变

衣冠不整、头发蓬乱、干着出卖体力的脏活累活——曾几何时，在中国，提起进城打工的农民，人们脑海中便会浮现出这些画面。然而，随着中国城市化进程，从"卖苦力"到"拼智力"，从城乡两栖到定居城市，从单向涌入城市到开始回乡创业，中国农民工群体正在发生着脱胎换骨般的变化。据农业部乡镇企业局公布的数据，中国约 2 亿农村劳动力外出务工人员中已经有近 500 万农民工回到农村发展现代农业、开办工商企业，兴办的企业总数约占全国乡镇企业总数的 1/5。

长期研究农民工问题的安徽省社会科学院知名社会学家王开玉指出，中国农民工经过十几、二十几年发展、积累后，更为成熟、更趋理智。他

们已经逐步完成从打工到创业的转变。(2007年4月18日　新华网　记者蔡敏、杨玉华)

由白领与民工就餐分流想到的

近日,福州一公司食堂对外开放,对顾客进行分流,公司员工方可享受干净宽敞的餐厅,非属公司的农民工,则被要求到阴暗潮湿的小屋内用餐。此举引起了农民工极大的不满。专家说,按规定,公司的内部食堂是不能私自对外营业的,若食堂对外营业,意味着经营者已经将公司以外的农民工顾客视为公司员工,对于这些顾客,应该一视同仁,不能区别对待,否则,食堂就有歧视工人的嫌疑。(4月28日东南快报)

表面上看,餐厅分流顾客是经营策略,其实是骨子里对农民工充满歧视,而且分餐制也反映出白领与农民工之间存在不小的心理鸿沟。

正如长期调研农民工问题的安徽省社科院专家王开玉所言,"城市化不仅指农村人口从形式上转化为城市人口,更深刻的内涵是指生存条件、生活条件和生活质量的城市化。社会从心态上接纳他们"。看来,要打破城市社会与农民工之间的心理鸿沟还有很长的路要走。(2007年4月29日　中国网　记者叶祝颐)

安徽:农民工"租房落户"能行吗?

纵观近30年来农民工现象的社会变迁,许多进城务工人员最大的心愿就是能拥有城市户口,能和城里人一样平等地生活与工作。二代农民工已不具有土地耕种的技能,如果他们失业,会导致无业人员流向社会,增加社会不稳定因素。因此,进行社会结构调整,加大户籍制度的改革力度,加速城市化进程,使更多的农民变为居民,使社会结构的多元状态向一元转化已经刻不容缓。

安徽省社科院王开玉研究员表示,农民工问题的解决是个循序渐进的过程,户籍改革涉及的就业、医疗、教育、福利等方面的一系列问题是改革的难点所在,需要政府从财政投入、部门协调配合等方面统一部署,其间一些可执行性好的政策会被长期贯彻、执行下去。但需要注意的一点是,打破城乡差距需要从农民、市民两方面的来解决。

王开玉认为，安徽省规定农民工拥有"合法固定住所"即可登记城镇户口的政策，是我省户籍改革的破冰之举，这项政策直接触及目前最艰巨的户籍政策问题，是解决三农问题的根本之举。但一些具体政策还须更明晰化。解决农民工户籍问题和租房政策应该区别对待，农民工租房时本着双方自愿的原则，落户同样也该如此，面对有的房东不愿意让农民工落户的想法，他认为可以理解。中国人的传统观念认为家庭是社会的细胞，让素不相识的农民工落户在家里，这不符合中国人的民族习惯。如果强制要求农民工落户，其实也侵犯了房东的权利，与《物权法》规定房子是房东的私人财产，不可侵犯的原则相违背。他认为"租房落户"可以有一些具体细则来加以完善，比如租房期间允许落户，合同结束时户口就要迁走等等。同样，我们的城市是按照常住人口来分配各种福利资源，如城市建设费用、教育方面、医疗等基础设施，租房入户如果过于频繁，也不利于常住人口的统计。

他建议，地方政府可以设立一些大集体户让农民工统一入户，落户后可对农民工进行相关技能的培训，使之成为有一定专门技能的产业工人，既有利于鼓励农民工落户的积极性，也有利于城市人口管理。还可以采取表彰优秀农民工的办法，定期吸引、接纳一定数量的有技术的农民工成为新市民。这样可以使农民工自身产生荣誉和归属感，更好的鼓励他们提高技能，从而达到吸引优秀人才的需要。（2009年4月24日 新华网安徽频道 记者杨慧瑾）

"农民工"：概念消失不等于问题解决

中国新生代农民工外出打工呈现"移民化"倾向。一大批"80"后、"90"后出生的农村青年正成为新生劳动力进入中国的工厂和城市，这些新生代农民工外出务工正呈现"移民化"倾向。

由于很多新生代农民工是在衣食无忧的环境中长大，他们外出打工的动因已经由"经济型"转为"生活型"，在争取获取更高经济收益的同时，也希望能同时开阔视野、增加个人阅历、满足情感需求。

安徽省社科院研究员王开玉说，这些新生代农民工的选择正在呈现一种"移民化"倾向。（2009年5月4日 新华网 记者程士华、郭奔胜、

王恒志）

"农民工"：概念消失不等于问题解决。近日，在深圳市就业工作会议上，该市代市长王荣说，"农民工"的概念已发生变化，深圳"农民工"这个概念将会消失；"农民工"的第二代现已成年，他们就业时会选择留在深圳。

正如长期调研农民工问题的安徽省社科院专家王开玉所言，城市化不仅指农村人口从形式上转化为城市人口，更深刻的内涵是指生存条件、生活条件和生活质量的城市化。要从根本上解决农民工身份地位问题，离不开全社会为农民工撑起更广的权益保护伞。当农民工感受到来自城市的人性化关怀，城乡二元结构彻底破解，农民工享受到城里人的待遇以后，他们就真正被城市接纳了。那时，"农民工概念"自然会退出历史舞台。（2009年7月16日 《光明日报》 记者欣城）

透视中国沿海地区新"用工荒"

短短数月前，中国很多地方还在普遍担心金融危机让大量剩余劳动力找不到工作。用工情势突转引起了各界广泛关注。

业内人士分析说，季节性外贸短期订单量逐步回升、内销企业生产增长、产业转移催生农民工返乡创业潮、中西部基础设施投资项目创造大量就业岗位、农民工对就业环境预期提高等是新"用工荒"的主要原因。

长期研究农民工问题的安徽省知名社会学家王开玉认为，伴随着短期订单增多、未来市场的不确定性，"短工时代"可能来临，企业招工的短时性、外来打工者的流动性将更加明显。

他呼吁，探索更为完善的农民工"社保大统筹"，让短工们在更换就业地时，社保缴纳能顺利接续。另一方面，企业要想稳住工人，必须着手改善用工环境，加强培训。在提高工资待遇外，还要多多体现人文关爱，懂得用情感留住人。（2009年9月11日 新华网 记者蔡敏、王攀、曹霁阳、车晓蕙）

无地民工成城市新群体　面临困境或成不稳定因素

记者在安徽、江苏等地采访中了解到，新生代农民工中已经出现一个特殊群体:"无地农民工"。如果这个群体在城市找不到工作,无论滞留城市还是回到农村,都可能面临缺乏基本生活保障的困境,成为影响社会稳定的隐患。基层官员建议,应对"无地农民工"现象未雨绸缪,提前谋划对策。

"无地农民工"的未来走向值得关注和研究。安徽省社科院研究员王开玉分析,"无地农民工"群体分化为三类:第一类能在城市定居并成为市民,有着医疗、养老等保险。在当前户籍、社保、教育等现有制度不发生改变的情况下,能在城市拥有稳定工作、收入和固定住所并定居城市的,只有极少数人能成为第一类;第二类人在城市工作多年,随着青春消逝,其就业选择范围越来越窄,甚至面临失业,但由于长期在城市生活工作,不愿回农村,仍选择留在城市,成为城市中的赤贫者;第三类将返回农村,耕种父母或亲属的土地,或者租种他人土地,以此为生。后两类人将可能是"无地农民工"群体的主要去向。在社会经济平稳的条件下,当他们丧失劳动力时,不管他们滞留城市还是返回农村,他们的未来生活保障和养老问题都会面临难题;如果遭遇社会经济环境突变,这些无地农民工找不到工作,同时他们在农村没有土地等生产资料来保障基本生活,他们就有可能成为影响社会稳定的消极因素。

据安徽省社科院研究员王开玉分析,由于成长经历和环境的不同,新生代农民工可分为两类:第一是在农村出生长大、走出去城市务工的农村新生代农民工;第二是自小跟随父母一起外出、在城市成长、学习,成人后留在城市务工的城市新生代农民工。农村新生代和城市新生代之间存在差异。相对于农村新生代来说,城市新生代更熟悉城市生活,对农村生活和农业生产已经产生了疏离感,由于成长环境在城市,他们的参照系是城市同龄人,其不平等感、被剥夺感会强烈一些,心理预期和现实状况落差较大。农村新生代参照系是农村同龄人,被剥夺感相对较弱。(2009年10月19日 《经济参考报》 记者程士华、郭奔胜、王恒志)

一群"农民工二代"的新年愿望

我国目前约有 2.3 亿农民工,差不多 6 个中国人当中就有 1 个是农民工。农民工的话题,国家关心,百姓关心,甚至直接关系到一个庞大群体的切身利益，成为中国最重要的社会问题之一。

长期研究农民工问题的著名社会学家王开玉教授，在谈到"农民工二代"时强调，他们有着自己鲜明的特色，比"农民工一代"更向往城市，渴望更广泛被城市认同。尽管在如今的不少城市里，户口制度逐渐松动，他们的身份渐渐发生着转换，但身份转换并不能从根本上解决融入城市的问题，实现职业身份的转换才能真正打破界限。文化层次较高、知识视野也相对较宽的二代农民工，已经努力尝试着改变自己的职业身份，譬如创业、譬如深造，但同时城市也应该敞开胸怀，包容他们身上的独特性，文化的、精神的，包括他们的希望和理想，创造新的和谐的生活环境，不仅是城市的，而且是农村的。

要优化社会环境，加强社会管理，合理分配社会教育、医疗等资源，为"农民工二代"创造良好的成长环境，使外来农民工能在当地安居乐业，融入社会主流文化。

王教授一直强调理想的状态是"城乡融合"，而不是简单地用城市包围农村，有关部门应该针对这样的群体，制定专门的住房、医疗、教育规划，让他们在城市里也能受到同等对待，这样既有利于他们的发展，也利于社会的进步。而对于农民工二代的未来，他引用刚刚出版的《读者》上的一句话："在等待中积聚力量，最后灿烂地绽放。"只要他们怀揣希望而来，脚踏实地、艰苦奋斗，不管是坎坷，还是成功，都是每个群体成长的必经之路。他相信，未来只是一个"美丽的坚持"。（2009年12月31日《安徽市场报》）

中国应对农村转型期诸多"非传统挑战"

中国日前发布的2010年"一号文件"首次提出"积极应对农村非传统挑战"。分析人士指出，这份文件立足于"新的起点"，力求以改革促统筹，重点、系统地应对和化解因"三农"矛盾动态发展所带来的种种"农村非传统挑战"。

安徽省知名社会学家王开玉一直为另一个忧患——农村人才流失而揪心。常年深入基层农村调研的王开玉说，农村培养出的大学生很少回到本地，相对于人才拥挤、全面飞速发展的城市来说，农村亟须有觉悟、有文化、能办事的干部。中国近年来鼓励大学生到农村任"村官",同时从城市选派大量干部进村挂职,效果明显。不过,王开玉说,还需在制度保障、激励机制上不断完善,避免"外来人才"走过场。

王开玉说,今年的中央一号文件出台了大量推动政府资源、社会资金、市场资本向农村和农民配置的新政策,这和以前传统的解决农民工问题的思路有所不同。(2010年2月5日　新华网　记者蔡敏、林嵬、查文晔)

中国农民工亟待破解收支困局

2010年中央1号文件首次将"新生代农民工"提法纳入中央正式文件,提出积极稳妥推进城镇化、深化户籍制度改革、促进符合条件的农业转移人口在城镇落户、鼓励有条件的城市将有稳定职业并在城市居住一定年限的农民工逐步纳入城镇住房保障体系。

安徽知名社会学家王开玉指出,最近在一些地区蔓延的"用工荒"根本原因是劳资矛盾和工资过低造成的。"不是农民工不愿干,而是他们更看重工资、福利、工作环境等多种因素了。"

王开玉认为,放开农民进城落户限制,逐步实现进城农民有稳定居所、稳定就业岗位、稳定社会保障,才能从根本上保证农民工真正融入城市。(2010年2月26日　新华网　记者蔡敏、肖思思、赵颖)

宁为鸡头不做凤尾　中国大都市涌动白领"返乡潮"

如今"孔雀"不再只是"东南飞"。继农民工大量返乡创业后,蔓延着浓浓乡愁的都市白领群中也开始涌动一股"返乡潮"。

知名社会学家王开玉认为,与改革开放初期、东南沿海地区经济"独秀"的状况不同,当前,中国东中西部经济加速融合,国际国内产业分工加速调整,这给诸多潜力巨大的二、三线城市带来机遇。这是一批白领愿意返乡的一个重要原因。

今年1月,国务院批准了在安徽省长江沿岸设立首个国家级承接产业转移示范区,从国家层面上推动东南沿海产业向内地转移。王开玉说,白领返乡还反映出中国年轻人就业观念的改变。在上海月薪拿8000元可能与

二、三线城市月收入3000元过着同等质量的日子。越来越多的大学毕业生丢弃了"打破头也要进大城市"的就业观念，寻找适合自己发展的地方成为重要因素。(2010年4月1日　新华网　记者蔡敏、朱青)

大学生和农民工争岗位　这个现象你咋看

3月31日在合肥市包河工业园的一场招聘会上，一些原本针对农民工的岗位，吸引了不少应届高校毕业生的目光。而原本属于大学生的文秘等岗位，一些受过高技能培训的农民工也跃跃欲试。

大学生和农民工一起"抢"工作的现象，逐渐呈现在人们的眼前。这到底意味着什么，是一种坏的消息，还是一个好的兆头？

越来越大的就业压力迫使走出校门的大学生降低身段去找工作，这反映出了目前高等教育存在一些问题。省社科院研究员王开玉表示，当前的高等教育体制改革势在必行，很多高校专业结构设置不合理，比如在前几年，计算机、英语、工商管理等所谓的热门专业招的学生过多，不仅本科学校招，专科学校也在招，结果造成了这些专业毕业生的供给增速远远超过经济增长的速度，就业难就不难理解了。所以，当务之急是要调整学校的专业结构，以适应社会经济发展的需求。(2010年4月5日　《新安晚报》　记者李泽文)

中国逐步探索激励制度保障劳动者体面劳动

51岁的炼钢工人王爱民如今被身边的人尊称为"王首席"，工资也由过去的月薪3000多元大幅增加到现在的年薪19万元，这是王爱民所在城市普通劳动者收入的四五倍。

王爱民是安徽马鞍山钢铁股份有限公司的一名普通一线炼钢工人，这位在马钢工作30年的老工人怎么也没想到，公司从2009年开始实行的"首席技师年薪制"，能如此改变和提升一线工人的职业荣誉和劳动尊严。

社会学家王开玉表示，一直以来，国家在政治上给予工人很高的地位，但近年来，工人的待遇与这么高的政治地位并不匹配。此番，中国高层郑重表态让劳动者"体面劳动"，无疑是个重要信号，意味着这一问题已经引起有关方面的重视。

王开玉认为，马钢建立的"首席技师年薪制"这一激励制度是让工人体面劳动的生动体现。以此为开端，中国有望在提高劳动者报酬，保障劳动者权益上有新的突破和举措。（2010年5月1日　新华网　记者杨玉华、姜刚）

新生代农民工解开"心结"更阳光

在合肥市经济技术开发区某工地采访时，焊工小杨对记者说："老一辈人一门心思拼命干活，将来回老家养老。我们就不同了，打小就读书，根本不会种地，回老家肯定没出路，再说就那两亩地，你种什么才能挣到钱？"记者调查发现，新生代农民工对生活品质要求更高，大多数人都想在城市里扎根，真正变成城市人。

安徽省社科院研究员王开玉认为，新生代农民工很少经历过生活的磨炼，心理上也相对比较脆弱，耐力和抗压力都不及他们的父辈，"现实状况一时不如意，可能会诱发各种心理问题"。（2010年6月25日　《安徽日报》　记者吴林红）

中国新生代农民工的坎坷"市民路"

安徽合肥洒下今冬第一场雪。刚刚步入22岁的许小雅16日如往常一样，早上6点起床，顶着寒风从城东倒了三班公交车赶到接近城西的美容院上班。经过一个小时的打扫工作后，上午九点整，这位来自大别山区的姑娘已然装束整齐，用娴熟的手法为躺在空调房里的顾客做起了面护。

长期研究中国农民工问题的社会学家王开玉指出，帮助新生代农民工融入城市，政府还要加大力度保障农民工与城市居民享有同等的社会保障权利；建立统一的、完善的城乡一体化劳动力市场，保证流动人口就业权；还可尝试让农民工参与社区的管理、组织、服务、活动中来，培养新生代农民工的社区成员意识，促进他们融入社区生活。（2010年12月16日　新华网　记者蔡敏、李建敏、王丽）

群租禁令下蚁族如何"有其屋"

卫生和安全状况不佳、缺少隐私、生活互相干扰、损害其他业主权益……群租房的危害，有一大堆。为遏制"群租"这一顽症，今年2月1日国家开始实施《商品房屋租赁管理办法》，对目前房屋租赁市场中将房屋分拆、隔断、"化整为零"的群租行为明令禁止。

安徽省社会科学院研究员、经济沙龙特约评论专家王开玉认为：讨论群租问题，使我想到一件事。香港刚回归不久，大量移民涌入香港。面临住房和就业难题，香港特区召开"亚洲地区社会保障研讨会"，我受中国社会学会会长陆学艺委托，代表中国社会学界等参加会议。会议可以自主选题，我就选择了"移民进入香港后的住房问题"，会议安排我们在九龙地区考察，我看到移民的俩姊妹还住在阁楼上，这个阁楼是日本人建的木板房，容易引起火灾，引导移民的志愿者就把她们的住房情况登上报纸，向全社会呼吁，向移民部门申请解决住房问题。特区政府调查后，积极解决了这对姐妹的住房问题，主要措施包括向这一群体发放住房补贴，帮助提供低租金的住房，以后住得如何就要靠她们自己的收入了。

"此次住房与城乡建设部明令禁止群租，现行的法规规定，擅自'居改非'属违法行为。然而，因为群租房的主要需求者为一些低收入群体，如大学生蚁族、外来务工者，他们买不起房，也租不起正规小区，所以只能选择较廉价的群租房。只有解决这部分人的需求问题，才能从根本上解决群租房问题。我认为解决群租房问题，要从现实出发，找到一个解决的办法，这需要一个过程。要做负责任的政府，不能光禁止群租房，而是应该在现有的基础上不断改善人们的住宅条件，住房问题是无法取缔的，因为它是一种市场行为。"

"我觉得我们应该向特区政府学习，首先呼吁将住房和租房补贴当作一种社会保障，补贴给农民工、大学生等收入不高的群体，给予适当的资金补助，树立改善低收入人群住房条件的意识，不能一张纸、一刀切，这样到最后伤害的，还是那些低收入人群。其次，有关部门要切实负责，对存在隐患的住房区域，要定期检查以保障居住者安全。最后，政府要大力推进廉租房、廉租公寓等制度，从实质层面解决低收入人群的住房问题。也可以在政府指导下，由社会力量组建适合外来务工人员居住的廉价宿舍公司，把闲置的旧厂房、办公楼和交通便利的郊区农民住宅，简单装修一下，添置消防、安全器材，由专人负责管理，政府给这种经营单位适当的财政补贴。另外，新近毕业的大学生等青年人口依然会感受到压力，尤其是在廉租制度还不完善的地区，他们中的很大一部分还没有被纳入廉租系统。如果保障措施不到位，将会给学生的职场发展，造成很大的影响。而从长远来看，城市的发展一定要注入新鲜的血液，建议把低收入的大学生也纳入廉租房体系，这样可能对解决大学生居住问题，有一定现实意义。"
(2011年2月21日 《合肥晚报》 记者邱青青)

大学生"村官"：我的"下一站"在哪里

安徽省长丰县造甲乡宋岗村党总支书记助理唐亮最近很忙，在处理村里多而杂的工作同时，他还要"挤"出时间准备多场公务员考试。

安徽省社科院研究员王开玉表示，招用大学生当"村官"，可以为农村注入新鲜血液，有利于农村的发展。在他们的"村官"实践过程中，政府应当在制度上给予更多支持帮助。在他们任职期满后，相关部门和社会也应当为他们的出路创造一些积极的条件。(新华网2011年5月9日 记者詹婷婷)

新生代农民工不愿返乡 凸显中国发展现代农业之困

伴随城市化进程的加快，正在由传统农业向现代农业艰难转型的中国不得不面临诸多发展中的问题——农村劳动力老龄化，愿意种地、能够种地、并且会种地的农民正在变得越来越少。

长期研究农民工问题的安徽省社会科学院社会学家王开玉分析指出，越来越多的中国新生代农民不愿回乡定居，源于中国城乡之间收入水平、劳动环境、业余文化生活等方面的差距依旧明显；源于种粮收益仍然较低，农业生产无法实现年轻人的理想；源于农村缺乏可靠的教育、医疗、养老等社会保障，农村环境污染也在日益加剧；还源于大量农民早已失去了家乡的土地。(2011年11月2日新华网 记者蔡敏、李云路)

中国首批"90后"大学毕业生面对空前就业压力

新华网中国首批"90后"大学生即将毕业进入职场。这批被一些舆论贴上"前卫、个性、叛逆、自我"标签的年轻人，在岁末年初的招聘季里奔波于大小城市寻找岗位，首次感受到空前就业压力。

安徽省社科院知名社会学者王开玉指出，大量社会调查显示，"90后"大学生这种坚持自我、自由的意识非常强。

王开玉说，大学生的优势在于拥有完备的知识体系，学习能力强、综合素质高。尽管短期看来，一些毕业生的收入可能不如农民工，但从职业发展潜力来说，和长期从事简单工种、重复劳动的农民工没有可比性。

"广大应届毕业生要充分认清自身优势，求职时事先做好长远职业规划，做好应对挫折的准备，不要简单用薪水来衡量一份工作的价值。"王开玉说。（2011年12月1日新华网　记者蔡敏　）

新老中山人：二元结构的重大破题

"新中山人"一家三代人在中山街头，其乐融融。目前，每两个中山人中就有一个是外来人口。正是由于这种特殊的人口结构，一个让城市管理者格外头痛的问题便横亘在面前：中山究竟是谁的中山？

去年，中山市委书记薛晓峰提出了"新中山人"概念，并表示，未来5~10年内，中山将着力破解城市人与农村人、本地人和外地人双重二元结构。

"城市化不仅指农村人口从形式上转化为城市人口，更深刻的内涵是指生存条件、生活条件和生活质量的城市化。城市从心态上接纳他们。"长期调研农民工问题的安徽省社科院专家王开玉曾如此表示。（2012年1月6日　《南方日报》　记者刘长欣、邓泳秋）

家门口就业让中国一些农民工不再背井离乡

背着沉重的行李，过不了农历元宵节就离开长辈妻儿飘往东南沿海打工。这曾是上亿中国农民工的生活写照。然而，随着中国中西部省市经济的快速发展，越来越多农民工选择了"家门口就业"。

长期研究中国农民工问题的安徽省知名社会学家王开玉指出，越来越多农民工选择在家门口就业，一方面源于中西部地区经济发展提速，发展机会越来越多；另一方面，也切实解决了农村孤寡老人以及留守儿童的问题，更利于农村社会和谐发展。此外，在经济发达地区开拓眼界、积累经验的一批农民工返乡，成为推动中国内陆地区发展的又一股重要力量。
（摘自　新华网2012年1月18日　记者程志良、蔡敏）

新生代农民工找工作看心情　老板觉得员工比老婆难伺候
专家建议企业给予更多人文关怀

"现在的年轻员工比较情绪化，要是心情不好，可能工资都不要就不干了。"这是一家餐饮企业招聘人员对于"80后"、"90后"员工的形象描绘。和老一代的农民工相比，这些新生代的农民工在就业诉求和思想观念上，究竟发生了什么样的变化？

"与老一代务工者不同，'新生代'没有背负着养家糊口的责任，选择工作的时候很少考虑到经济因素。"江俊介绍，"80后"、"90后"喜欢根据自己的兴趣、爱好来选择工作，而这个兴趣、爱好又是经常变动的。"而且，有些人的家庭与社会责任感不强，在坚持不了的时候还会选择啃老。""我们曾经做过一个调查，新生代农民工中，很少有愿意再回农村老家的了，他们都想融入城市。但对于扎根城市，在城市中安定下来，他们却觉得前景渺茫。"社会学家王开玉告诉记者。"他们在城市里打工，但很多人的生活圈子、交际圈子非常狭小，往往还局限在同乡或者同厂的工人里面；他们想挣大钱，却缺乏对城市必要的了解以及创业的原始资本；他们想生活得好一点，但往往较低的工资水平以及节节上涨的物价房租让他们成为城市中的底层。"王开玉分析说，当融入城市的渴望屡屡碰壁时，新生代农民工就选择了一站又一站地漂。(2012年2月23日　《新安晚报》)

中国各地推行居住证制度，破城乡分割仍需时日

在上海、浙江、广东、四川等省市先期"试水"的基础上，今年以来，广西、安徽、山东等多省宣布全面推行居住证制度，向破除城乡二元结构痼疾迈开更深一步。

在安徽省铜陵市开店3年的朱秀英成为这个省首批将"暂住证"换成"居住证"的外乡人。

"去年11月拿到居住证后，我已办理了和本市居民一样的医保。今后一旦生病，我再也不用大老远地赶回老家报销，而且报销的比例也由过去

的30%提升到70%。因为不用缴纳高额借读费了，我还打算把孩子接到身边来读书。"老家位于邻省江西的朱秀英说。

安徽省知名社会学家王开玉指出，大城市社会福利待遇高，户口含金量大，居住证制度推广过程中，地方政府不得不兼顾外来人口的强烈需求和城市的承载能力。如果没有找到解除本地居民利益受损和公共财政入不敷出的顾虑，很难进一步推动户籍制度改革。(2012年3月30日　新华网　记者蔡敏)

留守儿童、流动儿童、留守妇女及空巢老人

⊙ 王开玉　蔡　敏　杨玉华　等

（一）留守儿童、流动儿童

农民工为什么外出打工，通过我们多次的问卷调查和访谈，95%以上的回答都是：能挣到钱，改善孩子的学习环境，使孩子能上一个好学校。他们期盼通过孩子的刻苦学习，和城里的孩子在公平的起点上竞争，以优异的成绩毕业找到一份好的工作，彻底改变家庭的处境。（王开玉《庐州人间》"代理家长"栏目评语）

安徽250万"空巢儿童"过得怎样？

英国救助儿童会、安徽省社科院、安徽省保障学会等机构最新发布的一项历时半年多的联合调查表明，由于农民工常年在外打工，导致这些"空巢儿童"无论是生活还是学习都出现了很多令人担忧的现象。此次调查课题负责人、省社科院研究员王开玉介绍，目前安徽省"空巢儿童"的保守估算在250万人左右。

调查报告认为，目前留守在农村的"空巢儿童"的身份介于"小皇帝"与"弃儿"之间：这些孩子的寄养方式大致分为两种，一种是跟随祖父母或外祖父母生活，一种是生活在亲戚家中。调查表明，100%的孩子都羡慕生活在爸爸妈妈身边的小伙伴。"空巢儿童"在物质上可能会体会到一

些"小皇帝"的感觉，但很多孩子在精神方面的"弃儿"感觉非常强烈。

此次联合调查发现，"空巢儿童"群体的最令人担忧的现象是他们在接受教育方面的欠缺。调查组在南陵县将323名"空巢儿童"与128名父母在家的小学生进行对比调查表明，大部分留守儿童的学习成绩中等偏下，其中17%的小学生成绩较差，4%的小学生成绩很差。而父母都在家的小学生中，成绩较差与很差的比例分别只占10%与1%。导致这一现象出现的原因，一方面是由于临时监护人对孩子管束力度不够，另一方面远在外地的父母对孩子教育重视不够。

这次调查是国内较早对"空巢儿童"进行专题的调查研究活动。英国救助儿童会即将在安徽省启动一个800万元的项目，对包括"空巢儿童"在内的农村未成年人保护进行探索，但项目的具体实施方案尚在拟定之中。联合调查：安徽250万"空巢儿童"过得怎样？（2006年1月2日《新安晚报》记者胡旭）

进城民工子女缺乏安全感

返乡过节的民工重新回到城市，他们可能并不清楚，跟随他们一道"进城"的孩子们其实更愿意留在农村。安徽省社科院最近公布的一项对144名民工子女的问卷调查结果显示，87%的儿童希望和爸爸妈妈一道在农村的家中生活，因为她们不喜欢城市的狭小空间和身边陌生的大城市，这让他们没有"安全感"。

安徽省社科院通过对作为安徽民工主要流入地的江苏无锡市与浙江宁波市的调查发现，很多民工出于让孩子接受城市的教育等方面的考虑，将自己孩子带到自己打工的城市。但是，由于这些儿童无法很好地融入新的生活环境，在生活与接受教育上都面临着很多的社会问题。

由于工作不稳定，因此这些孩子也就必须不断地在各城市之间以及城市的不同地区之间辗转流动，这既影响了孩子接受稳定和连续的教育，也使得孩子不断地在陌生环境之中生活，对周围的环境不易形成归宿感和安全感。同时，由于在外务工的农民工大多没有足够时间来照顾孩子，与孩子进行沟通，大部分孩子在接受调查时都表示，他们的父母根本不知道他们的理想是什么。

这项调查同时发现，民工子女走进城市后在就学上同样面临困难，有些儿童在家乡所接受的教育无法与他们进入城市接受的教育实现良性接轨，城市开始的早期英语教育和计算机教育，对于多数的农民工子女来说还是空白。

负责这项调查课题研究的省社科院王开玉研究员表示，尽管最近几年，中央以及一些民工流入地开始尝试给予民工子女以公平的教育机会，但如何让孩子在社区和整个社会里感受公平才是最重要的。对于这些缺乏"安全感"的孩子们来说，父母加强关爱，民工子女所在学校采取针对性更强的教育，民工所在城市政府也应当让民工子女更充分地分享城市的教育资源，从而构建一个基于学校、家庭、社会的教育关怀网络，才能有利于省内数百万民工子女的健康成长。（2006年2月15日　《新安晚报》记者胡旭）

留守儿童缺少关爱，流动儿童缺乏认同

从安徽省社科院获悉，由安徽省社科院研究员王开玉主持完成的一项对安徽九个农民工流出县及安徽、浙江、江苏四个农民工流入市的调查显示，当前农民工子女正分化为留守儿童与流动儿童两部分，他们的生活状态与教育状况不容乐观，存在生活质量低、居住环境差、心理不健康、家庭与社会教育缺失、教育负担重等问题。

■留守儿童与流动儿童

目前全国流动人口规模已达到1.2亿，随父母进城的农民工子女近2000万，留在农村的农民工子女更多。目前外出务工的农民工子女生活状态分为两种：一种是迫于城市生活消费的高昂，将孩子留在村庄，或由祖父母监管，或寄宿其他亲戚，通常被称为"留守儿童"；另一种是为了更好照顾孩子，让孩子跟在父母身边在城市里不停地辗转流动，通常称之为"流动儿童"。王开玉说，无论是"留守儿童"还是"流动儿童"，在这两种家庭模式下成长的儿童都面临着一系列的社会问题，成为社会必须高度关注的群体。

■留守儿童：陷入情感缺失

留守儿童面临的主要问题有：陷入情感缺失，家庭教育贫乏。通过对安徽九个农民工流出地留守儿童的调查，90%多的孩子都希望在父母身边，100%的孩子羡慕有父母相伴的同龄人。由于长期缺乏父母关爱，一些留守儿童心理缺乏稳定感，主要体现在缺乏自信心、情绪不稳定、逆反心理、人际关系等方面。调查发现，留守儿童的心理不健康比例要明显高于其他儿童，90%的留守儿童在遇到不开心时会选择独处，仅有10%的儿童会选择去邻居家找朋友倾诉；20%的儿童会大发脾气，甚至摔东西，这表明留守儿童由于缺乏父母管束，表现出冲动、好怒、焦虑、自闭等不良的心理特征，若不能得到合理引导，很可能产生不良的后果。

流动儿童在城市就学门槛高、教育负担重。虽然不少城市开始把农民工子弟当作城市新市民，但由于户籍管理、流动工作等因素影响，城市接收流动儿童的门槛依然较高。跟随父母进城的流动儿童面对陌生环境，普遍心理压力大，容易产生心理上的孤独感，而且不能充分享受城市的社会教育场所和儿童娱乐场。由于父母工作忙碌，他们大多只能选择待在家中，或者看电视或者看书。

■**农民工子女教育须系统解决**

王开玉建议，各级政府应强化责任，完善政策制度，保护农民工子女的各项权利。各级政府应加大各项投入，给予农民工子女在城市入学教育的专项政策和投资，扩大公办学校的数量和接收能力，引导农民工子女进入公办学校，从而让其与城市孩子一样共享教育资源。王开玉认为，只有国家给予农民工阶层及其子女以制度化的保障，才是解决农民工子女问题的根本所在，才可能保障农民子女享受与城里孩子一样的权利。

其次，创新解决农民工子女教育的办法，加强社区保护。如推广"代管"家长和寄宿学校，建立流入地农民工子女学校等办法，因地制宜解决农民工子女问题。在农村社区建设还未完善的现实基础上，整合一切社会资源，县、乡、镇、村委会应帮助减轻农民工子女的劳动负担，并对他们的安全提供保障措施。对外出家长长期不回的贫困农民工子女提供经济补助。同时发挥"关工委"、共青团、学校等方面的作用，培育社工和志愿者队伍，组织他们与农民工子女交朋友，让富有爱心、有责任心的成年人引导农民工子女健康成长，共同为农民工子女创造良好的生活教育环境。

（摘编自2007年2月3日　《新华每日电讯》2007年21期　记者杨玉华）

一位七旬老人和他的"助教中心"

一位七旬退休老人,一座农村"助教中心",一个特殊的留守儿童群体,一场带有探索的试验。当留守儿童问题日益成为中国现代化进程中的社会难题,安徽省泾县退休老干部王直却以自当"家长"的方式,有效解决了当地400多名留守儿童的生活、学习难题,得到了留守儿童父母亲属、当地政府和专家一致认可。

留守儿童问题,已经成为中国现代化进程中不可忽视的社会难题。王直和他的"助教中心"为解决农村留守儿童的生活、教育问题提供了新思路,并用自己的实际行动唤起了更多人对留守儿童这个特殊群体的关心。

"而归根到底,留守儿童最大的问题就是缺乏关爱。"安徽省社科院研究员王开玉对记者说,"我认为,王直和他的'助教中心'体现了解决留守儿童问题的一个方向。在政府力量还不足以解决现阶段留守儿童问题的情况下,专业社会力量的参与,将发挥出很好的补充效果。"(2007年2月11日 新华网 记者熊润频、陈晔华)

关注"三农":让"留守儿童"走出"三缺"困境

近年来,随务工父母进城的"流动儿童"问题,已引起政府重视。但近千万农村"留守儿童"普遍处于"三缺"状态,由此带来的心理冲突以及一系列社会问题,同样需要全社会关注。

安徽省社科院研究员王开玉说,安徽"留守儿童"达250万人,仅泾县就超过1万名。在政府力量不足的情况下,充分发挥社会力量的作用,培育社工和志愿者队伍,是解决"留守儿童"问题的一条有效途径。(2007年4月5日 新华网 记者宋振远、陈晔华、熊润频)

"留守儿童"如何走出困局?

长期关注留守儿童现象的省社会科学院研究员王开玉带领课题组,对留守儿童现象进行了广泛调查,在参考本报报道的基础上,于最近出版了《不一样的童年——中国农民工子女调查报告》一书,对留守儿童现象进行了充分调查、剖析,并提出了具体的解决方案。昨天,本报记者对王开玉研究员进行了专访。

新安晚报：作为留守儿童的研究者，您认为相比父母在身边的平常儿童，留守儿童群体面临的最大困惑是什么？

王开玉：相比平常孩子，留守儿童最缺少的是亲情和关爱。虽然政府及其相关部门采取了种种措施，但这个问题仍然没有完全解决，而且正呈现越来越突出的趋势。在成长的过程中，关心他们的人很少，特别是亲情的缺失，让他们无法和正常孩子一样得到关爱。

新安晚报：在安徽，留守儿童是一个非常庞大的群体，有约400万人之巨。在您和同事的调查中，是否总结了他们在日常学习、生活中表现出的特点？

王开玉：由于父母常年不在身边，留守儿童面对生活所迫，较平常孩子而言，首先表现出提前懂事和成熟的特点。在霍山县育儿街小学，一个上小学4年级的学生，由于一起生活的爷爷奶奶都已80多岁，弟弟年龄还小，每天早上5时就起床，做好4个人的饭菜，然后步行上学，在家里俨然是个小大人。

其次，因为懂事早、懂事多，他们中大部分非常勤奋、刻苦，都有着美好的理想生活。但是也有少数留守儿童，因为缺少管教和少与父母沟通，在受到社会心理影响的情况下，表现出孤独、自闭的特征，个别甚至走上犯罪道路。

新安晚报：留守儿童问题确实已经成为一个社会问题，关系农村一代人的未来，迫切需要解决。在您看来，作为家长、政府和社会，他们应该做些什么工作，使这个社会问题逐渐化解？

王开玉：我们在调查中发现，90%外出打工的留守儿童父母，目的都是为了孩子有个美好前程，挣钱供孩子上学，为孩子提供更好的生活条件。然而，其中相当一部分家长认为这就是对孩子好；却忽视了关心孩子、与孩子经常交流，其实对孩子的未来影响更大。打工父母平时应挤出一切时间与孩子沟通，寒暑假要创造条件与孩子团聚，有条件的家长应该将孩子带在身边就学，营造亲情环境。绝大部分被调查留守儿童，都希望每天听到父母的声音。

作为政府，要尽可能采取措施多建寄宿制学校，将留守儿童集中到一起，避免因分散带来的安全和孤独问题；普及推行"代理家长"制度，调动"代理家长"的积极性，包括提供各方面的条件并给予一定的物质补偿；建立一支长期的社会工作者队伍（社会工作者有一定的专业知识），为他们提供方便。另外，政府还可以通过政策调剂，通过各种办法弥补留守儿童的亲情缺失。

作为城市管理者，他们应该明白农村孩子其实是城市未来的"新市民"，应该通过各种政策措施，鼓励进城农民工将孩子带在身边入学，将城市资源尤其是教育资源，平等地向他们开放，让他们享受到城里孩子同等的权利。(2007年5月15日　人民网)

义工联盟：为留守娃一"网"情深

在合肥的"安徽义工联盟"，聚集着这样一群年轻人，他们身在都市，却关注着农村缺乏关爱的留守儿童。他们通过网络组织在一起，不为利益、不求回报，一"网"情深传递爱。

安徽省社科院社会学专家王开玉指出，义工组织一般被认为是社会的"第三部门"，能够帮助政府开展很多社会工作。弘扬义工精神、助推义工组织发展，对于社会转型期的中国构建和谐社会有着重要的意义。杨冰说，义工组织"自下而上"的运作方式更容易被人接受，而且义工组织有着"小本经营"的特质，同一个社会工作，交给义工组织做能节约很多经费。(2007年5月30日　《半月谈》　记者蔡敏、马姝瑞)

农民工子女可在当地参加中考

安徽破除中考户籍壁垒，流动人口子女将不再返乡就读，农民工子女可在当地参加中考。安徽省近日规定，农民工子女在安徽可以在流入地参加初中毕业升学考试，从而在全国率先破除户籍对农民工子女参加中考的限制。记者调查了解到，这一举措将改变在安徽就读的无数农民工子女的命运，让他们同样享受城市优质教育资源。

安徽省社科院研究员王开玉说，允许农民工子女在流入地参加中考，可以说是一个很大的进步，政府正在逐步放开招生限制，给流动人口更多的公民待遇，这是一个积极的信号，实现社会公平首先就是教育公平。

王开玉认为，户籍和学籍壁垒导致农民工子女在城市求学半途而废甚至贻误学业，农民工及其子女也难以真正融入城市。这需要政府建立一种与户籍分离的学籍管理制度，将农民工子女的升学需求纳入整体教育规划之中。(2008年5月6日　《北京青年报》　记者王圣志、程士华)

"寄养儿童"：城市新群体

在城市，被父母交由亲戚、朋友、保姆乃至老师代养的"寄养儿童"，正成为精神上的"留守儿童"。"寄养儿童"的教养问题引起人们关注。

安徽省知名社会学家王开玉分析说，城市"寄养儿童"成为一种现象，缘于在经济快速增长条件下，更多中国家庭有能力雇人带孩子。与此同时，工作压力日渐加大、独生子女父母时代到来，更多自己就娇生惯养长大的年轻父母们或因工作压力大无暇照顾小孩，或不敢甚至害怕承担为人父母的责任，或仍然向往自由生活，把孩子交给父母养育。此外，对教育的高度重视还促成了把孩子寄养给老师的现象。

王开玉指出，这种城市"寄养儿童"，从空间上看大都和父母在一起，或每周见一次。实质上，由于父母没有全情投入关爱孩子，他们有着和父母进城打工的农村留守儿童相同的成长境遇。所不同的是，第一代农民工的留守子女已经长大，其教养问题产生的恶果暴露充分，而大量城市"寄养儿童"问题还未突现。因此，提前关注这些孩子的教养问题极为迫切。

"把养育的责任推出去，这种教养方式可能短期内看不到损害，但任何不良的成长过程都会成为影响孩子今后生命质量的一个病灶，同时给整个家庭带来数倍于养育的麻烦。"王开玉说。(2009年8月25日　《新华每日电讯》　记者蔡敏、杨玉华)

"寄养儿童""留守儿童"：教养问题引起关注

经济快速发展的中国，迫于巨大竞争压力、就业压力的城乡青年纷纷把"下一代"寄托于亲友。于是，在农村，大量儿童因父母长期外出务工"留守"在乡或"流动"在城；在城市，许多儿童几天见不着父母被"寄养"他处。

父母关爱及亲身教养的缺失已经成为日益突出的社会问题。社会学家们呼吁，关注这些远离父母的孩子们"成长的烦恼"。

社会学家、教育学家对城乡远离父母的孩子普遍感到担忧。安徽省社会学家王开玉分析说,把养育的责任推出去,这种教养方式可能短期内看不到损害,但任何不良的成长过程都会成为影响孩子今后生命质量的一个病灶,同时给整个家庭带来数倍于养育的麻烦。城市"寄养儿童"普遍表现出性格孤僻、易怒,同学人际关系不良等特点,有些孩子还在一、二年级就开始时不时"玩失踪"。

类似的问题也表现在"留守儿童"身上。王开玉主持完成的一项对安徽九个农民工流出县及安徽、浙江、江苏四个农民工流入市的调查显示,留守儿童面临的主要问题是陷入情感缺失、家庭教育贫乏。90%多的孩子都希望在父母身边,100%的孩子羡慕有父母相伴的同龄人。一位六年级的男孩说:"自己想爸爸妈妈时会流泪,当看到其他孩子有爸爸妈妈牵手逛街时自己会很难受。"由于长期缺乏父母关爱,一些留守儿童心理缺乏稳定感,主要体现在缺乏自信心、情绪不稳定、逆反心理、人际关系等方面。

王开玉指出,无论是城市"寄养儿童"还是农村"留守儿童",都是父母没有全情投入儿童成长造成的。所不同的是,第一代农民工的"留守子女"已经长大,其教养问题产生的恶果暴露充分,而大量城市"寄养儿童"问题还未突现。因此,关注这些孩子的教养问题极为迫切。

王开玉分析认为,农民工子女成长过程中出现的这些问题,单靠农民自身力量无法控制,也不能改变,需要国家、家庭、学校和社会各方共同努力,建立制度化的系统解决办法,尽快帮助他们从边缘化状态解脱出来,让他们的子女能健康茁壮成长。而城市"寄养儿童"的父母,需更多的思考为人父母的责任,正确处理家庭和事业的关系则是迫切需要解决的问题。(2009年11月13日 新华网 记者蔡敏、杨玉华)

5800万的特殊群体——"留守儿童"问题再次引起关注

这是一个将近5800万的特殊群体——"六一"国际儿童节到来之际,"留守儿童"问题再一次引起社会关注。

"城镇化、工业化是经济社会发展的必然趋势,西方历史上一些国家是通过迫使农民破产的方式来实现城镇化和工业化的,而我国则是在保留农民土地经营权的前提下,通过农民进城务工来实现的。"社会学家王开玉指出，"留守儿童"现象是具有中国特色的社会问题。

对于任何一个孩子来说，最好的成长就是与父母在一起。王开玉一直倡导农民工以家庭为单位迁移到城市，"这当然有很多现实困难，不仅需要农民工转变观念，更需要输入地政府做出更多的努力。"王开玉认为，如果形成农民工以家庭为单位迁移到城市的趋势，"留守儿童"问题的拐点将会出现。（新华社　2012年5月31日　中华人民共和国中央人民政府网　记者李菲、沈洋）

（二）留守妇女

统计称我国有4700万农村留守妇女精神负担重

从"半边天"到"顶梁柱"：中国五千万农村留守妇女的艰辛与期盼。她们拥有完整的家庭，却常年过着"牛郎织女"般的生活；她们收起女性的柔弱和矜持，餐风沐雨干着本该是男人干的重活。从"半边天"到家里的"顶梁柱"，中国近5000万因为丈夫长期外出务工而留守在家的农村妇女，在第101个三八国际劳动妇女节到来之际，品味着艰辛、充满着期盼。

长期研究中国农村社会问题的安徽省知名社会学家王开玉指出，留守妇女除了长期承担繁重体力劳动而健康堪忧外，还普遍存在精神负担重，安全感低；培训学习少，发展能力弱；文化素质低，教育子女困难；夫妻交流少，婚姻关系脆化等特点。这一弱势群体如果不得到充分的关爱，极易成为影响农村社会稳定、和谐的隐患。

王开玉建议，有针对性地依法制定农民工农忙假、探亲假、休假等制度，以增加农民工夫妇团聚和交流的时间。（2011年3月7日　新华网　记者蔡敏）

留守妇女为赚零花钱与多位村民有染

据农业部统计，2009年全国有1.3亿外出务工的农民工。据此有社会学者估算，若其中有5000万为已婚男性，则夫妻生活严重受影响的留守女性至少有2000万。有关专家表示，农村留守家庭中，特别是留守妇女的婚外情已成为影响农村家庭关系稳定的最主要原因之一。

省社会科学院研究员王开玉认为，依照法律法规，警方已对相关人员进行了治安处罚。但案件凸显的社会问题远远没有得到解决。他建议，首先，城市应包容和接纳外来务工人员，这样当农村男性劳动力外出务工时才有可能带上自己的妻子和孩子。其次，应加强农村治安力量，丰富乡村文化生活，增强农村居民的安全感和幸福感。再次是帮助留守人群改善生活环境，提高生活质量。（摘自 2011 年 12 月 16 日 《市场星报》）

（三）空巢老人

我省民办养老院多数"吃不饱"

安徽省是农业大省，也是老龄人口大省。省老龄委统计数据显示，安徽省 60 岁以上的老年人口已超过了 900 万，占全省人口的 13.4%，比全国提前两年进入了老龄化社会。到 2015 年，全省老年人口可能达 1031 万人。这也给我省民办养老院带来巨大的商机。

安徽省社会结构研究中心主任王开玉分析称，全国每 10 个农民工中就有一个安徽人，随着大批农村青年外出打工，农村传统的"四世同堂"的家庭模式已经打破，留守大量的"空巢老人"，存在迫切的养老需求。（2009 年 11 月 17 日 安徽新闻网 记者李世兵）

中国各地探索多种农村养老服务模式应对人口老龄化

人口老龄化是 21 世纪中国面临的重要社会问题之一，老龄人口以年均 3% 的速度快速递增。随着农村劳动人口逐渐向城镇流动转移，"空巢家庭"不断增长，加上农村老年人口逐年增加，养老服务需求越来越大。

社会学家王开玉指出，在"低保"救济、"五保"供养的标准提高和政策完善，特别是国家补贴的"新型农村社会养老保险"朝着全覆盖目标推进的背景下，中国农村老年人经济状况得到改善，但养老服务需求与社会养老资源供给矛盾愈加突出。

"这个问题能否得到解决，直接关系到农村老年人的生活质量，关系到农村社会的和谐稳定和中国城乡统筹发展、全面建设小康社会宏伟目标的实现。"王开玉说。（2011 年 12 月 15 日 新华网 记者蔡敏）

建设同一片蓝天下的中国文化、道德

⊙ 王开玉　蔡　敏等

在农民工由乡村向城市的流动过程中,带来了中国城乡文化和道德的融合和提升。中国农民在新时期转型社会中,涌现了数不清的好人、好事和人物,城市也敞开了胸怀欢迎他们。随着职业的稳定、城市的发展,他们的一部分人会成为市民。随着生活理念、专业技能、文化素质的不断提升,他们将为城市作出越来越多的贡献。他们中还有一部分人在城市中取得了一定成绩后,又回到了农村,为新农村建设贡献自己的力量。盘点他们成长的历程,记录和展示了我国城乡一体化的发展和同一片蓝天下文化、道德的魅力。

"刘老好"座谈会举办　社会需要更多"刘老好"

"刘老好"座谈会举办社会需要更多"刘老好"。昨日下午3时许,一个关于农民工"刘老好"的座谈会专门在合肥市建委建设事务管理处举行,市文明办、建委相关负责人、省社科院专家、相关各区街道办代表和农民工代表齐聚一堂,表达了对"刘老好"的看法和意见。

王开玉（省社科院社会学家）

我们现在总是强调精神财富缺乏,然而我们却对"刘老好"给我们带来的巨大精神财富置之不理,他给我们带来了对于人与人之间相互信任、相互理解的思考。(2009年7月17日　《新安晚报》　记者向凯、项春雷)

睡觉打牌玩手机　合肥农民工休闲方式单一盼多彩业余生活

这便是老沈和工友们的全部业余生活。年轻一点的民工们也用手机上网，"就是聊QQ，一个月几块钱就行了，玩其他的都太贵了。"并非所有农民工都像老沈那样安于单调。记者在采访中了解到，在日复一日的乏味生活中，一些农民工逐渐沉迷于赌博之中，他们选择用推牌九、炸金花、玩老虎机等打发时间，将血汗工钱挥霍殆尽。他们休闲方式单一，他们渴望得到关注，他们便是散落在城市各个角落的农民工兄弟。

"城市市民有自己的生活圈子，文化娱乐的层次和休闲的方式也与农民工们有区别。城市的娱乐休闲设施，很少有面向农民工的，造成了民工们业余生活十分匮乏的现状。"安徽省社会科学院研究员王开玉说，这种状况导致农民工无法融入城市生活，因为业余生活单调乏味，有些农民工成天酗酒、赌博，给自己带来伤害，也给社会治安带来隐患。

这些问题已引起有关方面的关注。省总工会宣教部有关负责人告诉记者，近年来，各级工会通过组织农民工观看文艺表演、推广文艺活动等方式，丰富了他们的业余生活。尤其是"流动书屋"的建设，将"职工书屋"建到了工地上，为民工们的学习、休闲提供了方便。

不过，要从根本上改变农民工业余生活匮乏的局面，王开玉认为，首先要发挥农民工的主体作用。"要改变送几场电影、免费看几次演出来丰富农民工业余生活的方式，农民工的休闲不仅仅是被动接受慰问的过程，更应当让他们从被动休闲中走出来，自己创造自己的休闲生活。"像农民工演唱《春天里》在网络上走红，就是一个例证。

王开玉说，有关方面要为丰富农民工业余生活创造条件。"企业应当把丰富农民工业余生活，作为企业文化建设的重要内容，政府、社会也应当提供设施上的便利和其他方面的扶持。城市文化资源，尤其是公共文体设施，应当向包括农民工在内的全体公众开放，农民工文化生活建设应当成为城市文化生活和社会建设的重要内容，从而丰富农民工的休闲方式，提高他们的业余生活质量。"（2011年1月5日　《安徽日报》　记者汪国梁）

中国网事：一条微博牵出两个家庭的爱与宽容

最近一个事件在网络上引发关注：在合肥，一位农妇热心搭载一位老太坐"顺风车"却不幸发生车祸导致老人罹难,愧疚的农妇和家人数次为老太的子女送去医药费、赔偿费,竟一次次被拒绝,老太的子女始终坚持一个"死理儿":不能让好人做好事,却没了好报。

在社会上"敢不敢扶摔倒老人"引发争论的背景下,不少网民在慨叹做好事终有好报之余,也发出疑问:事情的始末究竟如何?是什么样朴实的情感促使两家人作出"不寻常"的选择?

安徽省社会科学院研究员王开玉说,近几年来,见义勇为的风险似乎在不断上升,该不该做好事?如何做好事?正是这些问题的存在让这件情理之中的"小事儿"成为整个社会关注的热点,在感动敬佩之余,我们更需要用司法和道德的双手合力,不断唤起人们对社会救助及伦理道德的反思,让类似的事情越来越多,不再成为"新闻"。

王开玉表示,从司法层面讲,必须考虑免除善意救助者的责任。司法有引领公民向善、呵护公序良俗的义务,比如可以借鉴美国相关法律的要求,在紧急状态下,施救者因其无偿的救助行为而给被救助者造成民事损害时,其责任可以依据一定程序予以免除。而从道德层面看,重拾中华民族的尊老传统,弘扬乡亲邻里的淳朴礼让和通情达理这些一直以来的优良社会传统,全体公民都应该付诸行动。(2011年9月18日 新华网 记者卢尧、马姝瑞)

"合肥好人"引热议:道德良知需每个人去实现

《"可不能问人家要钱!"合肥一起做好事导致意外伤亡事件背后的"以德报德"故事》,经新华社等媒体播发后,两家"以德报德"的"合肥好人"引发了各界热议。人们在毫不吝惜地表达对事件双方当事人感佩的同时,也在探讨和反省现代社会中传统美德的传承和道德建设的"大课题"。

安徽省社会科学院研究员王开玉说,该不该做好事?如何做好事?做好事会不会有好报?正是这些"问题"的存在让这件情理之中的"小事儿"成为社会关注的热点,在感动敬佩之余,我们更需要用司法和道德的合力,不断唤起人们对社会救助及伦理道德的反思,让"以德报德"的事情越来越多。

王开玉表示,从司法层面讲,应当考虑免除善意救助者的责任,司法有引领公民向善、呵护公序良俗的义务。而从道德层面看，重拾中华民族的尊老传统，弘扬乡亲邻里的淳朴礼让和通情达理这些一直以来的优良社会传统，全体公民都应该付诸行动。(2011年10月4日 新华网 记者卢尧、马姝瑞)

好人事迹引众人称赞

听闻李孝香向沿河村村委会递交入党申请书的事儿，安徽省社科院研究员王开玉表示感触很深。刘李两家的事迹引起了全国关注，感动了华夏大地，而李孝香递交入党申请书一事，反映出合肥市委市政府不断加强社会建设的有力体现。

王开玉告诉记者，社会建设不但是物质建设，也有政策建设和精神文明建设，需要政府给力。"好的风气不可能一蹴而就，通过政府的倡导和扶持，才能更深地教育大家、感动大家。"

王开玉认为，此次李孝香递交入党申请书恰恰体现了政府的导向，是把刘李两家的事迹宣传从感情层面向制度层面上的转变，"本来是两个家庭的事情，通过宣传变成了社会的事迹，政府参与，会变成全民学习的榜样。"

"前一段时间，网上热议'十三亿人扶不起一个老太太'，我想，如果政府大力倡导，十三亿人中会涌现无数个像刘士圣、李孝香一样的好人。"王开玉激动地说道。(2011年10月12日 《合肥晚报》 记者王伟、李磊)

安徽打工者在东莞救下被劫女后求表扬

"我从来没想过得到物质上的感谢，口头上对我说谢谢两个字，我就会感觉到非常满足了，这样我的心情也会舒服很多。以后遇到这样的事情，我还会像上次一样伸出援手。"10月20日，在广东东莞打工的阜阳籍男子王立振主动拨打了媒体的电话"求表扬"。

听记者说起"王立振做好事求表扬"一事，安徽省社科院研究员王开玉连称，"不错，不错。"王开玉分析，做不做好事，怎样做好事，做了好事以后是大张旗鼓地自我宣传，还是隐姓埋名，不事张扬，不一定跟道德有关，主要是和当事人的行事风格有关。

王开玉坦言，做了好事而不许人高调，这是一种不公平的心态。比如雷锋，如果国家不宣传，那么人们就不会知道雷锋到底做了哪些好事，更不会被树为学习的榜样。不管是被媒体发现后报道，还是自己主动站出来求表扬的新闻，目的都是为了唤起人们的爱心，唤起社会正义感，是为了带动更多的人加入到做好事的队伍中来。

王开玉呼吁，我们应该赞扬、支持并提倡这种"做好事求表扬"的做法，并树立"高调做好事也是一种高尚"的理念。做好事不留名值得赞许，但做好事后高调宣传，可以优化社会道德环境，同样也值得赞许。（摘自2011年10月29日 中安在线 记者方佳伟）

4年涌现488名"中国好人"——道德建设"安徽现象"的背后

"好人检察官"吴群、"守墓老兵"欧兴田、"以德报德"农妇李孝香和刘士圣、"板车女孩"黄凤、"最坚强母亲"许张氏……一个个安徽籍的"中国好人"感动了亿万中国人。统计显示，"中国好人榜"活动开展4年以来，安徽省488人入选，占全国上榜总人数近八分之一，位列各省区市榜首。2011年第三届全国道德模范评选中，安徽4人入选，人数也位居全国之首。

"安徽省委省政府的公民道德建设工程与当地道德模范的涌现相辅相成，榜样的典型效应正转化为群体效应，进而扩散为社会效应。"社会学家王开玉说。（2012年2月24日 新华社 记者王正忠、蔡敏、詹婷婷）

"中国好人"李孝香当上人民陪审员

"虽说清官难断家务事，但我觉得，只要按照良心这个准则来判断，就可以做人民陪审员。"去年当选全国十大好人的李孝香大姐，近日被任命为瑶海区法院人民陪审员。昨日下午，李大姐骑了一个多小时的摩托车赶到法院，调解了一起赡养纠纷案件。

社会学专家王开玉认为，李孝香作为社会名人，她自身就是化解社会矛盾的最好力量。"李孝香用自己的亲身经历、言行举止来说服当事人，更真实，更有说服力，她带来的社会效应是一笔很大的资源，不应该被浪费，她就是化解社会矛盾最好的力量。"（2012年3月22日 《安徽商报》 记者段贤尧、杨莉莉、苏艺）

"安徽好人"群像引领中国

最近几年,有两个字时常和安徽联系在一起——好人。简简单单的两个字背后,是一个个感动了亿万中国人的普通安徽公民。

这一特殊的群体,或以德报德,或诚实守信,或见义勇为,或助人为乐,他们井喷式的出现,让"安徽好人"渐渐成为在全国叫得响的品牌,道德建设领域里的"安徽现象"也引起全国专家学者的广泛关注。

某种程度上,因为"安徽好人"这个群体的出现,安徽这个正在快速崛起的中部省份,正以引人注目的崭新道德群像,成为引领公民道德建设和精神文明创建的指向标。(2012年3月29日 《新安晚报》 记者向前)

安徽好人数量全国第一

现在,在安徽,听好事、学好人,正在成为一种风潮。

在刚刚结束的省文明委全委会上,省委书记张宝顺明确提出,2012年是我国改革发展进程中具有特殊重要意义的一年,加强精神文明建设是喜庆党的十八大的需要,是建设美好安徽的需要,是提升文明素质的需要。他说,要广泛进行雷锋事迹、雷锋精神和雷锋式模范人物的宣传教育,广泛开展弘扬雷锋精神主题实践活动,着力打造具有安徽特色的志愿服务品牌,推动学雷锋活动常态化。

省长李斌在今年全国"两会"期间说,营造向上的、健康的社会风气,形成"人人为我,我为人人"的良好氛围是非常必要的,要将"安徽好人"打造成安徽精神文明建设的一张靓丽名片,要发掘出更多的好人好事,不断弘扬社会正气。

安徽省省委常委、宣传部长唐承沛也表示,发展社会主义市场经济,道德文化建设不能成为短腿。这些年,安徽的一个重要举措,就是打造"安徽好人"品牌。他强调,要褒奖群众身边的平民英雄,推崇在基层涌现的凡人善举,努力挖掘安徽丰厚的道德资源,不断放大"好人好报"的正向效应,着力形成向上向善的道德力量。

随着一个又一个平凡而伟大的"安徽好人"进入公众视野,这些来自基层的道德楷模所散发出的耀眼的道德光芒,为人们树立起新时期公民的精神标杆，成为社会推崇的"道德偶像"。

"榜样的典型效应能转化为群体效应，进而扩散为社会效应。道德模范能够感动和激励广大群众，引领公众向善、从善。"安徽省社科院社会学家王开玉说，在"安徽好人"的带动下，关爱和慈善正在成为一种时代风尚，这正体现出道德力量的传承力和影响力，它能不断激发更多的人见贤思齐，行善事、做好人，形成道德模范辐射效应。（2012年3月29日《新安晚报》 记者向前）

合肥送奶工55张道歉便条何以收获一片赞扬？

近日，一则关于"合肥送奶工手书55张道歉便条"的新闻引发舆论热议，有人将其称为"诚信送奶工"。专家提出，在称赞送奶工的同时，应反思社会诚信建设亟待增强。

"报纸送不到、买东西缺斤少两，这种事情在老百姓的生活中司空见惯。从这件事不难看出，我们的社会诚信正在遭遇危机，诚信社会的建立已迫在眉睫。"安徽省社科院研究员王开玉认为，"建立诚信社会需要用法律制度来规范，但在法律制度之外，更需要用个人的道德来约束。"（2012年4月20日 新华网 记者葛如江、刘美子）

什么是安徽最独特的"品质"？

一个国家需要拥有伟大的民族精神，一个省份同样需要有自己的内在精神。你心中的"安徽精神"是什么？应该如何概括？每个人心中都有自己的观点和看法。

观点："改革"贯穿安徽发展主线

省社科院研究员、省社会结构研究中心主任 王开玉

"纵观当代安徽发展的一个主线，就是改革。"谈到如何概括"安徽精神"，王开玉研究员认为，"安徽精神"首先要符合安徽特色，应为安徽特有的精神品质。

王开玉说，"改革"应是安徽精神的应有之义。"无论小岗村的'大包干'、小井庄的'土地承包到户'，还是农业税费改革、农村社会服务体系改革等等，这些牵动国家全局的改革，都从安徽推向全国。"王开玉说。

"我想到的另外两个词就是'速度'和'活力'。"作为《中国省会经济圈蓝皮书》的执行主编,王开玉对合肥乃至安徽近几年经济社会的快速发展感触颇多:"'合肥速度'一词能很好地概括合肥乃至安徽近几年的快速发展;再者,就是'厚德'。"王开玉分析说,安徽历史上一个著名的群体徽商,就有宝贵的精神品格——厚德、诚信,"有统计说,安徽的好人也是最多的,安徽人给人的品质就是老实、厚德。"

王开玉说,"北京精神"——"爱国 创新 包容 厚德"提炼得就非常好,因此,"安徽精神"既要融入安徽的历史背景,又要体现安徽的人文精神、道德品质;既要在安徽人中形成共识,又要让全国的人形成对安徽人的共识,应该形成一个大讨论的氛围。(2012年4月23日 《安徽商报》 记者武静)

中国好人的"安徽现象"

平民英雄,引领道德风尚;凡人义举,凝聚安徽力量。安徽省546人先后入选"中国好人榜",连续四年位列各省区市榜首。

"安徽好人"群体不断壮大,"好人安徽"塑造响亮品牌。"公民道德建设工程与我省道德模范不断涌现相辅相成,榜样的典型效应正转化为群体效应,进而扩散为社会效应。"我省社会学者王开玉如是评价。

"安徽好人"就是新时期的雷锋。安徽省立足于新形势新特点,不断赋予好人精神新的内涵与特征,将"好人安徽"品牌与学雷锋活动相结合,用雷锋精神引领社会风气,用好人品牌彰显雷锋精神。围绕打造"三个强省"的宏伟目标,注重挖掘经济社会建设各条战线涌现的先进典型、凡人善举,将好人品牌带动作用从道德精神领域扩展到经济社会建设领域。在坚持"向上向善"好人理念基础上,使好人精神与时代接轨,与人民群众需求吻合,使"安徽好人"从个体、群体逐步发展为整体,不断扩大社会效益。(2012年6月25日 《安徽日报》 记者张岳、吴林红)

附 录

安徽省社会学会承办国家学术年会分论坛一览表

论坛名称	时间	地点	到会专家	主持人
中国社会学会"农民工是中国农村中等收入者的主体"分论坛	2005年	合肥	陆学艺、谢寿光、周晓红等	黄家海、王开玉
中国社会学会"中国农村改革三十年"分论坛	2008年	长春	陆学艺、谢寿光、张厚义等	黄家海、王开玉、蔡宪
中国社会学会"城乡一体化进程中的中国农村社会变迁"分论坛	2009年	西安	陆学艺、谢寿光、向春玲等	黄家海、王开玉、蔡宪
中国社会学会"中国乡村社会建设"分论坛	2010年	哈尔滨	陆学艺、谢寿光及日本的同志社大学的学者、美国学者等	黄家海、王开玉、蔡宪
中国社会学会"中国乡村生态文明建设"分论坛	2011年	南昌	陆学艺、谢寿光、邓泳红等	黄家海、王开玉、蔡宪

制表：王文燕

后　记

中国社会学会学术年会分论坛第一本论文集出版了，它承载着中国社会学人的期盼和关爱。我们谨向指导、关心和支持过论坛的中国社会学会、各省社会学会和参加论坛的社会学专家学者表示衷心的感谢！

这本文集的出版首先要感谢中国社会学会。2005年，王开玉去北京中国社会学会和中国社会科学院社会学研究所就如何办好这个平台向高鸽教授请教，她建议，安徽是一个农业、农民、农村改革的大省，安徽省社会学会可以以研究中国农村问题为方向。实践证明，这个建议体现了安徽社会学界的方向和特色。

我们要感谢陆学艺先生。他参加了我们的每一个论坛，他的精彩发言不断地提升着我们论坛的水平和质量，也展示出了社会学推进社会变革中的大智慧，受到了国内外学者的关注和赞扬。

我们还要感谢李培林教授。2009年我们在西安举办"城乡一体化进程中的中国农村社会变迁"论坛时，遇到了一些困难和问题，李培林教授着眼于论坛发展的前景，从有利于营造一个中国社会学发展的新环境出发，和中国社会学会的领导层一起给了我们许多鼓励，使我们论坛的举办走上了一个新的起点。

我们要感谢中国社会学会秘书长、社会科学文献出版社社长谢寿光。谢社长支持、肯定了我们的创意，多次给予具体的指导，才有了这本书的

后 记

出版。我们期盼这本书的出版只是一个开始，会有更多的论坛文集出版，论坛文集将会在社会学发展历程中体现自己学科的特色上形成独特的影响力，形成自己的品牌。

我们要感谢各省社会学会、大学和各地社会学院、社会学所的支持。感谢来自北京、上海、广东、浙江、湖北、山东、黑龙江、江苏、重庆、江西、河南、四川、吉林、福建、山西、河北等社会学会和社会科学院、社会学所，以及来自中央党校、北京大学、复旦大学、浙江大学、中山大学、中国人民大学、南京大学、武汉大学、中国科技大学、华中科技大学、四川大学、南开大学、同济大学、天津大学、河海大学、华东师范大学等高校的专家学者支持和积极参与，感谢来自日本、美国、韩国和中国香港、澳门地区的学者的参与。

在举办论坛的过程中，我们深深体会到，这些论坛不仅是一个社会学学者交流的平台，同时也是一个学术碰撞、发展的平台。我们处在一个转型社会中，整个社会充满着激情，充满着活力，充满着变化。我们要对社会生活、社会问题的解决进行及时的诠释、分析、概括、指导，就像抓拍照片一样，把精彩的瞬间抓住，这是时代对社会学的要求，也是社会学自身发展的需要。在这个过程中，也促进了社会学理论和实践的繁荣。正如美国的社会学家戴维·波普诺指出的："社会学在很大程度上已经成功地建立了一整套精练的理论和研究技术，不管一个社会的政治特征、文化的独特性或是经济发展的层次如何，社会学都可以卓有成效地应用于任何社会环境中去。"（《社会学》第十版，李强等译，中国人民大学出版社，1999。）也正如《社会学十大概念》（〔法〕让·卡泽纳弗著，杨捷译，上海人民出版社，2003）中译者所指出的那样："社会学家的学术风格：稳健实在，不求哲学的高深和玄妙；透彻入微，不慕史学的恢弘和洒脱。社会学便是这般扎实而平凡的一门学问，接近一切人和一切社会现象，不深涉终极的理念，执著于浅白的表征，靠事实立足，用理论发话，渐次深入，探赜索隐，以期达到对现象之本质的客观认识和准确概括，最终形成坚实的社会学的理论。"

2005年10月，中国社会学会第六届理事会在合肥召开，安徽省社会学会新一届理事会也同时成立，黄家海、王开玉主编了《社会学视角下的和谐社会——中国社会学会学术年会获奖论文集》。这本书是安徽省社会学会的第二本著作，也是对安徽省社会学会换届以来学术成果的进一步的展示。再次感谢社会科学文献出版社谢寿光社长、邓泳红主任的支持、指导和辛勤劳动。

编者

2012年6月6日于安徽合肥

社会科学文献出版社网站

www.ssap.com.cn

1. 查询最新图书　　2. 分类查询各学科图书
3. 查询新闻发布会、学术研讨会的相关消息
4. 注册会员，网上购书，分享交流

本社网站是一个分享、互动交流的平台，"读者服务"、"作者服务"、"经销商专区"、"图书馆服务"和"网上直播"等为广大读者、作者、经销商、馆配商和媒体提供了最充分的互动交流空间。

"读者俱乐部"实行会员制管理，不同级别会员享受不同的购书优惠（最低7.5折），会员购书同时还享受积分赠送、购书免邮费等待遇。"读者俱乐部"将不定期从注册的会员或者反馈信息的读者中抽出一部分幸运读者，免费赠送我社出版的新书或者数字出版物等产品。

"网上书城"拥有纸书、电子书、光盘和数据库等多种形式的产品，为受众提供最权威、最全面的产品出版信息。书城不定期推出部分特惠产品。

咨询／邮购电话：010-59367028　　邮箱：duzhe@ssap.cn
网站支持（销售）联系电话：010-59367070　　QQ：1265056568　　邮箱：service@ssap.cn
邮购地址：北京市西城区北三环中路甲29号院3号楼华龙大厦　社科文献出版社　学术传播中心　邮编：100029
银行户名：社会科学文献出版社发行部　　开户银行：中国工商银行北京北太平庄支行　　账号：0200010009200367306

图书在版编目（CIP）数据

民生时代的中国乡村社会/黄家海，王开玉，蔡宪主编．—北京：社会科学文献出版社，2012.7

ISBN 978 – 7 – 5097 – 3586 – 2

Ⅰ.①民⋯　Ⅱ.①黄⋯　②王⋯　③蔡⋯　Ⅲ.①农村社会学 – 研究 – 中国　Ⅳ.①C912.82

中国版本图书馆 CIP 数据核字（2012）第 144870 号

民生时代的中国乡村社会

主　　编/黄家海　王开玉　蔡　宪
副 主 编/孙永珊　方金友　吴　丹

出 版 人/谢寿光
出 版 者/社会科学文献出版社
地　　址/北京市西城区北三环中路甲 29 号院 3 号楼华龙大厦
邮政编码/100029

责任部门/皮书出版中心（010）59367127　　责任编辑/吴　丹　陈　帅
电子信箱/pishubu@ssap.cn　　　　　　　　责任校对/师敏革
项目统筹/邓泳红　　　　　　　　　　　　责任印制/岳　阳
经　　销/社会科学文献出版社市场营销中心（010）59367081　59367089
读者服务/读者服务中心（010）59367028

印　　装/北京季蜂印刷有限公司
开　　本/787mm×1092mm　1/16　　　印　张/27.5
版　　次/2012 年 7 月第 1 版　　　　　字　数/427 千字
印　　次/2012 年 7 月第 1 次印刷
书　　号/ISBN 978 – 7 – 5097 – 3586 – 2
定　　价/79.00 元

本书如有破损、缺页、装订错误，请与本社读者服务中心联系更换

　版权所有　翻印必究